플루리버스

자 치 와 공 동 성 의 세 계 디 자 인 하 기

PLURIVERSE

플루리버스

아르투로 에스코바르 지음 | **박정원, 엄경용** 옮김

대안공동체
인문학총서 5
경희대 비교문화연구소

알렙

라틴아메리카 출신인 제가 이 책에 대한 한국어판 서문을 쓸 것이라
고는 상상도 하지 못했습니다. 한국의 정치, 사회경제, 문화적 상황에
대해 사실 잘 알지 못합니다. 마찬가지로 한국에서의 디자인 논의에도
친숙하지 않습니다. 하지만 동시대의 동아시아 맥락에서 한국이 가진
특별한 중요성에 관해서는 잘 알고 있습니다. 1980년대 캘리포니아에
서 박사 과정을 거치면서 당시 소위 '아시아의 용' 중 하나로 불리던 한
국의 놀라운 발전 모델에 대해 상세하게 배울 기회가 있었습니다. 그리
고 지난 이십 년 동안은 노스캐롤라이나 채플힐 대학에서 여러 한국 학
생들과 작업하면서, 특히 인류학 박사 논문을 쓴 전의령과 모현주를 통
해 이 모델이 지닌 갈등과 모순에 대해서도 알게 되었습니다. 특히, 한
국이 디지털 세계에 주요한 리더로 진입하면서 벌어지는 경제 · 사회 ·
문화적 삶과 디자인에 대해서도 접할 기회가 있었습니다.

이 책은 두 가지 주요한 논의를 포함하고 있습니다. 디자인은 근대성과 발전, 세계화를 위한 근본적인 정치적 기술이었습니다. 발전과 세계화라는 현재의 자본주의 모델이 위기에 놓여 있다면, 또 기후변화가 라틴아메리카에서 문명적 위기라 불리는 이 상황을 단면적으로 보여주는 한 가지 예라면, 디자인 또한 위기에 놓여 있다고 말할 수 있습니다. 다른 한편으로 이 문명적 위기는 현재와는 매우 다른 삶과 사회를 향한 문명적 전환을 요구합니다. 하지만 디자인이 이 변화로 나아가는 길을 돕기 위해서는 실질적으로 목표를 재조정하는 과정을 거쳐야 하는데, 이 책은 이를 존재·행동·인지하는 측면에서 급진적 전환을 강조하는 '존재론'으로 정의합니다. 이 책에서 주장하고 있듯이 라틴아메리카에서는 이러한 문명적 전환을 상상할 수 있고, 실현할 수 있다는 사고가 최근 삼십 년 동안 선주민, 흑인들, 환경주의자들, 페미니스트 운동과 연결되어 큰 흐름으로 나타나고 있습니다. 이와 유사한 흐름은 세계의 다른 지역에서도 확인할 수 있습니다. 홍콩 출신 철학자 육허이(Yuk Hui)의 작업을 예로 들 수 있습니다. 서구의 일원적 인간주의와 기술주의에 대한 대안으로 그가 제안한 코스모폴리틱스(cosmopolitics)는 다양한 출발점을 통해 새로운 세계 역사를 이해하기 위한 가능성을 제공하는 중요한 전환적 성찰입니다. 문화와 주체성 형성, 실천이라는 일상의 영역에 엄청난 영향을 끼치는 디지털 기술의 진보에 대한 한병철의 날카로운 성찰은 서구에서 유래하여 식민주의, 근대화, 세계화를 통해 확장된 존재 방식에 대한 주요한 문명적 비판으로 읽을 수 있습니다.

제 소망은 이 책이 한국의 독자들에게 **다른 한국의 가능성**을 위한 디자인 실천과 사회운동을 비판적으로, 동시에 건설적으로 사고하는 데 유용한 성찰이 되는 것입니다. 일례로 한국의 디자이너들은 자신들의 비판에 존재론적 디자인이나 자치 디자인, 전환을 위한 디자인이라는 개념을 포함할 수 있을까요? 포스트 발전(Post-growth)과 부엔 비비르(Buen Vivir), 혹은 공동성과 자치라는 라틴아메리카의 사고가 한국 사회를 분석하고 사회문화적 투쟁을 전개하는 데 영감을 제공할 수 있을까요? 무엇보다도 저는 한국의 학자들과 학생들, 활동가들이 이 책을 통해 자신들의 문제를 반추하고, 디자인과 사회에 관해 다시 상상할 수 있기를 소망합니다.

마지막으로 이 책을 한국어로 번역한 경희대학교의 박정원 교수와 엄경용, 그리고 이 과정을 연결해 준 AMO 에이전시의 서소나(Sona Seo)에게 감사의 말씀을 전합니다.

2022년 2월

콜롬비아의 칼리와 미국 노스캐롤라이나 채플힐에서

아르투로 에스코바르

미국 반문화 운동의 여명기인 1964년에 나온 예언적 노래에서 밥 딜 런은 "시절이 변하고 있다"고 선언한다. 이는 세계화와 그로 인한 결과, 즉 기후변화, 채굴주의, 분쟁, 대규모 사회적 이주를 비롯하여 지구의 파괴적 상황이 심각해지기 훨씬 전의 일이다. 지금은 기후활동가인 나 오미 클라인(Naomi Klein)의 말처럼 **이 모든 것이 바뀌고 있다**고 선언해 야 할 것이다. 이 책의 주인공인 전 세계의 운동가, 혹은 미래를 디자인 하는 이들과 마찬가지로 클라인의 경고는 진지하게 고려해야 할 뿐 아 니라, 문자 그대로 바라볼 필요가 있다. 여기에서 쟁점은 단지 신자유 주의 자본주의라는 경제 모델이나 냉혈한 개인주의와 소비주의와 같 이 행성에 퍼진 생명에 적대적인 문화, 기후변화에 대응하는 국제 정치 지형, 세계의 재(再)서구화나 탈(脫)서구화를 위한 지정학적 투쟁, 혹 은 군산복합체가 아니다. 오히려 이 모든 것이 연결되어 있다는 사실을 깨닫는 것이다. '모든 것이 변하는' 현재 상황에서 변해야 할 것은 모든 삶의 방식과 모든 세계 형성의 형태이다. 라틴아메리카의 선주민 활동가, 농민, 그리고 흑인 운동가들이 말하듯이 동시대의 위기는 문명적 모델의 위기이자, 서구 근대 자본주의의 위기이다. 남반구와 북반구 양쪽에서 점점 더 많은 사회 그룹은 이를 심각하게 바라보고 있으며, 자신들의 장소, 영토, 세계를 수호하기 위해 노력 중이다.

이 책은 이러한 국면 속에서 디자인 이론과 실천의 함의를 탐색한다. 그리고 지식인과 활동가들이 인류가 기후·식량·에너지·가난·의미의 위기가 중첩된 현실에 효과적으로 직면하기 위해 반드시 고려해야 할 문화와 급진적인 생태 전환을 돕기 위한 디자인 실천의 잠재력을 논한다. 이 책에는 디자인 영역에서 나타나는 경향, 특히 '전환 이론'의 기획에 전념하는 디자이너 그룹이 제안하는 것처럼, 이러한 잠재력이 실재한다는 믿음이 자리하고 있다. 이 디자이너들 중 몇몇은 위기를 통해 인간을 다시 구성해야 한다고 주장하기도 한다. 당연하게도 이는 대담한 발상이다. 이 책은 다양한 삶의 영역에서 이러한 전환을 실천하는 모습을 보여주는 것을 목표로 한다. 특히, 영감이나 아이디어는 라틴아메리카의 흑인, 선주민, 농민, 도시의 소외된 그룹의 정치적 투쟁에서 유래한다. 이 대륙은 자원과 영토의 수호뿐 아니라, 세계 속에서 자신이 존재하는 형식을 지키기 위해 운동한다. 이들 중 일부는 대안적인 '삶의 기획'이라는 이름으로 행해지는데, 이 개념은 전환을 위한 디자인에서 중요한 위치를 차지한다. 이 책의 또 다른 주요한 목적은 디자인이 이러한 삶의 기획에 담긴 자치의 공동적 형태를 실현하는 데 공헌할 수 있는가를 묻는 것이다. 즉, 이 책은 **디자인의 관점에서** 라틴아메리카를 기반으로 발현하는 **공동체의 개념과 자치를 탐구하는 것**이다.

그럼에도 불구하고 전환 디자인의 잠재성을 배양하기 위해서는 디자인의 방향을 재정립하여야 한다. 기능적이고 합리주의적인 전통에서 나온 디자인 관념은 여전히 합리성을 실현하는 방향으로 작동하고 있다. 이런 이유로 이 책의 초점은 존재론에 맞추어진다. 디자인은 그 자체로 존재론적인데, 각각의 사물, 도구, 서비스, 서사 속에서 특정하게 존재하고, 생각하며, 행동하는 방식을 창조하기 때문이다. 합리주의 전통을 수정하기 위해서는 채굴적 세계화에 반대하는 영토 투쟁에 나선 민중들이 보여주는 비이원론적이고 관계적인 삶의 방식에 주목해야 한다. 이러한 투쟁은 여전히 이들의 사회적 삶에서 기반을 형성하면서 강력하게 작동하는 공동적인 모습을 보여준다. 관계성에 관한 논의는 지난 십여 년 동안 종종 '존재론적 전환'으로 묘사되는 학계의 비판에서 출발한 탈이원론적 사상에서 찾을 수 있다. 관계성은 모든 생명이 의지하는 끊임없는, 그리고 항상 변화하는 직조 과정을 통해 지구 그 자체에 현존한다. 이와 같은 생명력 넘치는 지식과 에너지의 분출을 보여주기 위해 '관계성의 인식론적·정치적 재활성화'에 대해 이야기하려고 한다.

문화와 생태적 전환, 존재론에 초점을 맞춘 디자인, 전환을 위한 디자인이 이 책의 관심사이다. 그리고 자치, 디자인, 전환이라는 세 가지 주제의 중심에 놓여 있는 공동적이고 관계적인 논리와 정치적 활동을 탐구하는 것이 이 책의 주요 쟁점이다. 근대의 디자인 전통은 근대 자본주의의 이원론적 존재론에 의존하는 것에서 벗어나 지식과 행위의 관계성을 강조하는 방향으로 나아갈 수 있을까? 서발턴 공동체가 투쟁을 벌이고, 자치를 강화하며, 자신들의 삶의 기획을 실현하려는 노력은 창조적인 전유로 이어질 수 있을까? 존재론적 디자인은 존재와 행위에 뿌리내리는 변화의 과정에서 건설적인 역할을 할 수 있을까? 그리고 마침내 인간과 지구가 서로 거름이 될 수 있게 인간을 양육하는 부엔 비비르[1]의 철학을 실현할 수 있을까? 이들이 이 책이 탐색하고자 하는 질문이다.

이 책은 인식론적이고 정치적이다!

나는 전문적 디자이너도 사회이론가도 아니기에, 디자인 연구의 흐름에서 나의 위치와 그 성격을 명확히 할 필요가 있다. 그 위치를 분명히 해야만 디자인에 대한 나의 견해가 왜 반드시 선택적인지 설명할 수 있을 것이다. 마찬가지로 논의 주제를 더 직관적으로 설명할 수 있다. 나는 디자이너는 아니지만 수십 년 동안 디자인이라는 주제를 연구했다. 원래 공학은 디자인이기에 학부에서 화학공학을 전공한 나는 식물 디자인과 화학 기능에 대해 잘 알고 있다. 화학공학은 일반적으로 환경을 파괴하는 결과를 초래하지만, 시스템에 들어오는 물질과 에너지 흐

---

1 부엔 비비르(Buen Vivir)는 스페인어로 '참살이', '잘 살기', '좋은 삶'을 뜻하며, 성장이 중심이 아닌 조상 대대로 내려오는 자연과 조화를 이루는 패러다임을 지향한다. 부엔 비비르의 일환으로 2008년 이래 에콰도르와 볼리비아는 자연의 권리를 헌법에 명시한 최초의 정부가 되었다.(옮긴이 주)

름의 열역학적 분석에 기초를 둔 생산 방식을 디자인하는 작업이다.[2]

1980년대에 미국 버클리에서 박사 학위를 하면서 나는 시스템 사상의 선구자 중 한 명인 웨스트 처치맨(C. West Churchman)과 긴밀히 협업했다. 그는 1950년대 중반 이후로 러셀 애코프(Russell Ackoff)와 함께 운용과학(Operation Research)에 관한 첫 번째 저작의 공저자였으며, 그와 가까운 시스템 디자이너이자 플래너는 영국의 레너드 조이(Leonard Joy)와 핀란드의 리트바 카예(Ritva Kaje)이다. 세계적으로 잘 알려진 대로 웨스트는 1971년에 『조회시스템 디자인(The Design of Inquiring Systems)』이라는 어려운 책을 발간했는데, 1970년대 후반 지식 시스템 디자인의 개념을 읽은 후 내 작업의 토대가 되었다. 그뒤로 나는 자기 조직화, 발현, 복잡성 개념을 포함하여 시스템 사고라는 매우 광범위하고 이질적인 분야를 공부하고 있다. 앞으로 살펴보겠지만 '활력 있는 시스템 이론'은 오늘날 전환의 비전과 새로운 디자인을 통해 모양을 갖춰 가고 있다. 이런 맥락에서 나에게 중요했던 순간은 잉글랜드 남부 슈마처 대학(Schumacher College)의 생태전환센터에서 복잡성 생물학자인 브라이언 굿윈(Brian Goodwin)과 나눈 대화였다. 자기 조직화와 자기생산, 복잡성에 관한 굿윈의 작업과 마투라나와 바렐라의 작업은 이 책에서 분명하

----

2 기존의 경제학은 경제가 물질과 에너지의 실제 흐름과 관련이 있다는 사실을 완전히 잊고 있었다. 이 '경제의 대사 작용'이 바로 생태적 경제의 핵심에 있다. 이에 관해서는 마르티네스-알리에르(Martínez-Alier 2002), 헐리(Hearly et al., eds 2013), 보나이우티(Bonaiuti, ed. 2011)를 참조하라. 확실히 이러한 물질적 관점은 생태디자인을 비롯하여 감소와 '에너지 축소' 전략에 있어 본질적인 것으로 보인다.

게 드러나듯이 디자인에 관한 나의 접근 방식에 영향을 주어왔다. 공학과 시스템은 디자인에 관한 내 작업의 계보학에서 첫 번째 실마리가 된다.

1980년대 중반에서 2000년대 초반까지 콜롬비아에서 나는 전문가와 활동가들 사이에서 중요성이 커진 민중 미디어 영역[9]에서 활동하던 그룹과 함께 일했다. 이 분야의 핵심어 중 하나는 **문화 디자인**으로, 이는 문해(文解) 교육, 민중예술, 혁신에 적용된다. 특히 당시까지도 구술 전통이 지배적이었던 선주민과 흑인 공동체의 대안적 발전 기획과 활발히 연결되었다. 이 그룹들은 자본주의와 제국주의, 종속에 대해서는 비판을 공유했지만, 발전주의를 완전히 피하기는 불가능했다. 이와 함께 민중교육 운동이 라틴아메리카의 많은 운동가 사이에서 강력하게 작동하고 있었다. 이들은 파울루 프레이리(Paulo Freire)의 피억압자의 교육학과 오를란도 팔스 보르다(Orlando Pals Borda)의 연구-행동-참여 이론에서 영감을 받아 농민과 소수 인종들의 공동체를 방문·순회하는 문

....

3   칼리에서 시작된 민중 미디어 운동은 바예 대학의 교수인 알바로 페드로사(Alvaro Pedrosa), 대중교육 분야의 구스타보 드 루소(Gustavo de Roux), 커뮤니케이션 분야의 헤수스 마르틴 바르베로(Jesús Martín Barbero)가 주도했다. 1980년대에 페드로사는 막 시작된 이 영역을 위해 결성된 시민단체인 문해 교육 재단을 만들고 대중 커뮤니케이터를 자임하는 젊은이들과 함께 작업했다. 이 재단은 십 년이 넘게 활발하게 활동했고, 콜롬비아 남서부의 풀뿌리 그룹과 함께하는 문화 디자인을 위한 밀알이 되었다. 이 운동의 이론적 배경은 마르크스, 일리치, 맥루언, 모스코비치(Moscovici)에서부터 푸코, 가르시아 칸클리니(García Canclini), 심지어 생물학자인 제임스 러브록(James Lovelock), 린 마굴리스(Lynn Margulis), 콘래드 로렌츠(Konrad Lorentz)와 하워드 오둠(Howard Odum)에 이르기까지 매우 절충적이었다. 마찬가지로 다루고 있는 문제도 구술, 문해 교육, 글의 기능, 컴퓨터 기술, 문화사와 대중 디자인, 홍보, 예술 사이의 관계에 이르기까지 매우 광범위했다.

화 운동에 동참했다. 나는 1990년 초반부터 콜롬비아 남서부의 흑인 활동가들과 작업하면서 이 이론을 접했다. 이들과 대안적 경제, 혹은 발전에 대한 대안을 상상하면서, 콜롬비아 남서부는 삶의 기획을 실천에 옮기기 위한 구체적인 시도인 디자인을 사고하는 주요한 장소가 되었다. 이렇게 두 번째 실마리는 내가 자란 카우카강 지역을 위한 '전환적 상상'을 바탕으로 하며, 이 책의 마지막 장에서 구체적으로 설명할 예정이다.

디자인이 사람들의 일상생활과 현실을 구조화하기에, 발전에 기초한 공공정치에 대한 지난 삼십 년 동안의 분석에 토대를 둔 기획들이 최근 나타나고 있다. 여기에는 발전 서사에 도전하는 사회운동과 연결된 연구가 포함되어 있다. 존재론적 측면에서 오늘날 디자인의 대다수인 발전의 정치와 기획은 지구화된 세계의 근대적 제도의 근간이 되는 정치 기술이기도 하다. 나는 시행착오 끝에 하이데거 현상학과 푸코의 후기구조주의, 복잡성의 언어를 통해 최근의 기획들을 명명하게 되었다. 이들의 철학은 소위 아시아, 아프리카, 라틴아메리카의 '저발전'이 2차 세계대전 이후 어떤 방식으로 시작되었으며, 그 결과 지금까지 우리가 벗어나지 못하고 있는 담론이 되었는가를 이해하도록 한다. 나는 이것이 지난 칠십 년 동안 우리가 이뤄낸 가장 불길한 사회적 실험이라는 사실과 그 결과로 세계가 악몽으로 변했음을 이 책에서 공유할 것이다.

생태계는 세 번째 실마리를 제공했다. 생태에 관한 나의 관심은 1980년대 버클리에서 시작되었다. 그곳에서 여러 해 동안 자연보전연구 프로그램의 입문 강좌의 조교로 일하며, 바히아(Bahia) 지역과 인근의 환경활동에 참여하는 학생들과 함께 작업했다. 1990년대에는 메사추세츠-

암허스트 대학의 인류학과에서 동료들과 함께 생태 연구를 이어나갔다. 당시 나와 동료들은 인간-환경이 맺는 관계를 비롯하여 건강, 영양, 가난과 같은 이슈에 생물학과 문화적 접근을 종합한 '생물-문화적 통합' 이론의 개척자들이었다.[4] 내 연구는 정치생태학으로 영역을 확장해 나갔는데, 문화, 자연, 권력 사이의 상호 연결에 관한 연구인 이 분야는 현재까지도 내 주된 관심사 중 하나가 되었다. 생태적 관심을 통해 이룬 주요한 업적은 1998년 태평양 밀림 지역 공동체에 '수로 유역 생태 디자인'에 관해 일주일 동안의 워크숍을 기획한 것으로, 강이라는 공간에 '영토를 재조직하기' 위한 시스템을 적용했다. 그리고 이를 위해 흑인 공동체 연합의 활동가들과 일했다. 이 워크숍에서 나는 처음으로 '자치 디자인'이라는 용어를 사용하기 시작했는데, 이에 관해서는 마지막 장에서 다룰 것이다. 실제로 이 생태적 실마리는 나의 동료인 마리오 블레이저와 마리솔 데 라 카데나와 함께 '정치적 존재론'으로 명명한 연구 틀과 작업에 큰 도움이 되었다.

디자인에 관한 나의 관심에 도움을 준 또 다른 중요한 작업이 있다. 이 작업 역시 버클리에서 지내던 시절에서 시작되었으며 이 책과 직접적으로 연관되어 있다. 1980년대 초반 나는 마투라나와 바렐라의 자기

---

4   이 그룹에는 많은 박사과정 학생들 이외에도 브룩 토마스(Brooke Thomas), 앨런 굿맨(Alan Goodman), 앨런 스웨들런드(Alan Swedlund), 톰 레더맨(Tom Leatherman), 리넷 레이디(Lynnette Leidy), 린 모건(Lynn Morgan), 메릴 싱어(Merrill Singer) 등이 있다. 이후 정치적 생태학에 관한 나의 작업은 여러 동료, 특히 엔리케 레프(Enrique Leff), 다이앤 로첼루(Dianne Rocheleau), 조안 마르티네스 알리에르(Joan Martínez Alier), 제임스 오코너(James O'Connor)와의 협업에 힘입은 바 크다.

생산의 개념, 존재론 훈련에 관한 페르난도 플로레스의 작업, 그리고 마침내 위노그래드와 플로레스의 존재론적 디자인(1986)[5]을 접하게 되었다. 이들은 모두 나의 작업에 커다란 영향을 주었다. 나는 존재론적 디자인 개념을 내 연구의 하나로 간주하고 2012년 봄에 마무리된 이 책에서 발전시키고자 했다. 이후로 나는 위노그래드와 플로레스의 책과 반드시 관계는 없어도 이 개념을 중시하는 다른 학자들과 만나게 되었다. 이 네트워크는 이 책에서 매우 중요하게 나타난다. 최근 십 년 동안 사회이론에서 '존재론적 전환'을 토대로, 나는 관계적이고 비이원론적인 존재론의 개념과 연계된 존재론적 전환과 디자인에 관한 융합을 고민해 왔다. 이렇게 이 책은 존재론적 전환에 관한 디자인을 탐구한다. 최근 불교와 영성의 관계에 대한 나의 관심은 상호의존과 상호존재의 발현으로서 관계성을 탐구하도록 도왔으며, 동시에 디자인 존재론에 관한 이해를 발전시켰다. 디자인에 관한 고민에 영향을 준 다른 요소도 언급하고 싶다. 1990년대 초반 정보통신에 관한 관심이 생기면서 나는 브렌다 로럴(Brenda Laurel)과 피에르 레비(Pierre Lévy)와 같은 사상가의 작업을 통해 디자인의 디지털적인 측면을 배웠고, 폴 비릴리오를 접하게 되었다. 관계적 측면에서 디지털을 생각하는 것은 디자인에 관한 중요한 질문이며 디자인에 관한 문화연구의 통합적인 요소이다.

....
5   1989년의 스페인어 판본을 참조하라. 페르난도 플로레스는 1980년대에 버클리에 거주했고 나는 그를 그곳에서 알게 되었다. 그와 대화한 것 이외에도 그가 주최한 존재론적 훈련 세미나에 여러 번 참석하기도 했다. 이 책은 그에 관련된 결과이며 그에게 감사한 마음을 전한다.

마지막으로 디자인적 사고가 내 학문 작업과 저술 과정을 설명한다
는 점을 강조해야 할 것이다. 학계에서는 대부분이 남성인 디자이너
의 신비로운 창조적 능력을 부각하는 경향이 있다. 하지만 디자이너들
의 작업에 관한 최근의 민족지학 연구가 보여주듯이 비록 복잡하지 않
다는 것은 아니지만, 신비로울 것도 없다고 한다(e.g., Cross 2011 ; Murray
2015). 이 책은 이른바 논리적 추론과 연역에 기대기보다는, 디자인 기
능에 관한 인식론적 서술에 더 가깝다. 이는 논리적 이성이 중요하지
않다고 말하는 것은 아니다. 오히려 직관과 감정, 느낌이 똑같은 중요
성을 지닌다. '추상적 이성'의 대서사는 디자인 사고와 지식 생산에서
매우 중요한 사실을 망각하고 있다. 창조는 자기조직화와 '타자에 의한
조직화'라는 두 가지 측면으로 발현된다. 후자는 자기조직화가 진행되
도록 학자나 디자이너가 결정하고 확립하는 것을 의미한다. 이와 달리
내 학문 작업의 상당 부분은 수년간 자기조직적 발현을 통해 진화했는
데, 이는 의식적인 연구 계획의 결과를 훨씬 넘어선다.

나에게는 영감을 주는 순간[6]들이 있었는데, 1980년대부터 현재까지
이 책이라는 **창조물**에 속한 일부는 이전에는 상상할 수 없었던 '지역
들'과의 복합적 상호 활동을 통해 발현되고 공진화했다. 서구에 '도달

6 예를 들어 현재 작업하고 있는 책의 잠정적 제목인 『모두 바꾸어야 한다! 지구의 미래
   와 문명적 위기』는 2011년 채플힐에서 열렸던 쿠바의 여성 가수 오마라 포르투온도
   (Omara Portuondo)의 콘서트에서 영감을 얻었다. 보통 나는 고전음악이든 대중음악
   이든 콘서트에 수첩을 들고 간다. 콘서트 공간은 나를 창조의 순간으로 끌어가는데,
   이 창조를 나는 디지털 시대의 상징인 '다운로드'로 명명한다. 다른 작가들도 영감의
   순간을 이렇게 표현하기도 한다.

하기'와 '근대화'에 집착하던 젊은 시절에는 이것이 불만이었다. 하지만 제각각으로 보이는 시스템 이론, 생태계, 사회운동과 만나고, 마투라나와 플로레스, 최근의 전환 디자이너들과 '존재론적 전환'의 이론가들을 알게 되고, 디지털을 배우고, 흑인 운동가들과 작업하면서 직면하는 현실이 모두 실마리가 되어 이 책이 구성되었다. 사실 이 모든 발현은 일시적으로 결정화된다. 따라서 이 책은 앞으로 나올 다른 책을 위한 투자의 역할을 한다.

나는 '창조'를 강조했다. 디자인과 같은 지적 작업은 행위로 연결되기 때문이다. 이는 '천재' 스티브 잡스와 같은 과학자나 혁신가에 관한 이야기를 외로운 천재의 '정신적 작업'으로 칭송하기보다는, 창조자의 문화 참여로 이해해야 할 것이다. 학자로서 우리의 역할은 종종 **콜라주** 방식을 통해 재조합으로 새로운 연결을 도모하고, 이미 존재하는 아이디어를 재사고하고 수선하며 연결하거나, 역사적으로 축적된 사고를 응용하는 것이다. 약간의 운을 더한다면 이런 재구성은 새로운 논리를 지닌 좋은 책으로 나아갈 수 있다.[7] 이 과정은 자크 아탈리(Jaques Attali, 1979)가 명명한 '구성'을 통해 진화하는데, 디자인을 다루는 책도 이러한 방식으로 구성되었다. 달리 말해 모든 창조는 집단적이고 관계적이다. 결코 '개인'이 아니라 언제나 관계망 속에서 역사적으로, 인식론적

---

7 UNC의 학부 과정의 코트니 셰퍼드(Courtney Sheppard 2015)는 리모델링을 구축하고 있는 여성들의 운동에 관한 뛰어난 논문을 썼다. 이 리모델링은 블로그나 대면 행사에서 역동적인 운동을 만들고 있으며, '창조자들'이라는 더 폭넓은 운동과 연계하고 있다.

으로 위치한 사람들을 포함한다. 이렇듯 떼어낼 수 없는 관계성은 에치오 만치니가 가장 최근에 발표한 『모두가 디자인하는 시대』라는 매력적인 제목의 책이 암시하듯이 이 시대 디자이너들에 의해 인정받고 있다. 그렇지만 이 지적인 '창조'에 많은 과학자나 학자들이 동의하지는 않고 있다. 아마도 이질적인 구성을 한 이 책을 가리켜 디자인이라고 부르지 않을 수도 있다.

되돌아보면 내 주요한 관심은 차이에 관한 것이었다. 그 차이를 어떻게 비가시화하고, 자신의 것이 아닌 담론으로 재절합하고, 혹은 당연한 것으로 여기는 방식을 연구하는 것이었다. 이것이 바로 내 지적 탐구에서 본능적으로 가장 '중심적인 주제'였다. 이는 남반구의 페미니스트들이 말해 왔듯이 "차이와 함께, 차이 안에서 두려움 없이 살아가는 것" (e.g., Trinh 1989; Milczarek–Desai 2002; Lugones 2010a)과 관계가 있다. 다시 말해 사회적 정의와 모든 존재와의 급진적 평등, 그리고 이들 사이에 존재하는 위계의 소멸을 지향하는 타자의 윤리학과 정치학적 실천을 의미하는 것이다. 모든 서발턴 그룹은 그 차이를 통해 특권층만이 인정하지 않는 삶의 풍요를 누리며 일상을 살아간다. 자신들이 바라보는 대로 세계가 존재한다고 사고하고 행동하기 때문이다. 그래서 생물학적 영역에서의 차이와 생물 다양성에 관심이 가게 되었다. 또한 식민성이라는 인식론적 차이, 문화적 차이, 그리고 이 책에서 말하는 존재론적 차이, 혹은 플루리버스를 연구하는 것이다.

바로 이 지점에서 디자인의 강력한 연결성을 발견하게 된다. 디자인과 차이는 형식의 창조로 이어지기 때문이다. 광의적 의미에서 이는 형태 발생(morphgenesis)을 뜻한다. 표범이 몸의 점을 바꾸거나, 나비가 날개를 얻는 것과 같이 자연적으로 발현하는 '디자인'을 의미한다. 신경세포, 천둥, 나무, 아마존강 유역 등 어디에서나 만날 수 있는 수상돌기와 같이 구조가 다른 예들이다. 형태는 구성된 환경의 디자인에서, 혹은 풍경, 도시, 사물에서 건축의 기본적인 관심 요소가 된다. '형태의 삶'과 '삶의 형태' 사이에서 모든 디자인의 공간이 열리며(Goodwin 1994; 2007), 이로부터 인간이 창조한 "세계 속의 세계들"이 나타난다(Fry 2012). 하지만 디자인 문화 연구가인 브렌다 로럴이 직감하듯이 그것은 더 멀리 나아간다. "우리가 시장이라는 혼돈으로부터 멀어질 때 사물을 다르게 볼 수 있다. 시간이 지표면에서 흐르는 동안 우리는 더 조용한 심연의 장소에서 탐구할 수 있다. 그 심오함에 대해 느끼는 행복은 상업의 긴급함을 잠재운다. 그리고 이 심오한 곳을 탐구하는 디자이너들은 디자인의 본질로 나아가기도 한다. 형태, 구조, 생각, 물질이 연구 대상이 된다"(2013, 13). 디자이너들이 '도달한 상태'는 오스트레일리아의 디자이너인 수전 스튜어트(Susan Stewart)에 의해 시적으로 묘사된다. 이는 "즐거운 물질적 효과로 나타난다. 혹은 물적 맥락 속에서 변화를 이끌고, 체현된 인식 속에서 경험하게 되는 즐거움이다"(2015, 275).

한 번 더 질문을 던진다. 시장에 종속된 디자인이 형태와 개념, 영토와 물질을 지닌 창조적 실험을 향해 나아갈 수 있을까? 특히 지구와 함께 호흡하는 삶을 기획하기 위해 투쟁하는 서발턴 공동체에 적합한 디자인을 설계할 수 있을까?

차례

한국어판 서문   4

서문   7

서론   23

1부 실재 세계를 위한 디자인   57

1장 디자인 스튜디오를 벗어나 자연사회적 삶의 흐름 속으로   59

2장 디자인 문화연구란 무엇인가?   93

2부 디자인 존재론의 재설정   137

3장 우리 문화의 배경: 합리주의, 존재론적 이원론 그리고 관계성   139

4장 존재론적 디자인의 개요   187

3부 플루리버스를 향한 디자인 241

5장 전환을 위한 디자인 243

6장 자치 디자인과 관계성 및 공동성의 정치학 293

결론 357

인터뷰: 실용주의, 유토피아주의, 그리고 실재의 정치학 403

옮긴이 해제: 자본의 메타버스를 넘어 생태의 플루리버스로 446

참고문헌 455

찾아보기 487

서론

    미국의 산업주의와 경제·군사·문화적 헤게모니가 정점에 이른 1971년에 빅터 파파넥(Victor Papanek)은 그의 저서 『실재 세계를 위한 디자인(*Design for the Real World*)』을 다음과 같은 신랄한 비판으로 시작한다. "산업디자이너보다 해로운 직업이 있기는 하지만 그런 경우는 극소수이다. (……) 오늘날 산업디자인은 대량 생산을 기반으로 연쇄 살인을 자행하고 있다." 이어 그는 한층 더 강한 어조로 "디자이너는 위험한 종자가 되고 말았다"고 경고한다(1984, ix). 최근 국제 사회와 정치를 '재디자인(redesign)'하기 위한 시도였던 '지속 가능한 발전을 위한 유엔 정상회의(2012년 6월, 리우+20)'와 '제21차 기후변화 협약 당사국 총회(2015년 12월, COP 21)'는 이후 현재까지 어떠한 변화도 이루어내지 못했다. 그러나 이러한 판단은 지나치게 섣부르다. 오늘날 '디자인'이라 부르는 것의 대부분은 의심할 여지 없이 무분별한 자원의 이용과 대규모의 사회적·물적 파괴를 의미해 왔다. 이는 지속 불가능한 구조가 지배하는 현대 세계의 공간에서 중심적인 역할을 한다. 하지만 오늘날의 사회 분위기는 디자인 영역에서 벌어지는 계속되는 논쟁에도 불구하고 1970년대와는 확연히 다르다. '제3세계의 발전'에 관한 오랜 국제적 경험에 기초한 파파넥의 비판은 디자인이 이 실패에 무한책임이 있다는 사실을 지적한다. 점점 더 많은 디자이너가 이 부름에 답하고 있다. 나는 이 책이 디자인을 다시 정의하는 데 도움이 되기를 바라며, 이를 위해 존재론, 혹은 정확히 말해 정치존재론이라는 관점을 통해 디자인을 살펴볼 것이다.

디자인의 전 세계적 붐은 포스트모더니즘과 세계화와 함께 등락을 반복하며 극심하게 요동쳤다. 그럼에도 불구하고 지난 십 년 동안 이론가와 운동가들의 관심은 디자인에 대한 새로운 시각과 현실화로 수렴한다. 첫 번째는 디자인의 편재(遍在)성에 관한 것이다. 디자인은 문자 그대로 곳곳에 있다. 거대한 구조에서 일상생활의 사소한 것에 이르기까지 어디에나 존재한다. 둘째, 디자인이 성공하기 위해서는 상품의 기능적·상업적 쓸모보다 사회적 의미가 중요하다. 세 번째로 특히, 생태 분야는 더 나은 세상을 만드는 디자인을 발굴할 필요성과 함께, 그 과정에서 디자인이 갖는 역동성을 인정한다. 네 번째는 아마도 좀 더 급진적인 변화를 의미할 것이다. 이탈리아 디자이너이자 활동가인 에치오 만치니(Ezio Manzini, 2015)가 최근 발표한 저작의 핵심 개념인 '모두가 디자인한다'는 사고를 받아들이면서, 참여와 협력을 통해 모든 가능한 제안을 고려하고, 디자인 개념을 전면적으로 고민해야 한다. 마찬가지로 디지털 기술의 확산으로 인해 디자이너는 상호작용이 가능하고 사용자 참여를 기반으로 하는 디자인의 규칙을 수용하게 되었다. 디자인은 협력하고, 복수가 참여하며, 분배가 가능한 공간으로 변하고 있다. 샌프란시스코의 유명 기업 IDEO의 디자인 전문가 팀 브라운(Tim Brown)이 언급한 것과 같이, 디자인은 디자이너에게 모든 것을 맡기기에는 너무나도 중요해졌다(2009. 8). 이를 위해서는 새로운 방식과 접근법, 사고의 형태가 요구된다. 새롭게 제기되는 '디자인 사상'(Brown 2009; Cross 2011)은 현재 세계가 당면한 문제일 뿐만 아니라, 인류에 더 친화적이고 관계적인 세계로 접근하는 방식이다. 디자이너는 과학과 기술 연구, 인류학, 지질학에서 활발히 논의되는 '대상'(Lukic and Katz 2010)과 '사물'(Ehn, Nilsson, and Topgaard 2014)의 상태 변화를 논의한다. 마지막으로 앤 발사모(Anne Balsamo, 2011)가 예로 든 기술 혁신의 경우와 같이 디자인과 문화의 관계에 주목한다. 사실 디자인은 문화적 의미와 관습을 생산하고, 특정한 경험과 삶의 방식을 디자인하는 것과 관련이 있다(Manzini 2015, Julier 2014, Laurel 2001, Suchman 2007, Sparke 2004). 새로운 디자인 문화를 창조할 수 있을지에 관한 판단은 여전히 쉽지 않다고 해도, 비판적인 디자인 연구에서 변화를 감지해 내는 것은 중요하다.

본격적인 논의를 시작하기에 앞서 한 가지 점을 분명하게 할 필요가 있다. 디자인 논의는 필연적으로 디자인적 상상력을 불러일으키지만, 이 책에서 지시하는 **디자인**의 개념은 토스트 기계, 의자, 디지털 소품

등과 같은 물건이나 건물, 기능적 사회 서비스, 친환경적 생산물을 만드는 것 이상을 지시한다는 것을 분명히 해야 하겠다. **디자인**의 복잡하고 다양한 의미에도 불구하고 여기에서 디자인은 삶의 다양한 형태를 지칭하며, 이는 사회성과 세계에 대한 대비되는 개념들을 의미하기도 한다.

책의 개요와 논쟁 지점

이 책은 크게 세 부분으로 구성된다. 1부는 현재 진행되는 디자인 연구의 몇 가지 경향을 설명하고, 문화연구 분야의 방법론을 소개한다. 1장에서는 디자인의 새로운 사회적 역할과 작동 방식을 상상하는 작업에 관심을 기울이고자 한다. 디자인을 실천으로 옮기고 빠른 변화를 유도하는 다양한 아이디어가 존재한다. 앞으로 살펴보겠지만 소수의 작업만이 그것을 낳은 (넓은 의미에서 현대 가부장적 자본주의와 같은) 철학적·문화적 구조에 문제를 제기한다. 이러한 흐름은 비판적 디자인 연구가 진행되고 있다는 사실을 보여준다. 2장에서는 최근 인류학, 생태학, 도시 건축, 디지털 연구, 발전 연구, 정치생태학, 페미니스트 이론이 역사적인 국면에서 디자인과 문화와 현실 사이의 관계를 이해하는 데 도움이 되었는가를 검토할 것이다. 이 장의 목표는 다양한 독자에게 다양한 작업을 제공하는 것이다. 즉, 디자인과 관련 없는 독자에게 디자인에 관한 작업을, 거꾸로 사회과학과 인문학에 대한 배경

지식이 많지 않은 디자인 전문가에게 최신의 사회이론을 소개하는 것이다.

2부에서는 디자인이 등장하는 문화적 배경의 존재론적 읽기를 제안하고, 디자인의 존재론적 접근 방식을 개괄적으로 설명한다. 3장에서 이러한 배경에 대한 특정한 분석을 제시하는 한편, 디자인의 전환 문제에 대해 구체적으로 답할 것이다. 칠레의 비주류 인지생물학자인 움베르토 마투라나(Humberto Maturana)와 프란시스코 바렐라(Francisco Varela)의 작업에서 영감을 얻은 이 부분은 데카르트의 객관적 인식론과 연결된 '합리주의적 전통'에 대한 비판적 독해를 진행한다. 그리고 그 전통과 맞물려 서구 근대성의 지배적 사고를 특징짓는 이원론적 존재론을 요약한다. 여기에서 새로운 점은 앞서 언급한 (몸/마음, 나/타자, 주체/객체, 자연/문화, 물질/정신 등의) 이원론 비판이 학계만이 아니라, 다양한 지식인과 활동가 영역에서 나타난다는 점이다. 이러한 흐름이 이원론에 새롭게 문제를 제기하며, 이를 넘어 정치존재론이라는 영역의 출현을 촉진하고 있다고 나는 생각한다. 이 분야의 출현은 '관계성'이라는 개념으로 점점 더 이론화되는 여러 대안을 이론적으로나 정치적으로 지각하도록 한다. 이 개념은 이전과 다른 삶과 세계를 구상하는 데 필요한 새로운 디자인에 잠재적 기초를 제공한다.

4장은 디자인 문제에 대한 새로운 접근 방식에서 출발하여 존재론적 디자인 개념의 윤곽을 그린다. 이 개념은 테리 위노그래드(Terry Winograd)와 페르난도 플로레스(Fernando Flores)에 의해 1980년대 중반에 제안되었지만, 이 책에 언급된 몇 가지 예외를 제외하고는 거의 진척이 없었다. 존재론적 디자인은 (사물, 구조, 정치, 전문적 시스템, 담론, 서사 등과 같은) 도구를 디자인할 때 존재 방식을 창조하고 있다는 간결한 관찰로부터 비롯된다. 이런 맥락에서 이 견해의 핵심적 사고는 앤-마리 윌리스(Anne-Marie Willis 2006, 80)가 명명한 '존재론적 디자인의 이중 운동'이다. 우리가 세계를 디자인하고 이렇게 만들어진 세계는 다시 우리를 디자인한다. 결과적으로 디자인이 디자인한다. 존재론적 디자인은 토니 프라이(Tony Fry)와 일군의 전환 디자이너들이 암시한 지속가능성에서 새로운 시대로의 전환을 위해 제안한 디자인에 기초한다. 이 장에서 나는 근대의 유일세계 존재에서 자연사회를 형상화하는 '플루리버스'로의 전환을 사고하는 데 매개가 되는 존재론적 디자인을 제안한다. 이러한 맥락에서 **플루리버스 디자인**은 지역의 세계들을 다시 상상하고 복원하기 위한 도구가 된다.

3부는 이 제안을 더 적극적으로 탐색한다. 5장에서는 단순한 지적 상상을 넘어 실현 가능한 플루리버스 디자인 실천이 나타나는 문화 · 정치적 배경을 논의한다. 이 장에서는 최근 10년간 북반구와 남반구에서 생산된 풍부한 문화적 · 생태학적 전환 서사와 담론을 살펴본다. 탈성장과 커먼즈, 공생, 다양한 실용적 전환 기획 등 북반구에서 발현한 개념과 운동을 요약한다. 남반구의 경우 **부엔 비비르**(Buen Vivir), 자연의 권리, 공동성의 논리, 문명적 전환을 향한 투쟁을 소개한다. 무엇보다도, 이들이 라틴아메리카 국가들에서 어떤 방식으로 수행되는가를 분석하고, 플루리버스가 재발현되는 예로 볼 수 있는가를 성찰한다. 나는 바로 이 전환의 상상물이 지배적 삶과 경제 모델에 근본적인 변화의 필요성을 제기하며, 디자인의 존재론을 재구성하는 데 더 적절한 틀을 제공할 수 있다고 확신한다. 이를 위해 서로 연결된 두 가지 사례를 소개한다. 그 하나는 '**전환 디자인**'(Transition Design)'을 위해 계속 진행 중인 미국 펜실베니아주 피츠버그 카네기멜런 대학(Carnegie Mellon University)의 디자인 대학 연구 프로그램과 대학원 과정이다. 그리고 다른 하나는 사회 혁신과 새로운 문명으로의 전환을 위해 디자인을 재개념화하는 만치니의 시도이다.

마지막으로 6장에서는 존재론적 디자인에 초점을 맞추면서 '자치 디자인'이라는 개념을 발전시킨다. 이 역시 기본적인 출발점은 간명하다. 모든 공동체는 자신만의 디자인을 실현해야 한다. 과거 (자신의 삶을 영위하는 내부적 규범을 생산할 수 있었던) 전통적 공동체의 경우 그러했고, 현재에도 많은 공동체가 남반구와 북반구에서 심화되는 위기와 피할 수 없는 기술-경제에 직면하여 자기 자신을 디자인하고 있다. 다시 말해 사회운동가, 전환적 공상가, 일부 디자이너들이 현재의 위기가 더 깊숙한 곳에 자리한 문명적 위기를 암시한다는 주장을 받아들인다면, 자신의 새로운 삶을 기획하기 위한 자치 디자인은 수많은 공동체에서 분명히 실현 가능하며, 동시에 필수적인 이론적·정치적 프로젝트임이 틀림없다. 어떤 공동체들에 있어 이는 생존에 관한 질문이기도 하다. 나는 구체적으로 콜롬비아 남서부의 한 지역에서 진행된 전환 실천을 통해 자치 디자인의 사고를 설명하려고 한다. 이 지역은 백 년이 넘는 기간 동안 지역적 차원에서 플루리버스를 창조하기 위한 공동 디자인의 모델이었다.

자치 디자인은 근본적인 면에서 '공동체', 혹은 좀 더 적절하게는 공동적인 것을 다시 기획한다. 공동적(communal)인 것에 대한 관심이 되살아나면서 식량, 에너지, 경제의 재배치와 전환 마을, 커머닝(commoning) 관련 이슈가 라틴아메리카의 비평 그룹과 유럽의 전환 운동에서 유행하고 있다. 즉, 이 장에서는 자치를 디자인의 중심에 놓는다. 또한, 자유주의가 개인의 자치와 관련이 없다는 사실은 이 책 전반에 걸쳐 분명해진다. 실제로 이 책에서 주장하는 것은 반대다. 3장과 6장에서는 자치가 마투라나와 바렐라의 용어로 **자기생산**(autopoiesis), 혹은 살아 있는 시스템의 자기생성(self-creation)에 있어 핵심이라는 점을 설명할 것이다. 이는 내가 '자치 디자인'이라고 명명할 디자인, 정치, 그리고 삶의 관계를 사고하는 형식과 실천을 제안하기 위한 연결고리 역할을 한다.

'발전'에서 플루리버스로

개발 시대의 초기, UN의 유명한 전문가들은 프로젝트를 다음 방법에 따라 정의했다.

급속한 경제 발전은 고통스러운 조정을 통해서만 가능해졌다. 과거의 철학은 폐기되어야 한다. 오래된 사회 제도는 해체되어야 한다. 계급적 올가미, 믿음과 인종은 철폐되어야 한다. 편안한 삶을 추구하던 이들은 발전 속도를 따라갈 수 없어 좌절할 것이다. 소수의 공동체만이 경제 발전을 위해 비용을 치르려는 준비가 되어 있다.(UN 경제사회국 1951, 15)

지나고 나서 생각하니 이 선언은 비록 대단히 오만할지라도 대담한 디자인 비전이라 생각한다. 당시 '저개발'에 대한 개념이 막 생겨났고 '제3세계'라는 말은 아직 생겨나지도 않았었다. 새로운 디자인의 꿈이 세계를 앞질렀다. 지구와 많은 이들에게 그 꿈은 점점 더 악몽이 되어 갔지만, 사람들은 여전히 그 꿈에 심취해 있다. 유엔은 좋든 싫든 몇 세기에 걸쳐 수백만 명의 사람들의 삶에 영향을 주면서 지역의 토착 디자인과 실천을 사라지게 한 원인이 된 '제거의 디자인'(Fry 2011)이었다. 하룻밤 사이에 풍부하고 다채로운 전통이 아무것도 아닌 것이 되었고 '저개발'로 강등되었다. 하지만 많은 이들이 이 꿈에 공감했고 전 세계 엘리트가 이를 받아들였다. 이것이 바로 디자인의 상상력이 갖는 힘이었다. 이것만이 아니다. 2015년에 열린 향후 15년에 관한 정책이 보여주듯이, '2015년 이후 발전 아젠다'와 '지속가능한 발전'은 오늘날에도 이 담론이 여전히 지배적이라는 것을 보여준다. "남반구는 북반구의 유럽 중심적 세계관에 의한 존재론적 디자인의 결과다"라고 프라이는 지적한다(2017, 49). 따라서 남반구에 적합한 방식으로 디자인에 관한 질문, 문제, 관행을 다시 정의하고 다양한 존재-인식론을 위해 과거의 상상으로부터 디자인을 자유롭게 할 필요가 있다.

오늘날 '발전'의 결과와 기후변화에 직면하여 개발이라는 디자인이 완전히 실패했다는 현실을 직면하고 있다. 또한, 지배적인 파괴의 존재론을 강제하는 비지속가능성의 구조와는 다른 소거의 디자인에 참여해야 할 필요성이 대두되고 있다. 넓은 의미에서 변화를 향한 공동의 결정은 전 세계 수많은 민중의 꿈과 욕망, 투쟁, 새로운 방식의 삶을 창조하기 위한 긴급한 시도로 바라볼 수 있다. 이번에는 더 급진적이고 건설적인 다른 디자인의 상상력이 부상하고 있는가? 새로운 디자이너들을 전환 운동가의 범주로 넣을 수 있는가? 만약 그렇다면 그들은 복지, 생명, 영토, 지역 경제, 공동체를 보호하고 다시 정의하려는 사람들과 손을 잡고 걸어가야 한다. 이들은 복수의 세계를 구성하려는 전환의 선구자다. '(현재의) 질서는 빠르게 희미해진다/ 그리고 이후에는 처음이 마지막이 된다/ 왜냐하면 지금은 변화의 시기이기에.' 치아파스의 사파티스타(Zapatista)와 대중투쟁에 참여한 사람들이 지금까지 이십 년이 넘게 이야기하는 플루리버스는 실제로 나타나고 있다. 책의 결말에서는 기존 질서를 뒤집는다는 것의 의미를 탐구하고자 한다.

위태로운 것들

밥 말리(Bob Marley)는 1980년대에 강화된 신자유주의와 규제 없는 시장이 주도하는 세계화가 자리 잡는 가운데 압도적인 지지를 통해 당선된 보수 지도자 마거릿 대처(Margaret Thatcher)와 로널드 레이건(Ronald Reagan)에게 자메이카 레게 리듬에 실린 강력한 메시지를 보낸다.

현실을 살펴보라.

국가 간 전쟁.

모든 것은 어디에서 시작되었는가?

언제 끝날 것인가?

좋아, 완전한 파괴만이 유일한 해결책으로 보인다.

아무 소용이 없네. 지금 누구도 그것을 멈출 수 없어.

아무 소용이 없네. 그 누구도 지금 그것을 멈출 수 없어.[1]

　모든 것은 어디에서 시작되었는가? 무엇이 위태로운가? 이 체제의 작동을 멈출 수 있는가? 물론 이런 질문에는 수십 가지 답이 존재한다. 서론을 마무리하기 위해서는 현재 비판적 분석의 관심에서 멀어진 가장 급진적인 답변에서 두 가지를 복원하고자 한다. 첫째, 문화 평론가 이반 일리치(Ivan Illich)는 위기 이론과 전환의 프레임을 제안한다. 둘째, 라틴아메리카와 유럽의 페미니스트들은 현재 모순의 중심에 가부장적 제도가 자리하고 있음을 밝혀낸다. 가부장제에 대한 페미니스트들의 비판적인 이론과 일리치의 통렬한 분석을 읽으면 오늘날 기계 중심적인 문명에 대한 계몽적인 분석은 더 이상 유효하지 않다는 말리의 결론에 동의하게 된다. **아무 소용이 없네. 그 누구도 지금 그것을 멈출 수 없어.** 그러나 동시에 관계적이고 공생적인 존재, 앎, 행동으로의 전환을 추구하는 통찰이 다른 전환 서사들처럼 구체적이고 현실적이라는

1　밥 말리의 앨범 「반란(Uprising)」(1980)에 수록된 곡.

것을 이 책의 전반을 통해 보여주려고 한다.

일리치는 의료와 교육에서 에너지, 교통 문제까지 전문가에 기반을 둔 제도의 유해함을 지적하고, 노동을 여성화하고 젠더 문제를 개인적 차원의 평등 문제로 환원하는 현실을 날카롭게 비판한 것으로 잘 알려져 있다. 그의 비평을 모아 1973년에 출간된 『성장을 멈춰라(*Tools for Conviviality*)』의 정치적 관점은 함께 살 수 있는 삶의 방식을 재구축하거나 그가 **공생성**(Conviviality)이라고 명명한 것으로 요약할 수 있다. 이 책은 "산업 시대에 관한 에필로그"로서 "대량생산으로 발전된 시기에서 어떤 사회든 스스로 파괴를 생산한다는 것"에 관한 성찰적 시각을 서술한 것이다(2015, 7: 9). 산업적 생산 방식은 넓은 의미에서 도구가 사람과 환경에 피해를 주고, 이로 인해 회복 불가능한 임계점에 도달했을 때 일어나는 인간에 대한 위협을 개념화한다. 17세기 이래로 계속된 에너지 활용을 통해 한계를 극복하며 시공간의 역할이 점진적으로 축소되었으며, 산업혁명에 힘을 얻어 20세기에는 완벽한 사회가 구축되었다. 수많은 기술과 '도구'들, 예를 들어 의약, 에너지, 교육은 전문적인 지식에 기반을 두었고 20세기 초중반에 이전의 한계를 뛰어넘었다. 이러한 임계점을 통과하면 기술들은 물질과 문화적 측면에서 파괴적일 뿐만 아니라 개인과 집단의 자치에 치명적인 힘으로 작동한다. 권력, 에너지, 기술 지식이 관료(혹은 국가)에 집중됨에 따라 제도화된 도구가 생산과 파괴를 엄격하게 통제하는 시스템이 가능해졌다. 일리치는 시스템에 의해 공생적 삶의 형태들이 파괴되는 방식을 보여주면서 이러한 과정을 **도구화**라 명명했다. 그 결과 사람들이 존엄하게 삶을 살아갈 능력을 빼앗는 복잡한 다중 시스템에 장착된 거대하게 도구화된 사회가 되었다.

탈산업 시대의 틀 안에서 공생과 효율성이라는 두 가지 목표를 만족시키기 위해서는 사회를 '재도구화'해야 한다. 이를 위해서는 고도화된 성장과 통제 불가능한 도구의 확산에 맞설 것을 요구한다. 자연 속에서 인간의 역사적 위치와 자치성, 도구화된 교육·정보·매체로 단절된 인간의 창의성 회복, 정치에 접근할 열린 권리, 그리고 장소, 자치, 지식, 공동체에 대한 위협에 맞서 전통, 신화, 의식을 지켜낼 인간의 권리가 이 과제에 포함된다. 5장에서 다룰 탈성장에 관한 논의에서 알 수 있듯이, 일리치는 성장과 발전을 끝내기 위한 합의의 필요성을 역설한다. 끝없이 증가하는 생산에 잠식당한 세계에 대해 일리치는 생산을 장려하고 그 비용을 어쩔 수 없는 것으로 간주하게 만드는 성장의 오류를 반박한다. 또한 성장 논리와 그 한계를 인정하며 균형 잡힌 절제를 장려하자는 것에도 선을 긋는다.[2]

....

2   일리치에 대한 소문과는 반대로 그는 기술 반대론자가 아니었다. (전화, 정규 교육, 인터넷과 같은) 수많은 도구는 원칙적으로 공생적이다. 그가 지적하는 것은 근대과학, 기술, 관료제를 없애자는 것이 아니라, 이들이 다른 삶의 방식에 방해물이 되고 있다는 점이다. 그는 수요를 만족시키기 위한 대량생산과 공생적 생산 사이의 균형을 요구했다. 그리고 과학과 기술이 효과적인 공생의 도구와 디자인을 위해 사용될 수 있다고 믿었으며, 이를 위해서는 인간이 기계와 도구를 위해 봉사하기보다는 기술이 인간을 위해 봉사하게 된다고 주장한다. 따라서 근대과학을 "최소한의 교육과 상식으로 사용 가능한 도구"로서 사고해야 한다(2015, 87). 여기에는 상품, 서비스, 인터페이스 디자인에 대한 도전이 놓여 있다. 일리치의 작업은 자크 엘륄(Jacques Ellul), 루이스 멈퍼드(Luis Mumford), 에리히 프롬(Erich Fromm), 허버트 마르쿠제(Herbert

일리치는 산업적 생산성에서 벗어나 공생성에 초점을 맞춘 급진적이고 전도된 사고를 제안한다.

> 기술주의가 초래하는 종말의 위협에 반대하여 나는 공존 사회라는 시각을 견지한다. 기술 사회는 다른 사람에게도 동등하게 자유로운 권리에 해를 가하지 않는다는 조건에서 각 개인이 공동체의 도구들에 가장 광범위하고 자유롭게 접근한다는 사회계약설에 기반을 두고 있다. (……) 반면, 제한된 도구와 공생적 조직이 갖는 복수성은 **과거로부터 기억과 유산, 이 둘 모두를 창조로 인정하는 다양한 삶의 방식**을 인정한다.(2015, 26-28, 강조는 필자)

위와 같은 윤리적 입장은 기술적 합리성의 대안을 요구한다. 이제 자치의 토대가 될 과거로부터 이어져 내려온 사회운동, 미래성을 성찰하며 전환을 디자인하는 사람들, 그리고 미래가 있는 미래를 강조하는 디자인의 근본적인 원칙을 살펴볼 것이다. 일리치가 덧붙인 것과 같이, 공생의 도구는 창조적 자치, 사회적 형평성, 복지, 그리고 에너지와 노동에 대한 집단적 통제를 숙성시키는 것에까지 효과적일 수 있어야 한다. 이것은 도구가 정치 과정에서 새로운 형태의 주체가 되어야 함을 의미한다. 과학기술이 새로운 에너지의 원천이 되면서 이를 통제하는

Marcuse), 폴 굿맨(Paul Goodman), 폴 비릴리오(Paul Virilio)와 같은 역사가 및 기술과 발전된 산업사회에 대한 비판 이론가들의 작업에 포함될 수 있다.

플루리버스

것이 더욱 중요한 이슈로 떠올랐다. 따라서 일리치가 제기한 것처럼 생산 확대의 한계를 지적하는 행동이 긴급하게 요구된다. 한계를 정하는 것은 또 다른 자율성과 창의성이 숨을 쉴 수 있는 잠재력을 낳는다. 마지막으로 검소함과 간소함에 가치를 매기고, 정치 · 경제 · 기술 엘리트 권력에 복종하는 대신에, 나머지 사람들에게 의존하는 법을 다시 배우는 사회가 되어야 한다. 물론 이 과정은 명백히 정치적이다.

공생을 복원한다는 것은 모든 산업적인 생산의 중단이 아니라, 산업이 독점하고 있는 현재 상태를 뒤흔드는 것을 의미한다. (⋯⋯) 공생을 복원하기 위한 이 과정은 사회가 생활양식, 도구, 환경을 변화시키고 혁신하려는 개인과 집단의 시도를 보호한다는 조건에서만 가능하다. 다시 말해, 현실에 새로운 모습을 더하기 위한 시도를 뜻한다. (⋯⋯) 여기서 우리는 생산양식을 다양화하는 사회에 대해 말하고 있다. 따라서 독점적 산업생산에 제한을 두는 것은 미래를 자유롭게 하기 위함이다. (⋯⋯) 침체되는 사회는 끝없이 가속하는 사회만큼이나 불안정하다. 이 둘 사이에 공생이라는 혁신적 사회가 위치한다. (⋯⋯) 따라서 전지전능한 도구화에 의해 위협을 받는 여러 종의 생존은 이들이 도구를 사용하는 것에 관한 두 가지 형태를 명확히 구별하고, 자유롭게 선택할 수 있는 과정을 확립할 수 있는가에 달려 있다.(94-97)

잠시 일리치 대신 클라우디아 폰 베를호프(Claudia von Werlhof)의 해석을 통해 인간과 자연을 파괴하는 현대 문명 모델의 원천으로서 가부장제 모델을 생각해 보자. 그렇다면 왜 그것을 고려해야 할까? 만약 길거리에서 사람들에게 위기의 주요한 원인을 물어본다면 가부장제라고 답하는 사람은 거의 없을 것이다. 베를호프는 서구 문명 위기의 뿌리를 지난 5,000년 동안 모계 문화를 희생하면서 오랫동안 진행된 가부장제의 발전에서 찾았다. 저자에게 가부장제는 여성 착취를 넘어 자연의 구조적인 파괴를 의미한다. 반면에, 모계(혹은 가모장) 사회는 남성에 대한 여성의 우월로 정의되지 않는다. 이와는 완전히 다른 삶의 개념으로, 지배와 위계에 기대지 않고 삶의 관계적인 조직을 존중하는 전혀 다른 삶으로 정의된다. 따라서 모든 문화는 (어머니의 땅임을 함축하고 있는) "태초에 어머니가 있었다"라고 말할 수 있다. 즉, 관계는 모계 관습을 현재까지 유지하는 많은 부족이나 마을에서 확인할 수 있다. 남성들은 생명을 창조하는 여성의 힘을 단계적으로 빼앗았고, 베를호프가 말하는 '가부장제의 연금술'을 통해 생명의 토대를 약화시켰다. 본래의 의미에서 연금술은 삶의 자연적인 리듬을 관찰한 것에 기초를 둔 앎의 방법이지만, 가부장제 연금술은 마치 금이나 현자의 돌처럼 더 가치 있다고 판단되는 것만을 고립된 요소 안에서 최대한 생산하려는 파괴적 관행이 되어버렸다. 파괴는 생명의 창조라는 이름으로 수행되는 프로그램으로 바뀌었다. 근대성과 기계의 지배로 인해 이 프로그램은 결국 끝없는 진보의 추구와 쉴 사이 없이 '더 나은' 세계에 대한 약속으로 변환되었다. 유일신 종교는 성스러운 형태인 아버지와 함께 이 프로그램의 주요한 구성 요소다. 서구 중심의 가부장적 근대화라는 500년 동안의 시간이 지난 뒤에 이 '문명의 연금술'은 '파괴를 통해 건설된 창조'에 기반을 두어 전 세계로 확장되면서 생명과 대항하는 전쟁을 벌이고 있다. 베를호프의 관점에서 자본주의는 가부장적 문명의 가장 마지막 단계일 뿐이다.[3]

일군의 라틴아메리카 페미니스트들은 이 마지막 단계의 기원을 아메리카 정복과 근대/식민 세계 시스템의 건설에서 찾아낸다. 근대성에 의한 변화를 이해하기 위해 가부장적 시각에서 역사적 과정을 조망하는 것이 필요하다. 이를 위해 아르헨티나 페미니스트 인류학자인 리타 세가토(Rita Segato 2015)는 공동의 세계인 '지구촌'과 '세계-국가' 사이를 구별하는 유용한 논리를 소개한다. 지구촌은 이중-성(dual-gender)이라는 독립된 양측으로 구성되지 않으며, 상호관계에 기초한 보완적인 이중적 젠더의 존재론이다. 한편, '세계-국가'는 남성에 의한 공적 영역이

----

3   베를호프가 가부장제 비판 이론으로 명명한 것은 1970년대 마리아 마이스(Maria Mies)와 베로니카 벤홀트-톰슨(Veronica Bennholdt-Thomsen)과 함께 작업한 것을 시작으로 수십 년에 걸쳐 진화해 왔다. 나는 그녀의 저작 중 멕시코에서 최근 출간된 스페인어 논문을 주로 언급하고자 한다. 몇몇 논문은 2011년에 영어로 나온 저작에서 확인할 수 있다. 주요한 논문으로는 2001년, 2003년의 작업이 있다. 그녀는 자신이 거주하는 오스트리아에서 가부장제 비판과 대안 문명 연구소(Research Institute for the Critique of Patriarchy and for Alternative Civilization)를 설립했다. 이 연구 프로그램은 매우 독립적이며 영미권과 프랑스 학계에서 확립된 비판적 페미니즘 이론으로부터 거리를 유지하고 있고, 오히려 라틴아메리카의 탈식민적·자치적 페미니즘과 많은 교류가 있었다(2장 참조). 관련 연구로는 메르칸트(Merchant 1980)와 페데리치(Federici 2004)를 참고하라. 마지막으로 1970년대 영미 학계와 그 외의 지역에서 엥겔스의 『가족, 사유재산 및 국가의 기원』으로 돌아가 진정한 가모장제가 존재했는지에 관해 격렬한 논쟁이 있었다. 그러나 나는 여기서 다루는 접근 방식이 단지 정치·경제·문화뿐 아니라 존재론적 지향점을 다루기에 엥겔스와는 다르다고 생각한다.

점점 더 여성의 사적 영역을 종속화하여 점진적으로 공공의 세계를 점유하는 이분법적 존재론을 기반으로 한다. 이 견해에서 가부장제는 세가토가 말한 모든 사회에 부과된 잔인한 교육의 결과이자 인종적·식민주의적·제국적 형태의 각종 종속에 기반이 된다. 라틴아메리카의 자치, 탈식민, 공산주의 페미니스트들은 아이마라(Aymara) 선주민의 지식인-활동가 훌리에타 파레데스(Julieta Paredes 2012)가 말한 인류가 지배 방식을 배우는 장소는 여성의 몸이라는 주장에 동의한다. 이들은 그로 인한 필연적인 결과로서 과거에서 현대에 이르는 다양한 형태의 가부장제의 복잡한 얽힘이라는 역사적 과정을 분석한다.[4]

가부장제 연금술은 우리 삶의 대부분을 포획하고 있다. 각자는 개인으로 자가 연금술의 결과이며 (재)생산과 자기 극복을 통해 자신을 바라본다. 우리의 정신은 물질과 정신으로 분리된 구도에 갇히면서 곤궁해졌다. 인류는 점진적으로 삶을 파괴하는 가부장적 통치 제도 내에서 무의식적으로 고립된 '평등'을 요구하면서 분리를 경험하기 시작한다. 이미 근대에 이르러 장소, 자연, 풍경, 공간, 시간을 고려하지 않는 세

---

4   2장에서는 흑인, 선주민, 근대 가부장제와 페미니즘을 논의한다. 주요한 저자들은 마리아 루고네스(María Lugones), 리타 세가토, 실비아 리베라 쿠시캉키(Silvia Rivera Cusicanqui), 베티 루스 로사노(Betty Ruth Lozano), 실비아 마르코스(Silvia Marcos), 아우라 쿠메스(Auro Cumes), 이르마 알리시아 벨라스케스 니마투흐(Irma Alicia Velázquez Nimatuj), 훌리에타 파레데스, 아이다 에르난데스(Aida Hernández), 유데르키스 에스피노사(Yuderkis Espinosa), 디아나 고메스(Diana Gómez), 카리나 오초아(Karina Ochoa), 브레니 멘도사(Brenny Mendoza), 카리나 비다세카(Karina Bidaseca), 오치 쿠리엘(Ochy Curiel), 나탈리아 키로가(Natalia Quiroga), 소치틀 레이바(Xochitl Leyva)를 포함한다.

계가 건설된다. 한마디로 오랜 시간을 통해 인간 존재를 형성한 '여기 그리고 지금(hic et nunc)'을 더 이상 참고하지 않는 것이다.[5] 페미니즘적 관점에서는 모든 생명체에 있어 삶과 감정이 중요한 요소다. 따라서 지구의 영성을 바탕으로 모든 생명체의 상호연결성을 인정하고 이를 구축하여 공동체를 활성화하는 정치가 필요하다.

삶의 상호성 개념은 생태학뿐 아니라 상당수의 전환 서사와 이 책에서 논의되는 이론적 흐름(2장)의 중심에 있다. 인간과 인간이 아닌 모든 생명은 모태적 관계에서 발생했다. 이 사실을 망각하면서 가부장적인 부계 문화의 발전을 누려왔다. 노스캐롤라이나의 환경학자이자 신학자인 토마스 베리(Thomas Berry, 5장에서 논의할 전환 사상가 중 한 명)는 베를호프의 분석을 심도 있게 고찰한다. "가부장제를 통한 서구의 역사 발전에 관한 새로운 해석이 생겨나고 있다. (……) 서구 문명은 가부장제, 즉 남성 지배에 의한 공격과 약탈로 손상되었음을 의미한다"(Berry 1988, 138-140). 가부장제 이후의 진정으로 생태 친화적 세계에 대한 상

....
5 폴 비릴리오는 이렇게 추론한다. "진보한다는 것은 속도를 붙이는 것이다. 프톨레마이오스의 지리중심주의와 결별하고 '영원한 진리'를 탈각시키는 코페르니쿠스적 발상 이후, 우리는 기술-산업 분야의 수치적 발전을 확인하면서 병기와 폭발물뿐 아니라, 시계, 광학, 기계학을 비롯하여 현재를 극복하기 위한 모든 것을 우선시하게 되었다" (2012, 15). 또한 비릴리오는 도구와 기계에 주목하면서 14세기 이탈리아에서 시작되어 "인간을 불완전과 자신에 대한 불만족에서 벗어나기 위해" 우리가 한 장소에 거주하는 것을 거부하고, 인터넷과 같은 '유사성의 복제'에 가두는 가부장적 이데올로기라는 결과를 낳는 '지식의 진보에 관한 패러디'를 시도한다(38). 이렇게 비릴리오는 상황을 가감 없이 진단한다. 그는 현재 우리가 다윈의 진화론, 기술 관료제, 끊임없는 전쟁에 기초를 둔 '전 세계의 자살적 상태'에 도달한 것으로 판단한다(1997).

상이 가능하기 위해 이런 인식이 요구된다고 그는 덧붙인다. 가부장제가 그 원인이 되는 이러한 문제에 대한 인식이 아직 대중화되지는 않았기 때문이다. 이 분석은 새로운 역사적 사명으로서 '인류-지구의 상호-관계를 돕는 관계가 성립될 수 있는 시간'(145)을 도입해야 할 필요성을 담고 있다. 이는 현대 가부장제가 체화된 네 가지 주요 제도, 즉 정부, 기업, 대학, 종교에 대항할 때만 도달할 수가 있다.

이러한 독해는 움베르토 마투라나와 독일계 심리학자 게르다 페어덴-췰러(Humberto Maturana and Gerda verden-Zöller 1993)가 수행한 '유럽의 가부장적 문화'와 '모계 문화들'에 대한 체계적 비교 연구에 호응한다. 앞서 논의한 페미니스트 작가들처럼 이들은 가부장적 문화와 모계적 문화들의 존재론적 개념을 채택한다. 가부장적 문화에서 여성과 남성들은 모두 가부장적이며, 모계적 문화에서 남성과 여성은 모계적이다. 모계적, 가부장적 문화는 각각 남성과 여성 사이에 실현되는 서로 다른 삶의 방식, 다른 관계 맺기, 감정을 느끼는 다른 방법, 서로 다르게 완결된 닫힌 네트워크이다(2008, 112).[6] 이들은 가부장적 문화의 출

6   마투라나는 문화를 대화의 닫힌 네트워크로 정의하는데, 이를 통해 행위에 대한 동의와 협력이 일어난다. 그는 칠레에서 수십 년 동안의 독창적이고 활동적인 연구를 통해 모계 문화와 사랑의 생물학 연구와 실천을 진행했다. 페어덴-췰러의 작업은 놀이의 관점에서 유년기에 엄마-아이의 관계와 역할을 결정하는 것에 주목했다. 이는 육체적 관계로 정의되며, 엄마나 부모는 아이에게 절대적으로 존재하며, 이러한 공존은 아이의 미래에 있어 모든 성공의 근본이라고 설명한다. 브라질 심리학자 에바니아 라이체르트(Evania Reichert)는 빌헬름 라이히(Wilhelm Reich), 레브 비고츠키(Lev Vygotsky), 장 피아제(Jean Piaget), 클라우디오 나랑호(Claudio Naranjo), '사랑의 생물학'을 이론화한 마투라나의 작업에 기반을 둔 아동 교육학에 관한 좋은 저서(2011)을

현을 역사적 · 진화론적 맥락 속에 위치시키는 한편, '사랑의 생물학'이라는 낯선 결론에 도달한다. 가부장적 문화는 경쟁, 전쟁, 위계, 권력, 성장, 번식, 타인의 지배, 자원의 점유에 가치를 두며 이 모든 것을 진리라는 이름으로 행위와 감정을 통해 정당화한다. 이 문화 안에서 근대 인류는 불신에 둘러싸여 자연에 대한 제어와 그 밖의 통제를 통해 확실성을 추구하려고 한다.

반대로 역사적으로 모계 문화는 관계, 참여, 협동, 영감의 존중, 신성함, 삶의 주기적 혁신을 강조하는 대화로 특징지을 수 있다. 압도적인 가부장제 접근 방식에도 불구하고 모계적 존재 방식은 현대 문화에서도 존속한다. 예를 들어 부분적이며 모순적으로 어머니-자녀 또는 부모-자식의 관계에서, 사랑의 관계에서, 과학에서, 민주주의적 참여에서 살아남았다. 여기에서 핵심적인 것은 생물학적 존재는 감정 행위에 기반하며, 사회적 공존은 전유와 투쟁 방식보다 사랑에 우선 기반을 둔다는 인식이다. 현대 가부장제 사회는 인간의 역사를 구성하는 것이 이성이나 경제가 아니라 감정이라는 사실을 이해하지 못하는데, 우리가 만드는 세계를 결정하는 것은 우리의 욕망이기 때문이다.[7]

....

출간한 바 있다. 아동 양육 방식에 대한 예는 방대한데, 당연하게도 그들은 현재 대부분이 따르는 방법론에 반대한다!

7 사랑은 도덕적 가치와는 거리가 멀며, 이 저자들은 사랑이 "관계적 행위의 장소로서 타자는 자신과의 공존을 통해 합법적으로 타자가 된다"고 설명한다(Maturana and Verden-Zöller 2008, 223). 이는 생물학적 · 문화적 존재의 기본적인 전제다. 그들은 "사랑은 맹목적인 것이 아니라 비전을 갖는 것이다. 지성을 독립시키고, 우리의 신경계가 작동하는 장소를 확장할 때 공존이 이루어지기 때문이다"(138). 그들은 이 사랑

사랑의 생물학 내에서는 모계적 사고와 문화가 생겨나고 번영한다. "모든 존재는 상호 연결되어 있다는 인식 아래 인간의 행위는 항상 총체성에 영향을 끼친다는 암묵적인 이해 속에서만 오직 삶을 유지할 수 있다"(Maturana and Verden-Zöller 1993, 47). 이러한 관점에서 근대성의 출현과 함께 상호 연결된 것에서 전유와 통제로 이동하는 인간 감정의 변화는 합리성에 의해 정당화되는 문화적 과정으로 이어진다. 따라서 지속적이고 순환적이며 주기적인 혁신 안에서 평등과 단결을 통한 공존의 조화를 다시 길러나갈 필요가 있다. 이것이 갖는 윤리적 · 정치적 함의는 분명하다.

만약 우리가 다르게 행동하기를 원한다면, 만약 우리가 다른 세상에 살기를 원한다면, 우리는 욕망을 변화시켜야 할 필요가 있다. 그리고 이를 위해 우리는 대화를 바꿔야 한다. (……) 이것은 오직 모계적 삶의 방식을 회복했을 때 가능하다. (……) 모계적 삶의 방식은 모든 삶의 형태에 정당성을 부여하며, 공생 프로젝트 생성을 위한 가능성을 인정하면서 공존의 공간을 열어 놓는다. (……) 우리에게 모든 살아 있는 것들과 협동하는 삶을 살고 그것을 볼 수 있도록 허락한다. 반대로 가부장제가 보여주는 삶의 방식은 삶을 통제하려는 욕구로부터 일방적으로 모든 것을 조작하도록 우리를 자극한 결과, 우리가 자연과 삶을 이해하는 것을 제한한다.(105)

의 생물학을 소유와 통제에 의한 가부장적 공존과 대비한다.

이렇게 '침묵이 강요된' 길을 재건하는 것은 사회적 공존을 악화시킨 이성에 의해 평가절하당한 감정을 되살리는 일이다. 베를호프에게 있어 이것이 함의하는 것은 상당히 중요하다.

> 우리가 원하든 원치 않든, 생명의 근본과 생존 그 자체도 우리에게서 앗아가기에 근대와 함께 더는 함께할 수 없다는 사실이 드러났다! (……) 이제 두 가지 대안이 있다. 근대성으로 더 깊이 들어가거나, 근대라는 대안보다는 근대에 대한 대안을 향하여 개혁하거나 혁명적으로 만드는 것이다. 하지만 이 대안은 가부장제를 버리는 것을 의미하기에, 세계와 소위 서구 문명에 있어서 가장 큰 금기라는 것을 잘 알고 있다. 이 균열은 선주민의 세계를 제외하고는 어디에서도 상상할 수 없다.(2015, 159)

그녀는 사파티스타의 경험을 반추하면서 논의를 이어간다. "오직 한 가지 해결책만이 존재한다. 멕시코뿐 아니라 서구와 전 세계에 비서구적 문명을 재건하는 것이다"(195). 유토피아적으로 보이는 이 주장이 구체적인 사회적 행위자에게 가치를 지니는가를 확인하기 위해서는 이 책의 마지막 장까지 기다려야 할 것이다. 지금은 문명적 변화를 추구하는 이 개념이 환경학자와 기후활동가에서 영적 지도자에 이르기까지 수많은 전환 이론가들과 몽상가들에 의해 심각하게 고려되고 있다는 점을 말하는 것만으로 충분하다. 나중에 살펴보겠지만 아메리카 대륙의 선주민들은 시장과 기업의 세계화라는 문명의 연금술이 가져온 덫을 넘어 **어머니 대지의 해방**에 헌신하고 있다. 그들에게는 이제 "진보에 대한 미신과 같은 신념과 근대가 최고라는 **연금술 프로젝트**를 버릴 때다"(von Werlhof 2015, 85). 이것은 베를호프와 다른 저자들이 직관적으로 파악하는 '새로운 모계'를 의미하며, 과거의 모계 원리에서 영감을 받아 오늘날에 적합한 변화의 에너지로 작동하고 있다.

현재 위기의 배경으로 가부장제와 서구 근대성에 대한 장기적인 분석이 중요한 이유는 이 저자들이 가부장제를 **진행 중인 역사적 현실**로 파악한다는 사실에 있다. 그것은 지나버린 과거가 아니다. 가부장제의 존재는 지금 현실에 존재하는 역사의 중심에 있다. 이러한 인식이 디자인의 방향 전환에 반영되어야 한다. 수전 스튜어트가 지적했듯이 "디자인에 관한 사유에서 역사를 고립시키는 사고는 시간의 궤적에 대한 이해를 통해 디자인 행위가 형성된다는 사실을 망각한다"(2015, 276). 인류의 역사를 인식하는 것은 때때로 우리가 사는 세계를 형성하는 데 신화와 관계의 영역에 관심을 기울이는 것을 요구한다. 그리고 오늘날과 같은 격동의 시대에 디자인이 세계와 사물의 역사를 수용하는 것이 필요하다.

미래가 있는/없는 디자인?

당연하게도 독자들은 존재론적이든 그렇지 않든 디자인이 자치와 관계적인 삶에 대한 사고와 어떤 관련이 있는지 궁금할 것이다. 게다가

자치 디자인(autonomous design)이라는 말은 모순이 아닌가? 내가 탐구하는 가능성은 원칙적으로는 매우 간단하다. 일종의 존재론적 디자인이 자치적으로 기능할 수 있느냐의 여부이다. 여기서 우리는 한 번 더 이 책의 핵심적인 논쟁 중 하나에 직면한다. 근대적 비지속성과 탈미래적인 관행의 뿌리에서 벗어나 다른 존재론적 약속, 관행, 서사, 존재론적 행동을 향한 디자인이 가능할 것인가? 더욱이 디자인은 플루리버스로 전환하기 위한 도구가 될 수 있을까? 미래가 지속하도록 우리 자신과 사물과 존재를 다루는 방식을 변화시키는 존재론적 디자인의 원칙을 준수하는 방식으로 상호작용, 상황적 맥락, 언어를 디자인할 수 있을까?

우리는 학계와 운동가들에게서 이 질문에 대해 다르지만, 상호보완적인 답들을 찾을 수 있다. 투쟁을 위한 이론-정치적 공간에서 디자인을 제안할 조건이 필요하다면 그 시기는 바로 지금이다. 이미 2001년 브라질의 포르투 알레그리에서 열린 세계사회포럼(World Social Forum)에서 이 역사적 가능성을 알렸다. 이들은 **또 다른 세계는 가능하다**고 말하며 행동을 호소한다. 세계사회포럼은 **우리는 수많은 세계를 담아낼 수 있는 세계를 원한다**고 외친 치아파스주 사파티스타의 놀랍도록 명석하고 분명한 주장에 호응했다. 이 슬로건이 급진적인 디자인 상상력의 실마리를 제공할 수 있을까? 마푸체 시인 엘리쿠라 치우아일라프(Elicura Chihuailaf)는 "우리 자신의 인생을 디자인하고 통제하는 그런 존재가 되고 싶다"고 말한다(Rocha에서 인용 2015, 97). 사파티스타와 오아하카주의 자치공동체에서 콜롬비아 남서부의 나사와 미삭, 칠레와 아르헨티나의 마푸체에 이르기까지 대륙 전체에 걸쳐 이러한 예를 확인할 수 있다. 또한 여러 지역에서 점점 성장하는 농민과 흑인 공동체도 마찬가지다. 아메리카 대륙 발견 500주년인 1992년을 즈음하여 이 대륙을 아브야-얄라(Abya-Yala)로 새로 명명함으로써 원주민 운동은 진정한 도약을 경험하게 된다.[8]

이러한 성장은 다양한 형태의 자치 사상에 기반을 조성하고 있다. 자치와 공동성의 개념이라고 알려진 앎, 존재, 행동의 공동적 형태와 이와 관련된 실천은 공동체 내외부에서 새로운 공동의 디자인 사고를 위한 틀을 제공한다. 예를 들어 씨앗, 공유지, 산, 숲, 습지, 호수, 강을 보호하기 위한 투쟁이 존재한다. 또한 백인/메스티소와 가부장적 지배에 대항하는 행동, 예술, 디지털 기술, 도시 정원, 대체에너지에 대한 실험이 도시에서 진행된다. 거시적으로 볼 때 여러 집단의 의지를 드러내는 이러한 표현은 다른 세계가 실제로 가능하다는 신념을 드러낸다. 이러한 다양한 사회운동은 인류와 자연의 협력적이고 관계적인 삶의 방식들을 보호하고 재건설하려는 '모계화'의 사례로 파악할 수 있다.

호주 출신의 디자인 이론가 토니 프라이(Tony Fry)는 현대 디자인이 보여주는 '지속불가능한 탈미래(de-futuring) 효과'에 관해 언급한다. 이를 통해 가능한 미래를 없애는 지속불가능한 구조의 시스템에 디자인

---

8 아브야 얄라는 파나마와 콜롬비아의 쿠나 족들의 언어로 '생명의 대륙'을 뜻한다(다른 버전에서는 '완전히 성숙한 땅'을 의미하기도 한다). 이는 라틴아메리카의 선주민들이 선호하는 대륙의 이름으로, 아메리카 선주민들이 북아메리카에 부여한 거북이 섬(Turtle Island)과 유사한 방식이다.

이 공헌하고 있다고 설명한다. 따라서 미래를 상상하는 능력을 회복하는 것이 중요해졌다. 이를 위해 계몽주의에서 벗어나 새로운 지평인 '지속'으로의 전환을 제안한다. 이 새로운 전환은 미래를 제거하려는 존재론에 직면한 세계를 존재론적이며 관계적인 형태로 변화시킬 것이다. "비판적 디자인은 물질성으로 번역된 비판적 사고이다. 말 대신에 디자인의 구조와 언어를 사용하여 사람들과 관계를 맺기 위한 디자인을 사고하는 것이다. 모든 훌륭한 비판적 디자인은 상황에 대한 대안을 제공한다"(35). '모든 것이 성찰적'인 시대에 살고 있다는 점은 우리에게 희망적일 수 있으며, 이것이 "우리의 세계가 하나의 우주가 아닌 복수의 우주인 플루리버스"(160)를 만들 수 있다는 일종의 "사회적 몽상"(169)에 연료를 주입한다. 다음 장에서는 디자인의 개념을 통해 플루리버스로의 전환을 위한 성찰적인 디자인이 지닌 존재론적 추진력을 구체적으로 살펴볼 것이다.

성찰은 모든 방향으로 나타난다. 하지만 두 가지 반대되는 디자인을 살펴볼 필요가 있다. 한쪽 끝은 모계적 · 공생적 · 미래적인 디자인이 존재한다. 넓은 의미에서 자연 세계에 인간이 내적으로 포함된 사실을 인정하면서, 모든 형태의 생명이 수평적인 관계를 기반으로 한 세계를 (재)창조하는 관계를 추구한다. 스펙트럼의 다른 끝에는 오직 인간에 의해 창조된 기술의 세례를 받은 포스트휴먼의 꿈이 놓여 있다. 예를 들어 이 세계는 유전자 중심의 시각에 기반을 둔 합성 생물학의 세계이다. 유전적 개량과 수명 연장을 위한 기술의 연금술이 절정에 달한 세계이다. 로봇 공학, 사이보그 환상, 우주여행, 나노 기술, 3D 프린팅 등의 세계다. 기후변화를 해결하기 위해 기업 회의실에서 지구공학을 논하는 세계다. 기술 발전을 가속하는 '위대함'을 옹호하는 사람들의 세계다. 이 세계에서는 인간이 생물학의 비밀을 밝혀낼 것이며 생명도 만들어낸다. 영화 「엑스 마키나(Ex-machina)」에서 묘사한 것처럼 인간은 기계를 통해 인간을 만들어내어 생명을 제공하는 여성의 능력은 마침내 완전히 박탈될 것이다.[9] 창조에 관한 가부장적 디자인 상상력은 마치 아버지처럼 정말로 보편적인가? 피할 수 없는 것일까? 한 가지 확실한 것은 만약 이러한 세상이 도래한다면 생명이 생겨나는 (본래의 자연으로서의) 본성과는 닮은 점이 없어질 것이다(Plumwood 2002). 이렇게 문명을 규정하는 두 가지 방식인 부계 문화와 모계 문화 사이에서, 즉 두 가지 디자인 사이에서 분기점을 만날 가능성을 발견한다.

혁신에 대해 근시안적인 구시대의 부모들은 미래에 대한 시각을 강탈했다. 그들의 시각은 수세기 동안 진행된 관행에서 비롯되어 정치적 힘과 언론을 장악해 왔다. 그럼에도 불구하고 기후변화에 대응하여 기술에서 모든 수단을 얻어내려는 모습을 발견한다. 산업자본주의가 만들어낸 도구의 함정을 피하는 동시에, 계층, 경쟁, 공격성 그리고 인간과 자연의 통제를 강화하는 분리된 존재론을 넘어서기 위해 디자인 상상력은 매우 중요하다. "기술에 대한 질문"(하이데거 1975)을 다시 진행하는 것은 의심할 여지 없이 모든 비판적 디자인의 주된 문제 중 하나

---

9 기술적 유일성에 대한 사고는 미래학자인 레이 커즈와일(Ray Kurzweil 2005)에 의해 대중화되었다. 유일성에 관한 논쟁은 스탠포드 대학에서 시작되었다. 커즈와일은 유일성의 시작을 2045년으로 설정하고 있다.

플루리버스

이다. 클라이브 딜놋(Clive Dilnot 2015)이 지적한 것처럼 기술의 파괴 능력은 기하급수적으로 커졌다. 그렇다고 해도 기술을 통해 다른 생명과 완전히 다른 관계를 형성하기 위해서는 인류의 능력을 기술에게 양보하지 않는 방식으로 대응할 필요가 있다.[10] 인류세를 초래한 파괴가 당연해지고 AI 기술이 돌이킬 수 없는 상황에 직면하여 그는 AI가 제공하는 질적으로 새로운 방식에 반대해야 한다고 주장한다. 여기에서 **가능성**은 기술적 연금술의 상상력이 언급하듯이 "현재를 발전시키는 것이 아니라 현실과 교섭하는 것"을 말한다(Dilnot 2015, 169). 여기에 "**자연 존재와 교섭하는** 것과 같이, 인공적인 것과 교섭할 가능성"을 추가한다 (169, 필자 강조). 이는 중요한 구별 지점이다. 이것이야말로 "지금 생겨나는 것을 파악할 수 없는 우리의 무능력이 초래한 현재의 기이한 상황"을 극복할 유일한 기회를 제공한다(170). AI의 출현이 가져온 현재의 조건은 우리를 윤리, 디자인, 정치의 교차 지점에 대해 다시 생각할 필요성에 직면하도록 한다. 우리는 책의 결론에서 이 핵심적인 질문으로 돌아갈 것이다.

또한 AI의 영역 확장 시대에 디자인과 미래의 관계를 사고하는 것은 우리가 "디자인의 정치적 역량을 실천에 옮기게 하도록" 자극한다. 이는 물질성을 통해 디자인이 특정한 종류의 정치를 몸이나 공간, 대상으로 '구성'하는 방식을 주요하게 연구하던 지금까지의 분석적 경향과는

---

10 기술의 파괴 능력에 관련해서는 디지털 장치에 들어가는 극소량의 금이나 다이아몬드, 광물을 위해 비할 수 없이 파괴적인 효과를 지닌 대규모의 전 세계적 채굴을 예로 들 수 있다. 이로 인해 공동체와 생태 시스템 전체가 그 영향에서 벗어나지 못한다.

반대된다(Domínguez y Fogué 2015, 143). 오히려 몸, 공간, 물질이라는 존재 형식을 통해 디자인 역량에 주목할 수 있다. 이는 "디자이너들이 내재된 가능성에 대해 세심하게 열린 디자인을 수행하려는 시도"(Stewart 2015, 275)와 함께 진행된다. 이러한 요구에 응답하기 위해 페미니스트들과 모계 문화 연구자들, 자신의 영토를 지키기 위해 싸우는 전 세계 다양한 사람들이 실천하는 자치 및 공동적인 삶의 방식과 같은 풍부한 상상력을 통해 디자인의 능력과 잠재력을 사고하는 것이 필요하다. 또한 현재 압도적인 탈미래적 실천과 과학과 기술의 잠재적인 가능성 사이에서 전진을 위해 분투하는 디자인 사상가들의 노력 역시 포함된다.

이러한 논의는 사회이론에서 여전히 풀리지 않는 문제가 있다는 것, 운동가들의 세계에서 긴장과 모순이 생기는 요인이 존재한다는 사실을 알려준다. 이와 관련하여 오늘날이 과거 그 어느 때보다 좋은가 하는 질문을 포함하여, 의학의 발전, 여성의 권리, 수명, 커뮤니케이션의 발전으로 인해 인간의 삶이 향상되었는가와 같은 근대에 관한 질문이 존재한다. 다시 말해 '근대가 초래한 문제를 해결할 수 있는 근대적인 해결책'이 여전히 존재할까? 아니면 현재를 유지하기 위한 시도가 계속된다는 것을 고려할 때 생태와 사회적 위기에 효과적으로 대응하고 또 다른 세계를 만들기에는 근대의 능력이 손상된 것이 아닐까? 혹은 장소적 기반을 가진 관계적 삶의 형태에서 나오는 대안과 다른 가능성이 존재하는 것일까? 세계화와 비교하여 상대적으로 소규모라는 점을 고려할 때, 이 가능성은 결국 불가능한 꿈일까? 우리는 결론에 이르러 다시 이 질문에 답할 것이다.

플루리버스

요약하자면 이 책에서는 다음과 같은 논의를 진행할 것이다.

1. 현재의 위기는 존재하고 행동하고 아는 방식과 깊게 연관되어 나타난 결과이다. 이전과는 다른 세계를 디자인하기 위해서는 가부장적 · 자본주의적 · 근대적 · 인식-존재론적 디자인의 역사성을 살펴보는 것이 요구된다. 이 책은 디자인이 실현되는 역사적 · 문화적 배경을 살펴보면서 디자인에 대한 집단적 성찰에 도움이 되고자 한다. 이렇게 이 책은 디자인의 문화연구에 깊이를 더한다.

2. 디자인 연구를 위해 가장 적절한 방법은 존재론적 접근이다. 이를 위해 한편으로는 서구 자본주의의 가부장적 근대성을 이끈 분리, 통제, 점유의 이원론적 존재론을 비판적으로 검토한다. 다른 한편으로는 존재하는 모든 것의 깊은 관계와 상호 연결성을 강조하는 다른 형태의 합리성과 존재 방식을 타진한다. 이 책은 디자인에 대한 존재론적 접근을 살펴보도록 한다.

3. 생태와 사회 전반의 파괴적 상황은 근본적인 문화적 전환을 적극적으로 사고할 것을 요구한다. 그 결과, 디자인 이론과 실천에서 두 가지 희망적인 형태의 ('문명적' 또는 '대전환'이라는) 전환적 사고가 생겨났다. 자치 디자인은 신자유주의 세계화가 초래한 파괴에 맞서 영토와 세계를 보호하기 위한 공동체와 사회운동, 투쟁에 초점을 맞추었다. 이 책은 전환과 자치 디자인의 테두리를 그리는 데 도움이 될 것이다.

4. 마지막으로 이 책은 디자이너가 집단적 협력을 통해 세계를 창조하는 사람들의 능력을 재발견하는 동시에 디자인의 비판적인 문화에

방향을 제시한다. 특히, 라틴아메리카의 사례를 통해 전환 디자인에 관한 논의를 심화할 것이다. 다시 말해 라틴아메리카에서 진행된 동시대의 정치적 · 인식론적 경험과 투쟁을 제시하고자 한다."

마지막으로 한 가지를 추가하고자 한다. 이 책은 서구를 중심으로 형성된 서구 철학과 사회정치적 공간에 존재하는 긴 대화적 맥락 안에서 읽어내야 한다. 사실, '존재론적 전환'이라는 논의만이 관계성과 이분법적 사고의 한계에 대해 비판한 것은 아니다. 오히려 근대 철학의 시대, 적어도 임마누엘 칸트의 휴머니즘, 헤겔과 마르크스의 변증법 시대에 이미 관심의 대상이었다. 하지만 급진적 상호의존성의 관점에서 전환을 사고하는 관계성에 대한 최근의 관심은 관계성을 무시했던 이전 방식의 한계와 과거 이론가들이 이원론을 얼마나 중요하게 생각했는가를 성찰하게 한다. 특히, 비인간 행위자와 물질성에 대한 새로운 관심이 존재한다. 이러한 흐름은 지적 · 사회적 · 정치적으로 이원론을 넘어나아가면서 서구 사상을 탈식민화하는 새로운 길을 열어놓았다. 서구의 학문적 용어를 빌리자면 나는 이 책이 해체적인 포스트휴머니즘이나 들뢰즈적인 탈영토화보다는 인류학적 하이데거주의라고 말하고 싶다. 이것은 장소, 공동성, 다른 존재와 삶, 행위를 실천하려는 약속이기 때문이며, 기술에 대한 비판이자 세계를 진정으로 돌볼 수 있는 역량을

....

11 만치니의 최근 저작에 익숙한 독자들은 이 부분이 이 저자의 논의를 요약한 것 중 네 번째 논점과 유사하다는 사실을 파악하게 될 것이다.

가진 인간 개념에 대한 믿음이기 때문이다.

나는 관계성의 개념이 비이원론 이상을 포함하고 있음이 그 어느 때 보다도 명료해졌다고 생각한다. 인간이 정치적 기획에서 효과적인 가능성의 존재로 거듭나기 위해서는 (여전히 대부분의 포스트휴머니즘 사유가 강조하는) 휴머니즘의 해체를 넘어 다시 인간을 상상할 필요가 있다. 그리고 어떤 세상을 만들 것인지 고민하는 것에 더하여, 심각한 결과를 초래할 수 있는 우리 자신을 어떻게 할 것인지 냉정하게 사유할 필요가 있다.

① 급진적 상호의존성과 플루리버스를 상상하는 존재론, ② 세계를 재구성하는 윤리적 실천으로서 디자인, ③ 자치를 급진적 상호의존으로 재정의 · 재개념화하는 것에 초점을 맞춘 정치. 이 책은 이렇게 세 가지 축으로 구성되었으며, 나는 독자들이 이에 따라 읽어주기를 기대한다.

1

실재 세계를 위한 디자인

하지만 어떤 '세계'이고,

어떤 '디자인'이며,

어떤 '실재'인가?

1장
디자인 스튜디오를 벗어나
자연사회적 삶의 흐름 속으로

디자인은 비즈니스 내부의 상대적으로 중요하지 않은 위치에서 가장
큰 프로젝트(더 넓은 자연영역)가 되기 위해 진화를 거듭하고 있다. 거
대한 변화는 디자인의 세계에 관한 것이 아니다. 그건 현실 세계의 디
자인에 관한 것이다.

　　　　　　　　　　　　──브루스 마우와 경계 없는 제도, 『거대한 변화』

순수한 기술혁신의 관점은 그 어느때보다 지속가능성이 떨어진다.
(······) 우리가 필요로 하는 것은 혁신을 위한 강력하고 효과적이며 보
다 광범위한 접근 방식이다. (······) 개인과 조직은 현실성 있는, 그렇기
에 효과적이고 혁신적인 아이디어를 생각할 수 있다. (······) 디자인적
사고'는 이 책의 주제이자 바로 그러한 접근 방식을 제공한다.

　　　　　　　　　　　　　　　　　　　──팀 브라운, 『디자인 변화』

··································

1　브라운은 디자인적 사고를 보다 참여적이고 포괄적인 것으로 이해하며, 그 안에서
　'사용자' 혹은 '소비자'는 디자이너로서 과정을 활용하고 생각하는 방식을 획득하게
　된다.

급격하고 심오하게 변화하는 세계에서 우리들은 모두 디자이너이다. 전
통이 약화될수록 더 많은 주체들은 자신의 삶을 디자인하는 법을 배우
고 전통적인 방식으로 수행되는 활동의 유행에서 디자인을 선택하는
활동으로 전환해야 한다.

— 에치오 만치니, 『모두가 디자인하는 시대』

점점 더 빠르게 변화하는 디자인의 특성은 지난 10년 동안 문헌에 풍
부하게 언급되어 있다. 시장, 기술, (디자인을 포함하는) 자본주의 근대
에 의한 이미지와 상품의 세계화가 빠르게 이루어지면서 오늘날 비판
적 디자인 이론가들은 디자인과 세계 사이의 새로운 움직임에 주목하
게 되었다. 이는 일상적인 삶에서부터 인프라, 도시, 생활환경, 의료
기술, 음식, 제도, 풍경, 가상현실과 장기적으로는 경험 그 자체로 옮겨
갔다. 잠재적으로 새로운 디자인의 역할은 다양한데, 여기에서 핵심은
'복잡한 세계를 어떻게 디자인할 것이냐'이다. 계속해서 세계를 물질
로 채우는 대신에 환경과 함께 삶을 좀 더 의미 있고 책임감 있게 만들

....

2 (노르베르트 엘리아스(Nobert Elias)를 생각나게 하는) 조르주 페렉(George Perec)의
   이 인용은 디자인과 일상생활 사이의 밀접한 관계를 설명하는 데 충분할 것이다. "우
   리가 문제를 제기해야 할 것은 벽돌과 콘크리트, 유리, 우리가 식탁을 차리는 법, 우
   리의 연장, 우리의 도구, 우리가 시간을 소비하는 형태, 우리의 리듬이다. 우리가 살고
   있다는 것은 확실하며 우리가 숨 쉬는 것도 사실이다. 우리는 걷고, 문을 열고, 계단을
   내려가고, 먹기 위해 탁자에 앉고, 잠이 들기 위해 침대에 눕는다. 어떻게? 어디에서?
   왜 그렇게 하는가?(Blauvelt 외 2003, 21) 누군가는 이에 대한 해답을 교차점 디자인
   (Laurel ed., 1989)과 연결하는데, 예술과 디자인의 교차점에서 '대상'을 문제화하는 방
   식을 통해 해결하려 한다(Lukic and Katz 2011).

기 위해서는 어떠한 전략이 필요한가?(Thackara 2004) 몇몇 디자인 연구자들은 우리 인간이 복잡한 디자인의 부분으로 존재한다는 사실은 디자인이 범주를 넘어서는 범주가 되었음을 의미하며(Lunenfeld 2003, 10), 이 사실은 이론과 실제와 목적, 비전과 현실을 연결할 새로운 공간이 열렸음을 증명한다. 이 연구를 통해 디자인의 새로운 영역이 조명을 받게 되었다.

현재까지 대부분의 디자인은 여전히 근본적으로는 기술주의적이고 시장 중심적 방향을 유지하고 있으며, 자본주의에 의문을 제기하지 않는다는 점을 밝힐 필요가 있다. 이에 대해 브루스 마우(Bruce Mau 2000, 2003)를 비롯하여 많은 이들이 찬양과 비판 사이를 오가며 탐색했다. 아주 드물지만 신랄한 비판이 있는데 핼 포스터(Hal Foster)가 그 예이다. 그는 일반화된 디자인 개념이 생산과 소비의 완벽한 순환을 부추길 뿐 아니라, 현재의 자본만능적 성격을 재생산한다고 폭로한다. 작금의 현실은 디자인의 현대적 팽창으로 인해 상품이 주인공이 된 상황을 보여준다. 포스터는 포스트모더니즘이 '후기(post)'나 '새로운(neo)'이라는 이름 아래 비판의 고갈을 초래했으며, 포스트모더니즘이 가졌던 전복적 성격은 디자인의 과정에서 이미 탈각되었다고 주장한다. 반대로 상업문화는 자본만능주의가 디자인해 놓은 주체를 생산하는 결과에 이르게 되었다(Foster 2002b).

1980년대 이후 디자인은 의심의 여지 없이 신자유주의 자본주의 모델에 완전히 통합되었다(Dunne and Raby 2013). 샌퍼드 크윈터(Sanford Kwinter)는 일상의 모든 영역에서 풍요로운 사회와 디자인의 목표를 같다고 파악하는 대중-자유주의적 미학이 학계와 공적 영역에서 진행되는 비판의 노력을 굴복시켰음을 밝혀냈다. 하지만 디자인이 "우리의 방과 식기보다 더 많이 우리와 연관"(2007, 17)되어 있으며 디자인이 고도로 발달한 이성의 형태라는 것을 인정한다면, 디자인은 인간의 합리성을 위한 수단이 될 수 있음을 인정한다. 따라서 디자인에 대한 비판은 우리가 반드시 중요하게 사고해야 할 지점이다.

  이 장에서는 디자인의 연구와 실천에 있어 몇 가지 두드러진 비판적 관점을 소개할 것이다. 당연한 것으로 인정되는 사회·경제 질서 안에서 전문가 중심으로 운영되고 목표와 서비스 위주였던 디자인의 지배적인 규범에서 벗어나, 참여적이고 사회 지향적인 디자인 실천을 위해 일상적인 생산과 소비의 방식에 도전하는 열린 디자인을 통해 디자인의 전환을 시도한 최근의 제안을 논의하고자 한다. 디자인의 맥락이 전환되면서 환경, 지속가능성, 경험, 정치, 집단적인 것, 디지털 기술의 역할과 같은 이슈에 주목하자는 디자인의 틀이 강조된다. 이번 장은 비판적 사회이론과 디자인 연구의 교차점에서 등장할 수 있는 비판적 디자인 연구 분야의 존재 여부를 논의하는 것으로 마치게 될 것이다. 특히 이 장이 추구하는 목표는 디자인 연구에 관한 지식이 거의 없는 독자를 위해 존재론적 디자인, 전환을 위한 디자인, 사회적 혁신을 위한 디자인, 자치 디자인을 위한 구체적 논의를 위해 기반을 구축하는 것이다.

세계와 재연결하다:
사회적으로 지향되고 인간이 참여하는 디자인을 향하여

현대 디자인 연구는 산업주의의 탄생에서부터 최근의 세계화와 기술 발전에 이르기까지 자본주의와 현대성의 문제와 여러 난제에 관한 분석을 요구한다. 이것은 이 책의 범위를 벗어나기는 하지만 언급해야 할 필요는 있다. 의심할 여지 없이 디자인은 근대성의 기초적인 기술 정치라 할 수 있다. 디자인의 기원이 일찍이 인류가 도구를 처음으로 사용한 시대이든, 르네상스의 기술적 상상력이든, 산업혁명이든, 19세기 모더니즘이든 간에 명확한 것은 근대성과 함께 일상의 한 부분이 되었다는 사실이다. 18세기 이후 근대성에 대한 전문적 지식과 담론이 팽배해졌고 그것들에 의해 사회가 변했다. 위르겐 하버마스와 미셸 푸코는 지식이나 관료화에 의해 일상 세계가 식민화되고, 전문화된 제도, 정부, 국가와 연결된다는 측면에서 근대성을 언급한다. 이는 이전까지 아이의 양육과 먹는 것에서부터 자기계발에 이르기까지 당연한 관행으로 받아들여졌던 것이 명확한 계산과 이론화의 목적이 되면서 디자인에 문을 열어주었음을 의미한다. 하지만 디자인 비평가들의 관심이 자본주의와 디자인의 관계에 매몰되는 경우가 생긴다. 전문 지식과 제도가 발달하면서 사회적 규범들은 일상생활로부터 분리된다. 전문가들이 주도하는 별개의 법칙이 되면서 지역에서 자치적으로 형성되는 정치적 과정을 통하지 않고, 조화와 공존을 추구하는 공동체와도 멀어지게 되었다. 19세기 중반 산업혁명과 함께 산업디자인은 한 분야로서 눈에 띄기 시작했다. 19세기 후반 기계의 우위 현상에 맞서려는 미술공예 운동과의 불안한 동거 이후 20세기 모더니즘이 등장할 때까지 디자인은 기능주의와 불가분의 관계를 맺는다. 20세기 전반에는 바우하우스(Bauhaus), 울름 디자인학교(Ulm Design School), 유럽 다른 도시들의 디자인학교와 함께 예술과 물질, 기술이 교차하는 새로운 비전이 도입되었고, 이와 동시에 환경과 사물의 기능을 디자인함으로써 삶의 새로운 방식을 노동계급에 스며들게 했다. 하지만 결국에는 기능주의가 우위를 차지했다.[3] 그렇긴 해도 많은 디자이너는 새로운 물질과 기술을 사용하여 충분한 대량생산 제품을 통해 삶의 질을 향상하는 것을 목표로 삼았다. 이러한 실천에서 우리는 디자인과 정치의 관계에 대한 초기적 관심을 확인할 수 있으며, 이 책의 마지막 단계에서 이를 깊게

....
3 (금속, 목재, 플라스틱 등) 새로운 물질의 발전은 이 단계에서 핵심적이었다. 공예전통학교에서 근대 산업디자인으로의 전환 목적은 모든 이에게 접근 가능한 기능적 생산물을 만드는 것이다. 바우하우스 이래 건축은 디자인학교에서 중요한 역할을 맡아왔다. 그로피우스(Gropius)와 같은 이론가들이 예술과 기술, 기능과 행태 간 새로운 통합을 강조하는 반면, 디자인은 점점 더, 특히 2차 세계대전 이후로 합리적이고 데카르트화된다. 독일 기업 브라운은 '좋은 디자인'을 새롭게 강조한 가장 대표적인 예이다 ("적은 디자인이 더 많은 디자인이다." 뷔르텍(Bürdek)에서 인용 2005, 57). 1960년대에 들어오면서 탈산업사회에서 소외 문제에 대한 프랑크푸르트학파의 비판과 함께 기능주의는 쇠퇴를 겪고 디자인(과 건축) 예술을 향한 새로운 운동이 일어났다. (주로 서구 유럽과 미국, 하지만 다른 지역에도 일정 정도의 관심을 할애하는) 생산물의 역사와 디자인 이론에 대한 정보에 대해서는 뷔르텍의 뛰어난 저작을 참고하라. 스타일, 형식, 물질, 기능을 강조하면서 1400년부터 현재까지 세계의 모든 주요한 지역을 포함하는 디자인에 대한 광범위한 역사는 커컴(Kirkham)과 베버(Weber)가 엮은 책을 참고하라 (2013).

플루리버스

논의할 것이다.[4]

디자인은 우리 삶의 형태와 우리가 살아가는 세계와 불가분의 관계에 있다. 따라서 중립성을 선호하는 학계에서는 일반적으로 회피하는 질문이다. 이후의 장에서 많이 언급할 마투라나는 다음과 같이 주장한다. "인류가 직면해야 하는 문제는 지식이냐 진보냐의 문제가 아니라 우리에게 어떤 일이 일어나기를 바라는가이다"(1997. 1). 콜롬비아 문화비평가인 아돌포 알반(Adolfo Albán)은 사회 대부분에서 다루기 힘들어 하는 사회적 생태계에 관해 말한다. **문제는 과학이 아니라, 존재 조건이다.**[5] 즉, 도구적 지식과 기술적 적용보다 더 많은 것들이 필요하다는 것은 지속가능성과 기후변화에도 적용될 수 있다. 오늘날 최고의 비판적 디자이너들이 이 문제를 본격적으로 다루기 시작했다. 어떤 세계를 만들고 싶은가? 사람들이 정말로 원하는 미래는 무엇인가?(Thackara 2004; Laurel 2001; Dunne and Raby 2013). 어떻게 새롭고 더 지혜로운 문명을 위해 앞장설 수 있을까?(Manzini 2015. 15) 새로운 문명과 인류의 재창조를 향한 외침은 라틴아메리카의 선주민과 농민들, 흑인 운동가들이 직면하고 있는 어려운 작업이다. 그것은 정확히 15세기 콜럼버스의 소위 신대륙 발견에서부터 유래한 개념이기 때문이다. 따라서 이들

....

4   실제로 20세기 초반의 많은 디자이너는 (특히 세계대전이 초래한 초토화의 결과 이후) 사회주의적 감수성을 지니고 있었으며, 합리주의와 유토피아주의가 뒤섞인 사고를 선택했다. 그 한 가지 예시가 노동계급을 위한 기능적 건축인 르 코르뷔지에의 디자인이다. 그렇지만 사회주의자들의 근대적 미학과 약속은 우리가 잘 아는 것처럼 항상 행복한 결과를 가져온 것은 아니다.

5   2015년 7월 7일 이메일 서신.

운동가에게 현재의 위기는 서구 문명 모델의 위기이다. 이런 입장을 공유하면서 이들은 희망과 만난다. 다음 장에서는 사회운동가, 남반구와 북반구에서 전환을 구상하는 사상가 및 존재론적 디자인 사상가들을 살펴볼 것이다.

현대가 디자인의 거대한 실패의 결과라는 가정에서 출발한다면 우리는 위기에 대한 출구를 디자인할 수 있을까? 이 주제에 관해 자주 언급되는 허버트 사이먼(Herbert Simon)의 정의에 따르면, 디자인은 "기존에 있는 환경을 원하는 환경으로 바꾸기 위한 행동 과정을 고안"하는 수단을 제공한다(Thackara에서 인용 2004, 1).[6] 에치오 만치니는 사이먼의 설명을 "디자인은 원하는 기능과 의미를 얻는 것에 관한 문화이자 실천이다"라고 변형한다(Manzini 2015, 53). 5장에서 더 자세히 다루겠지만, 만치니가 의미 창조 과정에서 디자인의 역할을 강조한 것이 '기존의 접근 방식과 동일'하거나 '비즈니스 방식'을 요구하는 것이 아니라는 것은 의심할 여지가 없다. 토니 프라이가 지적했듯이 전통적인 방식들은 기껏해야 지속불가능성을 줄일 수 있다. 현재 사회와 정치, 기술 분야에서 기존의 것 이상의 일이 일어나고 있다는 것은 좋은 소식이다. 살펴보겠지만 문명적 전환은 이미 일어나고 있다. 한편, 나쁜 소식은 그것이 과학자나 환경운동가의 기준에 반하거나 필요한 목표치에 도달할 만큼 충분한 속도로 빠르게 이루어지고 있지 않다는 것이다. 더 걱정스러운

---

6 새커라(2004)가 지시하듯이, 생산물과 서비스에서 환경적 영향의 80%가 디자인 단계에서 결정된다. 미국은 1인당 백만 파운드의 쓰레기를 만든다. 이 '백만 파운드짜리 가방'은 생태 경제학자가 지적하는 것처럼 산업사회의 생태 가방이다.

점은 국가나 국제기구 차원에서 진행되는 디자인 정책 대부분이 문제를 일으킨 기존의 인식론적 · 문화적 질서 내에 자리 잡고 있다는 것이다. 따라서 급진적 디자인 사고의 가장 중요한 과제 중 하나는 **근대적 해결책으로는 직면하는 근대적 문제를 해결할 수 없다**는 점을 넘어서는 것이다(Santos 2014).

우선 앞으로 나아갈 방향에 대해 합의해야 할 지점이 있다. 몇 가지를 언급하겠다. 디자인은 고전적인 디자인(산업디자인, 공학, 건축과 예술)과 실험실에서 벗어나 지식의 응용으로 이동함에 따라, 디자인 전문가와 그 이용자/고객 사이의 구분이 무너지게 되었다. 모든 사람이 일종의 디자이너로 인식될 뿐만 아니라, 인간에 중심을 둔 디자인으로의 변화를 좀 더 쉽게 받아들인다. 따라서 디자이너를 사람과 환경을 디자인하는 행위자의 위치로 되돌리는 것은 사물에서 사람으로 경험과 맥락의 초점을 전환하는 것을 의미한다. 무의미한 개발에서 의식적인 디자인으로(Thackara 2004), 기술적 해결책에서 더 많은 디자인으로, 객체 중심 디자인에서 인간 중심 디자인으로, '어리석은 디자인'에서 '공정한 디자인'[7]으로. 모든 것이 방향성을 갖는 새로운 생각으로 바뀐다(Laurel 2003 ; T. Brown 2009 ; McCullough 2004 ; Chapman 2005 ; Simmons 2011). 이러한 원칙은 전례 없는 방법론적 · 인식론적 문제에 대한 논의를 불러일으키면서 인류학, 지리학과 같은 영역에 환대의 공간을 열어준다. 이

---

7   용어 'just design'은 일종의 언어유희로 '단순한 디자인'을 의미하기도 하며, '필요한 디자인' 혹은 '사회적으로 공정한 디자인'을 뜻하기도 한다.

러한 방식은 디자이너가 전문가라기보다는 전방위적 중재자라는 성격을 강조한다. 디자인을 사용자 중심적이고, 참여적이고, 협동적이고, 근본적으로 맥락 중심적이며 과정과 구조를 이해하고 알기 쉽게 만들어 사용자 간의 생태계와 시스템에 대한 이해를 증진하도록 한다. 이를 제도적 측면에서 바라보자면, 디자인을 사회적인 전환의 엔진으로 삼아 대안적인 문화를 세우려는 시도라 할 수 있다.[8]

상황 속에서 상호작용하는 디자인

일상생활에서 정보 기술이 점차 일반화되면서 디자인에 대한 질문이 생겨나고 있다. 인공지능은 정말로 똑똑한지, 사람들을 바보로 만들고 있는지 묻는 질문에서부터 상호작용, 연결망, 공간과 장소, 구현에 대한 지문에 이르기까지 다양하다. 가상현실과 가상공간과 같은 개념은 정보통신 기술을 넘어선다(Escobar 1994; Laurel 2001). 즉, 1980–1990년대의 인간과 컴퓨터의 교차점에 관한 좁은 시각에서 이른바 더 넓은 분야로 확장하여 '정보통신 기술의 창의적 실천'(Mitchel et al. 2003), '쌍방향 디자인 실천'(McCollough 2004. 「쌍방향 디자인 선언」의 163쪽을 참조하라) 등이 있다. 맬컴 매컬러의 견해에서 '쌍방향 디자인 실천'은 인터페이

---

8 2000년 하노버의 세계박람회에서 작성된 하노버 원칙은 비물질화된 사회로의 전환을 위한 가장 잘 알려진 비전을 보여준다. 에드워드(2005)를 참조하라.

스 디자인, 상호작용 디자인, 경험적 디자인을 결합한다. 매컬러는 현상학적 시각을 통해 중립적 위치에서 벗어나 장소와 공존에 기반을 두며, 사용자 친화적이고, 잠재적으로 돌봄의 관점에서 이러한 결합을 바라본다(Manzini 2015; Ehn, Nilsson, and Topgaard 2014를 참조하라). 인간과 장소를 중심으로 하는 이 개념은 속도, 효율성, 가변성, 자동화라는 근대적인 성격에 대응한다. 건축과 여러 분야에서 더 쉽게 작동하도록 제도를 디자인하는 것을 의미하며, 장소와 공동체에 기반을 두되 통합된 체계를 통해 모바일 장치를 통한 이동을 가능하게 하는 디자인 실천을 의미한다. 따라서 디자인은 디자인의 문화적 실천과 더불어 다양한 차원으로 연결되며 지역에서 출발하는 비판적 실천이 된다.[9] 디자인 방법론에 대해 최근 발표된 책에는 디자인이 더 이상 보편적이거나 중립적이지 않으며 지각, 맥락, 행동, 자신의 위치에서 학습된 것과 관련이 있다고 밝히고 있다(Simonsen et al. 2014). 이러한 논의에서 시작하여 모바일 기술의 무비판적 수용을 바로잡고, 일상에서의 역할을 재정의하는 방식으로 장소, 지역성, 공동체에 대한 디자인 실천에 질문을 다시 던지는 것이 중요하다.

----

9   여기에서 기술에 대한 비판을 다루지는 않을 것이다. 이에 대해 폴 비릴리오는 가장 적당한 예가 된다. 그는 속도의 철학자, 더 정확하게는 속도, 권력, 기술 사이의 관계에 관한 철학자로 잘 알려져 있다. 그에게 정보통신 기술은 현실의 시간 속에서 기능하며 장소, 몸, 시공간에 대한 우리의 경험을 변화시킨다. 비릴리오에게 (정보통신 기술에 의해 이제는 일반화된 불안정성과 최근 군사기술에 의해 적용한 결과) 존재에 있어 '지금, 여기'의 의미를 상실함으로써 세계에 대한 반대의 개념이 쟁점화된다는 것을 의미한다. 이에 대해서는 비릴리오(1997; 2012)를 참조하라.

이러한 검토는 새로운 디자인 이론이 나타나고 있음을 보여준다. 특정한 형태에서 새로운 이론들은 디자인학교를 넘어서 환경과 서비스, 대학 밖 컨설팅 회사, 비정부 공동체 기구, 심지어 사회운동을 포함하여 기존 영역을 넘어서는 디자인 실천의 변화로 나타난 결과이다.[10] 이러한 맥락에서 '디자인적 사고'는 중요한 슬로건이 되었다. 이 주제를 다루는 잡지 《디자인 연구(Design Studies)》 최근 호의 사설이 언급하듯이, (간략한 정의를 지연하는 문제나 불공정한 문제와 같이) 소위 '골치 아픈 문제'에 직면하여 전통에서 벗어나 변화의 행위자로서 실제, 혹은 잠재적으로 도움이 되는 디자인적 사고의 필요성이 제기되었다.[11] 이것은 디자인의 기능적 · 기호학적 측면을 강조하는 것으로부터 의미와 경험의 문제들로의 이동을 의미한다. 비록 몇몇 디자이너들은 이러한 경향에 불편함을 느끼지만, 대부분은 그것을 긍정적으로 평가하는 듯하다. 디자인적 사고를 전파하는 캘리포니아의 기업 IDEO의 핵심 인물은 다음 사항을 지적한다.

디자인적 사고는 디자이너가 수십 년 동안 비즈니스라는 현실적 한계 속에서 기술 자원과 사람들의 요구를 일치시키려는 방법을 찾으면서 배워온 능력으로 시작한다. 기술적으로 실현 가능하며, 경제적으로 지속가

10 존 새커라가 설립한 '인지의 문 학회(Doors of Percpetion Conference)'는 직업에 관련된 세계 여러 지역의 비판적 논의를 위한 훌륭한 자산이다(http://wp.doorsofpercpetion.com/).

11 시드니 공과대학의 디자인 사상 연구 그룹이 주관한 《디자인 연구 32(Design Studies 32)》(2011)의 "디자인적 사고를 해석하기" 특별호를 참조하라.

능하고, 이들을 인간의 관점으로 통합하는 것을 통해 디자이너들은 오늘날 모두가 즐길 수 있는 제품들을 만들 수 있었다. 다음 단계로 디자인적 사고는 한 번도 자신을 디자이너라고 생각한 적 없는 사람들의 손에 도구를 제공하고 이를 훨씬 더 큰 문제에 적용하는 것이다. (……) 디자이너가 되는 것과 디자이너처럼 생각하는 것 사이에는 차이점이 존재한다 (브라운 2009, 4).[12]

비록 디자인의 경제와 정치 측면에서는 자기 성찰적 시선이 존재하지 않지만, 이 분석이 서술해 주는 지점은 매우 흥미롭다.

건축과 도시계획: 실험, 탈지역화, 토착적인 것의 재발명

'디자인 비평연구' 분야의 출현에 대해 생각하기 전에 이 장의 나머지 부분에서 간략하게 논의해야 할 세 가지 주제가 있다. 이 주제들은

---

12 브라운의 책은 예를 들어 정부, 서비스 분야, 비정부 기구, 사업체의 맥락에서 디자인에 관한 설명을 제공하면서 디자인적 사고를 소개하는 데 유용하다. 다루고 있는 몇 가지 주제와 개념 중 하나인 혁신의 공간은 ('새로운 형식의 민족지학자'를 포함하는) 지능적인 팀, 직감의 역할, 통찰력과 공감, (많은 디자인 연구에서 지속되는 다른 주제인) 통합적인 사고, 사용자가 만들어낸 내용과 열린 방식의 혁신, 역사의 서술, 전형의 창조 등이 있다. 전형은 이미 만들어진 엄격한 모델을 원하는 것이 아니라 강점과 약점, 미래의 방향 등을 배우기 위한 실험적 아이디어로 만드는 것을 의미한다. 이에 대한 다양한 개념은 디자인에 관련된 많은 책에서 확인할 수 있다.

건축과 도시화, 환경적 디자인, 디자인과 정치 사이의 관계이다. 건축은 항상 디자인의 중심에 있었다. 디자인 교육과 세계 수많은 지역(이탈리아, 핀란드, 카탈루냐, 라틴아메리카의 몇몇 국가, 동아시아 또는 시카고와 샌프란시스코와 같은 도시들)의 전통에서 건축가들이 일상적으로 가구, 패션, 음악, 물질, 심지어 유토피아를 디자인 과정에 적용했기 때문이다. 또한 건축은 빈곤한 사회이론에 가까워지기보다는 세계화, 도시화, 환경, 근대성, 미디어와 디지털 문화에 대한 중요한 토론의 공간이 되기도 한다. 건축가는 종종 세계화와 인류세(Turpin, ed., 2013) 같은 현실의 긴급한 문제들과 사회과학과 인문학이 다루는 이론과 철학적 문제들(Mitrovic 2011 ; Sykes, ed., 2010)을 포함한다. 마찬가지로 비평가들은 건축의 특정한 방식이 디자인의 확산에 공헌한다는 점을 인지하고 있다. 프랭크 게리(Frank Gehry)의 유명한 구겐하임 미술관이 빌바오에 건설된 후 나타난 일종의 '빌바오 효과'를 기억해 보자. 이 '뛰어난 건축가'의 작업은 디자인에 관한 저술과 건축 활동을 통해 대안적인 건축과 도시라는 관점에서 세계화를 다시 생각하도록 하는 렘 콜하스(Rem Koolhaas)와 대비된다. 실제로 렘 콜하스의 매우 모순적인 문화와 건축 비평서 『내용(Contents)』(2004)에는 해체 비평, 폭로, 9 · 11 이후의 지정학, (건축과 전쟁에 관한) 독설, (증식하고 분기하는) 이미지 · 출처 · 사진 · 그림의 전시회 등이 복잡한 방식으로 뒤섞여 있다.[13] 하지만 토니 프라

....
13 콜하스의 이전 프로젝트, 특히 유명한 S, M, L, XL(1995)를 포함하여 뉴욕의 메트로폴리탄 건축 사무소와 관련된 것으로는 포스터(2002b)와 크원터(2010)를 참조하라.

이(2015, 87-89)는 콜하스의 포스트-도시계획이 프로젝트로서 도시적인 것을 포기하는 '작가주의 건축'의 흐름을 따라가며 지속불가능한 장소로서의 도시에 대한 논의를 제기하지는 않는다고 지적한다.

이 스펙트럼의 또 다른 극단에는 해결하기 힘든 도시의 빈곤, 환경 악화 문제들을 다루기 위해 공간과 문화에 대한 인식과 더불어 지구의 구성 요소를 동원한다. 토착적 건축 실험의 시도와 지구 구성 요소를 활용한 혁신을 위한 논쟁은, 예를 들어 장 폴 부르디에(Jean-Paul Bourdier)와 트린 민하(Trinh T. Minh-ha)에 의해 서아프리카 일부 지역에 인상적인 주거 건축물을 통해 소개되고 이론화되는데 이를 주목할 필요가 있다. 이 책에서 '토착적인 것(vernacular)'은 더 이상 엄격한 전통주의가 아닌 토착적인 형태, 공간과 구체적인 경관, 환경의 복구, 환경과 디지털 기술이 통합된 것을 의미하며, 동시에 공동체에 활력을 불어넣는 창조적인 계획과 연결되는 가능성을 지닌 공간을 지칭한다. '작은 집 운동(small house movement)'은 여러 측면에서 환경적이고 문화적으로 디자인적 사고를 담은 새로운 토착적 양식의 출현으로 언급할 수 있다. 6장에서 논의하겠지만 토착적인 것은 공동체적 자치와 회복력 강화를 위한 특정한 디자인의 기획에 참여하게 될 때 특히 중요하다.[14]

이러한 논의는 건축, 예술, 디자인의 교차점에서 진행되고 있는 빙산의 일각이다. 2012년 베니스 건축 비엔날레 전시회에서 '과거와 미래

---

14 '작은 집 운동'에 대해서는 〈http://medialab.aalto.fi/research/what-is-the-tiny-house-movement/〉, 또 노스캐롤라이나, 힐스부르그의 생태 회복 디자인의 실제 제안서 〈http://earthwalkaliance.org/〉를 참고하라.

단계의 흔적'이라는 주제 아래 이 교차점이 지닌 다양한 성격이 드러났다. 전시된 다양한 작품들은 공간과 장소, 시간성, 사물, 물질성, 지역성, 규모, 행위성 등과 같은 철학적이고 문화적인 주제에 대한 날카로운 인식을 드러내며 생태적 감각을 제안한다. 물질, 형태, 양식에 관한 혁신적인 디자인과 실험은 (생태적인 감각으로 나아가기 위해 가상 세계에 대한 과도한 집착에서 벗어나면서) 자연적인 것과 인공적인 것 사이의 관계, 자치적 조직, 건축 환경에 대한 민중의 지식, (정체성의 문제와 같은) 건축의 문화적 차원, (토속의 형태를 포함하는) 미적 다양성, 지속가능성과 같은 주제에 대한 성찰을 통합한다. 자본주의와 세계화에 대한 논의의 결핍에도 불구하고, 건축 담론은 예술적인 표현과 개인적 실천, 공간의 영적인 가치, 전통적인 공간 또는 폐허가 되어버린 구역의 파괴와 재건에 관심을 기울이는 것이 중요하다는 사실을 인지하고 있다. 몇몇 작업은 삶을 위한 새로운 상상력을 탐험하며 혁신적인 건축 디자인을 통해 오래된 관행을 다시 생각하도록 한다. 예를 들어 중국풍 안뜰은 기본을 유지하면서도 새로운 구조를 제안한다. 일부 작품에서는 세계에 관계적으로 존재하는 형태가 잘 드러난다. 그리고 환경과의 상호관계성에 주목하고, 공동의 논리를 제안하고, 장소에 관한 심층적 이해를 통해 사물과 세계의 역할을 파악한다. 이들은 미시적 수준에서 '나무, 유리, 금속 등 물질의 변환에서 위대한 경이로움'을 표현하는 물질을 통해 출발한다.[15]

---

15 도쿄에 기반을 둔 다카사키 마사하루(Takasaki Masaharu 2012)는 이러한 관심을 가장

하지만 진정한 도전은 도시화에 있다. 프라이는 "(기후변화와 일반화된 불안정성과 같은) 불가항력적인 명령에 대응하기 위한 건축의 자기중심적 태도와 계획은 그저 맥락을 벗어난 것이 아니라 미래에 반하는 범죄"라고 강력하게 주장한다(Fry 2015, 48). 부유한 이들의 이익을 위한 건물에 대한 요구와 이에 대한 적용을 넘어서는 그 어떤 것이 필요한데, 기후변화, 인구 증가, 전 지구적 **지속불가능성**과 지정학적 불안정이 결합한 결과로 발생한 탈위치화에 대한 다른 방식의 실험이 요구됨을 의미한다. 그가 강하게 주장하듯이 서구 자본주의 근대성의 식민주의적 형태로 인해 **지속불가능성**이 구조화된 세계에서는 "파괴가 모든 것을 우선한다"(Fry 2015, 25). 따라서 지구라는 우리 행성에서 새로운

....

정확히 표현하고 있다. 건축에 관한 자신의 실천을 "사물을 창조하고 사람을 돌보기 위한 관점에서 사물에 영혼과 정신을 불어넣는 시도로 묘사한다. 나는 사람들의 마음 속에 존재하는 꽃이 내 영혼으로 창조한 대상을 통해 피어나기를 기원한다. 마찬가지로 동물, 식물, 자연 등 영혼이 있는 것들과 활발한 관계를 맺는 건축을 추구한다." 그의 견해에 따르면 건축은 '존재의 사슬'을 만드는 작업에 참여한다. 그가 제시한 '우주관 건축'과 '활성화된 디자인'은 (달걀 모양의 형태와 같은) 일련의 창조적 모형과 구조를 낳았다. 전시된 두 가지 사례는 컴퓨터를 이용한 토착 형태와 협력 디자인을 보여준다. 첫 번째는 에티오피아 와르카(warka) 나무의 전통인 사용 형태를 모방해 디자인된 개구리 모양의 추수 기구로, 컴퓨터로 디자인되었으나 전통적인 바구니 모양의 지역에서 나온 대나무를 사용해 만들었다. 이는 지역민들에게 물을 공급하는 것 외에도, 부수적인 효과로 공동체 인터넷과 조명을 위한 태양판으로 사용된다. 두 번째 사례는 키구투(Kigutu), 부룬디(Burundi)에서 시행된 프로젝트로 공동체의 자급자족과 비관습적 형태의 지속가능성을 배양하기 위해 디자인되었다. 여기에는 건축물을 포함한 환경, 풍경, 지역의 미학, 에너지 생산, 공동체 정원 등이 포함되며 그 안에는 공동적 협력의 정신이 들어 있다. 이 전시회는 2012년 8월 20일부터 11월 25일까지 세계의 다양한 지역에서 57개의 작품이 출품되었다. 2012년 건축 비엔날레 행사 도록을 참조하라.

거주의 방식을 창조하는 것이 중요하다. 이는 존재의 물적 조건을 탈미래화(미래를 파괴)하는 현재의 적응 전략을 고집하는 대신에, 미래를 생각하며 행동할 수 있도록 우리의 관행을 바꾸는 것이다.

현재 요구되는 것은 삶의 새로운 사회간접자본을 만드는 '미래' 디자인 전략으로 구성된 도시를 재창조하는 것이다. 위험한 상황에 직면했을 때 요구되는 것은 빈약한 자유주의로부터 도출된 일반화된 접근 방식에 집착하는 글로벌 전문가, 관료, 지구공학자가 아니라, 생존을 위해 공동의 의지와 문화를 통합하고, 지역에 기반을 둔 공동체를 제안하는 디자인 창조 역량을 통해 위험을 극복하는 것이다. 이러한 사고는 도시가 사회 물질적으로 계속 유지되는 형태라는 생각에 의문을 표한다. 한때 역동성과 진보의 상징이었던 근대 도시는 종말을 맞이했다. 따라서 요약하자면 "도시적 삶을 재창조하는 것은 '우리' 인류가 생존할 수 있는 미래를 갖기 위한 구조적 변화에서 중심적인 위치를 차지해야 한다"(Fry 2015, 82). 도시의 파괴적인 생명 유지 활동은 도시적 삶에 대한 인간의 상상력이 근대적 도시와 구분되는 거주 및 생활 방식과 상상의 공간을 열기 위해 변화되어야 한다는 과제를 던진다. 프라이의 도시 디자인 상상력은 '미래에 삶을 제공하는 방법을 모색'(2015, 87)하는 중요한 단서가 된다. 도시를 이러한 방식으로 재구상하는 것은 디자인 체계의 전환을 위한 인식의 토대가 되어야 한다.

디자인과 디지털의 출현

사회적 삶에서 일어나는 수많은 분야의 디지털화는 최근 수십 년간 나타난 중요한 사회적 현상 가운데 하나다. 디지털 기술과 ITC 정보통신 기술은 일상생활의 모든 측면과 관련이 있으며, (아마 항상 확장하고 변화한다고 가정하는) 디지털 분야에서 디자인의 역할은 디자인 비평연구의 가장 긴급한 질문 중 하나가 되었다. 간단히 말해 "디지털 디자인을 한다는 것은 사회를 디자인하는 것을 의미하며 디자이너는 사회 변화의 엔진으로서 위치해야 한다"(Kommonen s.f., 2). 헬싱키 알토대학교 (Aalto university) 미디어 연구소의 한스 코모넨(Kari Hans Kommonen)에게 디지털 디자인의 원칙은 다음과 같은 비판적 인식을 말한다.

(……) 디지털 제품 또한 세계에 살고 있고 세계를 변화시킨다. 파일, 시스템, 미디어는 커뮤니티 관행 안에서만 의미를 얻기 때문에, 디지털 디자인은 사회적 맥락 밖에서 작동할 수 없다. 효과적이고 의미 있는 디자인은 사회적 활동이며, 이 안에서 디자이너는 한 명의 참여자다. 컴퓨터, 소프트웨어, 디지털 정보와 미디어에 더하여, 디지털 디자인의 재료는 마찬가지로 문화와 실천을 포괄하며, 디자이너들은 이런 요소를 다룰 수 있는 올바른 기술을 갖출 필요가 있다.(1)

이런 이유로 단순히 기술적 전문성, '오픈 소스'에 대한 접근 방식,

'뉴미디어'의 도래에 대한 즐거움 이외에도 더 많은 이슈가 존재한다.[16]

정보통신 기술이 갖는 민주화의 잠재성은 과장된 측면이 있다. '사이버' 물결이 일어났던 1990년대를 떠올려보자. 브렌다 로럴(Brenda Laurel, 2001)의 '4차 혁명' 개념은 이 분야의 첫 번째 물결을 가리킨다. 노트북, 컴퓨터 게임, 가상현실은 물론 인터넷과 웹이 등장했다(McCullough 2004를 참조하라). 지난 10-15년 동안 영미의 과학기술 연구 분야에서 디지털에 대한 강조는 사회이론의 존재론적 전환의 결과로서 현재 '바이오'에 대한 관심으로 대체되었다. 디지털 사회과학 연구는 계속 진행되고 있지만, 아마도 첫 번째 물결보다는 관심을 덜 받을 것이다. 존재론적 전환으로 인한 정보통신 기술과 디지털 기술의 외형적 강화는 새로운 지식과 사회적·문화적 관행들의 원천으로서 과거의 매력을 잃어버렸다. 이제 사이버 분야는 수많은 분야 중 단지 한 실천 분야에 불과하다. 그러나 계속해서 디지털의 의미를 밝히는 데 공헌한 디지털과 문화의 교차점에 대한 수많은 흥미로운 작업이 진행되고 있다. 여기에는 이론적·민족지학적 연구가 모두 포함된다. 정보 격차, 디지털 기술과 신체, 소셜미디어, 가상 환경과 커뮤니티에 관한 흥미로운 탈식민 연구

....

16 카리 한스 코모넨(Kari Hans Komonnen)이 이끄는 알토대학교 헬싱키 미디어 실험실의 아키(Arki) 연구 집단은 디지털 디자인을 위한 체계와 (연결되고 상호작용하는 디자인 시스템인) '디자인 에코시스템'의 개념을 발전시키고 있다. 이는 '일상생활의 디자인'과 '전환이 진행되는 사회를 위한 디자인'이라는 좀 더 넓은 비전에 적용된다. 〈http://medialab.aalto.fi/research/research-groups/arki-research-group/〉과 코모넨(Kommonnen 2013a; 2013b)을 참조하라. 이 집단은 실천적이고 창조적인 연구 프로그램을 운영하고 있다.

가 존재한다(Irani et al. 2010). 이 작업은 디지털 기술과 문화적 관행 사이에 존재하는 다양한 교차점에 관한 민족지학적 연구를 포함하여 디지털 인류학이라는 새로운 분야를 만들어냈다(Boesltroff 2008 ; Balsamo 2011 ; Horst y Miller, eds. 2012, Pink, Ardèvol, and Lanzeni 2016).

위노그래드(Winograd)와 플로레스(Flores)의 존재론적 디자인 전통을 이어받아 해리 할핀(Harry Halpin)과 알렉산더 모닌(Alexandre Monnin)은 웹에 대한 매력적인 철학적 연구를 진행했다. 하지만 몇 가지 예외들을 제외하고는 존재론적 방향성을 가진 연구들에서 디지털에 관한 물음들은 두드러지지 않았다. 할핀(Halpin 2011)은 인공지능 분야에서 소위 '4Es'(embodied, embedded, enacted and extended—지능을 실체화하고, 체현하고, 활성화하고, 확장하라)를[17] 발전시키기 위해 하이데거 현상학과 마투라나와 바렐라의 인지생물학에 기반을 둔다. 할핀은 인공지능 분야에서 개인의 표현과 인식에 대한 전통적인 관점에 도전하면서 집단적으로 형성된 환경이 확장된다는 측면에서 집단지성의 개념을 옹호한다. 이 개념은 인공지능인 네오 하이데거 프로그램의 중심이 된다. 이를 통해 그는 웹을 집단지성으로 파악하게 되었고, 개인으로 체현되기보다는 그와는 반대로 집단으로 형성되는 것으로 정의했다.

정치적 존재론의 함의를 지닌 디지털 체계가 샌디에고의 벤자민 브

---

17 할핀과 모닌은 파리에서 기술 철학자인 버나드 스티글러와 함께 작업해 왔다. 할핀 등 (2010), 할핀(2011), 할핀과 모닌 등(2014)을 참조하라. 4장에서 자세하게 논의할 토니 프라이(2012) 역시 진화와 디자인에서 기술의 역할에 관한 연구는 스티글러에 기초를 둔다.

래턴(Benjamin Bratton 2014)에 의해 개발되고 있다. 컴퓨터의 지정학에 관한 브래턴의 관심은 스택(Stack), 혹은 플랫폼이라고 불리는 행성 규모의 새로운 사고인 '우연한 거대 구조'를 제안하도록 했다. 스택은 자원 소싱에서 클라우드, 인터페이스에서 로봇, 플랫폼에서 사용자, 통치에서 감시에 이르기까지 다양한 삶의 차원을 포함하기 때문에, 훨씬 더 포괄적이고 통합된 가상공간의 업데이트 버전처럼 보인다. 스택은 지구의 새로운 노모스(nomos), 혹은 지구의 새로운 정치지리학이다. 이는 국가, 시민사회, 시장이라는 세 가지 축에 더해야 할 필요가 있는 새로운 차원이다. 이렇게 이제 우리는 플랫폼 또는 스택을 갖게 되었다. 스택 내에서 클라우드와 사용자는 브래턴이 '블랙 스택(Black Stack)'이라 말하는 하위 구조로 기능한다. 이는 하드웨어와 소프트웨어를 지닌 '총체적 컴퓨터'로 경제를 구성하는 한편, 세계의 비인간 거주자와 사용자를 확산시키며 인간의 의미를 빠르게 변화시킨다. 더 나아가 일부 운동가들에게 디지털 인프라는 국가와 국가의 경제적인 이해관계를 넘어서는 구성원을 포함하는 정부의 새로운 기술적 토대이자 필수적인 수단이다. 그리고 그 목적은 통제가 아니라 자유로운 상호작용이다(Invisible Committee 2014). 이러한 디지털의 지정학, 혹은 생명정치는 디자인에 깊은 영향을 가져온다.

디자인의 지속가능성?

디지털 스펙트럼의 반대편에는 자연에 관한 우려가 존재한다. 실제로 양자 모두 디자인 측면에서 관심을 요구한다. 지속가능성 운동은 1987년 브룬트란트(Bruntland)의 『**우리 공동의 미래**』라는 보고서의 출간과 함께 시작되었다. 이 보고서에서 처음으로 '지속가능한 발전'이 "미래 세대의 요구를 충족하기 위한 역량을 해치지 않으면서 현재의 요구를 만족시키는 활동"이라 정의되었다(세계발전위원회 1987). 비평가들은 개발 이익과 생태 보호가 전통적인 경제 모델 아래에서는 조화로울 수 없기에 이와 같은 정의가 모순적이라 지적했다(Redclift 1987; Norgaard 1995). 1992년 리우데자네이루에서 열린 지구정상회의에서 보인 희망과 성과에도 불구하고 수년간에 걸쳐 비판과 모순이 증가했고, 마침내 20주년을 기념하는 회의에 이르러 절정에 달했다. 이 회의에서 국제기구와 북반구의 정부들은 달성하기 어려운 지속가능한 발전이라는 목표를 위해 마치 만병통치약처럼 '녹색경제'라는 개념을 제시했다. 녹색경제라는 개념은 지속가능한 개발을 통해 유지하려는 것이 자연이나 환경이 아닌 특정한 경제 모델이라는 비평가들의 의견을 뒷받침한다. 안타깝게도 이 녹색경제는 완전히 하나의 존재론, 개인, 경제/시장, 과학과 현실이라는 이원론적 존재론, 즉 우리가 아는 단일한 세계를 유지해나가자는 것에서 벗어나지 못했다.

존재론적 디자인에 대해 논의할 때 지속가능성의 문제로 돌아가겠지만, 디자인의 최신 흐름을 보여주는 지도의 한 자리를 차지하는 생태학적 디자인에 대해 언급할 필요가 있다. 조경건축가 이언 맥하그(Ian McHarg)의 선구적 저작인 『자연과 함께하는 디자인(*Design with Nature*)』 (1969)은 생태 디자인 분야에서 인정을 받기까지 30년이 걸렸다.[18] 이 저작은 개념에서부터 관료 기술에 관한 이슈에 이르기까지 다양한 주제를 관통한다. 그중에서도 최근 우세한 경제적·기술적 관점에 주목한다. 일상을 넘어 (호컨 등이 명명한 '당연한 자본주의'라는 쉽게 수용된 제안 (1999)과 같이) 자본주의 개념의 중대한 변화에 대한 제안부터, UN 회의와 북반구의 환경 싱크탱크가 제안하는 기후변화, 지속가능한 발전, 소위 '녹색경제',[19] 녹색 청소(Green Cleaning)까지 다양한 논의가 방대하게 등장했다. 놀라운 예는 패션과 지속가능성 분야에서 등장했다. 이 분야에서 (재료와 가공 과정에서 환경 파괴 감소에서부터 재사용, 리모델링, 장소

....

18 내 생각에 이 주제에 관한 가장 훌륭한 예는 여전히 반 더 린과 카원(2007)의 작업이다. 에드워즈(Edwards 2005)와 헤스터(2006), 오르(Orr 2002)를 참조하라. 좀 더 기술적인 예는 옝(Yeang 2006)과 호컨 등(1999)을 보라. 물론 녹색경제 혹은 생태경제의 구체적 성격에 관한 많은 책이 존재한다. 지배적이고 영향력 있는 예는 **지속문화**(permaculure)이며, 이에 대해서는 방대한 양의 연구가 존재한다. 생물생리학과 '요람에서 요람까지'의 개념은 생산물 디자인에서 점점 더 많은 주목을 받고 있다. 라틴아메리카에서 농업생태학은 시골의 농업과 생태 디자인의 접점의 공간이 되었으며, 종종 합쳐져 '농민의 길(Vía Campesina)'과 같은 사회운동이 된다.

19 여기는 기후변화와 지속가능성의 주요한 원칙이 된 탄소 시장, 지리공학, (2012년 6월에 열린 리우 정상회의에 참석한 정부가 소리 높여 주창한 새로운 만병통치약인) '녹색경제'를 비판하는 자리는 아니다. 그럼에도 불구하고 생태적 디자인이 현실을 넘어서는 문제를 다룬다. 내 생각에 최근에 나온 가장 훌륭한 비판은 기후 정의를 주장하는 운동가인 나오미 클라인(Naomi Klein 2014), 패트릭 본드(Patrick Bond 2012), 래리 로먼(Larry Lohman 2011)에 의한 것이다. 지리공학에 대한 비판에 대해서는 ETC 집단의 연구를 참조하라. 또한 시바(Shiva 2008)와 바세이(Bassey 2011)를 참조하라.

와 생물 복제에 이르기까지) 산업을 변화시키기 위해 산업사회에 대한 생태적 도전을 진지하게 사고하는 디자이너들이 존재한다. 또한 이들은 비산업적 실천, '해킹'의 원리, 사회를 위한 대안적 사고, 정치적 문제와 함께 대안적인 문화적·생태적 모델로의 전환을 위한 통합 디자인 같은 창의적인 아이디어를 제안하고 있다(Kate Fletcher and Lynda Grose 2011 ; Shepard 2015를 참조하라).

생태학적 디자인에서 실무 경험이 있는 건축가, 기획자, 생태학자들 사이의 협력을 통해 그 개념에서 중요한 진전이 나타났다. 생태학적 디자인이 인간과 자연 시스템, 프로세스를 성공적으로 통합해야만 한다는 원칙은 쉽게 수용되었다. 수십억 년의 진화와 자연의 디자인[20]에서 학습한 것으로 파악하든, 현시대의 필요나 문제들을 충족하기 위해 기술에 의존하고 따라서 재발명해야 하는 것으로 보든, 출발점은 환경 위기가 곧 디자인의 위기이며, 인류가 이 위기를 피하기 위해서는 근본적으로 관습을 바꾸는 것에서 시작한다. 공유되는 수많은 생각들, 특히 생태적 지속가능성은 경제적 지속가능성을 넘어 궁극적으로 새롭고 의미 있는 문화가 필요하다는 믿음이 있다. 이들은 모든 사회와 자연 시스템에 다양성이 내재화되었다는 것을 인정하며, 자연과 사회 시스템의 잠재적인 자기 구조화를 기반으로 하는 인공지능망을 통해 복원력을 생성한다는 목표를 갖는다. 몇몇 생태 이론가들은 디자인 전문가들

----

20 자연의 디자인 원칙에 기초하여 근본적인 문화와 사회 변화에 관해 내가 아는 가장 훌륭한 예 중 하나는 브라이언 굿윈(Brian Goodwin 2007)의 복잡성 이론이다. 하지만 굿윈은 생물학 분야에서 계속 주변적 위치에 있다.

에 의한 지배와 독점에 반대하며 다음과 같이 주장한다.

디자인의 문제를 공유한다는 것은 언어적 · 기술적 · 규범적 장애물을 넘기 위해 참여하는 과정이다. 생태적 디자인은 무엇을 알고 있는가와 누가 알고 있는가에 관한 오래된 규칙들을 변화시킨다. 지속가능성은 전문가의 전유물이라기보다는 문화적 과정이며, 모두가 세계를 만드는 과정에서 기본적인 역량을 갖추어야 함을 제안한다. (⋯⋯) 너무 오랫동안 우리는 디자인 전문가들이 통제하는 고정된 세계에 익숙해져 있었다. 이에 대한 대안으로 자기-디자인의 잠재성이 결정화되어 나타날 것이다. (van der Ryn y Cowan 2007, 130 ; 147)

이러한 기존의 틀에 대한 해결은 지역의 공간에서 나온다. 그리고 디자인 지능을 높이는 것이 이 지역성을 기반으로 하는 민주주의의 핵심 요소가 된다. 이 생태학과 직접 민주주의의 결합은 생물지역주의(bioregionalism)에 가장 좋은 방식이다. 마찬가지로 인간의 주거 형태를 육성하기 위한 도시의 재디자인에도 잘 드러나는데, 이를 통해 사람들은 장소와 공동체에서 일련의 활동을 다시 위치시키고 환경과 통합될 수 있게 된다.[21] 몇몇 사람들은 디자인 과정이 "상호작용을 통해 한 지

----

21 이미 이런 디자인 방식으로 잘 알려진 예는 많다. 공통점은 물을 정화하는 동시에 영양분을 회복하고, 주거와 주위 환경을 제공하기 위하여 만들어진 습지를 이용하는 식물을 디자인하는 것이다. 도시 재생, (예를 들어 독일과 덴마크에서 고안된) 에너지와 교통의 재구조화, 전경의 디자인 등 많은 성공 사례가 있다. 전환 기획의 일환인 동네

점에서 대륙으로 확장"한다고 상상한다(Hester 2006, 61). 반면에 이 모든 것은 일정 정도 유토피아적이고 자기 비평이 부족한 것처럼 들리기도 한다. 하지만 이 체계 속에서 탄생한 재/디자인은 생태적 디자인의 원칙을 구현한 구체적인 예가 된다. 그 결과 "근대성의 문화적 구조에서 비지속성이 야기되었다"라는 사실을 인정하게 된다(Ehrenfeld 2008, 7; 210). 다시 말해 지속가능성과 녹색경제와 같은 근대적 해결책으로는 충분하지 않다. 존 에렌펠드(Ehrenfeld 2009, 7; 210)는 존재론적 디자인의 관점에서 지속가능성은 디자인을 통해 가능하며, 이것이 가능하기 위해서는 '문화적 격변'이 일어나야 한다고 결론 내린다. 이러한 선언은 4장에서 논의할 문명적 전환에 대한 호소와 맥락을 같이 한다. 종족과 영토를 기반으로 하는 수많은 사회운동에서 의미하는 지속가능성은 존재, 앎, 행위의 방식, 다시 말해 삶의 모든 형태를 지켜내는 것을 포함한다. 이것이 생태위기와 그것을 바로잡기 위한 시도를 구성하는 지속적인 대화의 네트워크에 상당 부분 공헌하고 있다(6장).

비판적 디자인 연구와 성찰의 디자인

비판적 디자인 연구는 규범에 관한 긴급한 질문을 포용해야 하며 전통적인 견해에서 벗어난 관점으로부터 시작해야 한다. 서론에서 언급

혹은 마을 만들기는 이러한 형태의 훌륭한 예시가 된다.

했듯이 이것은 성찰 디자인과 비평의 과제가 된다(Dunn y Raby 2013).
성찰 디자인은 디자인과 행동주의 사이의 교차점, 또는 현대적 디자인
이 실패하거나 작동하지 않은 지점에서 진행된 연구에서 찾을 수 있다.
커샌드라 하트블레이(Cassandra Hartblay 2015)와 같이 장애 관련 연구를
진행하는 페미니스트 연구자들은 집단적이고 관계적인 측면에서 (개인
의 접근성이 가능한 일종의 장벽 없는 디자인인) '보편적 디자인'을 재정의한
다. 이 연구자들은 디자인과 서로 다른 능력을 지닌 신체 사이의 상호
관계에 대한 심도 있는 조사를 기반으로 삼아 참여를 바탕으로 하는 상
향식 디자인 방식을 제시한다. 이를 통해 재해석된 참여 디자인 방식은
디자인 실천을 위한 인식론적이고 물질적-담론적인 자극의 기반이 된
다. 이 작가들은 존재론적 문제로서 능력/장애의 문제를 강조하며, 디
자이너가 신체, 공간, 환경, 도구와 필연적으로 연결되어 있다는 깊은
관계성에 바탕을 둔 유물론적 존재론에 도달할 수 있다고 제안한다. 그
럼에도 불구하고 이것이 가능하기 위해서는 장애와 연계된 디자인적
의미와 실천을 드러내는 (예를 들어 건물과 생활공간에서 장애인을 위한 경사
로와 같은) '비차별적 민족지학(ethnography)'이 필요하다.[22] 다른 연구의

....

22 커샌드라 하트블레이(2015)의 박사 논문은 디자인 관점에서 포스트-소비에트 러시아
를 통해 역량의 부재가 낳는 사회적·정치적·문화적·물질적 상황을 탐구하는 민족
지학 연구다. 논문은 누가 디자인하는가가 문제가 되는 권력 관계에 새로운 방식으로
문제를 제기하며 디자인이 갖는 함의를 연구하면서 소위 불구 이론(일종의 언어유희
로서 불구, 혹은 유효하지 않은 것의 하위 범주를 되살리기 위해 이 용어를 사용한다)을
전개한다. 마찬가지로, 주체가 어떻게 주거를 창조적으로 재디자인하여 역량을 가진
공간으로 변화시키는가를 보여준다. 그녀는 사회적·물질적 인프라가 비차별적인 디

예를 들어보자. 근대 화장실의 낭비적 관행에 대한 생태학적 관심으로 작가는 생태-존재론적 의미를 포함한 재설계를 통해 신체, 폐기물, 청결 등 근대적 사고에 젖어 있는 변(便)의 문화를 밝혀내고자 한다(Dimpl 2011). 이는 디자인에 관한 비판적 문화연구의 한 지류라 할 수 있다. 이는 성찰적 디자인의 상상력과 연결되면서 문화와 물질의 실천이 진행되는 다양한 영토를 의미 있는 방식으로 재구성할 수 있도록 한다.

마지막으로 이런 흐름으로 볼 때 디자인 비평연구 분야가 등장하고 있다고 말할 수 있을까? '비평적'이란 말은 (마르크스주의와 후기 마르크스주의 정치경제에서부터 페미니스트·퀴어·인종 비평, 후기구조주의, 현상학, 반식민주의와 탈식민주의 이론, 가장 최근에 나온 신유물론에서 분기한 포스트-구성주의(postconstructivism)) 등 모든 범위의 비평이론을 디자인 분야에 적용하는 것을 의미한다. 실제로 이 기준을 채택하면서 디자인 비평 연구 분야가 등장하고 있다고 말할 수 있다. 또한 '비평'은 2장에서 논의할 문화연구 프로젝트와 분명한 관련이 있다고 언급된다. 여기에는 몇 가지 주의할 사항이 존재한다. 첫째로, 디자인 비평연구 분야의 구성 요소와 방향성은 학문에만 국한되지 않는다는 사실을 밝힐 필요가 있다. 비록 어느 정도는 학문적으로 연관이 있지만, 이것이 공헌하는 영역은 디자인 사고와 행동주의 측면에서다. 둘째로 아직은 초기 단계에 있다는 점이다. 디자인 실천과 자본주의, 젠더, 인종, 발전, 현대성 사이의 관계에 관한 비판적 분석이 여전히 부족하다는 사실뿐 아니라, 이에 대

자인에 기본이 되도록 하는 개념을 정초한다.

한 답은 물론이고 제대로 된 질문도 할 수 없는 서구 사회이론의 한계도 지적해야 할 것이다. 물론 현재 지구상에서 인간의 삶에 나타난 (근대적이거나 다른 형태의) 전례 없는 문제에 맞서기 위해 비판적 분석은 꼭 필요하다고 적어도 나는 느끼고 있다. 마지막으로 디자인, 정치, 권력 그리고 문화 사이의 관계를 구체적으로 논의할 필요가 있다.

디자인과 정치

이제부터는 다음 장에서 계속해서 다룰 디자인과 정치에 대해 논의하고자 한다. 현재 디자인은 자본주의와 자유주의 정치 개념과 불가분의 관계에 있을까? 또는 정반대로 디자인에 급진적인 정치적 내용을 포함할 수 있을까? 근대성의 전성기에 몇몇 디자인 선구자들이 시도한 사회주의적 감각은 이미 언급한 바 있다. 당연하게도 기후변화는 디자이너들에게 디자인 의식이 깃든 생태학적 사고를 불어넣고 있다. 휴머니즘의 위기는 자본주의적 생산과 자유주의 정치가 이미 제 기능을 잃거나 적어도 완전히 작동하지 않는 전례 없는 공간을 만들었는데, 바로 그 지점에서 디자이너들은 새로운 틈새를 찾는다. 일군의 생태적 사고를 지닌 건축가와 도시 계획가는 디자인과 지구와 민주주의의 관계를 생각한다. 공공 분야와 비정부 관련 서비스 디자인 과정에서 전문가의 통제를 포기함으로써 디자이너는 일종의 인식론적 정치를 실행하고자 한다. 이것은 디자인과 정치 사이에 더욱 긴밀한 연결이 시도되는 사례가 된다. 그러나 불평등하고 무감각하며 파괴적인 사회적 질서와 디자인의 관계에 대한 질문은 여전히 '난감한 질문'이다.

실제로 디자인과 정치 사이의 관계는 디자인 연구에서 중심 주제로 자주 등장한다. 엔(2014)과 머피(2015)가 스웨덴 사례를 분석한 것처럼, 현대 스칸디나비아 디자인은 사회민주주의와 디자인을 연결하는 데 상당한 성공을 거둔 것으로 보인다. 그들이 분석한 핵심은 민주주의, 혁신, 디자인 사이의 관계이다. 문화 산업과 '창조적 계급'이 지니는 엘리트적 개념을 강하게 비판하면서 혁신이 자본을 위해 봉사하는 전문가 집단에 한정되었음을 지적한다. 이 책의 저자들은 비록 혁신적으로 보일 수 있는 이 패러다임이 놀랍게도 전통적이었고, 체제의 관리를 위한 것이었다고 지적한다. 다시 말해 시장과 이익을 지향하는 것이다(Ehn et al. 2014, 3). 이 사실은 이번 장에서 논의한 여러 흐름과 관련하여 매우 중요하게 고려할 사항이다. 이 저자들은 또 다른 혁신의 개념을 전개하기 위해서는 소외된 대중과 함께하는 헌신적인 작업이 필요하다고 지적한다. 한편으로는 '제작 실험실'과 '친숙한 해킹'과 같은 실험적인 디자인 방식을 채택할 필요가 있다. 동시에 하위 주체의 경험과 지식을 합법적인 것으로 인정해야 한다.

'저항의 디자인'을 지향하는 디살보(DiSalvo 2012)의 연구는 디자인, 기술, 민주주의, 정치, 사회를 연결하는 실험적인 결합을 설득력 있게 보여준다. 이는 거대한 진전이라 할 만하다. 앞으로 살펴보겠지만, 전환을 위한 디자인(Irwin 2015; Tonkinwise 2015)과 사회적 혁신을 위한 디자인(Manzini 2015)을 통해 디자인과 정치의 관계에 대한 더 많은 논의가 진행되었다. 디자인 정치를 급진화하려는 시도는 이미 언급했듯이 근대 이론이 보여준 합리주의, 로고스 중심주의, 이원론의 전통을 넘어 서구의 사회이론에 녹아 있는 인식 체계의 가장자리로 이동하는 것이다. 이 책의 나머지 부분은 여러 방면으로 이를 입증하는 데 전념할 것이다. 어떤 시점에서는 이 책을 시작할 때 한 질문으로 돌아갈 것이다. 디자인이란 무엇인가? '세계'는 무엇인가? '실재'는 무엇인가? 하지만 먼저 우리의 '사고방식'과 '행동방식', '세계'와 '현실'에 문제를 제기한 후에 다가갈 것이다. 즉, 디자인의 존재론적 접근을 위한 토대가 될 것이다.

요약하자면 지난 10년 동안 디자인은 전통적인 의미에서 물건의 생산, 기술, 개인이 시장과 연결되어 고도의 전문 지식을 가진 전문가에 의해 주도되었던 것으로부터 사용자 중심적이며, 상호적이고, 협력적이며, 참여적 경험과 삶을 만드는 것에 중점을 둔 방향으로 재설정하는 중대한 변화가 나타났다. 미국에서 나타난 이러한 변화는 스칸디나비아 지역, 이탈리아 등 유럽 국가보다 정부, 공정 자본, 권력의 차원에서 덜 결정적이라는 점을 지적할 필요가 있다. 그리고 마지막 부분에서는 남반구의 관점과 시각을 논의할 것이다.

디지털 기술 디자이너 브렌다 로럴은 수십 년 동안 디자인 비평 작업을 수행했는데, 이번 장을 마무리하는 데 적절한 디자인의 반체제적 상상력에 관하여 언급한다. "사람들은 가장자리를 헤매면서 계속해서 새로운 패러다임을 탐구한다. 대중은 희망과 기대를 재해석하며 반응한다. 그리고 뉴미디어의 조건과 성격이 나타나기 시작한다. 뉴미디어,

이 새로운 도구가 성숙하기 위해서는 창조성과 시간, 결의, 낙관주의가 요구된다"(Laurel 2001, 8). 다음 장에서 논의할 전환과 자치 디자인은 자본주의 근대성의 '가장자리를 파고드는 것'과 같은데, 그래서 디자인 비평 분야에서는 필수적 부분이다.

2장
디자인 문화연구란 무엇인가?

전통적인 학문 기반의 디자인 교육은 만약 학생이 권력 이론, 사회 구
조 및 사회 변화 등을 이해하지 않는다면 실질적인 변화에 기여할 수
없다. 대학원생(또는 학부생)이 디자인 과정을 밟고 있는 경우 메타 디
자인 또는 전환 디자인의 학위 과정은 표면적으로는 디자인보다 인문
학처럼 보일 수 있다.
——앤-마리 윌리스, 『전환 디자인: 훈육을 거부하고 도구주의를 넘어설
필요』

인류학에서 일반적으로 동의하는 근대를 지배한 생산, 유통, 통치와 지
식의 구조는 세계를 위기에 처하게 만들었다. 지속해 나갈 방법을 찾기
위해 우리가 할 수 있는 모든 방안이 강구되어야 한다. 그러나 어떤 토
착집단도, 전문적 과학도, 교리나 철학 그 무엇도 미래의 열쇠를 쥐고
있지는 않다. 오직 대화를 통해서만 우리를 위한 미래로 나가는 것이
가능하다. 인류학의 역할은 대화의 폭을 확장하는 것이다. 인간의 삶
자체에 대한 대화를 만들 것이다.
——캐롤라인 가트와 팀 잉골드, 『묘사로부터 대화까지: 현실의 인류학』

정신분석학과 민족지학은 우리 지식에서 주요한 지위를 차지하고 있다. 인간에 관한 모든 지식의 한계에서 이들은 확실히 개념과 경험에 관한, 하지만 무엇보다도 불확정성, 의심, 비판, 그리고 이미 획득한 것처럼 보이는 것에 대한 논의를 형성하는 불멸의 보석과도 같기 때문이다.

정신분석으로서의 민족지학은 인문학에서 나타나는 것과 같이 인간 자체가 아니라, 일반적으로 인간에 관한 지식을 가능하게 하는 영역을 탐구한다. 민족지학은 서구의 틀이 다른 모든 문화들을 통해 확립한 독특한 관계의 내부에 위치한다. '인문학'과의 관계에서, 정신분석학, 그리고 민족지학은 오히려 '반-과학'이라 할 수 있다. 그것이 다른 것보다 덜 '합리적'이라거나 덜 '객관적'이라는 뜻이 아니라, 다른 것을 거슬러 향해 가며, 인식론적 기초에 대하여 묻고 인문학에서 자신의 긍정성을 구성하는 인간 개념의 '해체'를 계속해 나간다. 한 가지는 확실하다. 인간은 더 이상 인간적 지식을 위해 존재하는 가장 오래된 문제도, 계속되는 문제도 아니다.

—미셸 푸코, 「사물의 질서」

영미와 라틴아메리카에서 사용하는 사회인류학, 또는 문화인류학이라 불리는 민족지학(ethnography)은 서구 학문의 경계에서 서구를 포함한 모든 문화적 질서의 임의적이고, 동시에 역사적으로 구성된 성격을 밝혀내는 과학이다. 그래서 미셸 푸코(1970, 377)는 "민족지학 전체의 일반적인 문제는 사실 자연과 문화 사이의 (연속성 또는 불연속성의) 관계에 있다"고 말한다. 자연과 문화의 관계는 이 책 전체를 통해서 계속 나타날 것이다. 서구 근대가 성립하면서 강화되는 문화와 자연 사이의 존재론적 이원론이든, 반대로 역사가 존재하지 않는다고 서구가 판단하는 민족들의 세계에 자리하고 있는 관계적 존재론이든지 말이다. 이 민족들에게 자연과 문화의 관계는 근대적 분리라는 냉담한 존재론과는 거리가 멀다. 관계적 세계를 방어하려는 사람들을 해방시키려는 여러 지역의 투쟁, 인도의 하위 주체 연구 그룹의 설립자 중 한 명인 가넨드라 팬데이(Gyanendra Pandey 2014)의 멋진 표현을 사용하자면 수많은 '기록되지 않은 역사', 또한 다시 논의에 오를 것이다. 확실히 자연/문화 관계에 대한 나의 관심은 디자인 관점에서 지속 (불)가능성의 논의 속에서 등장한다. 디자인 존재론에 주목한다면, 우리는 근대 디자인이 지속 불가능한 구조를 만들고, 미래의 가능성을 제거하는 탈미래 현상에 있어 얼마나 강력한지를 깨달을 것이다. 그리고 비이원론적 디자인의 개념이 자연/문화 분리를 넘어 전환을 위한 실천으로 이어질 수 있을까를 질문해야 한다.

이것은 실제 디자인이 보여주는 파노라마의 일부지만 시작에 불과하다. 만약 모든 지식의 기본이 남성, 근대인, 혹은 도나 해러웨이(Donna Haraway)가 명명하듯 근대적 남성이라면, 푸코가 주장한 바와 같이 18세기 말 새로운 지식이 확립되면서 이 남성은 디자인의 주체인 '남성 디자이너'가 된다. 통상적으로 '근대'라는 시기에 디자인은 평온한 존재였다. 그렇지만 사실 특정한 인식을 포함하여 (자본주의와 식민성이 두드러진 비중을 차지하는) 일련의 사회적 형태, 자연/문화, 서구/비서구라는 이원론으로 구성된 존재론적 구조를 포함하는 복잡한 집합체의 시대이다. **이러한 사회적 · 존재론적 구조화가 디자인의 토대가 되었다.** 이 복잡한 힘의 관계로부터 '남성 디자이너'를 해방시켜 더 건설적인 삶으로 돌아오도록 하는 것은 모든 지식의 중심이자 삶의 척도로서 인류의 소멸 문제와 밀접히 연결되어 있다. 다음 장에서 자세히 논의할 존재론적 디자인이 암시하듯이 기후변화, 일반화된 불안정성, 세계화 시대에 점점 더 분명해지는 탈미래(脫未來) 현상에 맞서는 저항 속에서 살아 있는 존재가 무엇인가에 대한 물음을 둘러싸고 진정한 포스트휴먼에 관한 이해와, 인간에 대한 새로운 개념이 요구된다.

이는 디자인 문화 연구를 시작하기 위한 하나의 방법이다. 래리 그로스버그(Larry Grossberg 2010)의 연구에 따르면, 디자인 문화연구는 사람들의 일상이 특정한 디자인 실천에서 문화와 연결되는 방식, 즉 디자인 실천이 권력과 연결된 기본적 생산과정에 참여하는 방식에 대한 분석이다. "문화를 출발점으로 삼고 문화, 사회, 정치, 경제, 일상생활 등의 훨씬 더 복잡한 관계에서 구축된 복잡한 힘의 영역에 진입한다"(Grossberg 2010, 24). 문화연구는 사회적 실천과 변화를 위한 투쟁과 그 의미를 연결해 준다. 궁극적으로 새로운 미래를 만드는 데 필요한 문화를 다루고 있으며, 이는 탈미래 개념에 대해 논의할 때 다시 언급할 주제이다. 의심할 여지 없이 디자인은 근대적 존재-구조의 형성에 핵심적 역할을 하는데, 따라서 문화연구를 위한 적합한 주제가 된다.[1]

이 장의 첫 부분에서는 넓게 적용될 수 있거나 행동 지향적인 '디자

---

1   그로스버그(Grossberg)에 의하면 문화연구 프로젝트는 앞 장에서 언급한 비판적 디자인 연구(Critical Design Studies)와는 구분된다. 그는 문화연구의 기획을 강조하는데, 문화연구는 기존의 연구에서 배제된 분야를 포괄하는 연구 범위를 넘어선다. 따라서 문화와 권력이 형성되는 체계에서 디자인에 내재된 위치를 연구하며, 또한 다른 세계를 건설하는 프로젝트에 기여할 수 있을까를 탐구한다. 또한, 디자인 문화연구는 문화에 중심을 부여하고, 존재론을 강조한다는 점에서 비판적 디자인 연구와는 차이가 있다.

인을 위한 인류학'과 '디자인을 위한 비평적 인류학'을 번갈아 사용하며, 디자인과 인류학 사이의 다양한 연관성에 초점을 맞추고자 한다. 그리고 개발과 인도적 지원 분야에 관해 가장 최근에 디자인이 보여준 역할을 분석할 것이다. 디자이너가 (빠르게 성장하는 인도주의적 공간을 포함하여) 개발 프로젝트에서 자신을 어떻게 위치시키는가에 관한 방식을 살펴본다. 마지막으로 세 번째 부분에서는 생태정치학 분야와 포스트-구성주의 사회이론에서 존재론적 관심이 증가하면서 나타나는 학문적 변화에 대해 논의한다. 이 교차점에서 존재론적 시각으로 디자인을 다시 생각하기 위한 '정치적 존재론'이 탄생했다. 다음 장에서는 이 정치적 존재론을 존재론적 디자인과 자치라는 두 가지 중요한 주제를 재설정하기 위해 활용할 것이다. 즉, 4장과 6장은 영토를 수호하는 사회운동이 지속불가능성과 벌이는 투쟁을 다룬다. 정치적 존재론의 관점에서 디자인을 생각하다 보면, '수많은 세계를 품은 한 개의 세계(one world with many worlds)'를 향해 전진하는 탈식민적 프로젝트와의 관계를 확인하게 된다. 이러한 성찰은 이 책의 마지막에서 논의할 플루리버스(pluriverse)를 위한 디자인에서 중요한 요소가 될 것이다.

마찬가지로 이번 장은 디자인 분야의 사회이론을 강화하고자 한다. (전환을 위한 디자인 체계에 대해서는 5장에서 살펴볼 것인데) 디자인 개념을 풍요롭게 만드는 사회이론의 중요성이 점차 공유되고 있지만, 일반적으로 사회이론의 수준에서 몇 가지 예외를 제외하고는 디자인을 사회이론을 통해 바라보는 전문적인 연구가 제한된 상태로 남아 있기 때문이다.

'디자인을 위한 인류학'과 '디자인 인류학' 사이에서

인류학과 디자인 사이를 연결하는 작업은 최근 십 년 동안 힘을 얻고 있다. 여기에는 세 가지의 주요한 흐름이 있다. ① 인류학적 사고를 실천하는 디자인(디자인을 위한 인류학), ② 인류학에 디자인적 사고를 도입(디자인으로서 민족지학), ③ 사회비평 이론을 디자인의 이론과 실천에 적용(디자인 인류학). 이 책에서 나는 이들과는 다른 네 번째 흐름을 제안하려고 한다. 푸코적인, 혹은 넓은 의미의 인류학에 기반을 둔 디자인을 다시 만들 가능성이 존재한다고 생각하기 때문이다. 다시 말해 존재-인식론적 형태의 다양한 견해를 포함하는 디자인이 가능한데, 여기서 (전통적으로 '토착' 문화로 이해되는) 인류학적 작업이 빈번하게 발생한다. 물론 이 네 번째 선택지는 근대 세계를 포함하고 있지만, 특히 서발턴의 지식과 욕망이 생산하는 사회운동과 연결된다.[2]

디자인을 위한 인류학

디자인에서 오늘날 가장 활발한 흐름은 인류학적 개념과 방법을 사용하는 '디자인을 위한 인류학'일 것이다. 이는 시장이 주도한 디자인

---

2 지리학에는 이와 유사한 흐름이 존재하는데, 여기서는 논의하지 않겠다. 가장 주요한 것은 '지리디자인(GeoDesign)'이며, 디자인에 대한 지리학적 분석(생태, 공간, 모델화)을 포함한 실천이다.

에서부터 사회적 의식을 담아내는 디자인 운동에 이르기까지 다양하다. 디자인 인류학은 전문성을 기반으로 인류학 디자인의 실천들을 통합하는 장점을 지닌다. 이는 인류학과 디자인 영역에서 활동하는 인류학자들이 제안한 흥미로운 흐름이다(Tunstall 2011 ; Whitemayer 2011 ; Laurel, ed. 2003 ; Clarke ed. 2011 ; Gunn et al., eds. 2013). 이러한 흐름의 작업은 웹을 통해 급속도로 빠르게 성장하고 있다. 디자인과 관련한 인류학의 학문적 흐름에서는 행위와 연결된 이론의 역할을 강조한다.

최근 두 권의 저작은 디자인에 초점을 맞춘 인류학적 관점을 분명하게 제시한다(Clarke ed. 2011 ; Gunn et al., eds. 2013). 디자인에서 사회적인 부분을 디자인의 최우선 과제로 반영하고, 상호작용과 의미, 그리고 문화의 중요성에 공감하면서, 이 책의 저자들은 디자인을 위한 인류학이 "담론이자 방법론으로 떠오르고 있는" 이유를 설명하기 위해 수많은 문화유산에 담긴 인류학적 비전을 재정립하고 있다(Clarke 2011, 10). 그러므로 이 분야를 '응용' 분야로 간주해서는 안 된다. 여기에 중심이 되는 것은 "현대 비평 디자이너들은 인류학적 관찰 방식과 새로운 사회적 실천을 결합하면서" 지식에 대한 독특한 양식을 발전시켜 왔다는 지점이다(Gunn et al., eds. 2013). 인류학과 디자인에 관한 이 특별한 방식은 행동과 성찰 사이에서 운동을 가능하게 하는 조건을 디자인하기 위한 새로운 인류학적 방법을 모색한다. 그것은 참여적 디자인을 지향하는 것이고(Ehn et al., eds. 2014), 디자인 실천의 탈식민화를 포함하는 이론적 관심이며(Tunstall 2013), 인간 중심 디자인에서 가치가 가진 역할에 대한 윤리적 논의이다.

이러한 흐름은 고유성을 지닌 역동적인 디자인의 창조로 이어진다. 그 예로 비판적으로 분석하고 포괄적인 방법으로 다른 세계를 구성하는 방법으로서 "사회적인 모델을 창조하는" 것이 될 수 있다(Clarke 2011, 11). 최근 인류학 프로젝트는 디자인, 예술, 과학, 소프트웨어와 공학의 개발을 포함한 다양한 분야에서 '패러다임으로서의 모델'의 출현을 면밀하게 탐구한다. 집단의 책임자 중 한 명이 지적한 대로 "모델을 창조하는 과정에서 나타나는 실험적이고 개방적인 성격은 새로운 문화적 경험과 민주화 과정의 대체자가 된다"(Corsín 2013: 382). 모델의 창조를 통한 복합적 문화 실천이자 '모델을 창조하는 모델'이라는 메타적 성찰을 소개함으로써, 이 프로젝트는 이 실천의 역사성을 비판적으로 검토한다. 거기에다 실험적이고 상상력 넘치고, 사용자 중심적이며 협업의 논리를 기반으로 한 디자인 실천을 강조하며, 이것이 인류학 작업에 유익한 정보를 제공할 수 있다고 설명한다(ARC Studio 2010).[3]

민족지학과 디자인

민족지학과 디자인에 관한 연구와 문헌의 증가는 인류학과 디자인

---

3   크리스토퍼 켈리(Christopher Kelly), 알베르토 코르신(Alberto Corsín), 조지 마커스 (Goerge Marcus)가 2010년에 사전 학회의 출간 모델을 기획했다. 역사, 개념, 디자인 개념을 지닌 모형에 대해서는 짧은 에세이 모음집에 포함된 구겐하임(Guggenheim), 윌키(Wilkie), 칼빌로(Calvillo)를 참조하라.

사이의 변화하는 관계를 반영하고 있다.[4] 그런데 이 문헌들은 단순한 실용과 비평적 작업 사이를 오고 간다. 수많은 작업이 실현 가능성에 주목하는 기술적인 측면과 소망을 드러내는 문화적인 측면이 만나는 지점에 관한 디자인 연구에 초점을 맞추었다. 바로 이 흐름이 인류학에서 디자인이 실제적 또는 잠재적으로 공헌하는 점을 분석하는 두 번째 흐름이다. 이는 '현대의 인류학'이라는 이름을 통해 디자인이 민족지학 연구를 위해 자원을 제공하는 방식을 지칭한다(Rabinow and Marcus 2008; Suchman 2011을 참조하라). 이러한 흐름은 캘리포니아 어바인 대학의 민족지학 센터에서 〈디자인으로서의 민족지학을 다시 생각하기〉라는 프로젝트를 수행한 조지 마커스(George Marcus)에 의해 주도되었다.[5] 민족지학은 다양한 협력과 결과를 지향한다는 측면에서 디자인의 실천과 교육의 과정으로 재정의될 수 있다는 기본 전제는, 정보 제공자와의 인터뷰와 관찰 같은 기존의 방식을 넘어서는 새로운 민족지학 도구의 개발을 가능하도록 했다. 이는 인류학을 통해 현재를 이해하고 건설적인 행동 경로를 상상할 수 있도록 한다. 쇤(Schön)과 라인(Rein)의 작업에서 이러한 흐름에 대한 중요한 선례를 확인할 수 있다(Schön 1987; Schön y Rein 1994). 쇤은 듀이(Dewey)의 관점을 통해 도시 연구 분야에

---

4 교차점의 인류학(la antropolog a de la interfaz)과 '정보화라는 새로운 영토'에 관한 연구를 처음 언급한 것에 대해서는 비차드와 기라우(Bichard and Gheerawo 2000), 플라우맨(Plowman 2003), 로럴(Laurel 1989)을 참조하라. 인간-기계를 재설정하는 인류학에 대해서는 서치맨(Suchman 2007)을 참조하라. 또한, 클라크 외(Clarke ed. 2011)와 군 외(Gunn et al. 2013)가 있다.

5 http://www.ehtnography.uci.edu/programs/design.php

서 활동했으며, 건축디자인과 수공예품 디자인에서 (일정 정도 민족지학적이고) 지배적이던 기술적 합리성의 한계에 맞설 틀을 발전시켰다. 그리고 '행동의 성찰'이라는 용어를 통해 전문가적인 형태를 제안했다. 디자인 과정에서 행위를 반영하는 것과 이를 위한 모델로서 공간을 개념화하는 것은 여전히 유효하다.

가트(Gatt)와 잉골드(Ingold)는 민족지학과 디자인의 관계를 바라봄에 있어 그들과는 근본적 차이를 드러낸다. 이들은 환경, 혹은 디자인을 통한 인류학의 도약을 제안했다. 이 저자들은 현상과 합리성에 기반을 두며, 살아 있는 모든 존재의 참여를 포괄하는 '조화'의 개념을 전개했다. "간단히 말해 세상과 소통하는 것"은 "설명하거나 표현하는 것이 아니라 응답하는 것"이라고 그들은 주장한다. 여기에는 두 가지 필연적인 결과가 따라온다. 첫째로 묘사로서의 민족지학에서 **응답과 실천으로서의 디자인을 통한 인류학**으로의 전환이다(2013, 145). 둘째 "이러한 의미에서 디자인은 세상을 변화시키지 않는다. 오히려 변화하고 있는 세계의 일부다"(146). 이 디자인 개념이 단순히 시적이든, 또는 세상이 작동하는 방법에 대한 유용한 대답이든 간에 상관없이, 현상학적인 디자이너가 세상과 함께 일하고 생각하기 위해 비결정론적인 방법과 같은 유용한 요소를 제공한다. 응답과 반응의 측면에 주목하는 디자인적 사고는 인류학이 민족지학적 텍스트에 의해 독점화되는 것에 의문을 제기하고, 세계를 구성하는 기획에서 주체들과 협력해 나가는 길에 문을 열어준다. 이후 전환과 자치를 위해 서발턴 공동체와 함께하는 실천에 관한 논의에서 이 개념으로 돌아갈 것이다.

플루리버스

디자인 인류학

세 번째 경향인 디자인 인류학은 현대 비평 이론을 활용하여 이론과 실천 분야에서 디자인에 관한 비평적 분석을 포함한다(Suchman 2011). 핀란드의 인류학자이자 디자인 이론가 에바 베르글룬트(Eeva Berglund)가 묘사하듯이 "점점 더 유연해지는 디자인이라는 이름"을 통해 전개되는 상황을 비판적으로 검토한다.[6] 디자인 분야와 관련이 있다 해도 인류학과 디자인의 교차점에서 일어나는 일에 대해서는 더 신중하게 접근한다. 그러나 디자인 인류학에서 모든 작업이 비평적인 부분과 떨어진 형태를 취하는 것은 아니다. 베르글룬트(Berglund 2011, 2012)가 헬싱키 건축, 환경주의, 그리고 핀란드식 디자인에 관한 분석에서 제안했듯이, 디자인과 인류학의 교차점은 두 분야 모두에서 지적인 자극을 가져올 수 있다. 이것은 인류학자들이 학계 안팎에서 발전에 도움을 줄 디자인에 대한 개념화를 활발하게 할 것이다. 베르글룬트에게 있어 디자인이 유행하는 현상은 비판을 불러오기도 하지만, 동시에 자연과 사회적 삶의 다양한 측면에서 두 분야가 상호작용하며 공동으로 프로젝트를 상상하도록 한다. 하지만 문제가 끝난 건 아니다. 대부분의 환경 지향 디자인에서도 여전히 (예를 들어, 숲이라는) '자연'과 (예를 들어, 도시라는) '문화'라는 이분법이 어떤 문제제기도 없이 계속되는 상태에서 디자인 담론

----

6 미국인류학협회가 2012년 11월 4일 샌프란시스코에서 주최한 학술대회의 〈실재 세계를 위한 디자인, 하지만 어떤 세계? 어떤 디자인? 어떤 실재?〉라는 세션 발표에서 인용한 것이다.

에 종속될 경우 일정 정도의 탈정치화가 발생한다.

디자인에 관한 상당수의 작업에서 탈정치화 경향이 나타나는 것은 사실이다. 루시 서치맨(Lucy Suchman)이 지적했듯이 인류학은 "디자이너가 설정한 프레임의 한계를 넘어서는 디자인의 정치를 가능하게 함으로써 정치를 재배치하고"(2011, 4) 이 상황을 바꾸는 데 공헌할 수 있다. 한 가지 해답은 제도와 대상이 어떻게 권력과 규범화의 논리를 받아들이는가를 연구하는 것에서 나온다. 이 생산적 연구 프로그램은 학교, 병원, 공장, 군대 내의 규범화된 관행을 통해 '사회 규율'이 생성되는 방식에 관한 분석으로 푸코에 의해 널리 확산되었다(Domínguez and Fogué 2015). 푸코의 관점에서 처벌은 실제로 디자인된 사회의 결과이다. 자본주의와 식민성이라는 **현 상태**(status quo)가 재생산됨에 따라 디자이너의 혁신과 창의성에 대한 의지가 중요하게 되었다. 다시 말해, 급진 정치라는 보다 명확한 정치 감각을 통해서 디자인을 자극하는 것이 비평 이론의 중요한 과제이다. 이전 장에서 언급했듯이 인종, 성, 계급의 문제는 디자인의 이론과 실천에서 명백하게 공백 상태였다. 디자인이 자본주의에 의존하는 것 역시 언급되지 않았다(White 2015).

이러한 문제들은 많은 경우 공동체를 지향하는 디자인 조직과 함께, 지식인-활동가 영역에서 작업하는 디자이너들 사이에서 명시적인 형태로 진행되고 있다. 보스턴에서 케네스 베일리(Kenneth Bailey)가 주도하는 사회 참여 디자인 실험실은 다음과 같이 말한다. "디자이너들은 실험적이며 능동적이다. 완전히 새로운 가능성의 영역을 상상하기 위해 기존의 방법으로 문제에 단순하게 접근하는 방식을 넘어서고자 한다.

동시에 다양한 앎의 방식을 통해 창의적으로 노력하는 것이 중요하다."

사회적 정의를 위해 디자인에 접근하는 이러한 방식은 공동체, 예술, 기획, 행동주의에서 혁신적 형태를 발전시키고 있다.[7] 공동체 단위에서 디자인은 환경적 정의, 기억, 행위, 물질, 그리고 대지와 환경을 서로 연결하기 위해 사용된다. 또한, 공동체가 보여준 저항이라는 오랜 경험을 혁신하여 삶을 지속시키고 미래를 상상하고자 할 때 활용한다. 예를 들어, 환경 정의를 위한 미국 캘리포니아의 투쟁에서 그 예를 확인할 수 있다(Kathanadhi 2011).

이러한 여러 사례가 보여주듯이, 소외된 공동체와 함께 진행했던 작업은 종종 급진적 참여 방식을 보여준다. 지역에 대한 지식과 앎을 디자인 과정의 시작점으로 수용했기 때문이다. 캘리포니아 남부의 집 없는 젊은이들과의 작업에서 엘리자베스 친(Elizabeth Chin 2015, 1)은 "집이 없는 사람들과 같이하는 대부분의 디자인 작업은 천막이나 슈퍼마켓 카트로 이어진다는 점"에 주목한다. 불평등과 사회정의를 해결하려는 선한 의도를 갖는 사회적 디자인의 능력은 매우 제한적이며, 집 없는 사람들의 견해와 목소리를 진지하게 받아들이지 못한다. 마이클 몬토야(Michael Montoya 2013)는 미국의 의료 관련 디자인 프로젝트에서 라티노가 함께 참여하는 것의 의미는 인식론적 측면에서 "틀을 벗어나는 것"이라고 설명한다. 친과 몬토야 연구팀의 방법론은 디자이너 또는

---

7   이에 대한 흥미로운 그룹으로는 사회디자인학교(School for Designing a Society)를 들 수 있다(http://www.designingasociety.net/).

연구자의 통제 범위를 상당 부분 줄이면서, 서발턴의 대항 헤게모니를 수용하는 과제가 얼마나 어려운가를 보여준 예시가 된다. 두 연구자 모두는 서발턴의 참여가 강조되는 라틴아메리카 전통에 호소한다. 이런 측면에서 이 책의 가장 마지막 부분에서 논의할 자치 디자인 개념은 위 프로젝트와 연결된다.

디자인과 정치에 관한 논의는 디자인이 실제로 막강한 정치적·물리적 힘으로 작동한다는 사실을 보여준다. 쟁점은 디자인이 자본주의와 지속불가능성에 뿌리를 둔 문화에서 플루리버스의 실천을 향한 변화의 장소가 될 수 있는가에 대한 여부다. 이 책은 존재론적 관점에서 디자인의 재설정, 재개념화를 통해 논의를 활성화하고자 한다. 또한, 서론에서 언급한 디자인 이론가 도밍게즈와 포게를 통해 새로운 관계를 설정하기 위한 역량과, 이를 실천에 옮길 정치 디자인을 탐색할 것이다. 즉, "새로운 종류의 **정치적** 실체, 본질 및 장소를 제안"하며, 결과적으로 정치적인 것에 관한 기존의 관행을 확장하려는 시도이다(2015, 7). 이러한 경향은 디자인과 자치의 관계에 관한 존재론에 주목하려는 이 책의 목표와 같다.

개발주의와 인도주의를 넘어서는 디자인의 생명정치

국제개발은 디자인 논의와 실천에서 괄목할 성장을 보여주는 또 다른 분야다. 이 책의 서론에서 이미 1951년 UN 보고서를 언급했듯이 발전 프로젝트는 선진국들이 가난한 국가가 '근대화'를 위한 전략을 채택하고 제1세계에 합류하도록 지원하는 거대한 디자인 프로젝트였다. 육십 년이 넘도록 발전에 대한 담론과 전략은 아프리카, 아시아, 라틴아메리카 지역의 대부분이 '저개발'이며, 이들이 '발전'과 '근대화'를 이룰 수 있도록 돕는 것이 바로 정부와 제도라는 사고를 이끌어 왔다. 이 꿈이 많은 사람에게 악몽으로 변한 이유는 지금까지 충분히 설명되었다. 발전 담론은 이를 만든 (세계은행으로부터 모든 제3세계 국가 및 지역개발 기관과 비정부기구에 이르기까지) 지식-권력이라는 거대 도구와 함께 아시아, 아프리카, 라틴아메리카의 경제·사회·문화를 재생산하는 데 효과적인 메커니즘이 되었다(Escobar 2011). 하지만 디자인이 개발주의에 대한 비판에서 명백한 존재감이 없다는 것은 당혹스러운 사실이다. 이러한 흐름을 어떻게 보느냐에 따라 문제가 될 수도 희망이 될 수도 있다.

피터 레드필드(Peter Redfield)는 기본적인 생계가 위기에 처할 시기에 필요한 일련의 '인도주의'적 방식과 '적절한 디자인'을 검토하기 시작했다. 예를 들어 즉시 사용 가능한 치료 식품인 플럼피넛(Plumpy'nut), 라이프스트로우(LifeStraw)라 불리는 개인 정수 시스템, 피푸(Peepoo)라 불리는 간단한 위생 도구, 그리고 에볼라와 에이즈에 대한 치료제가 그것이다. 십여 년간 '국경없는의사회'의 작업을 바탕으로 레드필드는 인도적 지원의 문화적·정치적 배경이 된 근대의 합리성, 세속주의, 자본주의 그리고 식민주의와의 관계를 분석한다. 이를 위해 레드필드는 동료들과 함께 인도주의와 관련된 민감한 주제에 다가간다(Redfield 2012,

2013; Redfield and Bornstein 2010). 특히, 그들은 대규모 이주 상황에서 소수의 생명만을 구하는 일이 전부인 인도주의적 방식에서 '적극적 중립성'을 실현할 가능성에 의구심을 제기한다. 수많은 인도주의적 디자인은 그 긴박한 상황으로 인해 반드시 내구성, 단순성, 휴대성이라는 방식을 취한다. 좀 더 비판적으로 보자면 이러한 복지는 상품의 논리에 종속된다. "접근 방식이 상업적으로 유지되는 동안"(Redfield 2012, 175), 생산자들은 "명백한 인도주의 시장"에서 일한다는 것이 무엇을 의미하는지 깨달을 것이다(Redfield 2012, 168). 그럼에도 레드필드는 이 디자인 실천이 신자유주의 세계화의 도구로 축소되거나, 정부 또는 개발주의로 동화될 수 없다고 지적한다. 신자유주의와 관료화 경향을 넘어 잠재적으로 새롭고 중요한 무언가가 인류학과 인도주의적 실천, 그리고 디자인 사이의 교차점인 '최소주의 생명정치' 분야에서 나타나고 있다는 것이다. 이 과정은 희생의 논리가 지배하는 국제질서 안에서 전개되고 있으며, 여기에서 디자인은 많은 경우에서 삶과 죽음의 문제로 이해되어야 한다.[8]

인도주의적 디자인은 여전히 작지만 성장하고 있으며, 혁신과 디자인 분야에서 발전과 빈곤의 감소를 재검토하기 위한 길을 열었다. 이

----

8   다른 흥미로운 비정부기구도 존재한다. 특히 전 유럽을 비롯하여 전 세계적 반향을 통해 이들은 '경계를 배회하면서' 다양한 인식과 함께 발전과 지속가능성을 향한 디자인에 종사했다. 이에 대해서는 영국의 지속가능 디자인센터(Center for Sustainable Design), 국제디자인 발전 정상회의(International Development Design Summit), 사회적 디자인센터(Social Design Center), 디자인이 중요하다(Design that Matters), 세계를 위한 디자인(Design for the World)을 참조하라.

러한 추세에서 전문 디자이너는 디자인의 협업적인 방식을 활용하여 가난한 이들과 함께 적절한 수준에서 개입하고, 가난한 사람들은 혁신 과정에서 돌봄을 받는 '고객'으로 참여한다. 거대 디자인 회사는 이익과 전문성으로 확장된 개발 사업에 참여하는 반면, 좀 더 작은 규모의 조직들은 사회적 의식을 갖는 디자인에 관심을 가질 것이다. 발전 디자인에서 감지되는 이러한 경향에 대해 인류학자 안케 슈위타이(Anke Schwittay)는 '발전 이후의 삶'을 탐구하는 것이 흥미로운 영역이 될 것이라고 지적한다. 잘 알려진 방글라데시 그라민(Grameen) 은행은 '가난한 여성들에게 작은 기업가가 될 수 있는 권리를 제공하는' 성공 사례로 제시되는데, 소액금융 또는 '재정포용' 계획에 대한 분석은 공동 디자인 과정에서 나타나는 이러한 긴장을 잘 보여준다. 긴장은 대부분 개발 정치가 여전히 지닌 식민주의적 기획 내에서 작동하고 있다는 사실에서 나온다. 그녀는 다음과 같은 결론을 내린다.

나는 인도주의적 디자인에 어떤 문제도 제기하지 않고 채택하는 것을 찬성하지 않는다. 개발 문제를 해결하기 위하여 서구의 전문지식과 기술을 적용하는 것은 정치적 행동이나 지역적 실천을 희생하여 외부적, 기술적 그리고 종종 상업적 해결책에 특권을 부여한다. 이러한 측면에서 인도주의적 디자인은 발전이라는 근대주의적 개입을 지속시키고, 세계 시장에 의해 수렴되는 결과를 가져온다. 그러나 기존 장치 안에서 인도주의적 디자인은 대안적인 발전 형태를 만드는 씨앗이 될 수 있다. 변화를 지향하는 모든 프로젝트가 무질서와 복잡성을 인식하고 신중하게 진

행할 것을 권한다 (2014, 43).[9]

슈위타이의 신중함은 현명하다. 최근 들어 나타난 개발에 대한 꿈 두 가지를 언급해 보자. 첫 번째로, 15년 동안의 밀레니엄 개발 목표 (Millenium Development Goals)[10]가 2015년에 만료된 후, 지속가능한 개발 지표에 대한 의심스러운 결과를 논의하는 기구가 설립되었다. 두 번째 예는 세계은행이 2014년 '세계의 발전에 대한 위험과 기회, 개발을 위한 위기 관리'라는 제목으로 제안한 말도 안 되게 슬픈 보고서다. 세계은행의 경제학자들은 가난한 사람들이 빈곤 상태에서 벗어나지 못하는 것은 위기를 관리하는 법을 아직 배우지 못했고, 그래서 기회를 활용하지 못해서였다는 결론에 도달한다. 이 보고서는 세계가 갈수록 '일어날' 위험으로 가득 차 있다고 묘사한 다음, 궁극적으로 가난한 사람들이 '기회로 가득 찬 삶을 얻기 위해서는 위기를 관리하는 능력을 배워

....

9   슈위타이의 논문은 가난한 공동체들 사이에 재정을 고려하며, 저축을 장려하고, 기금 기관을 설립하려는 공동 디자인의 경험을 분석한다. 캘리포니아 어바인 대학의 인류학자인 빌 모이어러(Bill Maurer)가 기술과 재정보조를 맡아 진행했다. 그녀가 말하는 것처럼, 이 기구에서 일했던 인물은 프로그램이 갖는 모순에 대해 인식하고 있었다. 소규모 지원이 빈곤에 효과적인 해결책으로 홍보되었지만, 동시에 비판 역시 증가하기 시작했다. 소규모 금융과 무하마드 유누스(Muhammad Yunus)가 만든 방식에 대한 비판으로는 방글라데시 인류학자인 라미아 카림(Lamia Karim 2011)이 작성한 책을 참조하라. 카림의 주요한 공적은 대부금이 직접적이든 간접적이든 자기 충족, 구체적으로는 자치 디자인의 관점에서 강화될 필요가 있는 공동의 메커니즘을 잠식시켰다는 점을 지적한 것이다(6장).

10 2000년 UN에서 채택한 의제로 세계의 빈곤을 2015년까지 절반으로 줄이고자 하는 계획을 담고 있다.(옮긴이 주)

야 한다'는 제안을 발표한다. 이러한 단순한, 그렇지만 슬프게도 수많은 국가에서 정부 정책에 영향을 미치는 접근법은 세계은행의 놀라운 냉소주의를 증명하는 것인지, 아니면 권력과 가난한 사람들의 삶, 혹은 양쪽 모두의 역동성을 이해하지 못하는 능력의 부족을 증명하는 것인지 답하기가 매우 어렵다.

이런 이유로 개발과 관련하여 디자인을 확장하는 것에 대해 신중할 필요가 있다. 개발을 위한 디자인은 식민주의적 표현을 자주 재활용한다. 예를 들어, "아프리카는 주는 것보다 받는 것이 많다"(Pereira and Gilette 2015, 118)라는 사고는 수공업 분야에서 현대 기술과 공존하는 아프리카인들의 믿을 수 없는 지식과 수완을 보지 못하게 한다. 다른 한편으로는, 아프리카에 대한 구원의 서사 또한 강화한다. 이런 측면에서 발전에 관한 탈식민주의적 시각은 서발턴 그룹과 함께 공동 디자인에 접근하여 집단적 자치를 훼손하지 않도록 하는 데 필수적이다. 발전의 논리를 지탱하는 개발 지식의 견고한 지형학을 인식하고, 근대 디자인에서 가장 소외되는 그룹에 참여하며 일하고자 할 때, 디자이너는 불평등한 세계에서 비판적인 의식을 갖고 행동할 수 있을 것이다.

정치생태학에서 정치존재론으로

디자인의 정치경제학 측면에서 데미안 화이트(Damian White 2015)는 디자인이 자본주의, 착취, 권력의 또 다른 형태에 의존하는 동시에, 일반적이고 특수한 측면에서 노동의 분업화를 유지하는 데 기여한다고 분석했다. 또한, 천연자원 개발, 소비주의와 에너지 집약적 사용, 자연과 거주 공간에 대한 특정한 형식을 전파하는 방식 등에 작동하는 디자인 분석에 초점을 맞춘 정치생태학도 존재한다. 사실, 자연에 주목하는 현대 디자인은 그리 많지 않다. 따라서 이를 실천하기 위해서는 정치생태학을 긴급하게 연구해야 할 필요가 있다. 여기에서 정치생태학이 시작된 이래로 다루었던 이론, 개념, 주제와 같은 기본적인 요소를 고려하는 것이 유용하다.

정치생태학을 정의하고, 그 계보를 추적하는 방법에는 여러 가지가 있다.[11] 영미권을 비롯한 세계의 사회과학자들은 (시스템 이론까지도 포함하여) 사회이론과 특정 마르크스주의에다, 1950년대부터 1970년대까지의 문화 및 인류생태학 학교에서 발전된 생태학적 관점을 결합하여 사회, 자본주의, 환경 사이의 관계를 분석하기 시작한 1970년대 초를 출발점으로 삼는 데 있어 광범위한 합의가 이루어졌다. 지속가능성 개념에 대한 초기 비판 중 일부가 초기의 정치생태학에 영향을 미치기도 했다(Redclift 1989 ; Leff 1986). 이때부터 이 분야에서 중대한 역할을 맡게

---

11 이를 언급하는 것은 아무리 강조해도 지나치지 않다. 나는 정치존재론을 위해 중요한 생태정치학의 계보에 해당하는 측면을 강조하고자 한다. 1970년대 이래 라틴아메리카와 남아시아, 북아메리카, 영국, 카탈루냐, 프랑스, 독일, 스칸디나비아를 포함하여 많은 지역에서 생태정치에 관한 많은 학파가 존재한다(당시에는 이런 이름으로 불리지 않기도 했다). 이 다양한 흐름의 완벽한 계보학은 영어로 아직 설명되지 않았다. 부가적 설명으로는 에스코바르(2010)를 참조하라. 현대의 생태정치에 대한 훌륭한 모음집으로는 브라이언트 편(Bryant ed. 2015)을 참조하라.

된 지질학, 인류학, 생태 경제학, 사회학, 환경 역사 등에서 협업이 진행되었다. 1990년대부터 후기구조주의는 (담론, 과학, 가부장제, 백인 이데올로기, 식민지 서사 등에서) 재현과 권력에 대한 관점의 전환을 시도했고, 이 시각을 통해 '자연'은 문화적으로, 역사적으로, 그리고 장소를 통해 구성된 것으로 이해되었다.

이렇게 자연, 문화, 역사, 권력의 여러 교차점을 연구하는 분야로서 정치생태학이 개념화되었다. 그리고 (마르크스주의 지리학에서 우세한) '자연의 사회적 생산'과 (포스트구조주의 인류학의 영향 아래 놓인) '자연의 문화적 생산'이라는 두 가지 흐름이 나타났다. 생태경제는 한동안 물질-에너지와 가치 평가 문제에 관한 다양한 분석을 통해 경제의 재구성을 강조하는 상대적으로 독특한 궤적을 유지했다. 예를 들어, 마르티네즈-알리에르(Martínez-Alier 2002)는 이를 생태적 분배의 갈등으로 명명하면서 생태정치학은 환경에 관해 더욱 주목하게 된다(다음 저작들을 참조하라 Healy et al. 2013; Escobar 2008). 이러한 연구는 다양한 사회-환경적 미래를 가능하게 하는 디자인 문제에 적합한 '하이브리드 생태-정치' 개념을 전개해 나가는 것에 매우 유용하다(White 2015).

이러한 접근법은 오늘날 수많은 연구자의 작업과 연결된다. 이런 측면에서 이론적 절충주의는 정치생태학의 특징이었다. 그러나 현재는 후기구조주의와 신유물론으로 설명할 수 있는 세 번째 시기로 명명할 수 있다. 자연이 역사적, 문화적으로 구성된다는 구성주의적 순간의 수많은 아이디어를 통합하고, 세계화 조건에서 자본에 의한 자연의 사회적 생산에 주목하지만, 현재 이 관심의 중심에는 사회과학과 인문학이 경시했던 모든 측면이 있다. 이러한 흐름을 가장 잘 적절하게 담고 있는 개념이 바로 '존재론적 전환'일 것이다. 지난 십 년 동안 지리학, 인류학, 정치 이론에서 이 흐름이 두드러졌다. 이 전환을 정의하는 것은 우리가 '현실'이라고 생각하지만, 학계에서 거의 다루어지지 않는 (사물과 '물체', 비인간, 물질과 물질성(토양, 에너지, 인프라, 기후, 바이트), 감정, 영성, 정서 등과 같은) 여러 존재에 관한 관심을 요구한다. 이러한 이질적 요소들을 하나로 엮는 것은 현대 진리 체계의 근간이 되어온 주체와 객체, 마음과 몸, 이성과 감성, 삶과 죽음, 인간과 비인간, 유기물과 무기물이라는 규범적 분리를 깨트리려는 시도이다. 이것이 바로 이 관점을 후기 이원론이라 부를 수 있는 이유이다. 좀 더 쉽게 말하자면 후기 이원론, 신이원론과 같은 이론에서 우리가 목격하는 것은 이원론이 억압했던 측면을 복구하는 것이다. 기존의 모든 이분법은 종속적이며, 종종 인종화(racialization)와 여성화(feminization) 현상이 강하게 나타난다.

후기 이원론적 정치생태학에서 가장 중요한 목표는 자연과 문화를 분리하는 것과, '다양한 문화'에 대응하는 '유일한 자연'이 존재한다는 사고에 대한 도전이다. 최초의 후기구조주의는 1980년대 잉골드, 스트라턴, 데스콜라, 해러웨이, 로우, 라투르를 비롯하여 멕시코, 콜롬비아, 아르헨티나, 브라질 같은 여러 지역에서 다양한 연구자들의 작업으로부터 시작되었다. 가장 최근에는 다양하고 풍부한 이론 및 민족지학적 연구를 통해 자연과 문화, 인간과 비인간을 다시 연결하려는 노력을 기울이고 있다. 이러한 재연결은 네트워크, 집합체, 자연문화 또는 사회문화를 시각화하거나, 모든 종류의 행위자와 프로세스에 의해 생산된

'인간 세계 그 이상'을 구성하려는 분석 형태를 취한다. 이런 맥락에서 '분배 행위성'(Bennett 2011)과 '관계적 존재론'은 핵심적인 개념이다. 후기 이원론적 경향이 마침내 근대 사회이론이 유지하던 인간중심적이며 유럽중심적, 특히 영미 학계에 강세를 둔 흐름에서 벗어날 수 있을지에 대한 여부는 여전히 논쟁으로 남아 있다. 한편, 이 문제에 다른 방식으로 접근하는 에코페미니즘 정치학과 정치존재론이라는 두 가지 작업을 논의할 필요가 있다.

존재론적 전환과 정치생태학의 경계에서 진행되는 흥미로운 연구가 지리학자, 인류학자, 페미니스트 정치 이론가에 의해 수행되고 있는 것은 우연이 아니다.[12] 페이지 웨스트(Paige West)가 말했듯이,[13] "하나의 렌즈를 통하여 모든 것을 재구성하지는 않는다"는 사실을 염두에 두면서, 자연/문화 사이에 생긴 균열에 관해 연구하는 이들 사이에서 페미니스트는 '일관되게 관계적'이라 말할 수 있다. 또한, 우리를 포함한 상당수의 연구자가 그러한 경향이 있다. 남반구의 페미니스트들은 다양한 견해에서부터 관계적 형태의 권력, 존재 방식, 정치적 행위를 함께 창조

----

12 예를 들어, 다이앤 로체루(Dianne Rocheleau), 페이지 웨스트, 라우라 오그덴, 웬디 하코트(Wendy Harcourt), 사라 왓모어(Sarah Whatmore), 애나 칭(Anna Tsing), 깁슨-그레이엄, 수잔 폴슨(Susan Paulson), 제인 베넷을 떠올려 보자. 비록 명확히 언급되지는 않았지만, 페미니스트로서 이들에게는 관계와 증폭에 의한 여성주의적 감수성이 항상 존재해 왔다.

13 2014년 12월 아메리카인류학협회(American Anthropological Association) 주최 학회에서 관찰한 것이다.

한다.[14] 관계론을 다루는 저작들은 엄격하게는 정치생태학 또는 에코페미니즘 정치학 내에 포함되지는 않지만(Harcourt & Nelson, eds. 2015), 이원론적 에코페미니즘 정치학의 아이디어를 급진적으로 만드는 데 있어 중요한 역할을 했다. 캐롤린 쇼(Carolyn Shaw 2014)는 심층 생태학(deep ecology)의 '확장된 생태학적 존재'를 연상시키는 관계적 사고와 글쓰기를 기본으로 하는 자아 중심이 아닌 페미니즘, 혹은 협상 페미니즘(nego-feminism)이라 불리는 아프리카 페미니즘의 개념을 제안한다. 라틴아메리카의 탈식민주의 페미니스트가 제기하는 에코페미니즘 정치학은 후기 이원론적 정치생태학의 잠재적인 기여와 유사한 부분이 있다고 말할 수 있다. 이들에게 모든 페미니즘 작업은 식민적 차이를 해체하는 것이다. 즉, '우리'와 '그들' 사이의 분열은 아메리카의 정복, 노예제, 식민주의로 인해 도입되었으며 근대적 세계화와 발전 속에서 여전히 작동하고 있다(Espinosa, Gómez, and Ochoa 2014; Lugones 2010).

페미니스트들은 지식의 위치, 신체의 역사성, 형태의 교차성에 대해 문제를 제기하려는 의지에서부터, 감정(affect)과 느낌의 중요성과 남반구 여성의 목소리의 필요성에 이르기까지 '높은 관계성'에 기초한 이론-정치 프로젝트를 건설할 수 있는 계보를 만들어 왔다. 이 유산은 오늘날 지배적인 존재론에 대한 새로운 통찰력을 포함하여 세계를 구성하는 다른 방식을 탐구하기 위한 페미니즘적 참여와 창의성을 통해 반

---

14 이에 대해 통찰력을 제공해 준 마리아 루고네스(María Lugones)와 유데르키스 에스피노사(Yuderkis Espinosa)에게 고마움을 표한다(2012년 11월 부에노스아이레스에서의 대화).

영되고 있다. 실제 에코페미니즘 정치학은 이해와 치유의 초국가적 공간이며(Barksh and Harcourt eds., 2015), 몸, 장소, 자연에 대한 밀착은 존재론적 상태라는 인식에 기초하고 있다. 억압과 단절의 존재론으로 인한 피해를 복구하는 방법으로서 공동체, 영성, 친밀함의 장소를 전면으로 가져옴으로써 전 세계를 연결하려는 명백한 목표를 갖는다. 글로리아 안살두아(Gloria Anzaldúa 2002)는 우리 모두가 인류인 동시에 네판틀레라(nepantleras), 교량의 건설자, 관계성의 교직자가 되자고 요구하며 이 새로운 방향과 일정 부분 공유하는 모습을 보여주었다. 이러한 모든 페미니즘의 관심은 기존의 디자인에 도전하고 디자인의 관계적, 그리고 페미니스트적 재설정을 위한 유용한 개념을 제공한다. 물론 서론에서 제시된 세가토, 루고네스, 폰 베를호프와 같이 가부장제를 비판하는 초기 연구가 존재하기는 하지만, 이 과제는 상호연결 또는 관계라는 관점을 통해 심화되어야 한다.

특히, 오늘날 다양한 투쟁 영역의 관점에서 삶과 공동체의 관계적 그 물망을 지켜내고 재창조하기 위해서 정치적 존재론, 탈식민주의 에코페미니즘 정치학과 가부장제 비평 분석과 함께 정치존재론이 언급된다. 식민주의적 분리의 해체는 이 정치존재론의 근본이다. '정치적 존재론'이라는 용어는 인류학자 마리오 블레이저(Mario Blaser 2009, 2010, 2014)가 제안했으며, 나와 마리솔 데 라 카데나(Marisol de la Cadena)에 의해 발전되었다(de la Cadena 2010, 2015; Escobar 2014; Blaser et al. 2014; Jackson 2014). 여기에는 두 가지 측면에서 세계와 세계를 구성하는 방식에 주목한다. 우선, 정치존재론은 특정 세계 또는 존재론의 창조에 관여하는 권력의 관행을 의미한다. 다른 한편으로는 존재가 다른 세계와 상호작용을 통해 존재를 유지하기 위해 노력할 때 발생하는 갈등을 포함한 세계 사이의 상호작용에 주목하는 연구 분야를 말한다. 동시에, 정치존재론은 학문의 비평적 흐름, 실제 영토와 세계의 방어를 위한 투쟁을 의미하기도 한다.

생태적-존재론적 갈등을 수반하는 투쟁의 공간에서 나오는 적극적이고 자발적인 의지는 정치존재론에 특수한 위치를 부여한다. 이러한 맥락에서 다음에서 언급할 '존재론적 투쟁'은 근대성의 지배적 형태인 보편적 존재론에 문제를 제기한다. 존 로(John Law 2011)는 서구를 중심으로 한 보편적 존재론을 **오직 하나의 세계로 구성된 세계**(One World World)로 명명했다. 여기서는 OWW로 축약해서 사용하고자 한다. 정치존재론은 주로 대규모 채광, 농업 연료, 상업적 농업과 관련된 토지 점유와 같은 채굴주의 개발 모델을 통해 오늘날 세계 여러 지역에서 발생하고 있는 약탈을 통한 축적의 존재론을 드러내려는 목표를 가진다 (McMichael 2013). 정치존재론은 오직 하나의 세계를 만들려는 의지에 대항하기 위해 플루리버스의 강화를 주장하며, 이를 위해 플루리버스의 번영을 위한 조건들을 연구한다.

정치존재론은 '인간을 넘어서'(de la Cadena 2015; Tsing 2015)라는 최근의 흐름에 상당한 영향을 받으면서도, 인간 중심의 결합 구조를 면밀하게 분석한다. 정치존재론이 세계의 분열된 조각들을 하나로 통합하기를 강요받기는 하지만, 정치존재론의 연구자들의 경우 비이원론적인 관계를 지닌 세계를 구성하는 **삶의 이질적인 골조**가 나타나기를 희망한다. 정치존재론은 (역사적으로 서구가 주도하는 OWW의 지배로 만들어진 위계로 구성된) 식민적 차이를 존재적-인지론의 다양한 시선과 공존을 통해 식민적 차이를 재정립한다는 점에서 명백히 탈식민적 노선을 취한다. 이 재배열은 OWW의 인식론적 무능함을 드러내며 인간에 대한 우리의 이해를 새롭게 한다.

　마지막으로 정치존재론은 대규모의 채굴 작업이 가져온 폐해를 넘어 관계적 세계를 보호하기 위한 라틴아메리카 선주민, 흑인, 농민들의 역사에서 알 수 있듯이 절대적으로 필요한 논의가 된다(Gudynas 2015). 정치존재론은 세계화 프로젝트가 낳은 존재의 점령과 세계의 파괴에 맞서, 비록 세계화된 세상과 부분적으로 연결되어 있지만 동시에 세계화에 (완벽하게) 점령되지 않은 삶의 필요성과 그 삶 속에서 사고하는 것의 중요성을 강조한다(de la Cadena 2015). 우리는 이 책의 6장과 결론 부분에서 이 중요한 주제로 돌아갈 것이다.

존재론의 디자인:
영토를 둘러싼 라틴아메리카의 투쟁과 정치존재론

　정치존재론의 관점에서 **관계적, 비이원론적 세계를 희생하여** 세계화가 진행되었다는 주장에는 상당한 설득력이 있다. 오늘날에도 우리는 경제적 · 문화적 · 군사적 측면에서 관계적 · 집단적인 것에 대한 새로운 방식에 대한 공격을 목도하게 된다. 점유는 실제 글로벌 지배 모델의 대표적인 논리이다.[15] 자본과 국가에 의한 영토의 점령은 경제적 · 기술적 · 문화적 · 생태적 그리고 간혹 군사적 측면이 언급되지만, 가장 근본적인 차원에서의 점령은 존재론적 측면이다. 이 영토를 차지하는 것은 개인과 전문지식, 시장과 경제라는 특정 존재다. 이는 거의 20년 동안 1%(또는 10%)가 지배하는 무자비한 세계를 비판해 온 대안적-세계화 운동, 최근 월가 점령 시위(Occupy Wall Street)와 아르헨티나의 분노한 사람들(Indignados) 등에서 잘 드러난다. 그 어느 때보다 합법적으로 권력자의 욕망을 제국화하는 이기적인 규범을 수용하기 때문에, 이 세계는 독성, 냉소주의, 불법의 증가와 함께 90%와 자연 세계가 타격을 입었다. 세계무역기구(WTO)와 이른바 '국제 공동체'의 묵인 속에서 군사적 점유를 앞세운 국가의 '합법적인' 무력 침략에서부터 실제 미국 미주리주 퍼거슨시의 경우에서처럼 소수민족이 거주하는 가난한 지역을 경찰이 급습하는 지경에 이르게 되었다.

그러나 반대로 공동체, 공동성, 방어와 재구성, 특히 배타적이지 않은 방식으로 민족의 영토 차원에서 분명하게 이를 통합하려는 투쟁은 저항과 영토 방어를 의미하는데, 가장 급진적이고 최선의 경우는 다양한 세계의 공존을 촉진하고자 하는 플루리버스로 묘사할 수 있겠다. 세계화의 신자유주의적 프로젝트에 저항함으로써 많은 선주민, 아프리카계 후손, 농민, 도시 빈민 공동체는 **존재론적 투쟁**을 이어가고 있다. 이

---

15 실질적인 예는 팔레스타인 영토에 대한 이스라엘의 점령이다. 그럼에도 불구하고, 세계적으로 일어나는 방식은 다양하다. 세계화의 주요한 논리로서 점령은 비스웨스와란(Visweswaran 2012)을 참조하라.

세계 중 수많은 세계는 **다양한 세계가 거주하는 하나의 세계**(A World Where Many Worlds Fit)'라는 사파티스타의 정신으로 플루리버스의 잠재력을 위한 투쟁과 연관되어 있다. 좀 더 구체적으로 몇 가지 예를 언급하고자 한다(6장에서 이 주제로 돌아갈 것이다).[16]

첫 번째 예는 콜롬비아 태평양 남부의 항구도시 투마코(Tumaco)를 들 수 있다. 1980년대 초부터 열대우림과 맹그로브(mangrove) 지역은 외부인에 의한 점진적인 토지 점유가 이루어지며 대규모의 야자 농업과 상업적 새우 양식이 성행했다. 1970년대 이 지역에는 야자나무가 존재하지 않았지만, 1990년대 중엽까지 3만 헥타르 이상으로 넓어졌으며, 업계는 몇 년 안에 두 배로 커질 것으로 예상했다. 지평선까지 야자수가 늘어선 일종의 녹색 사막인 플랜테이션 농업의 단조로움은 다양하고 이질적이며 여러 식물 종이 뒤섞인 숲과 공동체를 대체한다. 이 드라마틱한 변화 앞에서 두 가지 측면을 주목할 필요가 있다. 첫째로, '플랜테이션 농업 형태'는 숲의 세계와 맺는 유기적 관계를 파괴한다. 자연에 대한 인간 지배라는 이원론적 존재론에서 나온 플랜테이션은 지역의 관계적 세계를 존재론적으로 점령하기 위한 효과적인 방법이다. 사실상 플랜테이션 농업은 열대우림이라는 관계적 관점에서는 생각할 수 없는데, 왜냐하면 숲의 습성이 농업생태학과 농학에서 묘사하는 것과 완전히 다른 형태를 취하기 때문이다. 플랜테이션 농업과 유사하게 새

---

16 여기에서는 콜롬비아의 경우를 예로 들었다. 하지만, 아브야-얄라/아프리카/라틴아메리카와 세계의 여러 지역에서 유사한 사례를 만날 수 있다. 이에 대한 설명은 에스코바르(2008; 2014)를 참조하라.

우 산업 또한 1980년대와 1990년대 맹그로브의 세계를 '과학적'으로 통제된 직사각형의 양식장으로 바꾸는 일에 몰두했다. 이러한 유형의 새우 양식은 오염을 유발하는 파괴적 산업이 되며 점유의 명백한 사례가 된다(Escobar 2008 ; 2014).

맹그로브는 관계적 존재론을 보여주는 분명한 예다. 맹그로브 세계는 매순간 다양한 생명체와 삶의 형태가 형성되고 활성화되는 실천의 무한한 집합이며, 이 모든 것은 복잡한 물, 미네랄, 염분 정도, (태양, 조수, 달과 같은) 에너지 형태, 인간 활동, 영적 존재 등 유기·무기적 물질이 전체를 이루는 복잡한 네트워크를 의미한다. 이러한 얽힘에는 (들뢰즈의 개념으로 뿌리-줄기를 의미하는) 리좀과 유사함이 존재하며, 이를 지도로 나타내거나 측량하기가 쉽지는 않다. 이 형태는 영토와 공간에서 존재와 생성의 다른 방식을 보여준다. 즉, 사물과 존재는 관계적이며, 관계 이전에는 어떤 것도 존재하지 않는다.[17] 물론, 자본주의 관점에서 '가치 없는 늪'에서 복잡한 농산업(Ogden 2010)으로의 변화는 훌륭한 발전의 사례일 것이다. 이 경우에 **오직 하나의 세계로 구성된 세계**가 낳는 만족할 수 없는 욕망이 맹그로브를 점진적으로 파괴하며, 이는 자본과 국가로의 전환 및 존재론적 포획을 증거한다(Deleuze and Guattari 1987 ; Escobar 2008). 결론적으로 OWW는 맹그로브 세계와 같은 다른 세계의 존재 가능성을 부정한다. 따라서 지역 차원에서의 투쟁은 현재

....

17 리좀에 관한 들뢰즈와 과타리(1987)의 논의, 그리고 라우라 오그돈(2012)이 리좀 개념을 플로리다의 에버글레이즈(Everglades) 습지대에서 인간과 비인간이라는 틀로 확장한 것에 관해서는 이후에 논의할 것이다.

플루리버스

OWW와 부분적으로 연결되고 종속된 맹그로브의 세계들이 어느 정도의 대칭성을 재/확립하기 위해 벌이는 시도가 된다.

실제로 전 세계 여러 지역 공동체의 수많은 활동가가 목숨을 희생하더라도 자신의 세계를 지키는 이유를 열정적으로 표현한다. 두 번째 예로 5년 넘게 불법 금광에 용감하게 맞서 싸워온 칼리(Cali) 남부 카우카(Cauca) 지역의 라토마(La Toma) 흑인 공동체의 활동가들은 "우리가 초국적 기업과 국가와 같은 괴물과 맞서고 있다는 것은 분명하다. 그러나 아무도 자신의 영토를 버리고 떠나지 않았다. 여기에서 나를 죽일 수는 있어도 나는 여기를 떠나지 않을 것이다"고 외쳤다.[18] 이것은 지배와 저항의 긴 역사 속에서 깨어나, 자치 디자인의 실전 배경으로 영토 투쟁과 정치존재론을 이해하기 위해 필수적이다. 라토마 공동체는 17세기 전반부터 이 지역에서 계속되고 있다. 어른들의 기억을 통해 '선조들의 명령'이라고 불리는 것들은 구전 전통과 학술 연구를 통해 잘 정리되어 있다(Lisifrey et al. 2013). 이는 오늘날 활동가들에게 투쟁을 고무시킨다. 또한, 구전의 노래에서 이 명령은 다음의 가사에서 나타나듯이 기쁨과 축하를 표현한다. "선조들의 유산을 가지고 아프리카에서 왔다. 우리가 되찾아야 할 것은 세계에 관한 기억이다."[19] 선조를 기억하는 것은 과거

....

18 라토마 공동체 위원회에서 프란시아 마르케스의 선언은 파울라 멘도사(Paula Mendoza) 감독의 다큐멘터리 「라토마(La Toma)」에서 확인할 수 있다. 〈http://www.youtube.com/watch?v=BrgVcdnwUoM〉. 다큐의 상당 부분은 2009, 2012, 2014, 2015년 라토마의 리더들과의 만남 및 2014년 11월 조상의 땅에서 불법적인 채굴을 막기 위한 행진과 이 '보고타로의 행진'을 기록한 것이다.

19 멘도사의 다큐멘터리 「라토마(La Toma)」에서 인용.

에 대한 완고한 집착이 아니다. 다른 미래를 상상할 수 있는 능력은 선조와 직접 연결된 살아 있는 기억으로부터 나온다. 또한, 다른 세계를 지속할 수 있는 조건을 위해 싸우는 '미래성'을 의미한다.

라토마로 돌아가 보자. 2009년부터 중단하기로 한 정부와의 협정에도 불구하고 2014년 12월 17일부터 27일까지 계속되는 불법 금광 채굴에 항의하기 위해 22명의 여성 그룹이 카우카 북쪽에서부터 440킬로미터 떨어진 수도 보고타로 행진했다. 많은 이들이 길을 따라서 합류하거나, 칼리와 이바게(Ibagué) 지역 작은 마을과 대도시에서 연대를 표현했다. 안데스 고지대의 쌀쌀한 보고타에 도착했을 때, 내무부 공무원들의 무관심과 전략적 지체에 직면하자 이 여성들은 청사 건물 점거를 결정했고, 강제 퇴거의 위협과 사바나의 극심한 추위에도 불구하고 마침내 정부와 새로운 협정을 맺을 때까지 거의 2주 가까이 활동을 멈추지 않았다. 이 합의는 금 채취에 사용되는 모든 굴착기를 제거하고 굴착기 소유자와 다른 무장조직으로부터 위협받는 지역사회의 보호를 요구했다. 2015년 1월 중순까지 여러 정부 기관의 소극적 시도에도 불구하고 합의는 이루어지지 않을 것이 분명했다. 4월 중순 행진의 주요 리더 중 한 명인 프란시아 마르케스(Francia Márquez)[20]는 대담하고 훌륭한 두 개의 공개 서한을 정부와 국민에게 보냈다. 첫 번째 편지에서 그녀는 "우리가 경험한 이 모든 것은 우리가 이 땅에서 배운 사랑, 바나나 나무가

----

20 지역의 댐 건설에 반대하는 활동에 참여하면서 환경운동의 리더가 되었다. 2022년 6월 콜롬비아 대선에서 좌파인 구스타보 페트로(Gustavo Petro) 후보의 부통령 러닝메이트로 당선되었다. 콜롬비아 최초의 흑인 여성 부통령이다.(옮긴이 주)

자라는 것을 바라보며 느낀 사랑, 화창한 날에 낚시할 때 느끼는 사랑, 가족이 옆에 있어 느끼는 사랑이다. (……) 우리 땅은 우리 미래의 존엄성을 꿈꾸게 하는 우리의 공간이다. (……) 아마도 우리가 의존적인 삶이 아닌 자치적인 삶을 원하기에 (무장단체와 군인을 포함하여, 준군사조직, 게릴라 등을 포함한) 이들은 우리를 박해하고 있다. 그 삶 안에서 우리는 구걸하거나 희생자가 되지 않을 것이다."[21]

정부와 콜롬비아 무장혁명군(FARC)인 게릴라 간의 힘든 평화협정 과정에서 작성된 편지는 정부의 국가 발전 계획에 대한 직접적인 비판이 포함되어 있었다. 그 주요한 비판은 바로 광산업에 관한 것이었다. 마르케스에게 이 모델은 오직 기아와 비참함, 전쟁을 양산할 뿐이었다. 그 의미는 분명하다. 이 모델에 대한 근본적인 변화가 없이는, 그리고 영토의 자치를 보장하지 않는 평화는 환상일 뿐이었다. 편지는 정부가 "초국적 이익보다 모든 존재의 생명을 우선으로 하지 않고, 생명을 돌볼 능력이 없다면" 평화는 절대로 없다고 덧붙인다. 일주일이 채 지나지 않아 보낸 두 번째 편지는 "불법적인 채굴이 우리 가족을 망치고, 우리를 뿌리 뽑고, 우리의 탯줄이 묻혀 있는 공간에서 살아갈 가능성을 빼앗고 있음을 여러분 모두에게 알리기 위해 우리는 걷기 시작했다"고 폭로한다.[22] 이 편지는 "땅을 돌보는 여성들에게, 그리고 그 아들과 딸

---

21 프란시아 마르케스, "내 심장을 멈추게 하는 상황, 카우카를 파괴하는 이 질서에 대하여"라는 제목의 공개 서한, 2015년 4월 18일.

22 2015년 4월 14일 프란시아 마르케스는 "영토로부터 자녀뿐만 아니라 여성들도 돌본다. 시민들에게는 존엄과 소박함, 그리고 연대의 삶을"이라는 제목의 공개 서한을 보

들에게. 존엄하고, 소박하며, 연대하는 삶을 보살피는 여성과 남성들에게"로 향한다. 편지는 행진의 슬로건과 함께 끝이 났다. **영토는 우리 삶이며, 삶을 팔아버릴 수는 없다. 서로 사랑하고 보호해야 한다.**

세 번째 사례는 자신의 투쟁을 '어머니 대지의 해방(Liberación de la Madre Tierra)'[23]이라고 묘사하는 카우카 북부의 나사(nasa)와 미삭(misak) 선주민 마을의 투쟁에서 비롯된다. 두 마을 모두 정복 이후 저항이 계속되었었다. 그리고 그들의 투쟁은 1970년대에 다양한 지역의 선주민 조직이 만들어지면서 다시 등장했다. 식민 시기를 거치면서 진행된 목장의 확장과 19세기 사탕수수 생산으로 인해 잃어버린 조상의 땅을 복구하는 전략은 비록 국가와 무장단체에 의해 많은 사람이 죽고 폭력적 탄압으로 희생을 치러야 했지만, 상대적으로 성공적이었다고 말할 수 있다. 선주민들의 지난 수십 년 동안의 모든 '우주적 행위'는 영토와 삶을 지켜내려는 것이었다.

....

낸다. 탯줄을 언급한 것은 태평양 지역의 흑인 공동체에서 영토와의 뗄 수 없는 관계를 만들기 위해 태반과 탯줄을 땅에 묻는 것이 오래된 전통인 것에서 기인한다. 이를 통해 인간은 그 일부가 되며, 인간보다 조금 더 이상의 존재가 된다.

23 (140,000명이 넘는) 나사족은 콜롬비아에서 두 번째로 많은 선주민 그룹이다. 72개의 거주 지역이 있으며 그 대부분이 식민지 시대부터 존재했다. 종족 운동의 측면에서 급진적 성격을 유지했으며 이를 기반으로 국가와 대화를 이어갔다. 미삭은 영토가 연속적이지 못하고 집단적 소유 형태지만 주로 (실바 주의) 구암비아 지역에 선대로부터 내려온 거주지에 살고 있다. 이들의 숫자는 약 23,000명으로 자신들만의 분명한 문화적 정체성을 유지하고 있다. 카우카 북부는 상호문화가 발달했는데, 라토마와 같은 흑인 공동체들의 존재로 인해서다. 그러나 자원으로 인해 이들의 영토가 탐욕의 대상이 되어버렸고, 지난 30년 동안 국가와 무장단체, 선주민과 흑인 공동체가 영토의 통제권을 두고 심각한 갈등을 겪어 왔다. 이에 대해서는 키하노를 참조하라(2012).

플루리버스

영토는 자연과 영혼이 공존하는 문화, 마을로서의 생존을 보장하는 생명의 공간이다. 이 영토는 그 안에 살아가는 사람들의 전통이 담겨 있는 진실한 우리의 역사책이기도 하다. 또한, 우리가 지닌 문화의 원리와 실천을 재현하고 묘사한다. 마찬가지로 물리적, 영적 공간을 소유하고 제어하고 점유하는 것을 의미한다. 집단적인 공간으로 존재하는 사람들 사이에서 조화로운 공존을 가능하게 한다. 우리의 생존은 선주민의 우주관을 기반으로 한다.[24]

따라서 그 전략은 "권위, 정의, 노동, 그리고 이 모든 것을 회복하기 위해 지구를 지키려는 방향으로 나아간다. 그러므로 다른 사람들과 함께 우리 자신의 머리로 생각하고, 우리의 고유의 언어로 말하고, 우리 역사를 공부하며, 우리가 공유한 경험을 분석하고 전달해야 한다."[25] 마찬가지로 미삭인들은 마을의 삶이 "태어나고, 자라고, 지속하고, 흘러가기 위한 삶의 공간을 건설하고 재건하는 것을 제안하는 것이라고 설명한다. 이 계획은 삶과 생존에 관한 서사이며, 단순한 방법론과 프로그램을 구축하는 것이 아닌 삶을 통한 전환을 가능하게 하는 경로를 건설하는 것이다."[26]

이 그룹이 추구하는 영토의 재건은 문화적 · 경제적 · 환경적 · 영적

24 카우카 선주민 지역위원회, 키하노에서 인용(2012, 209).
25 구암비아(Guambia) 선주민 의회(1980), 키하노에서 인용(2012, 257).
26 타이타스(Taitas) 의회(1994), 키하노에서 인용(2012, 263).

과정의 연결 측면에서 세계를 적극적으로 인식한다. 미삭인들의 삶의 계획에 나타난 예를 들어보자.

다섯 가지 기반 아래 고유한 우주관과 문화를 기반으로 발전의 가능성을 사고한다. 우리들의 영토, 나우미 미삭(Namuy misak, 우리들), 우주관과 문화, 권위 그리고 우리의 관습법은 다음 네 가지 핵심 프로그램에 구체화되어 있다. ① 영토, 토지와 영토성, ② 교육과 문화, ③ 고유한 경제, ④ 음식과 건강에서의 자치.[27]

토착적 삶과 경제를 기획하는 것은 영토를 지켜내려는 지역의 고유한 전략이다. 즉, 장소와 공동체를 기반으로 삶을 지속하기 위한 전략으로 해석할 수 있다. 결과적으로는 탈지역화된 획일적 경제 시민을 만들려는 자본주의에 대항하는 차이의 전략이기도 하다. 디자인은 전환과 사회적 혁신을 위해서 장소가 지니는 중요성을 깨닫게 된다. 이후에 살펴보겠지만 자치는 사회적·문화적·경제적 행동과 지역이 맺는 상관관계이다. 예를 들어, 카우카 지역의 가장 중요한 선주민 조직 중 하나인 카우카 선주민 협의회(Consejo Regional Indígena del Cauca)는 1970년대 초반에 형성된 이래 '토지, 문화 그리고 자치와 통합'이라는 슬로건을 유지해 오고 있다. 규모가 큰 다른 선주민 조직인 북부 카우카 선주민 연합(la Asociación de Cabildos Indígenas del Norte del Cauca, ACIN)는 "삶

---

27 구암비아(Guambia) 선주민 의회(2007, 20), 키하노에서 인용(2012, 208).

을 기획하는 것은 선조의 역사를 포함하여 공동체의 실질적인 참여를 통해 완전한 자유와 자치에 기반을 두는 것"임을 천명한다.[28] 이 조직은 **삶을 자유롭게 직조한다**는 원칙 아래에서, 다섯 가지 '삶의 직조'(경제/환경, 민족과 문화, 정의와 조화, 생명의 수호 그리고 진실과 생명을 위한 외부와의 소통과 관계)를 보여준다. 이 과정에서 공동성, 또는 공동체의 개념으로서 자치 디자인 개념의 일부로 발전시켜야 할 다른 주요한 지점을 발견한다.

마지막 예로는 콜롬비아 영토와 자치 투쟁에서 가장 주목할 만한 경험에서 비롯된다. 북서쪽의 산타 마르타시의 시에라네바다 지역 선주민 공동체인 코구이(kogui), 아루아코(arhuaco), 와이와(wiwa), 캉쿠아모(kankuamo)는 수십 년간 자신들의 영토와 권리를 인정받기 위하여 급진적인 투쟁을 전개해 왔다. 이들에게 "영토는 기억을 갖는 살아 있는 존재이며, 영토성은 자연과의 관계적 지리학을 통해 행사된다. 이들에게서 영토를 통해 다양한 상징적 · 정치적 · 경제적 · 사회적 관계와 연결되는 개념에 근거한 관계적 존재론을 발견하게 된다"(Ulloa 2012, 752: 2010, 81). 따라서 이들의 정치적 전략은 어머니 대지, 조상들의 영토, 신성한 영토를 방어하는 데 목적이 있다.

영토는 성스러운 동시에 일상적인 삶의 공간으로 보이고 느껴진다. 그것은 고유한 관습법과 지식, 다른 존재와의 관계, 인간과의 관계 및 그

---

28 ACIN 2009, 키하노에서 인용(2012, 236).

것들과 연관된 관계들을 포함하며, 다른 부분과 상호 연관되어 있다. (……) 영토는 그 안에서 육체와 영혼이 절합되고, (인간과 비인간을 포함하는) 모든 행위자는 그들만의 독특한 관계와 장소를 갖는 것으로 인식된다. 영토를 인정하는 것은 성스러운 장소에 새겨진 조상의 표식을 해독하는 것이며, 이러한 인식은 환경 및 문화 보전을 보장하기 위한 행동과 전체 영토에 대한 통합적 관리를 제안한다.(Ulloa 2010, 81)

'다른 영토성'은 국가와 주류 행위자들에 의해 유지된 분리와 분열의 존재론과 대조되는 깊은 관계적 존재론으로부터 경험되고 구성된다. 콜롬비아 인류학자이자 지리학자인 아스트리드 우요아(Astrid Ulloa)가 공동체의 민족지학적 연구를 통해 훌륭하게 보여주듯이, 사실 산타마르타의 시에라네바다 사람들이 벌이는 운동의 궁극적인 목표는 삶의 순환을 보장하려는 것이다. 생명의 순환은 지식, 성지, 배아, 의식, 기원 법칙을 포함하는 일련의 관행을 통해 일어난다. 시에라네바다의 코구이족과 아루아족이 스스로를 대지와 우주적 균형에 책임을 지는 모든 인간의 '맏형'으로 사고한다는 사실은 콜롬비아와 라틴아메리카의 정치생태학 및 인류학에서 잘 알려져 있다. 이는 영토에 대한 외부의 압력이라는 적대적인 조건에서 자치의 기획을 만들어 가는 생명 순환의 존재론과 지속가능성을 위한 대안적인 틀을 기반으로 한다(Ulloa 2011, 6장).

이들의 예에서 알 수 있듯이, 이 마을의 경험은 유럽과 라틴아메리카의 근대적 형태와 대조되는 사고, 존재, 행동의 모든 형태를 보여준다. 이것이 바로 인식론적 · 경제적 · 문화적 저항의 사례로 볼 수 있는데,

고유의 경제적 · 생태적 · 문화적 차이를 통해 선조들의 관습을 보존하는 동시에 이별하는 방식을 통해 미래를 지향하기 때문이다(Quijano 2016; Escobar 2008). 결국, 궁극적인 차이는 존재론적이다. 우리가 확인했듯이 생명과 조직의 원리가 되어 작용하는 '직조'라는 비유와 실천을 통해 아마도 더 분명하고 설득력 있게 표현될 것이다.

물론 콜롬비아의 경우가 유일한 사례는 아니다. 이러한 예는 오늘날 전 세계에 천연자원 채굴이 이루어지는 거의 모든 지역의 공동체를 포함한다. 이 장에서 논의한 경험은 정도의 차이는 있어도 영토 투쟁과 함께하는 모든 정치존재론에 영감을 제공하며, 마지막 장에서 다룰 공동체의 자치와 디자인에 관한 논의의 배경이 된다고 할 수 있다. 디자인에 관한 핵심적 문제는 존재론적으로 점령당한 상황에서 디자인 실천이 가능한가에 대한 질문이다. 점령 상황은 세계적으로 심각한 현상이며, 지구상의 영토가 글로벌 자본의 채굴 대상이라는 점을 고려할 때 매우 중요한 문제이다. 앞으로 논의해 나가겠지만 디자인에 관한 존재론적 접근방식은 사람들의 영토와 문화를 지키는 디자인 실천을 상상하는 경로를 제공할 수 있다. 나는 이를 **자치 디자인**(autonomous design)이라고 부를 것이다.

정치존재론과 남반구의 인식론

한 가지 검토해야 할 사회이론이 남아 있다. 이 체계는 어떻게 사회의 변화가 일어나는가에 관한 지속적인 연구를 포함한다는 점에서 비판적·문화적 디자인 연구에 특히 유용할 수 있다. 사회학자이자 세계사회포럼을 설계한 이들 중 하나인 보아벤투라 드 소우사 산투스(Boaventura de Sousa Santos 2014)가 발전시킨 남반구의 인식론적 체계는 북반구와 남반구, 이론과 실천, 학계와 사회적 삶의 교차 지점에서 나타나는 전환을 연구하는 아마도 가장 설득력 있고 실질적인 제안 중 하나이다. 유럽 중심적 학문과 지식으로는 더 이상 읽어낼 수 없는 경험을 가진 이들의 놀라운 지식과 다시 만날 수 있는 공간을 창조하기 때문이다. 예를 들어, 전환 디자인 그리고 사회적 혁신을 위한 디자인과 같은 존재론적 방향을 담고 있는 디자인을 제안하는 것은 비유럽중심의 실천을 발전시킨다는 측면에서 남반구의 인식론이 지닌 가치이다.

남반구 인식론의 체계는 전략과 약속에 기반을 둔다. 겉으로는 간결하고 직관적인 공식으로 보이지만 현대 사회이론의 주요한 문제를 지적한다(Santos 2007, 2014).[29] 아마도 우리 목적에 가장 적합한 출발점은 **근대적 해결책이 더 이상 유효하지 않은 근대적인 문제에 직면했다**는 격언일 것이다. 존재론적으로 말하자면, 위기는 특정한 세계 또는 세계가 만든 관행에서 온다고 말할 수 있다. (근대성의 주된 형태, 또는 이미 언급된 OWW로서의) 서구 유럽은 '유일한' 세계가 되기 위해 다른 모든 세

---

29 이후에는 다양한 기원을 가진 남반구의 인식론이 지니는 일련의 형태를 보여준다. 본래의 인용문에서 몇몇 부분은 수정하여 포함했다. 선택된 예들이 남반구 인식론을 완벽하게 구조화된 형태로 소개하는 것은 아니다. 오히려, 디자인의 존재론적 함의를 강조하도록 하는 몇 가지 원칙을 강조할 것이다.

계를 자신의 조건에 따르도록 하거나, 그 존재를 파괴했다. 만약 위기가 하나의 유일한 세계만이 존재하는 것으로 인해 발생한다면, 그 위기가 보여주는 것은 플루리버스를 향한 전환이 필요하다는 사실이다. 남반구의 인식론은 **세계의 다양성이 무한하다**고 강조한다. 즉, 세계는 복합적 세계, 복합적 존재론, 혹은 유럽중심주의로 인해 고갈되거나 그 용어에 의해 결코 환원되지 못하는 '현실들'로 구성되어 있다.

플루리버스의 비가시성은 남반구 인식론의 주된 개념 중 하나를 의미하며 그것은 부재의 사회학이라 할 수 있다. 여기서 우리는 통찰력이 담긴 인식론적 형식을 만난다. 존재하지 않는 것, 또는 존재하는 것의 믿기 힘든 대안으로서 능동적으로 생산되는 것이 존재하지 않는다는 사실이다. 비존재적 사회적 생산은 지식, 시간, 생산성, 그리고 규모와 차이에 대한 사고방식의 인식론적 작동을 통해 세계가 사라진다는 것을 암시한다. 반대로 영토와 문화적 차이를 지키기 위한 투쟁의 확산은 그러한 투쟁에서 나오는 것이 우리가 관계적 세계, 또는 존재론으로 부르는 세계 전체라는 사실을 암시한다. 이것은 긴급한 사회학의 출현을 낳는 출발점이 된다. 남반구의 인식론이 소개하는 두 가지 주요 전략 즉, (비존재의 생산이 가리키는 비존재적 세계라는) 부재의 사회학과 (존재하는 것에 대한 대안으로 투쟁을 통한 관계적 세계의 출현을 포함하는) 발생의 사회학은 모두 명백히 존재론적이며, 그 안에 디자인이 각인되어 있다.

남반구 인식론의 또 다른 주요한 원칙은 이론과 존재론 사이의 연결이다. 이것은 **세계에 대한 남반구의 이해가 서구의 이해보다 더 넓다는 것**을 의미한다. 수많은 선주민, 농민, 그리고 흑인 운동가들이 주도하는 세계의 변화와 문명의 전환이 유럽 중심 이론의 관점에서는 생각할 수 없는 경로를 따라 일어날 수 있고, 실제로 일어나고 있다! 다시 말해, 서구 이론이 사회 투쟁의 영역에서 이해할 수 있는 것과 오늘날 실제로 세계에서 진행되는 전환의 실천 사이에는 분명한 차이가 존재한다. 이 차이는 주류 이론과 좌파 이론 모두가 직면한 한계를 드러내는데 이는 단일-존재론, 또는 유럽에서 기원한 이론이라는 한계에서 비롯된다. 결과적으로, 새로운 사상을 생각하려면 서구의 사회이론은 자신의 인식론적 공간에서 벗어나 투쟁하는 세계의 다중적 존재론과 관련된 인식론이 형성되어야 한다. 근대가 낳은 문제에 대한 불충분한 근대적 해결책으로 인해 제기된 질문에 대한 설득력 있는 답을 찾을 수 있는 장소는 바로 이 공간인 셈이다.

우리는 남반구 인식론에서 디자인 방식에 대한 몇 가지 질문을 도출할 수 있다. 비전문가인 사회적 하층민의 지식을 간과하고, 디자인에 대한 기반을 제공할 수 없는 것으로 간주하던 디자인 실천은 소위 부재의 사회학에 참여하고 있는가? 혹은 시장경제의 단일한 문화적 척도를 통해 생산성과 효율성만을 측정하고 있지는 않은가? 반대로 디자인 실천을 통해 경험의 범위를 넓히는 데 공헌할 수 있을까? 비유럽 중심의 디자인 상상력을 구축하려면 무엇이 필요한가? 이 기획에는 어떠한 인식론적, 존재론적 플랫폼이 필요할까? 디자인 전문가는 사회적, 인지적 정의의 관점에서 쉽게 자각할 수 있는 '전통적인', 혹은 고유한 디자인을 포함하거나 그것을 넘어서는 아이디어를 찾기 위해서는 무엇이 필요할까? 자연과 문화 사이, 인간과 비인간 사이의 균열에 효과적으

플루리버스

로 문제를 제기하는 것은 디자인이 직면한 가장 커다란 도전 중 하나이다. 다음 장에서 확인하겠지만 이러한 질문을 제기하는 이유는 디자인을 낳았고 그 안에서 계속해서 작동하고 있는 합리주의적 근대 문화에 방향 전환을 요구하기 위해서다.

우리는 처음 이 장을 시작했던 곳에서 즉, 디자인, 문화, 권력 관계 사이의 교차 지점에 관해 문화연구가 조성한 최근의 연구와 멀리 떨어져 있지 않다. 이 장에서 언급한 예들은 교차 지점의 사례이며, 우리가 어떻게 다르게 생각해야 하는가를 보여주고 있다. 이것은 한편으로 왜 우리가 이 교차 지점을 문화연구의 관점에서 설명해야 하는가에 대한 이유가 된다. 또한, 다른 한편으로는 지배 세계가 만든 관계적 세계의 존재론적 점령에 관한 현대의 이론이 오늘날의 난제에 대한 의미 있는 해결책을 제공하고 있다는 사실을 보여준다. 즉, 인류학, 지리학, 페미니스트 이론, 발전 연구, 정치생태학, 정치존재론과 다른 분야에서 디자인을 문화적, 존재론적으로 다시 사고하는 모습을 발견할 수 있다.

마찬가지로 신자유주의 세계화에 저항하는 집단의 사고와 투쟁을 위한 개념적, 정치적 도움을 얻는 것이 가능할 것이다. 특히, 이들의 투쟁은 간단하게 언급한 선주민과 흑인의 경우에서처럼 관계적 존재론으로 나타나고 있다. 플루리버스의 관점에서 (현재 일시적으로 사용하고 있는 용어인) 지속가능성과 공동의 자치로의 전환을 상상하는 디자인을 구축하려는 시도는 다음 장을 이해하는 데 유용할 것이다.

2

**디자인
존재론의
재설정**

3장
우리 문화의 배경:
합리주의, 존재론적 이원론 그리고 관계성

따라서 우리는 매순간 생물학적, 사회적 역사의 결과인 규칙으로 가득
찬 세계와 삶을 실천하고 우리의 경험을 어떻게 결합할까에 대한 이해
의 문제에 직면한다.
　　—움베르토 마투라나와 프란시스코 바렐라, 『앎의 나무: 인간 인지능
력의 생물학적 뿌리』

생태 위기는 우리에게 새로운 형태의 문화를 요구한다. 발전의 주된 요
인은 합리주의 문화와 서구의 인간/자연으로 나눈 이분법적 특성이기
때문이다. 합리주의 문화는 인간 삶의 많은 부분을 왜곡했다. 재건은
거대한 문화적인 사업이지만 필요하다. 우리가 직면한 생태 위기는 따
라서. 이성적 문화의 위기 또는 이성으로 이루어진 지배적인 문화의 위
기이다.
　　—발 플럼우드, 『환경적 문화: 이성의 생태적 위기』

이성 너머에 다채로운 세계가 있습니다.
　　—아돌포 알반 아친테, 『이성 너머의 다채로운 세계』

급진적인 방식으로 디자인의 방향을 재설정하기 위해서는 디자인이 유래하고 그 안에서 기능하는 문화적, 철학적인 전통을 탐구하는 것이 필요하다. 현대철학과 문화이론에는 일반적으로 (프리드리히 니체와 마르틴 하이데거로부터 지아니 바티모와 미셸 푸코에 이르기까지 계몽의 전통인) 형이상학 비판, 혹은 (문화 연구, 탈식민 이론 분야에 공헌한 유럽과 미국 학자 중 몇몇을 언급하자면 위르겐 하버마스, 울리히 벡, 앤서니 기든스, 찰스 테일러, 도나 해러웨이, 브뤼노 라투르 등) 근대성에 대한 비판적 분석의 형태를 통한 풍부한 비판이 존재한다. 하지만 이 장에서 나는 덜 알려진 작가들을 언급하려 하는데, 이들이 디자인에 관한 질문에 초석을 놓았기 때문이다. 이들이 현대의 주요한 문화적 배경을 설명하기 위해 선호하는 용어는 **합리주의적 전통**(rationalistic tradition)이다. 그렇지만 내가 여기서 의도하는 것은 철학적 논쟁 그 자체가 아니라, 폭넓은 문화적 현상에 관한 것임을 분명히 하고 싶다. 이는 디자이너를 포함하여 사람들의 사고와 존재 안에 침윤되어 작동하는 '전통'의 효과를 뜻한다. 또한, 내가 주목하는 것은 이러한 전통과 생태위기, 라틴아메리카에서 자연과 차이를 둘러싼 문화적 · 정치적 투쟁 사이의 관계를 규명하는 것이다.'

....

1 움베르토 마투라나(Humberto Maturana), 프란시스코 바렐라(Francisco Varela), 페르난도 플로레스(Fernando Flores)가 주요한 논의 대상이다. 마투라나와 바렐라는 1960년대 말부터 칠레의 인지주의 학파를 설립한 이들로 알려져 있다. 이들의 주요 성과는 기존 이론과 날카롭게 대립하는 인지 이론을 제안한 것이다. 그들은 자기생산 개념에 기반을 둔 살아 있는 존재를 이해하기 위하여 인지를 넘어서는 개념적 틀을 제안했다. 1980년 출간된 책에서도 언급된 것처럼 그들의 작업은 이론 생물학에 대한 창의적이고 완벽한 시스템으로 인식된다. 1980년대에 바렐라가 불교와의 대화(Varela 1999)를

합리주의와 데카르트 전통

우리가 논의하는 전통은 **합리주의적, 데카르트적, 혹은 객관주의적**이라고 다양하게 불리며, 종종 **체계적인** (세계관), **환원론적** (과학), **실용주의적** (인식론), 그리고 보다 최근에는 **컴퓨터적** (모델)과 같은 관련 용어와 연결되기도 한다. 프란시스코 바렐라에게 전통을 가장 잘 표현하는 용어는 **추상적**인데, 그것이 의미하는 바는 "우리 서구 세계의 성격을 보여주는 일반적, 형식적, 논리적, 그리고 잘 정의된, 재현적, 예측적인 것을 세련되게 하는 환경을 향해 길을 찾는 흐름"을 의미한다 (1999, 6). 이것은 이성중심주의(logocentrism)를 쉽게 정의한 것이거나, (바티모(1991)을 참고하자면, 의지로 통제되고 질서를 확립하는) 객관세계의 지식에 유일한 기반이 되는 논리적 진리에 관한 믿음이다. 또한, 그 전통의 초석은 언어와 현실, 혹은 재현/사고와 실재가 조응하는 가정들

통해 주요 논지를 다시 정의하려 했다면, 마투라나는 이른바 '사랑의 생물학'을 발전시켜 나갔다. 여기서 사랑은 생물학적 현상이자 사회적 현상이다. 그의 작업의 근간은 최초에는 신경생물학적 연구였지만 현상학에 상당한 영향을 받았다. 비록 그의 작업은 라틴아메리카에서는 언제나 추종자가 있었고 세계적으로 널리 알려졌으나, 사회과학과 문화연구는 말할 것도 없이 인지주의, 시스템, 사이버네틱스에서의 일군의 흐름 밖에서는 상대적으로 주변부에 머물러 있다(바렐라를 본격적으로 다루는 클라크와 한센(2009)를 참조하라). 칠레 출신인 페르난도 플로레스와 컴퓨터 과학자 테리 위노그래드는 하이데거, 가다머의 이론과 마투라나와 바렐라의 작업을 컴퓨터에 적용하여 새로운 디자인 방식을 제안했다. 그것을 '존재론적 디자인'으로 불렀으며 이 책의 중심적 관심이기도 하다(Flores and Winograd 1986, 4장). 플로레스는 또한 사회적 행위를 위해 비(非)데카르트적 틀을 발전시키려는 철학자들과 협력했다(Spinosa et al. 1997).

이라는 것을 알 수 있다. 구조화된 과학과 일상생활에서 이러한 전통은 설득력 있게 작동한다(Winograd and Flores 1986, 2장; Nandy 1987). 그것은 과학 생물학자인 린 마굴리스와 동료들이 '데카르트적 면허'라고 비유적으로 표현한 것과 연결되는데(Sagan, Margulis and Guerrero 1997, 172), '인간'을 존재라는 사다리의 맨 위에 위치시킬 뿐 아니라 과학을 통해 현실을 연구하면서 마음과 사물, 몸과 영혼, 생명과 (일종의 '가짜'라고 불리는 무생물과 죽은 우주를 포함하는) 비(非)생명을 분리해 왔다.

물론 이는 서구 철학의 잘 다져진 영토이다. 하지만 바렐라가 **그것에 의문을 제기하는 바로 그 철학적 전통을** 포함하여, 나는 이러한 방식이 왜 근원적인 측면에서 한계가 있다고 말하는지 살펴볼 것이다. 또한, 이 전통이 어떤 방식으로 유럽적 근대라는 지배적인 형태의 가장 강력한 구조로, 예를 들어 개인, 현실, 과학 그리고 자기 구성적 전체로서의 경제에 대한 믿음으로 작동하게 되었는가를 살펴볼 것이다. 마지막으로 우리는 이 전통이 근대성, 즉 존재론적 이원론의 결정적 특징과 깊은 관련이 있다는 것으로 나아갈 것이다. 이러한 이원론은 제도와 실천에 있어 전체 구조를 강조하면서 그 결과 OWW의 사고가 확립되었다. 동시에 인간은 다른 존재와 불가피하게 얽인 세계에서 분리되며 자연 세계에서 떨어져 나간다. 우리는 이것이 생태 위기의 기반일 뿐 아니라, 다음 장에서 논의될 디자인의 관계적 실천과 6장에서 언급하는 사회운동의 관계적·공동적 정치 행위가 극복하고자 하는 현실이라는 점을 드러내고자 한다. 따라서 이 장에서는 먼저 합리주의 전통을 논의할 것이다.

우선 바렐라와 그의 동료들이 데카르트적/합리주의 전통을 읽어내는 방식으로부터 시작하자. "우리 문화에 관한 성찰은 정신-몸의 문제가 추상적 성찰의 주제가 된 것과 같이, 몸의 삶을 잘라내는 것으로부터 연유한다. 즉, 데카르트식 이원론은 하나의 유능한 해결책이라기보다는 문제의 원인이 되었다"(Varela, Tompson, and Rosch 1991, 30). 즉, 정신, 몸, 그리고 경험 사이의 관계에 대한 질문을 형식화하는 과정은 기껏해야 부분적이다. 이 접근 방식이 가지는 명확한 허점은 상징을 통제하는 것을 인지라고 파악하여, 이미 존재하고 분리된 세계로 전제하는 것을 통해 재현하는 표준화된 인지 개념화로부터 나온다. 바렐라와 동료들에게 이는 근본적으로 잘못된 것이다. 이들에게 인지는 "이미 주어진 정신에 의한 이미 주어진 세계의 재현이라기보다는, 세계에서의 존재가 수행하는 다양한 행위의 역사를 기반으로 세계와 정신을 만들어가는 것이다"(9). 정신은 몸으로부터 분리되지 않으며, 이 둘은 세계, 즉 생명을 구성하는 존재의 끊임없이 항상 변화하는 흐름으로부터 분리되지 않는다. 이 글을 읽는 여러분도 정말로 이들을 분리할 수 있다고 생각하지 않을 것이다. 우리는 인지 개념을 재현으로 정의함으로 인해, 살아 있는 존재로서 우리에게 피할 수 없이 스며들고 있는 삶의 흐름으로부터 자신을 분리하게 된다.

바렐라와 동료들은 **인지를 행위** 즉, 체현된 행위로 바라본다. 인지는 존재와 세계가 근본적으로 통합되어 있으며, 우리는 그 세계에 피할 수 없이 던져진다. 지리학자인 도리엔 마시(Doreen Massey)가 2004년 창안한 훌륭한 신조어인 **함께 던져짐**(throwntogetherness)이라는 전제에 기반을 둔다.[2] 그것은 또한 존재의 우선적인 조건이 세계 속에서 사유하는 체현된 행위자라는 것을 가정한다(Ingold 2000; 2011). 인지를 존재와 연결함으로써 이 저자들은 전혀 다른 전통으로 우리를 안내한다. 이 전통에서 우리는 심오한 방식으로 "세계가 우리에게 주어진 어떤 것이 아니라, 움직이고, 만지고, 숨 쉬고, 먹는 것을 통해 결부되는 어떤 것임을 이해한다"(Varela 1999, 8). 여기에 많은 결과가 따라온다. 첫째, 자아와 세계 사이의 구별이 진정으로 존재한다면, 마찬가지로 그들 사이에는 근본적인 연속성이 존재한다. "우리 존재와 우리의 행위, 그리고 우리의 지식에는 끊어지지 않는 연결"이 존재한다는 격언에서 연속성은 경험적으로 표현되고 있기 때문이다(Maturna and Varela 1987, 25). 합리주의 전통은 분리의 수준에 머물러 있으며, 그런 이유로 삶에서 벌어지는 많은 것을 놓치게 된다. 두 번째로는 성찰을 통해 도달할 수 있는 세계에 살고 있다면 이 도달 가능성은 이미 제한된 것이다. 이것이 바로 함정이다.

움베르토 마투라나가 강조하듯이, 모든 형태의 합리성에는 합리적 공간이 감정적인 기반 위에 세워진다는 점에서, 그리고 "우리가 어느 순간에서든 합리적으로 기능한다는 이성적 공간을 결정하는 것은 우리

....
2 철학자 마르틴 하이데거에 친숙한 독자들이라면 세계-내-존재, 예정, 던져짐, 이해의 배경 등의 개념을 알고 있을 것이다. 같은 형태가 가다머와 메를로-퐁티의 개념에서도 발생한다. 한 번 더 강조하자면 마투라나와 바렐라에게 있어 이들은 생물학적 이해를 위해 필수적이다. 이에 더하여 바렐라의 경우에는 불교의 마음 철학 역시 상당히 중요한 역할을 한다.

의 감정"이라는 점에서 감정적인 측면이 존재한다(1997, 5). 다시 말해, 합리적일 수 있는 결정조차도 감정적인 결정인 셈이다. 그 결과는 결코 무시할 수 없다. "우리가 합리적이라고 주장할 때조차도 우리의 삶을 안내하는 것은 감정이라는 것을 우리는 거의 깨닫지 못한다. (……) 그리하여 **결국 우리는 우리가 문화적 존재라는 것을 이해하지 못하게 된다**"(1997, 6 필자 강조). 여기에 더하여 이성에 기반을 둔 모든 종류의 지식은 오직 인간 경험의 일부에만 도달하기에, 살아 있는 측면, 다시 말해, 우리의 본질적 역사성을 간과한다. 이 역사성은 이 장의 서두 인용문에서 마투라나와 바렐라가 설득력 있게 표현했다. "따라서 우리는 (우리 삶의 실천인) 경험이 주위 세계와 짝이 되어 매순간 생물학적이고 사회적인 역사의 결과로서 만들어진 것이다"(1987, 141). 이 말이 함의하는 바는 "우리가 매순간 경험하고 있는, 또한 우리와 연결된 세계의 규칙을 이해할 수 있는 '중간 경로'를 찾을 필요가 있다"는 점이다 (Maturana and Varela 1987, 241 ; 1980).

이러한 필요성의 주장은 바깥 세계가 우리와의 상호작용 이전에 존재한다고 전제하는 서구의 합리주의 전통과는 전혀 다르다. 활동적 (enactive) 접근 방식에서 우리는 언제나 모든 순간이 우리의 생물학적이고 문화적 역사의 결과인 상호작용의 네트워크에 결부되어 있다. 우리는 반드시 (인간과 비인간으로 구성되는) 타자들의 세계를 통해 구체화되며, 우리는 타자와 함께 존재한다. 근대의 로고스 중심주의에 익숙한 이들이라면 마투라나와 바렐라가 도달하는 최종 결론은 낯설고 놀랍기까지 하다. "우리는 타자들과 함께 나아가는 세계만을 가질 뿐이다. 그리고 사랑만이 우리를 앞으로 나아가게 할 수 있다"(1987, 248).[3] 불교의 의존적 공존 개념, 복잡성 이론의 발현(emergence) 개념, 사랑에 관한 마투라나와 게르다 페어덴-췰러(2008)의 생물학, 그리고 돌봄과 사랑을 강조하는 페미니스트가 이러한 관점에 동의한다. 이것이 바로 관계성의 원칙이다. 하지만 이를 논하기에 앞서 합리주의 전통이 낳은 다른 결과들을 간단히 살펴보고자 하며 이를 개인에 대한 논의로부터 시작할 것이다. 개인, 과학, 경제, 그리고 실재에 대한 네 가지 믿음은 디자인 이론과 실천에 있어 최초의 근대적 설정이었다. 다시 말하자면 디자인은 불가피하게 이러한 존재론적 영역 내에서 작동했다.

개인에 대한 믿음

합리주의 전통의 가장 뿌리 깊은, 그리고 심지어 해를 가하는 결과 중 하나는 개인에 대한 믿음이다. 이 믿음은 디자인의 가장 사악한 문제 중 하나로 불리곤 한다. 수세기에 걸쳐 식민주의, 근대화, 발전, 그리고 세계화가 다른 세계와 문화로 침투하는 과정에서 개인은 트로이의 목마 역할을 했고, 이와 함께 장소에 기반을 둔 공동적 형태의 관계 맺기를 파괴했다(Esteva and Prahash 1998). 이는 신자유주의 세계화에 관

---

3   삶의 기반으로서 감정과 사랑에 대한 개념은 마투라나와 페어덴-췰러(1993)의 작업을 참조하라.

한 분석에서 간과한 분야이기도 하다. 시장에 기초한 개인의 문화 체계를 제국주의적으로 강제하는 것과 관계론적 방식으로 대항하는 존재 사이에 문화적 전쟁을 초래했다. 물론 근대적 개인의 계보학은 (예를 들어 이반 일리치, 미셸 푸코, 테일러 등) 비판이론 진영에서 연구되었다. 그리고 (노동과 소외라는 마르크스 이론에서) 욕구, 훈육, 상품화와 연결되었고, 자아에 초점을 맞춘 일련의 정치기술과도 관련된다. 이러한 분석에도 불구하고 우리가 (자유주의 이론에서 권리와 자유의지를 부여받은 소유권을 가진, 혹은 자율적인) 분리된 개인으로 존재한다는 개념이 서구 근대성에서 가장 오래 지속되고, 당연시되고, 해악을 가져다주는 허구 중 하나로 끊임없이 작동하고 있다.[4]

멜라네시아와 아마존의 민족지학은 서구적 자아 개념에 일치하지 않는 인격에 관한 풍부한 사회적 체계를 보여줌으로써 근대적 자아라는 굳건한 비유에 문제를 제기하는 데 있어 특히 효과적이었는데, 이들 중 상당수가 관계적인 성격을 보여준다(Strathern 1988, Battaglia 1995, Viveiros de Castro 2010). 물론, 불교는 2500년 이상 우리가 자아라고 부르는 것의 비존재에 기초한 삶의 이론과 실천을 발전시켜 왔다. 실제로 불교에서는 자아에의 집착과 현실의 객관주의적 개념을 고정하는 것이 자유보다는 고통을 가져오는 근본적인 이유라고 설명한다. 충만한 명상은 주체/대상의 분리를 초월하는 비개념적인 지혜를 배양하도록 돕는다.

....
4 이 책의 관심사와 조응하는 이 믿음에 관련된 문화적 허무주의에 관한 최근의 설득력 있는 분석을 위해서는 드레프와 켈리의 2011년 작업을 참조하라.

이 전통에서 주요한 가르침은 예외 없이 모든 것의 본질이 부재하다는 것인데, 근대 학계는 이를 겨우 최근 수십 년 동안 반본질주의 개념을 통해 만들어 왔다. 이미 언급했듯이 상호연결 개념은 어떤 것도 그 자체로는 존재할 수 없으며, 모든 것이 상호 존재한다는 것이다. 이 사이존재(interbeing) 이론은 우리가 인지하는 모든 것이 그것의 내부에서, 혹은 그 자체로 실재한다는 근대적 사고에 대한 강력한 비판이 된다.[5]

비어 있는 자아에 대한 불교적 실현은 인지생물학, 발현 및 자기조직화의 이론에서 유래한 가상의 자아라는 바렐라의 개념과 유사하다. 가상의 자아는 "지역에서 유래한 요소들로 이루어진 행위에서 나타나는 통일된 패턴으로 중앙에 집중된 듯하지만, 어디에서도 찾을 수 없고, 그렇지만 모든 행동이 상호작용이라는 측면에서 핵심적이다"(1999, 53; Varela, Thompson and Rosch 1991). 마음/자아는 분배된 네트워크, 혹은 오히려 신경으로부터 언어와 상징에 이르기까지 하부 네트워크가 얽히는 복합적인 과정이 추가된 것으로서 어떤 동일한 구조를 가지지도, 그렇다고 통일된 디자인의 결과로 나타나는 것도 아니다(Varela, Thomson,

---

5   마음에 관한 불교 및 관련 연구는 너무 방대하여 어떤 특정한 자료를 언급한다면 우스워질 수 있다. 그럼에도 불구하고 바렐라의 작업과 소통할 수 있는, 존경받는 불교 스승이 마음에 관해 설명하는 작업은 밍교르 린포체(Mingyur Rinpoche 2007)를 통해 확인할 수 있다. 의식과 사이존재에 관한 개념을 위해서는 낫 한(1975; 2008)을 참조하라. 17세기의 핵심적인 불교 경전은 현대의 주석과 함께 트랑구 린포체(Thrangu Rinpoche 2003, 현명함이라는 주제에 관해서는 특히 17장을 참조하라)에서 확인할 수 있다. 나의 비존재성과 자아 집착에 직면하고, 자비심을 기르려는 실천을 위한 티베트 불교에 관한 고전적인 안내서는 콩투렐(Kongtrul 2005)에서 확인할 수 있다. 상호관계와 상호의존, 비영속성, 자비심의 개념은 명상이라는 불교 실천에서 중심에 있다.

and Eosch 1991, 105; Sharma 2015). 종국에 가서 "**인지적 자아는 자신을 완성한다. 그것의 역사와 행동은 하나로부터 나온다**"고 말할 수 있을 것이다(Varela 1999, 54 강조는 원문). 이에 따라 자아는 "계속 진행되는 관계 내에서의" 결합이라고 말할 수 있다(Ingold 2011, xii). 자아의 비존재적 사고, 혹은 자아가 지니는 깊은 관계적 개념은 들리는 것보다는 더 단순하다. 종종 나는 농담조로 학생들에게 그들이 자아를 보았는지, 그것을 확정하는 것이 어렵지 않냐고 묻는다. 하지만 자아의 부재가 세계의 안정성이나 규칙성, 통일성에 의문을 제기하지는 못하고 있다. 이는 개인적 자아라는 개념과 함께 고정되고 최종적인 기반을 갖는 세계에 대한 사고를 포기하는 것이 동반되어야 함을 암시한다.[6]

참여와 상호성에 대한 강조에도 불구하고, 내가 지금까지 소개한 디자인 문화는 개인과 사물로 구성된 세계라는 데카르트적 전통 안에서 작동하고 있다. 이러한 믿음은 디자인의 행위성을 규정한다. 그렇지만 개인을 디자인의 최고 행위자로 설정하는 것은 인격의 해체적이고 관계적인 이해 사이의 균형을 찾으려는 새로운 흐름을 막고 있다. 변화를 위해서는 두 가지 인식이 수반되어야 한다. 하나는 오늘날의 디자인이 분배된 행위성, 권력 및 전문성이라는 시스템 속에서 구성된다는 사실이다. 이 시스템에서 고립된 개인이라는 개념은 허구이며, 스튜디오 속에서 성장한 천재적 디자이너라는 생각 역시 더 말할 필요 없는 거짓

----

6 바렐라 등(1991)은 인지주의의 다양한 현실적, 근본적 형태가 '데카르트적 집착'에 빠져 있다는 것을 지적한다.

이다. 디자이너와 일반 대중이 모두 "사물을 함께 만드는 힘을 다시 발견하는 것"을 통해 공동 디자인 및 대화적 협력이라는 개념은 더욱 밀접하게 연결된다(Manzini 2015, 24). 다시 지역과 공동적인 것에 주목하는 것은 이러한 디자인 조건의 변화 상황에 발을 맞추는 것이다. 근대기술이 만들어 내는 본질적 무능력을 비판한 이반 일리치에 공감하면서 에치오 만치니는 개인주의적 라이프 스타일을 포기하려는 욕망이 커지면서 협력적인 디자인을 위한 희망적인 조건을 발견한다(2015, 94-98). 따라서 디자인 세계에서는 근대 건축물에서 가장 중요하게 생각하던 개인을 관계론적으로 파악하려는 흐름이 생겨난다. 하지만, 관계적 인격을 포스트-개인주의 세계의 전제로 놓기 전에 우선 점검할 것이 있다. 근대성의 두 번째 강력한 구조로서 실재에 대한 믿음을 살펴볼 필요가 있다.

실재에 대한 믿음

우리가 발붙이고 있는 세계 혹은, 우리의 마음을 둘러싼 세계보다 더 실재적인 것이 있을까? 물론 없을 것이다. 하지만 문제는 합리주의 전통이 경험이라는 기본적 데이터를 '객관적 실재', 혹은 선험적으로 존재하여 그것을 만든 복합적 상호작용에서 독립된 '외부 세계'에 대한 믿음으로 번역하는 방식이다. 객관주의적 관점은 디자인 실천의 기초로서 디자인에 관한 비이원론적 존재론의 테두리 안에서 통제될 필요가 있다. 우선 실재에 대한 믿음은 자연에 대한 인간의 정복 욕망, 즉 가부장적 문화의 기둥으로 작동해 왔다. 이로 인해 우리가 자연과 파트너가 되는 것을 방해하며, 다른 인간들과 진정으로 협력하고 환경과 친화되지 못하게 만든다. 그러한 개념은 OWW의 사고를 강화하는 것으로 나타난다. 사파티스타와 같은 사회운동은 하나의 유일한 세계, 혹은 오직 하나의 진실을 가진 우주가 존재한다는 가정이 바로 신자유주의 세계화의 전제라는 점을 지적한다. 그리고 이에 맞서 다른 많은 세계가 들어갈 수 있는 새로운 비전을 제시한다. 과학과 기술 연구는 복합적 세계를 만들어놓고 그것을 "유일하게 거기 존재하는 것으로" 환원하며, "특정한 현실을 신화화하기 위해 작동하는 힘과 관계를" 상세히 논의한다(Law 2004, 7). 유럽과 미국의 형이상학은 존 로가 명명하듯이 오직 하나의 세계로 구성된 세계(OWW)를 만들어 내는 메커니즘을 통해 복잡한 권력 작용을 거쳐 복합적 실재를 지워버린다. 이러한 OWW에 대항하기 위해 함께 얽혀 '바깥에 존재'하는 또 다른 실재를 민족지학적 방식으로 가시화하고, 존재론적인 측면에서 다른 차이와 플루리버스에 주목할 필요가 있다(Law 2011, Mol 1999, Blaser 2010, de la Cadena 2010, Escobar 2014). 이는 존재론적 디자인을 위한 핵심적 정치학이다.

서구에서 지배적인 이 OWW의 개념은 우리 모두가 하나의 중요한 실재(하나의 자연)와 다양한 문화로 구성된 유일한 세계 내에서 살고 있다는 것을 의미한다. 이러한 제국주의적 사고는 자신이 유일한 '세계'가 되며, 모든 다른 세계를 자신의 법에 종속시키고, 이들을 부가적 혹은 종종 물질적으로 비존재의 상태로 환원하는 권리를 독점한 서구의 권력에 기초한다. 이는 매우 유혹적인 개념이다. 하지만 그것에 대항하는 가장 좋은 길은 존 로가 제안하듯이 민족적이고, 탈식민적인 경로를 통해서다. 그는 민족지학의 비교연구를 촉구하면서 "차이는 존재한다"고 언급한다.

유럽 혹은 북아메리카적인 방식의 사유에서 세계는 홀로 움직인다. 사람은 **수행하지** 않는다. 그것은 우리 바깥에 존재하고 그것에 의해 우리는 **담긴다.** 하지만 (호주의) 선주민들은 그렇지 않다. 세계를 다시 그리고 계속 작동하는 작업과 의례로부터 탈각된, 외부에 존재하는 실재라는 사고는 말이 되지 않는다. 땅은 사람들에게 **소유되는** 것이 아니다. 아마도 **사람들이** 땅에 속한다고 말하는 것이 옳겠다. 혹은, 끊임없는 창조의 과정이 땅, 사람, 생명 그리고 영혼의 세계를 특정한 장소에서 함께 다시 만든다고 말하는 편이 더 나을 것이다.(Law 2011, 1)

그가 주장하듯이, 중요한 것은 믿음의 문제(혹은, 더 나쁘게 말해 우리의 서구적 시선은 과학을 통해 입증되었기에 진실이고, 비서구적인 것은 단지 믿음이라는 전제)가 아니라, **실재(들)의 문제**인 셈이다. 디자인을 위한 질문은 계속 진행된다. 디자이너들이 실재에 대한 유일하고 순수하며 객관주의적인 태도에 매몰되어야 할까? 디자인 실천 역시 외부에 존재하는 유일한 개념보다는 다양한 개념을 창조해야 하지 않을까? 더욱이 실재가 모든 종류의 형태와 강도가 끊임없이 흐르는 것이라는 관점을 수용한다면, 라틴아메리카의 영토적 투쟁에서 나타나는 관계적 존재론에 관한 우리의 논의는 이러한 질문으로 돌아갈 수밖에 없다.

영미 학계의 그 누구도 팀 잉골드만큼 OWW의 존재론에 도전하고 대항하는 모습을 보여주지는 못했다(2000, 2011). 이 인류학자의 시각에 따르면 세계는 결코 정적이거나 생명이 없는 것이 아니며 활기가 부재한 장소도 아니다. 오히려 언제나 움직이고 있는 실, 혹은 줄이 직조된 그물세공과 같다. 다른 모든 존재와 마찬가지로 인간은 이 그물세공 안에 겹쳐져 있다. 잉골드는 애니미즘 문화와 철학에서 보여주는 통찰력을 가져오면서, (전환 사상가들과 생물학자, 많은 선주민과 영적인 스승과 마찬가지로) 지각력을 가진 우주라는 사고에 도달한다. 그 결과로 만들어진 체계는 매우 관계적이다. 지각력을 가진 우주는 그 안에서 "관계로 엮인 전체는 역동적인 변화의 잠재력을 가지며, 모든 존재는 (……) 계속적인 상호작용을 통해 다른 존재가 가능하도록 한다"(Ingold 2011, 68). 요약하자면, "사물은 그들의 관계이다"(Ingold 2011, 74; Strathern 1991). 세계에 관한 이러한 시각에서는 **유일하고 고정된 실재에 선을 긋는 것은 실제로 불가능하다**.[7] 그러기 위해서는 그물세공이라는 장소를 생명력이 없는 곳으로 분리해야만 한다. 이것이 바로 근대적 작동 방식의 하나이다. 실제로 근대인들은 세계를 **점유가 이루어질** 활기 없는 장소로 가정한다. 반대로 관계적 문화에서는 인간과 다른 존재는 살아 있는 세계에 **거주한다.** 근대인들은 공간을 소유하는 반면, 비근대인들은 장소를 만드는 선을 따라 옮겨 다니면서 그 장소들에서 거주한다. OWW적 사고

---

7   (향토, 산과 들, 시골 사람이 되는 것의 장점 등) 장소에 거주하는 것을 이해하는 민중적 지식으로부터 시작한다면 이를 읽어내는 것이 가능할 것이다. 예를 들어, 아타우알파 유팡키의 놀라운 작품에 대해 생각해 보라.

를 확실히 일소하기 위해 잉골드를 다시 인용하는 것이 필요해 보인다.

우리 자신을 오직 관찰자로 생각하고 이미 형성된 세계의 기반에 앉아 사물들 사이에서 우리의 길을 만들기보다, 우리는 우선 우리 자신을 형성하는 세계의 조류에서 각자가 전체에 포함되는 참여자로 상상해야 한다. 우리가 보는 햇빛에서, 우리가 듣는 빗속에서, 그리고 우리가 느끼는 바람에서. 참여는 관찰에 반대하는 것이 아니라 빛이 사물을 보기 위한, 소리가 사물을 듣기 위한, 느낌이 사물을 만지기 위한 조건이 되듯 그것을 위한 조건이 된다.(Ingold 2011, 129)

이에 대한 가장 설득력 있는 예는 실제로 1960년대 후반과 1970년 초반 제2차 사이버네틱스, 혹은 관찰 시스템의 사이버네틱스로 알려진 분야에서 관찰자와 관찰의 대상 사이의 순환성을 개념화하기 시작한 학자들에 의해 발전되었다. 객관성의 원칙으로서 관찰 대상에서 관찰자를 분리한 지배적 과학에 반대하여, 이 이론가들은 분리는 불가능할 뿐만 아니라 이상적이지도 않다고 주장한다. (이 운동에서 중심이 되는 인물인) 하인츠 폰 푀르스터(Heinz von Foerster)는 1991년 파리에서 열린 한 학술대회에서 시적인 방식을 통해 자신의 주장을 전개한다. "나는 관찰자와 관찰되는 이들 사이가 분리되지 않는 땅, 그리하여 자신에 관하여 쓸 수 있는 땅에 당신이 참여하는 것을 원한다. 그 밖에 무엇을 할 수 있겠는가?"(1991, 2). ("세상이 지나가는 것을 바라보는" 독립적인 관찰자인 것처럼 행동하면서) '바깥에 존재하는' 사물을 보는 것에서 '자신을 바라보는 것을 바라보는 것'으로의 역사적 이동을 설명하면서 그는 다음과 같은 결론을 내린다. "새로운 것은 두뇌가 두뇌에 대한 이론을 작성하는 것을 요구한다는 심오한 통찰이다. (……) 이런 측면에서 인간은 주고받는 인간관계의 순환에서 상호작용하는 드라마에 참여하는 행위자로 고려하는 자이다"(2). 잉골드의 최종 결론은 여전히 오늘날의 실재에 대한 논쟁에서 중심이 된다. 즉 행위를 한다는 것은 자신을 변화시키는 것이며, 동시에 우주를 여는 것이다.

다시 말해, 우리는 공통적으로 외부의 실재라고 인지하는 것으로부터 결코 분리될 수 없다. 오히려 그러한 실재는 매순간 우리가 세계에 참여하는 것을 통해 존재하게 된다(Sharma 2015, 4). 근본적으로 관계적이고, 과정을 중시하며, 역사화하고, 언제나 형성되는 세계에서, 디자인을 늘 움직이고 변화하는 삶으로 사고하는 것이 가능한 것일까? 이것이 다음 장에서 제기될 주요한 질문 중 하나이다.

과학에 대한 믿음

실재에 대한 믿음은 주로 근대 세계에서 인정받은 지식을 기반으로 하는 과학에 대한 당연시된 믿음과 유사하다. 근대 사회이론에는 잘 알려진 논의, 즉 (인식론적 현실주의에 대한 비판으로서의) 철학적, (남근 중심주의에 대한) 페미니즘적, 그리고 (과학에 기반을 둔 진실의 정치학에 대한) 여러 탈구조주의적 관점 이외에도 덜 알려진 논의가 존재한다. 예를 들어 선주민, 지역, 그리고 전통적인 생태적 지식에 관한 논쟁, 지식의 지정학과 인식론적 탈식민주의에 관한 논쟁, 인지적 정의 등이다. 다른 지식과 존재 방식의 가시화를 막아온 근대 지식의 헤게모니가 작동하는 것을 보여주는 것 외에도, 이러한 경향은 지배적인 과학적 실천과 비서구적 사례 사이에 연결된 폭력과 탄압 양상을 강조한다.

가장 계몽적인 형태의 근대 과학에 대한 비판을 제공한 남아시아 문화 비평가들을 주목할 필요가 있다. 이들의 작업이 보여주듯이 제3세계적 맥락에서 과학의 효과를 연구하는 것은 과학에 대한 매우 다른 독해를 제공한다. 역사적으로 불일치와 비판을 인정했던 서구의 과학은 현재 그 불일치와 비판을 제거하면서 전제주의, 비합리주의, 그리고 민중과 자연을 탄압하는 중심적 정치 기술로 작동해 왔다. 이성으로서 과학은 폭력적인 발전을 정당화하는 가장 효과적인 언어로 작동했으며, 불일치 또한 표준화시켰다. 이에 도전하는 서발턴의 저항이 나타나 종종 서구 지식의 창조적 자산이 되었고, 의식의 복수성을 가능하게 했다. 관계성과 디자인에 관한 우리의 관심은 객관성의 영역에서 인지와 효과 및 사상을 느낌으로부터 분리해 냄으로써 과학의 근대성이 고립과 폭력의 병리학으로 나아가도록 한 점이다. 이에 대해 과학자들은 파괴적인 발견에 대한 책임을 회피하는 한편, 발견을 체계화함으로써 신뢰를 획득했다. 따라서, 과학은 전제주의에 반대하는 역할을 잃어가고 점점 더 시장에 기반을 둔 이윤 추구에 협력하게 된다. 이에 대해 아쉬스 낸디는 "인간의 의식을 전체화하려고 위협하는 모든 유토피아 중에서 우리 시대에 가장 유혹적인 것은 근대 과학과 기술에 의해 생산된 것"

이라고 강력하게 비판한다(1987, 10). 과학은 이렇게 비억압적인 형태의 문화와 사회를 추구할 잠재력을 잃게 되었다. 또한, 지식, 자비심 그리고 윤리에 대한 독점적 지위를 획득하려고 하기에 다른 형태의 지식과 대화가 되지 않는다.[8]

경제에 대한 믿음

같은 학자에게서 경제학에 대한 신랄한 비판을 찾는 것은 놀라운 사실이 아니다. "우리의 미래는 경제 과학이라고 불리는 근대 마법사에 의해 만들어지고 개념화되고 있다"(Nandy 1987, 107). 18세기 후반 이래 이 과학의 성장이 훨씬 더 사악한 문명적 발전, 즉 '경제학'이라 불리는 사고와 행위가 분리된 장소로서, 다른 강력한 허구인 자기 규제를 통해 작동하는 시장 개념과 연결되면서 이슈는 경제학 자체를 넘어서며, 이

---

8 나는 여기서 주로 낸디(1987)를 언급한다. 이 그룹은 쉬브 비스바나단(Shiv Visvanathan), 클로드 알바레스(Claude Alvares), 라즈니 코타리(Rajni Kothari), 디 엘 세트(D. L. Shet), 스미투 코타리(Smitu Kothari)와 같은 발전 비평가들과, 기존 질서를 부정하는 화학공학자 씨 브이 세샤드라이(C. V. Sheshadry)를 포함한다. 비스바나단 (2002)에 의하면 세샤드라이는 "정신의 실험으로서 자서전, 실험실, 법령을 연구하는 분류 과학자이자, 인도가 세계화 속에서 삶을 긍정하는 어떤 것으로 변화시킬 수 있다고 느끼는 몽상가이다". 비스바나단(1985)은 실험실 과학에 관한 첫 번째 민족지학 중 한 편을 작성했다. 반다나 시바(Vandana Shiva)와 베나 다스(Veena Das) 또한 이 그룹의 일원이었다. 이 연구 프로그램에 대한 간략한 설명을 위해서는 낸디(2012)를 참조하라.

제 경제라는 과학은 우리에게 진실을 말해 줄 능력이 있는 것으로 범주화되었다.[9] 신자유주의 경제학은 2007-2008년의 재정위기로 흔들렸지만, 그것을 지탱하는 전제들, 즉 시장에서 거래하는 개인, 규제 없는 상품 생산, 무한한 성장, 자본 축적, 진보, 결핍과 소비는 여전히 굳건하다. 토니 프라이가 지적하듯이, 그 결과 "미래는 경제 성장이라는 도살장에서 살해되고 있다"(2015, 93).

매우 당연하게 받아들여지는 이 담론은 지속가능성과 탄소 이후 시대로의 이행을 위해 진행되는 대부분의 제안을 약화시킨다. 이런 이유로 비판적인 디자인 틀을 통해 문제를 제기할 필요가 있다. 현재의 경제를 당연한 것으로 받아들이는 상황을 해체하려는 시도는 다양하다. 예를 들어, 자본주의 경제를 넘어서는 다양한 경제(Gibson-Graham 2006) 및 주로 라틴아메리카에 나타나는 사회 경제와 연대 경제(Coraggio, Laville, and Cattani 2013 ; Coraggio and Laville 2014)에 대한 상상력, 혹은 유럽의 탈발전과 남아프리카에서 발전에 대한 대안으로 제안되는 것까지 의미 있는 사례가 된다. 이러한 흐름은 풀뿌리 수준에서 더욱 잘 드

....
9 '경제학'이 창조된 것과 시장의 등장과의 관계에 대한 이정표는 칼 폴라니(Karl Polanyi), 루이스 더몬트(Louis Dumont), 페르낭 브로델(Fernand Braudel), 미셸 푸코, 그리고 모리스 돕(Maurice Dobb), 에드워드 톰슨(Edward P. Thompson)과 같은 자본주의 역사학자에 의해 설득력 있게 제시되었다. 당연하게도 그 주요한 특징으로는 폴라니(1957)가 '거대한 전환'으로 정확하게 명명한 것이다. 다른 맥락에서 나는 경제학이 (예를 들어 물리학, 수학, 혹은 학문 지식의 어떤 분야이든 간에) 많은 이들이 열정을 쏟는 설득력 있는 학문 전통이라고 말할 것이다. 그럼에도 불구하고, 문제는 이것이 (예를 들어 생태경제학이 인정하듯이) 지속 불가능성의 구조에 기초가 되는 문화적 전환과 불가분의 관계에 있다는 것이다.

러난다. 구스타보 에스테바가 논쟁적으로 지적하듯이, "발전 시대의 경제 사회에서 주변화된 이들은 경제를 주변화하는 것에 점점 더 몰두한다(2009, 20). 경제를 사회와 생태적 삶에서 탈중심화하는 것은 모든 전환 운동과 디자인을 위한 필수적 선행 조건이다. 이것은 예를 들어 식품 생산에서 다시 지역으로 돌아가고자 하는 재위치화(re-localization)와 같이 현재 진행되는 많은 실험에서 나타나고 있다.

18세기 후반부터 계속된 '경제' 논리의 강화로 우리는 서구, 즉 개인, 객관적 실재, 진정성 있는 과학과 합리성, 자기 규제의 시장이라는 문화로 연결된 틀 안에 자리 잡고 있다. 개인, 실재, 과학 그리고 경제(시장)의 앙상블은 후기 근대성에서 자연사회적 삶 상당 부분에 기반을 구성한다. 확실히 그것들은 역사적 건축물이다. 하지만 동시에 우리 일상의 삶에서 깊이 뿌리박혀 있는 믿음이기도 한데, 왜냐하면 이들을 붙들고 있는 사회적 구조, 과정, 그리고 실행으로서 이들 없이는 우리의 기능이 멈추어 버리기 때문이다. 이 앙상블은 개인주의, 목적론, 그리고 경제주의에 대한 약속을 드러낸다.

과학이 유클리드적 시각에 도움을 받아 합리성과 객관성의 잣대를 모든 형태의 지식에 부과하는 반면, 경제학은 자연사회적 삶에서 생산의 영역을 취함으로써 기능하고, 기술은 비(非)공생적, 산업적 도구로 이 존재론을 유지한다. 결국, 인간은 끊임없는 발전을 위한 원료로 자신을 구성함으로써 개인으로 작동하는 방식을 배운다. 클라우디아 폰 베를호프(2015)는 이를 '자기 연금술'로 명명한다. 따라서 근대의 가부장적 자본주의 사회 안에서 우리는 어려서부터 (다른 방식의 가치가 존재하는 사실을 희생하여) 생산과 소비, (집단적 복지보다는) 개인적 성공을, (현재에 대한 충만함과 지금의 일상적인 존재를 사는 것보다) 미래를 향하여 나아가는 것, 그리고 영혼을 종속시키고 물질주의와 소유에 통합하려는 의식을 배우게 된다. 이 모든 것은 우리가 우리 자신을 자연과 (젠더, 인종, 문화적인) 타자로부터 고립되어 있다고 생각하는 대가를 치르도록 한다.

이것이 바로 우리가 알지 못하면서 얽혀 있는 존재-인식론적 형성 방식이다. 또한, **'근대적인 것'에 결박된 우리의 존재론적 의미이기도 하다.** 훨씬 더 정교하고 가능한 방식으로 우리가 질문해야 할 지점은 간략하게 분석한 네 가지의 믿음에 의해 구조화된 근대적 질서에서, 항해할 능력을 잃지 않고 다른 형태의 앎-존재-행위를 상상하는 것이다. 이런 목표를 추구하는 것은 우리에게는 중요한 존재론적 작업을 의미한다. 물론 합리주의 전통의 문턱에 있는 우리는 아직 다른 형태를 상상하는 변화를 증명해 낼 수 없다. 하지만 그 과정은 합리성 및 그와 연관된 존재론과 깊은 관계가 있다. 이제 이 주제로 들어가 보자.

존재론적 이원론의 문제

존재론에 관한 질문은 1980년대 언어학적 선회 및 탈구조주의 유행 이후 현대 이론과 학계의 인식론에 관한 관심과 연결된다. 하지만 지식과 존재론의 관계는 현상학적으로 철학 전통의 중심에 있었으며 아마도 (인식론을 넘어) 존재론에 관한 관심이 사회이론과 지리학, 인류학, 정치철학 그리고 과학기술 연구와 같은 분야에서 다시 생겨나고 있다. 이러한 귀환은 학계 내부의 흐름이기도 하지만, 상당 부분은 학계를 벗어나 사회적, 생태적 관심과 운동에서 그 동기를 찾을 수 있다. 따라서 이 두 흐름을 고려하는 것이 중요하다.

테리 위노그래드와 페르난도 플로레스는 **존재론**을 "무엇인가 혹은 존재하는 누군가를 위해 의미하는 것을 우리가 이해하는 것"으로 정의한다(1986, 30). 그럼에도 이는 역사적, 문화적으로 특정한 이해의 형태이다. "심지어 가장 순수하고 엄격한 생물학도 (……) 세계는 다양한 형태로 이루어져 있으며, 심지어 형태와 구조에 따라 다른 경험의 세계들이 존재한다고 인정할 것이다(Varela et al. 1991, 9). 존재론은 다른 집단이 '실재 세계'의 존재로서 전체를 같이 만드는 것이라는 가정과 관계가 있다. 이 정의는 영속적인, 혹은 보편적인 실재에 대한 가정으로서 강력하고 현실적인 지위를 누리지는 않는다. 동시에 이는 '정신'이 세계를 만든다는 일종의 주관주의를 의미하지도 않는다. 이 정의는 현실에 대한 비대상화라는 개념을 유지하는 한편, 세계가 복수의 존재라는 결론에 도달하고자 한다. 세계가 어떠한 것인가, 그리고 우리가 세계를 어떻게 알게 되는가에 대한 존재론적 자세는 우리의 존재, 행위, 그리고 앎, 즉 우리의 역사를 정의하도록 한다. 여기에는 (우리가 지식이라고 판단하는, 그리고 그 지식의 특징이라고 사고하는 것을 포함하는 지식 생산에 적용되는 법칙과 절차를 언급하는) 인식론, (특정한 사회와 역사적 시기를 특징짓는, 그리고 생산한다는 의식 없이 생산된 지식을 중요하도록 만드는 지식에 대한 광범위한) 에피스테메,[10] 그리고 존재론과의 차이를 구별하는 것이 중요하다.

마리오 블레이저(2010, 2013)는 세 가지 층위의 존재론을 제안한다. 첫 번째 층위는 이미 힌트를 주었듯이 여러 종류의 존재에 대한 전제, 그리고 이들 존재와 관계들의 목록이라 할 수 있는 존재의 조건이다. 두 번째로는 이러한 존재론이 특정한 자연사회적 형상화가 되는 방식이다. 말하자면 그들이 세계 속에서 어떻게 '자신을 만들어 가는가'이다. 다시 말해, 존재론은 우리의 일상에서의 실천과 무관하게 존재하거나 선행하지 않는다. 세상은 실천을 통해 만들어진다. 마침내, 존재론은 자신을 이야기한다고 주장하며, 이는 그러한 가정을 확인하기 쉽게 한다. 이 층위는 (예를 들어 창조에 관한) 신화와 의례에 관한 민족지학적 문화에 의해 폭넓게 제공된다. 또한, 그것은 우리 근대인들이 스스로에 대해 말하는 서사인데, 이는 정치가들에 의해 계속 반복되거나 혹은, '세계에 일어나고 있는 것'에 대해 매일 9시 뉴스에 나오는 것과 같다. 이렇게 '일어나고 있는 것'은 항상 개인, 실재, 과학과 시장, 즉 **우리가 자신을 이미 존재하는 것으로 구성된 '외부의 세계', 우리가 의지대로 조정할 수 있는 혹은 그럴 수 있을 것으로 희망하는 대상**의 존재론

----

10 푸코(1973)는 에피스테메를 '지식의 무의식적 기제'로 정의한다. 그리고 르네상스 이후의 세 시기 에피스테메 중 마지막 에피스테메를 '인간'을 중심으로 상정하는 18세기 말 근대로 규정한다. 인간은 모든 지식의 근본이고, 주체이자 대상이다. 근대 에피스테메에서 생명, 노동, 언어를 분석하는 것은 각각 생물학, 경제학 및 근대 언어학의 형태를 상정한다. 에피스테메는 인식론과는 다르다. 자연과학, 사회과학 및 인문학은 경쟁하는 세 가지의 인식론으로, 각각 (물리과학과 자연과학에서 나온) 실증주의, (마르크스주의 접근법인) 변증법 그리고 (탈구조주의 방식인) 구성주의에 해당한다.

적 종합을 뜻한다. 간단히 말해 존재론적 측면에서 BBC나 CNN이 보도하는 것은 비록 항상 같은 범주로 설명되고, 결코 다른 세계의 문화로 접근하는 것을 허용하지 않지만, 그것에 대한 위협을 포함하여 통합적인 상황을 드러낸다.

이 논쟁은 모든 영역의 사회적 삶에 해당한다. 예를 들어, 근대는 자연과 문화 사이의 구별을 만드는데, 이는 자연을 무기력한 것으로 보이게 하며 플랜테이션 노예 시대와 18세기 독일에서의 '과학 임업'에서 산업화된 농업이 강제한 오늘날의 형질전환 씨앗에 이르기까지 세계의 다양한 지역에서 지배적 방식이 된 농업의 산업적 모델을 보여준다. 관계론적 존재론에 있어 이윤과 시장을 위해 생산된 단일작물의 플랜테이션은 어떤 의미도 지니지 못한다. 반면에, 관계론적 존재론은 농민들이 전통적으로 행해 온 것에 더 가까운 (지속과 시장 모두를 위한 생산 형태인 복합작물, 공동체와 신과 연결된 다양한 경관 등을 포함하는) 경작의 실천이나, 혹은 식량 위기로부터의 탈출을 위해 오늘날의 농업 생태주의자들이 제안한 지역 중심의, 유기적이고 탄력적이며 민주적인 농업 시스템으로 이어진다. 하지만 이는 관계성에 관한 이야기 앞에 전제되며, 다음 논의로 넘어가기 전에 이원론의 조금 더 일반적인 성격을 언급할 필요가 있다.

상당수의 저자들은 내가 서구 근대성의 지배적인 형태라고 부르는 것에서 세 가지의 근본적인 이원론을 강조한다. 자연과 문화의 분리, 우리와 그들(혹은 서구와 그 이외의 지역, 근대인과 비근대인, 문명인과 야만인 등)의 분리, 그리고 주체와 대상의(혹은 마음/몸의 이원론) 분리인데, 라투르(1993)가 처음 두 가지 분리를 근대를 확립하는 데 있어 중심으로 판단했다는 것은 잘 알려진 사실이다. 블레이저(2010)는 두 번째 분리가 첫 번째를 만들고 기능하게 하는 데 근본적이며, 그것을 "식민주의적 분리"로 덧붙여 명명한다. 이 자리에서 이 분리가 형성된 계보를 추적하자는 것은 아니다. 생태주의자들과 페미니스트들이 마음/몸, 문화/자연, 남자/여자의 구분을 가부장 문화와 과학의 환원론적 형태, 탈각된 형태의 존재, 오늘날의 생태 위기를 초래한 근본으로 강조하는 것만으로도 이미 충분하다. 몇몇 생물학자들은 만연한 이분법이 우리가 상호작용하는 세계를 설명하는 데 있어 복잡한 것을 축소하는 방향으로 이끌었다고 주장한다. 이에 대한 논의는 방대하지만, 여기에서는 서구의 학계에서 강조된 적이 별로 없거나 논의조차 되지 않았던 세 가지 지점을 언급할 것이다.

첫 번째 문제는 **이원론이 존재한다는 사실에 있지 않다.** 많은 사회는 이분법에 기초하여 구조화되어 왔다. 비록 대부분 음양론과 같은 비위계적인 쌍이라는 상호보충적 측면에서 다루어졌지만 말이다. 문제는 그러한 구분이 문화적으로 다루어진다는 것, 특히 이항을 구성하는 두 부분 사이에서 확립된 위계, 그리고 그 위계로 나타난 사회적 · 생태적 · 정치적 결과이다. 현재 이러한 특징은 라틴아메리카에서 식민성으로 언급된다. 식민성의 가장 큰 성격은 **차이를 위계적으로 범주화하는 것**이며, 이는 억압과 차별, 종속 혹은 심지어는 지배적 형태의 근대성에 순응하지 않는 지식과 존재 형태를 파괴하는 것으로 이끈다. 이 식민성은 (젠더적 관점에서) 인간/문명화된 서구 세계, 그리고 비인간/비문명화된(생물학적 성의 관점에서 동물처럼 묘사되는 비근대인, 인종화된 유색인) 존재 사이의 이분법을 굳건하게 한다(Lugones 2010a, 2010b).

　이러한 분류 시스템은 아시아, 아프리카, 라틴아메리카의 '문명', '근대성' 그리고 '발전'을 가져오기 위한 기획의 핵심이 된다. 간단히 말해 이러한 식민성 없이는 **그 어떤 곳에도** 근대성은 없다. 또한, 식민성은 유럽의 지위를 중심으로 사고하고 스스로에게 보편성을 부여하는 지배적인 재현과 앎의 방식인 유럽중심주의가 만연해 있음을 의미한다. 근대성/식민성의 개념화에 대한 귀결은 그것을 실행하는 바로 그 과정이 언제나 만남, 경계 지대, 저항 및 혼종화, 문화적 차이의 주장과 같은 '식민적 차이'를 만들어 낸다는 사실이다. 여기에는 근대의 지배적 형태가 자신을 완성하는 것에 실패하며, 그 결과 동시에 근대적 기획의 예상치 못한 결과, 플루리버스에 대한 제안, 탈식민적 관점에서 '다른 방식의 세계와 지식'이라고 불리는 것이 낳는 (종종 가혹한) 우연성이 나타난다. 존재론적 디자인과 플루리버스를 위한 디자인을 위해 식민적 차이가 갖는 함의에 대해서는 이후에 더 논의할 것이다.[11]

　호주의 페미니스트이자 환경철학자 발 플룸우드(Val Plumwood)는 이원론을 이성의 생태적 위기로 명명하는 이유를 설명한다. 그녀에게 생태적 위기는 "지배적 문화가 이성을 통해 만들어 온" 위기이다

11　탈식민적 관점에 관한 소개와 자료를 위해서는 에스코바르(2008, 4장), 미뇰로와 에스코바르 외(2011 공저)를 참조하라. 이와 관련된 주요한 인물은 엔리케 뒤셀(Enrique Dussel), 아니발 키하노(Aníbal Quijano), 월터 미뇰로가 있지만 무엇보다도 안데스 지역 국가와 미국의 학자들, 지식인들 그리고 운동가들을 포함한다. 이 관점은 탈식민주의 이론과 같은 것은 아니다.

(Plumwood 2005, 5). 자연에 대한 주인임을 주장하는 이러한 형태의 합리성은 다양한 '중심주의'(인간중심주의, 자기-중심주의, 유럽중심주의, 남성중심주의)에 의지하며, 글로벌 시장 시대에 '합리적인 괴물'을 양산했다. 우리에게 존재하는 생태적 내재성에 눈감은 이성 중심의 문화는 엘리트 형태의 권력을 지원하며, 독립적 개인에 대한 환상을 강화하며, 남성성을 배태하는 경제 합리주의를 이상화하고, 비인간 존재와 종속된 집단의 행위성을 무시한다. "우리를 심각한 상태로 이끄는 엘리트 문화와 발전주의적 합리성"(Plumwood 2005, 16)보다는, 그리고 이성 중심의 문화를 강화하기보다는, 해결책은 '녹색경제(green economy)'를 포함하여 인간의 행위를 생태계에 다시 위치시키고, 비인간 존재를 존중과 책임의 윤리 안에 두는 비이원론적이고 비식민주의적 합리성의 형태를 제안하는 것이다(이와 관련된 논쟁과 제안에 대해서는 Leff 2002, 2015를 참고하라).

두 번째 지점은 이 세 가지의 명백한 이원론은 또 다른 구별로 이어지며 다음과 같은 끝없는 리스트를 작성한다. 인간과 비인간, 살아 있는 생명/유기체와 움직이지 않는 사건과 무기체, 이성과 감정, 사고와 느낌, 실재와 재현, 세속적인 것과 성스러운 것, 살아 있는 것과 죽은 것, 개인과 집단, (합리성, 보편성의) 과학과 (믿음, 신념, 비합리성, 문화적으로 특이한 지식인) 비과학, 형식과 내용, 발전과 저발전 등이다. 학계와 활동가들에게서 우리는 전 영역에 걸쳐 이원론 속에 종속된 부분과 **생명 자체를 구성하는 것의 일부**로 억압된 것이 귀환하는 상황을 목격하고 있다. 예를 들어 감정, 느낌, 영성, 사건, 비과학적 지식, 몸과 장소, 비인간 존재들, 비유기체 생명, 죽음 등에 대해 점점 관심이 증가한다. 최근 이들을 주목하는 것은 **존재-정치 영역**에 대한 지도를 만들어, 이를 생태적 지속가능성, 사회정의 및 플루리버스라는 공통의 목표를 배양하는 방식으로 문화와 사회적 행위의 방향을 재설정하는 잠재력을 동반한다.

관계성의 정치적 활성화

우리는 이러한 과정을 **관계성의 정치적 활성화**에 이르는 길로 제안한다(Blaser, de la Cadena, and Escobar 2014).[12] 이러한 활성화는 로컬 음식과 환경운동, 채굴주의 반대, 대안 경제, 디지털 기술, 그리고 다양한 형태의 도시 환경주의, 북반구의 탈성장, 그리고 남반구에서 나타나는 '발전에 대한 대안'과 부엔 비비르(Buen Vivir)와 같이 현재 나타나고 있는 전환의 흐름에서 확인할 수 있다. 이러한 다양한 영역에서 기능하는 행위자들은 문화적·생태적 전환을 위한 주요한 어휘를 만드는데, 이 전환은 부분적으로 (이전의 두 장에서 강조한 것보다는) 비이원론적, 탈자본주의적, 비자유주의적 방식의 존재와 행위를 통해 진행된다.

이원론을 뒤흔드는 기획에 포함되는 학계의 비판적인 시각은 (앞 장에서 논의된 존재론적 전환과 관련하여) 주로 후기구조주의, 후기 이원론, 신유물론, 포스트휴먼 방법론의 주도 아래 지난 십 년 동안 성장해 왔

---

12 여기에서 '우리'는 관계적 존재론에 관해 마리오 블레이저와 마리솔 데 라 카데나와 함께한 작업을 가리킨다(Blaser 2010, 2013; de la Cadena 2010, 2015; Blaser et al. 2014; Escobar 2014).

다. 탈구조주의는 현실이 구성되는 방대한 영역의 민족지학을 위해 잠재적인 도구를 제공하는데, 이 과정에서 (구조, 정체성, 근본, 본질, 보편적인 것, 당연하게 된 역사 등을) 지나치게 해체해 버린다. 하지만 최근 들어 이 흐름은 인식론과 존재론에 더 주목한다. 어떻게 세계가 다르게 이해되고 달라질 수 있는가에 관한 긍정적 기획으로 나아가면서, 탈구조주의와 담론 분석의 한계를 뛰어넘으려 한다. 이 과정에서 이들은 새로운 개념, 질문 그리고 자원을 만들어 낸다.

일군의 학자들은 충분히 주목받지 못한 "생명력 넘치는 물질성"을 포함하여 삶의 생산성을 이론화하고(Benett 2010; Coole and Frost 2010), 내재성과 강도를 연구하고자 한다(Luisetti 2011). 다른 이들은 비인간 존재와 연관된 다양한 방식의 행위성을, 세계가 만나는 다양한 방식을 강조한다(행위자 네트워크 이론, Law 2004; Latour 2007). 다른 흐름은 주체가 여전히 자신과 세계를 만든다는 육체성의 이슈로 돌아가기도 한다(Grosz 2010). 그리고 시간성과 개방성 및 되기(becoming)의 측면에서 사회적 삶을 탐구하는 흐름도 존재한다(Connolly 2011). 그 밖에도 종들 사이의 관계와 공동체에 관한 새로운 개념화를 전개한다(Haraway 2008). 이와 관련된 몇 가지 경향은 모든 현실의 근본적인 우연성을 강조하기 위해, 인지를 다시 생각하고(Sharma 2015), 인지가 디지털 기술의 지원을 받아 바이오테크와의 협력을 통해 확장될 수 있는 방식을 탐구한다(Halpin, Clark and Wheeler 2010; Halpin and Monnin 2014),[13] 신-사이버네틱스의 관

....
13 크리티 샤르마(2015)는 모든 존재/사물어 상호연결되고, 상호행동하며, 상호의존적이

점으로부터 존재론적 등장에 대해 논의하고(B. Clarke and Hansen 2009),
우리가 의식을 모든 존재의 분배된 자산으로 이해하는 것뿐 아니라,
(지구로부터 우리의 몸과 자신에 이르기까지) 세계가 에너지와 물질의 흐름
을 통해 끊임없이 함께 만들어진다는 관점에서 모든 살아 있는 존재의
지각을 긍정하는 시각을 연구한다(Sagan 2011). 이에 대해 어떤 이들은
종종 근대인들이 무생물의 세계로 간주하는 것에도 영혼의 힘이 깃들
여 있다고 파악한다(TallBear 2011).[14]

의문이 증가하는 이원론의 세 번째 특징을 살펴보자. 이는 위에서 언
급한 흐름이 근대 사회이론의 기반 자체에 의문을 제기하는 방식과 관
련이 있다. 만약 누군가 이 기반이 몇몇 주요한 실천을 통해 구조화된
것으로 판단한다면, 등장하는 흐름이 지금까지 비판이론이 했던 것보

라는 사실을 지시하기 위해 '급진적 우연성(radical contingentialism)'이라는 개념을 고
안했다. 어떤 것도 그 자체로 존재하지는 않는다. 이 개념은 인지 생물학과 불교와 연
결되어 전개되었다.

14 문화이론 이외에도 이를 드러내는 여러 목록이 존재한다. 우리는 여기에다 지리학
과 인류학에서 덜 알려진 작품을 추가해야 할 것이다. 이 연구에 대한 검토에 대해
서는 에스코바르(2010a)를 참조하라. 이러한 흐름과 함께 스피노자, 베르그송, 니
체, 화이트헤드, 실용주의자인 윌리엄 제임스(William James), 에머슨(Emerson), 휘트
먼(Whitman), 소로(Thoreau)와 같은 낭만주의 작가들, 들뢰즈와 과타리, 메를로-퐁
티(Merleau-Ponty)를 포함하여 영향력이 있는 저자들에 주목함으로써 이 목록이 새
로워지고 있다. 이 작가 중 버나드스키(Vernadsky)와 테야르 드 샤르댕(Teilhard de
Chardin), 린 마굴리스(Lynn Margulis), 수잔 오야마(Susan Oyama) 등 일부는 복잡성
의 생물 이론과 진화 이론에 호소하며, 바렐라의 경우에는 인지주의에 기대고 있다.
이와 관련한 최신의 연구는 과학과 기술에 관한 연구의 관점에서 출발한 데 라 카데
나와 블레이저가 엮은 책(2016)이다.

다 더 효과적으로 이 기반을 흔들 수 있는지, 아니면 여전히 그 안에서 기능하고 있는가가 문제가 될 수 있다.[15] 일반적으로 최근에는 주체와 대상의 존재론과 인식론을 넘어서려 하며, 이원론적 이해와 유사한 정치가 지니는 결점을 지적한다. 우리는 이들에 대해 배워야 할 것들이 많다. 이원론의 억압에 초점을 맞추면서, 그들은 서구의 사회이론에 놓인 기반의 가장자리를 향해 움직인다. 그럼에도 불구하고, 계속해서 로고스 중심적 이해에 호소하면서 푸코가 그린 '사물의 질서'와 세계에 갇혀 있는 것이 아닌가 의심할 수도 있을 것이다. 이 질문에 답하기 위해 이제 나는 합리주의 사고방식이 지닌 한계에 대한 바렐라의 논의로 돌아갈 것이다.

근대 사회이론의 한계에 대한 바렐라의 시도

과학자인 도리온 세이건(Dorion Sagan)에게 사회과학 및 자연과학에

---

15 내 생각에 다음과 같은 실천은 근대 에피스테메에서 가장 중심적이며, 그 안에서 지배적인 사회이론이 기능한다. 자연사회의 복잡한 흐름을 독립되고 분리된 경제, 사회, 자연, 문화, 정치적인 것, 개인적인 것 등으로 가정하는 것이고, 현실을 경제학, 사회학, 심리학, 사회과학, 인류학 중 한 분야로 범주화하여 그것을 통해 '진실'이 드러나도록 하는 것이다. 결과적으로는 자유주의, 마르크스주의, 탈구조주의라는 세 가지 주요한 방법론과 인식론으로 확립된다. 이 공간은 밖으로는 (예를 들어 낭만주의, 반식민주의, 초현실주의) 예술과 사회운동에, 안으로는 비판적 흐름을 통해 항상 도전을 받는다. 그렇지만, 나는 여전히 문화와 사회 비판이론을 포함하여 학계가 이 기반이 되는 공간을 **당연한 것으로** 재생산한다고 생각한다.

대한 근대적 접근 방식은 "대부분의 세계를 봉쇄해 버렸다"(2011, 1). 그리하여 우리가 동물, 비인간, 인간 이상 그리고 포스트휴먼 연구로의 전환에서 목격하는 것은 생명을 가능하게 하는 살아 있는 것들 가운데 인정받지 못한 모든 특징을 되살리는 것이다. 세이건에게 답하기 위해 바인 델로리아(Vine Deloria)가 연구한 '미국 선주민들의 형이상학'의 시각을 반영한 킴벌리 톨베어(Kimberly TallBear 2011)는 이러한 흐름이 여전히 비인간에게 일정 정도 독립적인 시점을 가정하는 인간과 같은 생물학적이고 정치적인 삶을 부여하고 있다고 설명하며, 무엇보다도 이들은 존재들 사이의 모든 관계를 묘사하기에는 여전히 충분치 못하다고 주장한다. 또한, 그녀는 최신의 흐름도 여전히 생명과 비생명을 포함하는 방식으로 근대적인 이분법을 재생산하여, 결국에는 세계에 존재하는 효과적인 힘들로부터 바위와 나무, 혹은 천둥이 제외되며, 심지어는 지각력을 갖지 못한다고 강제하는 방식에 대해 생각하도록 한다 (범지각력(pansentience)에 관해서는 Rose(2008), Goodwin(2007)을 참고하라). 이러한 노력에도 불구하고 최근의 흐름은 탈식민 이론가들이 주장하듯 이 세계를 이해하는 데 있어 (주로 서구적인) **근대의 내부**에 계속 사로잡혀 있는 것일까? 새로워지긴 했지만, 여전히 주요한 측면에서는 서구/근대적인 기반 내부에서 기능하는 것은 아닐까?[16]

---

16 엄밀하게 푸코적 시각에서는 근대 에피스테메의 중심에 있는 '인간'의 형상이 그 중심에서 벗어났는가를 물을 것이다. 지금은 이 흐름의 대부분이 인간중심주의, 남성중심주의, 유럽중심주의가 지속되는 형태이고, OWW의 틀에서 작동하고 있다고만 말할 수 있다. 그럼에도 불구하고 이 장에서 나는 이들이 로고스중심주의에 의존하고 있음

잠정적인 가설로서 나는 오래 지속된 형태의 합리성과 로고스 중심적 분석이 (이 책을 포함하여) 비판적인 학계에서도 여전히 중심적이라고 생각한다. 그리고 이 분석은 엄청난 생산성에도 불구하고 이원론적 존재론의 지배를 넘어서는 방법을 찾는 데 걸림돌이라고 느낀다. 나는 바렐라, 에반 톰슨(Evan Thompson), 엘레노어 로쉬(Eleanor Rosch)의 경우 추상적 합리성 및 성찰과 경험에 집착함으로 인해 한계를 지닌다는 점을 언급하고자 한다. 이들은 현상학을 추구했으나, 바렐라와 동료들이 주장하듯이 처음 제기했던 근본적 질문에 온전히 답하는 데는 실패했다. 왜일까? 그들의 대답은 상대적으로 단순하지만, 그것이 함의하는 바는 훨씬 크다. 경험의 분석은 "인간의 경험이 지니는 실용적인 맥락을 **순수하게 이론적인 방식**으로 강조하는 서구 철학의 주류 안에 남아 있기 때문"에 붕괴를 맞았다(Varela et al. 1991, 19 강조는 필자). 현상학은 여전히 "이론적 성찰로서의 철학"(20)이며, "최근에는 코기토라는 관점을 비판하거나 '해체하는' 것이 상당히 유행이었지만, 철학자들은 여전히 코기토의 **실천**으로부터 벗어나지 못하고 있다"(28 원문 강조)는 사실이 사회이론 전체, 그리고 이원론에 문제를 제기하는 흐름에도 적용되는 것은 아닐까?[17]

....
을 강조할 필요가 있다.

17 마오리 사상가인 린다 투히와이 스미스(Linda Tuhiwai Smith)는 『방법론을 탈식민화하기(*Decolonizing Methodologies*)』에서 선주민들이 자신의 역사와 억압받는 상황을 논하기 위해 학계의 글쓰기를 활용할 때 나타나는 위험에 관해 언급한다. 그녀는 "마치 우리가 '거기'에 있는 '타자'인 것처럼, 우리 선주민에 관해 쓰는 것의 위험이 존재하지 않는가?"(Smith 1999, 36). 다시 말해, 이원적이고 로고스중심적인 사고가 불가피하

위와 같은 질문은 이 책에서 계속 논의되겠지만, 바렐라와 동료들의 다음과 같은 진술에서 우리는 더 진전된 토론을 위한 실마리를 찾을 수 있을 것이다.

우리가 제안하는 것은 몸으로부터 분리된 추상적 행위로부터 의식적으로 체현된, 열린 결말의 성찰로 그 성격을 바꾸는 것이다. 이러한 형식화가 전달하는 것은 성찰이 단지 **경험에 관한 것**이 아니라, **경험 그 자체의 형태**라는 점이다. (……) 성찰이 이런 방식으로 진행된다면, 관습적인 사고와 지각의 패턴을 끊고, 삶과 공간에 대한 현재의 재현 방식에 담긴 것을 넘어 가능성이 포함된 열린 결말이라는 성찰에 도달할 수 있다.(26)

그들은 이러한 성찰의 형태를 **체현된 성찰**로 명명한다. 여기에서 이론적인 성찰을 떼어낼 필요는 없다. 현상학의 붕괴를 형식화하는 두 번째 요소는 우리 자신을 제외하는 문화에 담긴 철학을 포함하여 "경험에 관한 비서구적 전통을 가로지르면서 성찰에 관한 우리의 지평선을 넓힐 필요가 있다"고 대담하게 제안하는 것이다(21. 또한 바렐라(1999)를 참고하라). 이들은 오래된 불교의 마음 철학, 특히 추상적 태도에서 자신

....

게 우리를 재현하는 데 스며들지 않는지에 관해 질문한다. 스미스는 또한 다음과 같이 덧붙인다. "학계의 글쓰기는 지식의 선택이자, 조직이고, 제시하는 한 방식이다. (……) 결코 순수하지 않은 스타일을 유지하고 강제한다"(1999, 36). 내가 보기에 로고스중심적인 글쓰기에 대한 이러한 우려는 바렐라와 유사한 점이 있다. 학계의 글쓰기가 갖는 가능성의 조건은 서구적인 것으로, 근대적 기반 내에서 모든 인문학과 사회과학의 성격이기도 하다(Foucault 1973, 377-378).

의 경험을 통해 도달하는 마음챙김(mindfullness)[18]과 명상의 전통에서 길을 찾는다.[19]

우리가 살펴보는 이들 중 누구도 근대 내부의 철학자가 논의한 근대의 주체 중심 이성이나 데카르트식의 합리성을 부정하지 않는다는 점을 강조할 필요가 있다(하버마스의 예가 그렇다. 1987). 이들은 세계와 우리 삶을 디자인하는 데 있어 이성과 합리성의 지배력을 약화하거나 그 중심을 이동하고자 했으며, 이는 합리주의 전통을 재배치하는 이름으로 진행되었다(Winograd and Flores 1986). 체현된 형태의 성찰을 장려하며(Varela, Thompson and Rosch 1991), 인간의 삶을 생태적 이해 안에 재위치하도록 비이원론적 형태의 합리성을 상상하고(예를 들어 Plumwood 2002; Leff 2015), 탈식민적이고 상호문화적인 방식의 지식 생산(탈식민 이론으로는 예를 들어 Walsh 2009), 혹은 비공생적인 형태가 존재하지만 지배적이지는 않은 공생의 사회로 나아가는 것(Illich 1973)을 예로 들 수 있다. 이 과정에서 위 저자들은 두 가지 목표를 지닌다. 첫 번째는 이원론의 문제점을 비판하는 것으로, 특히 다양한 측면에서 일상의 존재로부터 우리가 분리되어 있는가를 지적한다. 두 번째는 이 책에서 더 중

---

18 불교 용어에서 '마음챙김(mindfullness)'은 번역하기가 어렵다. 남아메리카 불교 신자들 사이에서는 이를 원문 그대로 사용하거나, '완전한 몰입' 혹은 '완전한 의식'이라 번역하기도 한다. 바렐라는 이를 '온전한 존재' 혹은 '열린 의식'으로 사용하고 있는 듯하다.
19 서구 학계와 달라이 라마를 포함한 불교의 현자들 사이에 나눈 마음의 성격에 관한 대화는 매우 풍부하며, 다양한 프로젝트와 책에 기록되어 있다. 존재론적 디자인에 관한 논의에서 여기에 관한 다른 특징들을 짚어볼 것이다.

플루리버스

요하게 파악하는 지점으로, **전환의 실천**은 다른 세계와 대안을 만드는 과정에서 그러한 실천을 이론화하는 것이 아니라, 우리가 사물과 사람들을 마주하는 방식을 근본적으로 변화시키는 것으로부터 발생한다고 주장한다(예를 들어 Spinosa, Flores, and Dreyfus 1997, 165), 이러한 제안에서 우리는 혁신적 실천이 불교적이든, 생태적이든, 정치적이든, 탈식민적이든, 혹은 다시 상상된 디자인 접근법이든 대안을 향한 실마리를 찾게 된다. 이제 관계성에 관한 간략한 논의를 마치기 전에 첫 번째 측면과 관련된 두 가지의 진술을 들어보자.

뉴질랜드의 환경주의자 데보라 버드 로즈(Deborah Bird Rose)는 이원론에 반대하는 논지를 강력하게 제기한다. 그녀에게는 서구의 이원론이 "단절을 증가하는 고리의 연속을 지탱한다. 우리와 자아 바깥의 세계를 연결하는 행위가 점점 우리에게 덜 중요해졌고, 그것을 현실로 경험하고 유지하는 것은 더 힘들어지고 있다"(162).[20] 그 결과 일종의 탈현실화를 낳는데, 이는 이원론적 관계성에서 나오는 탈신성화와 유사하다. "생명은 언제나 연결되어 있는데 그러한 연결이 파괴된다면, 그리고 오늘날 그러한 상황이 심화된다면 남아 있는 생명에게는 어떤 일이 일어날 것인가?"(166). 낸디(1987, 102-109)는 "고립되는 인간의 능력"을 심화하고, 개인과 집단적 수준 모두에서 "건전한 인지"라는 감정 없는 방식을 강화하는 조직된 과학의 효과를 강조한다. 반대로 그의 관점에

---

20 상품의 물신화와 소외에 관한 마르크스의 개념은 단절에 관한 논의였다. 이 경우 상품에 포함된 노동의 비가시성과 그것이 어떻게 이익에 있어 근본적인지를 보여준다.

서 모든 문화는 고립의 병리학에 답하고, 종교를 통하는 것과 같이 여러 방식으로 자신들을 탈고립화하는 수단을 찾는다. 자신이 비억압적이 되는 방식으로 비억압적인 사회를 만드는 것에 관해 숙고하면서, 낸디는 '약자들의 시각'과 좋은 사회 및 이상적인 세계의 개념을 육성해야 한다고 주장한다. 그녀는 여기에 "데카르트적 범주에서 나오는 분석적인 사고, 방어적이고 소심한 태도의 역량 없음을 파악하는 것이 필요하다"고 덧붙인다(18). 낸디는 제도화된 이원론적 사고를 가장 다루기 힘들고, 해를 끼치는 것 중의 하나로 꼽는다.

우리 시대는 문화와 비전, 그리고 믿음에 관한 모든 대화에서 근대 서구의 요구와 비서구로의 확장을 강제하는 문화적 질서가 존재한다. 비전에 대한 모든 대화에는 불균등함이 숨겨져 있다. (……) **발전된 언어를 지닌 문화는 대화의 과정을 지배하며 조용하고, 부드러운, 혹은 말 없는 언어를 가진 문화를 삼키기 위해 대화를 활용해 왔다.** 따라서 양자의 만남은 예상하듯이 후자의 문화를 (과거의, 혹은 단순한 사고를 지닌) 특이한 사례로 축소하면서 하나의 언어로만 구성된 대화의 담론을 생산한다 (14-15, 강조는 필자).

낸디의 경고는 글로벌 정치경제에서 문화적 자원의 불균등한 분배에 대한 답으로 종종 폭력을 수반하는 근본주의의 부활에서 문화적 복종이 재등장하는 것을 설명해 준다. 오늘날 라틴아메리카 정부와 비정부 기구가 역사적으로 인정받지 못한 대화의 언어를 가졌다고 말할 수 있는 선주민, 농민, 그리고 흑인 공동체와의 운동과의 '교섭'의 과정에서 지배를 행사하려는 근대적 언어를 사용할 때도 이 같은 상황이 발생한다. 또한, 이 개념은 하버드 대학과 같은 엘리트 학교에서 개발되어 전 세계로 수출된 소위 분쟁 해결 방법을 비판하거나, 혹은 '탈분쟁' 지역에서 '민주적 구축'과 '이행의 정의'로의 이행을 이해하는 데 도움을 준다. 이 모든 경우에 있어 합리적인 것으로 추정되는 서구의 대화 기구는 평화와 대화, 그리고 생명이라는 관계적인 비전을 침묵시키는 정치적 기술로 작동한다. 달리 말하자면 문화적 비전, 문명, 그리고 문화 간 대화는 복잡한 존재론적, 그리고 정치적 과정을 포함한다. 이러한 인식론적 정치학은 디자인에 진보적인 정치를 불어넣는 기획에서 또 다른 요소가 된다.

관계성: 자연/문화의 구분을 넘어

이원론이 아니라면, 삶이 언제나 연결 속에서 존재한다면, 그렇다면 무엇인가? 단절과 고립된 삶에 대한 즉각적이고 명확한 요청 사항은 우리의 몸, 비인간 세계, 삶의 흐름과 다시 연결하는 것이다(예를 들어, Macy 2007). 따라서 단절/재연결의 문제에 대한 하나의 떠오르는 답변은 관계성이다. 관계성을 이해하는 것에는 여러 방식이 있다. 이원론은 그 자체로 관계성의 형태지만, 각각의 본질이 그 근본에서 다른 전체와의 관계에 의존하지 않는 구별되는 전체가 이미 존재한다는 것에 가정한다. 그들은 자기 자신의 내부에 존재한다. 네트워크 이론은 사물과 존재를 구성하는 데 있어 상호 관계의 역할을 고려하는 것에 좀 더 진지한 노력을 기울이고 있다. 그럼에도 많은 네트워크 접근법은 여전히 네트워킹에 선행하는 독립적인 사물이나 행위자의 존재를 당연한 것으로 받아들인다. 위상적 사고를 향한 시도에도 불구하고 이들은 대상, 마디, 그리고 흐름의 유클리드 기하학에 다시 빠진다. 샤르마가 지적하듯이 생물학에서 상호의존에 대한 상당수의 개념은 여전히 '독립적인 물체들의 상호작용'을 암시하고 있다. 샤르마에 의하면 진정한 개념의 상호의존성이 나타나기 위해서 벌어져야 할 것은 두 가지 변화이다. 첫째로는 "고립된 사물을 사고하는 것에서 상호작용을 생각하는 것"이며, 다른 한 가지는 성취하기 훨씬 더 어려운데 "상호작용하는 사물을 가정하는 것으로부터 사물들이, 상호구성되는 것으로 나아가는 것이다. 즉 존재가 오직 다른 사물에 대해 의존함으로써 존재한다고 생각하는 것이다"(Sharma 2015, 2).[21]

이런 방식으로 존재의 관계가 사물의 전체 질서에 급진적으로 스며들어 있는 관계성을 동반한 보다 심오한 개념을 만들어 내는 것이 가능할까? 내가 유용하다고 생각하는 일반적인 원칙은 관계적 존재론은 **어떤 것도 그것을 구성하는 관계보다 선행하여 존재하지 않는다**는 것이다. 이 존재론에서는 삶이 처음부터, 그리고 항상 완전히 서로 연결되

....
21 이를 통해 소위 우리가 '약한 관계성'과 '강한 관계성'이라고 부르는 것의 차이를 확인할 수 있다.

어 있으며 상호의존적이다. 불교는 이런 측면에서 가장 섬세하고 강력한 사례 중 하나를 보여준다. 어떤 것도 그 자체로 존재할 수 없으며, 모든 것들 사이에 존재하고, 우리는 지구상의 모든 것 사이에 있다. 이러한 사이존재의 원칙은 불교 사상에서 폭넓게 발전되어 왔다.[22] "우리라는 존재, 우리의 행위, 우리의 앎이라는 깨어지지 않는 우연성"은 또 다른 방식으로 현상학에서 이미 언급된 사고이다(Maturana and Varela 1987, 35). 다시 말해 행위와 경험이 깊이 연결되어 있다. 마투라나와 바렐라는 "행하는 모든 것은 아는 것이고, 모든 아는 것은 행하는 것이다"(26)라고 이야기하며, "알게 되는 모든 행위가 세계를 앞으로 나아가도록 한다"(26)라고 말함으로써 모든 지식에 일정한 순환성을 불어넣는다. 존재-행하기-알기 사이의 이러한 우연성은 우리와 마찬가지로 불가피하게 아는 자이자 행하는, 지각을 가진 모든 다른 존재와 세상 깊이 스며들어 있음을 암시한다. 진정한 상호의존은 모든 존재가 상호구성된다는 것을 고려할 때에만 얻어질 수 있다는 샤르마의 주장과 일치한다.

학술적인 측면에서 1960년대 이후 인류학 연구에서 가장 매혹적인 흐름 중 하나인 생태인류학은 민족지학적 현지 조사를 통해 세계의 많은 집단이 자연과 문화 (혹은 인간과 비인간) 사이의 구별에 기초한 사회

....
22 '꽃'이 존재하기 위해서는 식물, 땅, 물, 곤충 그리고 태양까지도 모두 본질적이고 상호 존재한다고 주장한 불교 스승 틱낫한(Thich Nhat Hanh 1975; 2008)의 예는 잘 알려져 있다. 그에 따르면 불교적 명상에서 상호 관계는 상호의존, 가변성, 자비와 함께 마찬가지로 상당히 중요하다. 오직 이를 통해 상호존재라는 비전이 실현될 수 있다. 최종적인 목표는 **철학적 성찰에 빠져 있기보다는 상호의존을 연습**하는 능력에 있다.

적 삶을 살고 있지 않거나, 적어도 근대인들의 방식은 아니라는 사실을 보여준다. 반대로, 근대인의 많은 문화에서 생물학적으로 소위 인간과 초자연적인 것으로 나누는 데 있어 분리보다는 연속성이 존재한다. (메릴린 스트래선, 팀 잉골드, 필립 데스콜라, 에두아르두 비베이루스 지 카스트루와 같은 주요한 인물을 포함하여) 아마존과 북아메리카의 선주민, 호주의 선주민 혹은 멜라네시아의 여러 집단과 작업한 인류학자들은 존재론적으로 활발한 관계론적 세계를 구성하는 자연에 대한 지역의 예를 풍부하게 묘사한다. 예를 들어 에두아르도 레스트레포(Eduardo Restrepo, 1996)와 아스트리드 우요아(Astrid Uloa, 2006)는 콜롬비아의 태평양 지역 밀림에 사는 흑인과 선주민들이 보여주는 자연에 관계된 그 지역의 모델을 설득력 있게 보여준다. 비록 모든 집단이 근대적 상상을 통해 구성되었지만, 그들은 때때로 자신의 영토와 차이를 수호하기 위한 운동을 통해 세계를 만들어간다(Escobar 2008; 2014). 다시 말해 이들은 관계성의 정치를 활성화하고 있다.

관계적 사고의 자원은 비서구에 한정되지 않는다. '대안적 서구' 혹은 '비지배적 근대'라 명명될 수 있는 장소에 중요한 자원이 존재하며, 생태운동으로 북반구의 도시 지역에서도 만들어질 수 있다. 그 예로 생물학자인 브라이언 굿윈(Brian Goodwin)은 느낌과 감정을 지식 창조의 주요한 원천이자, "파편화된 우리 문화를 치유하는" 본질적 요소로 중요하게 인정하는 괴테 과학을 언급한다.[23] 또한, 서구의 철학적, 혹은

---

23 이성과 믿음에 관한 이원론을 넘어설 필요성에 대해서는 카우프만(2008)의 작업을 참

플루리버스

미학적 전통에서 이전의 비이원론적 시각이 학자들과 운동가들에 의해 소환되고 있다. 구체적으로는 스피노자(Spinoza), 베르그송(Bergson), 화이트헤드(Whitehead), 제임스(James), 듀이(Dewey)의 작업에 대해 새로운 관심이 생겨나고 있으며, 자연에 관한 미국 낭만주의자들의 글에서도 확인할 수 있다.

마찬가지로 보나벤투라 드 소우자 산투스(2014)는 루키아노스(Lucian de Samosata), 니콜라우스 쿠자누스(Nicholas of Cusa), 블레이즈 파스칼(Blaise Pascal)의 철학에서 서구 사상에서 비서구적인 면모를 발굴한다. 여기에 인도 출신의 영적 스승인 지두 크리슈나무르티(Jiddu Krishnamurti), 스리 아우로빈도(Sri Aurobindo)와 같이 서구에서 반향을 얻은 서구 바깥의 비이원론적 사상가가 추가될 것이다. (세계적 차원에서의) 대안적 근대, 혹은 복합적 근대에 대해 말하는 것이 큰 의미가 있는 반면에 위험 역시 존재한다. 그 개념 뒤로 지배적으로 존재하는 오직 하나의 세계, 그리고 세상을 보는 지배적인 형태를 보편화하는 전제가 다시 도입될 수 있다. 한순간의 위험과 어떤 문제점도 논의를 무산시킬 수 있는데, 왜냐하면 (예를 들어 유럽의 지배적이지 않은 문화와 지역에서 유래한) 많은 '다른 근대'는 근대의 지배 질서의 일부가 된 적이 없다고 주장할 것이기 때문이다. 이 위험에서 벗어나기 위해 복수의 근대성을 상상하는 것은 탈식민적이고 탈발전적인 방식이어야 한다. 다시 말해, 모든 세계는 발전의 목적론을 포함하여 근대/식민 세계체제

조하라.

에서의 역사적 위치에 대한 비판적 관점에서 다시 그 기획을 시작해야 한다.[24]

따라서 비이원론의 세계를 탐색하는 것은 광대하고 풍요로운 기획이다. 또한, 의심할 여지 없이 시간에 대한, 그리고 "지구에서 모든 우리의 이야기가 사라지고 있다"는 것에 대한 응전이 된다(Rose 2008, 166). 예를 들어, 누군가 기후변화에 관해 생각한다면 지리공학자와 녹색 사업가 역시 로즈에 동의하여야 할 것이다. 또한, 커지는 비이원론의 힘은 그 누구도 완벽하게 데카르트의 꼭두각시처럼 행동하지는 않는다는 사실을 반영한다. 현상학적으로 말해 우리는 그럴 수 없다. 우리는 이미 정해진 구분에 따라 마련된 구획된 삶을 거부한다. 사회적으로, 생태적으로, 그리고 영성적으로 (재)연결되고자 하는 충동은 언제나 거기에 있으며, 우리는 날마다 다양한 방식으로 이를 활성화한다. (예를 들어, 정원을 만드는 것과 같이) '자연 세계'와 다른 방식으로 대화하는 것, 혹은 우리가 '개인'으로서 타자들에게 다가가면서 계속 경계를 허물 때 조차도 그렇다. 그럼에도 불구하고 여전히 질문은 남는다. 사이존재로

---

24 근대를 복수화하는 것이 위험하다는 나의 우려는 복수화에 매진하는 세계 여러 지역의 친구들과의 대화에서 생겨났다. 반대로 이 친구들은 플루리버스 입장이 지닌 두 가지 위험을 지적했다. 하나는 차이를 타자화하는 것, 즉 차이와 변화의 희망을 소수 인종과 같은 가시적인 서발턴 그룹에 위치시키는 것이다. 다른 하나는 근대성을 지배적이고 동질적으로 파악하는 경향이다. 두 가지 입장 모두 변화는 비지배적인 어떤 세계에서든 나올 수 있다는 점에 동의한다. 이에 더하여 내가 이미 지적했듯이, 만약 각 세계가 깊이 역사화되면 ('전통적'이든 '근대적'이든) 모든 세계는 각자의 '좋은 것, 나쁜 것, 추한 것'이 뒤섞이게 된다. 그렇지만 권력의 차이는 사고할 때 반드시 고려되어야 하는 지점임을 기억해야 할 것이다.

서의 개인적이고 집단적인 실천을 한다는 것은 무엇을 의미하는가? 어떻게 지각을 가진 모든 존재가 살아갈 행성을 만드는 과정에서 탈이원론적인 방식을 실현할 수 있을까? 또한, 토마스 베라(1999, 11)의 설득력 있는 주장과 같이 인간이 어떤 방식으로 상호 운동을 통해 행성에 존재할 수 있을까? 우리가 지각 있는 모든 존재와 구조적으로 상호 연관되어 있다는 '책임의 지리학'(Massey 2004)과 어떻게 연결될 수 있을까? 이러한 질문들은 근대화된 현재의 배경에서 배양될 수 있을까? 먼 땅에서 자유로운 디아스포라의 그늘에 사는 사람들뿐 아니라, 밀집된 자유 세계에 거주하고 있는 우리에게서 과연 비자아의 원천을 찾아낼 수 있을까?

우리는 이원론에서 이원론에 깊숙이 박힌 식민성을 충분히 제거할 수 있는가에 관한 질문을 유예할 것이다. 그리고 우리가 제안했듯이 이것이 일어나기 위해서는 (순수하게) **이론적인 공간으로부터 나와, (정치적·성찰적·정책적 디자인, 혹은 그 무엇이든 간에) 경험의 공간으로 들어가는 것**이 필요하다. 다시 말해, 자연과 문화의 분리를 불가능한 것으로 말하는 세계와 결부되는 것(혹은, 그 세계를 창조하도록 돕는 것)이 필수적이다. 우리는 분리를 완전히 피할 수는 없기에 자연/문화라는 용어가 존재한다. 즉, 관계적 존재론을 유지하는 집단조차도 동시에 이 둘 모두를 유지한다. 한편으로는 이원론적 언술 내에서 자연을 실천하고, 다른 한편에서는 관계적 존재들의 비이원론적 행위가 동시에 진행되어야 한다. 좀 더 단순히 말하자면, 이론가들은 이러한 양다리를 걸칠 수 없다. 하지만, 우리/그들은 우리가 바라는 것을 얻기 위해 관계적 세계,

혹은 세계들에 한발을 올려놓아야 한다.

관계성을 논하기 위해 내가 (이원론적, 그리고 비이원론적 존재론이라는) 새로운 이분법을 도입하는 것은 또 다른 대상화일지도 모른다. 질 들뢰즈와 펠릭스 과타리는 여기에 부분적으로 출구를 제공해 준다.

　우리는 이원론적 모델을 오직 모든 모델에 도전하는 과정에 도달하기 위해 사용한다. 원하지는 않아도 앞으로 나아가기 위해 사용하는 매개인 이원론을 무너뜨리기 위해서는 매번 멘탈 교정이 필요하다. (……) 이원론은 전적으로 필요한 적이며, 우리가 항상 재배치하는 가구와 같다. (1987, 20-21)

'멘탈 교정'은 후기구조주의와 같이 복잡할 필요는 없다. 단순한 경고처럼 반전 정도의 빈도라면 충분할 것이다. 예를 들어, 나는 종종 (비판 이론가인) 우리가 대안이나 복수의 근대를 말하지만, 왜 대안적 전통에 대해서는 생각해 낼 수 없는지 궁금하다.

나는 낸디가 우리에게 주는 반전으로 이 부분을 마칠 것이다. 그 반전은 우리가 잠시 쉬며 가능성에 대해 생각하는 것이다. 여기서 낸디의 경고는 우리가 근대성을 탈신화화하고 전통을 재신화화하는 속 좁은 전통주의를 피하고, 비판적인 대화, 상호작용, 그리고 문화들 사이의 상호변화를 허용할 필요가 있다는 것이다. "연결되어 있음의 병리학은 이미 단절되어 있음의 병리학보다 훨씬 덜 위험한 것이다"(1987, 51). 다시 말해, 근대의 병리학은 이미 전통의 병리학보다 치명적인 것으로

증명되었다. 적어도 생태적인 측면에서 이것은 돌이킬 수 없는 사실로
보인다.

지배적인 형태의 근대성을 진보적으로 확장하는 것에 의해 '인간성'
은 문화적 · 존재적 · 정치적 여정을 시작하여 존재론적 이원론의 영토
를 구축했다고 말할 수 있다. 유럽의 변두리에서의 지역 역사에서 시작
해 이 여정은 '글로벌 디자인'(Mignolo 2000)으로 진화했다. 그러한 전통
을 재설정하며, 그 여정을 완전히 다른 방향으로 설정하는 것이 가능할
까? 이것은 생태적, 사회적 위기를 겪고 있는 이 지구에 대한 모든, 혹
은 적어도 상당 부분에 해당할까? 디자인은 문화적 배경과 여행 그 자
체 모두를 다시 설정하는 데 있어 어떤 역할을 할 수 있을까?

4장
존재론적 디자인의 개요

(장소를 기반으로 얼굴을 맞대고 존재하는) '지금 여기(hic et nunc)'
가 과거 속에 존재하며, 오직 상호적 행위만이 남아 있다고 제국은 주
장한다.
──폴 비릴리오, 「공포의 기술」

존재론적 디자인의 사고는 다가올 순간을 수집하고 있지만, 아직 진술
되지는 않고 있다.
──앤-마리 윌리스, 「존재론적 디자인──기초를 다지기」

디자인 도구를 통해 우리가 존재 방식을 디자인한다는 것을 알 때, 우
리는 디자인에 관한 심오한 문제와 조우한다.
──테리 위노그래드와 페르난도 플로레스, 「컴퓨터와 인지 이해하기」

당신은 아마도 이 책을 읽는 순간에도 손에 디지털 기기를 들고 있을
지 모른다. 그것이 무엇을 의미하는지 아는가? 그것은 어떻게 당신을

만들거나 해체하는가? 그것은 어떻게 세계를 창조하고 해체하는가? 여기에 우리가 존재론적으로 깊이 생각해 보아야 할 미국인 래퍼 프린스 에아(Prince Ea)의 노래를 들어보자.[1]

사람들이 평균적으로 하루에 네 시간 핸드폰에 갇혀 보낸다는 사실을 알고 있는가? 아이러니가 아닌가? 터치스크린은 우리가 '터치'를 잃게 만든다.

수많은 애플, 아이패드, 아이폰, 그리고 수많은 "i", 수많은 셀피,

거기에서 '우리'는 충분치 않다.

보라, 기술은 우리를 더 이기적으로 만들었으며, 그 어느 때보다 우리를 분리해 놓았다.

그것이 우리를 접속하게 하지만, 접속 그 자체는 결코 나아지지 않았다……

페이스북과 분리되자, 반사회적 네트워크(antisocial network)로……

집의 컴퓨터에 앉아 자신의 가치를

팔로워와 좋아요 숫자로 평가한다……

나는 어떤가? ABBRVTN 없는 CNVRSTN을 가질 만한 인내심이 없는가?

이것이 자극을 통해 미디어가 생산해 내는 것이다.

---

1 '인간다움을 우리가 스스로 수정할 수 있을까?'라는 제목으로 2014년 9월 29일 올린 프린스 에아의 온라인 포스팅. http://www.youtube.com/watch?v=dR18EIhrQjQ

채팅은 스냅 샷으로 축소되고, 뉴스는 140자로 제한되며, 비디오는 최대 6초, 그리고 당신은 왜 ADD(주의력 부족 장애)가 4G LTE보다 빠르게 나타나는지 궁금할 것이다……

친구여, 이것은 자동수정이 되지 않으며, 우리 스스로가 무언가를 해야 한다.

통제하거나 통제당하거나, 스스로 결정해야 한다……

이미 당연한 것으로 받아들이는 디지털 광기에…… 나는 맞서는 것이 지겹다……

나는 배터리가 없을 때 우리가 웃을 수 있는 세상을 상상한다,

그것이 우리가 인간에 한 발짝 더 다가가는 것이기 때문이다.

이를 통해 나는 기술에 대한 찬성 혹은 반대를 논하자는 것이 아니다. 혹은 전통과 근대 사이의 문제를 언급하려는 것은 더더욱 아니다. 오히려 우리 인간에게 열린 존재론적 선택, 즉 시공간의 다양성이라는 조건에서 어떤 기술이 지구와 우리 공동체에 도움을 줄 것인가를 고민해야 한다. 프린스 에아의 신중히 선택된 언어로 구성된 랩을 통해, 우리는 디지털이 존재론적으로 선택의 폭을 줄여 결국 인간중심주의에 빠지고 있음을 깨닫는다. 디지털은 자유라는 이름으로, 신자유주의적 자기계발이라는 신중하게 규범화된 방식으로, '당신이 원하는 모든 것이 되어라'는 유혹적인 슬로건을 제공하는데, 이는 '필요할 때 상호작용, 접속, 최대한의 정보를 당신의 기기에 다운로드하라'로 번역될 수 있다. 하지만 이는 역설적으로 가장 특정한 방식으로, 그리고 가장 효

과적으로 우리를 강제하면서 '자유롭다'는 규범에 순응하도록 하는 기획이다.

그렇다면 '인간에게 한 걸음 더 다가가는 것'이 의미하는 바는 무엇일까? 이 질문은 들리는 말처럼 쉽지는 않다. 디지털 기구의 사용을 이해하는 것은 겉으로는 단순해 보이는 행위이지만, 실제로는 복잡한 역사·문화적 현실의 수면 밑에 존재하는 문화적이고 물질적인 배경을 파고들기를 요구하기 때문이다. 디지털 시대에 관한 미디어 담론은 현대 기술사회에 깊이 뿌리박고 있기에 분석하기에는 최적의 장소가 된다. 어디에나 존재하는 디지털 장치에 대중이 가장 만족해하는 것은 그것이 가져온 소통, 정보, 상호작용의 혁명이다.[2] 소통과 정보, 상호작용에 관한 의미를 완전히 드러내는 것은 간단한 소개로는 불가능하다. 하지만 이 개념들을 이해하기 위한 배경이 언어와 개인, 진보, 그리고 삶 그 자체에 관한 근본적 전제를 포함한다는 사실을 독자들은 인지할 것이다. 다시 말해, 이 구조에는 데카르트/유클리드식 존재-인식론이 자리 잡고 있다. 이는 상호작용에 선행하는 독립적 개체, 객관적으로 존재하는 실재에 대한 믿을 만한 설명으로 구성된 정보의 존재-인식론이며, 언어만을 통해 포착하는 세계의 존재-인식론이고, ('안전'이나 '법질서'만을 계속해서 요구하는 인종차별적인 백인 부자 정치가들이 생각하는 세계의

---

2 "우리는 점점 더 세계화되고, 빠르게 변화하며, 상호의존하는 세계에서 살고 있다"는 국제 공영 라디오 슬로건이 존재한다. 이 간단한 진언에 또 다른 어구 '점점 더 황폐화되는'을 추가해야 할 것이다. 이런 작은 덧붙임에서 우리는 디자인 정치학을 확인하게 된다.

결과는 아니지만) 좀 더 살 만한 세상을 만들기 위한 합리성의 형태와 논리의 규칙에 관한 존재-인식론이다.

당신의 컴퓨터와 핸드폰의 데이터가 코발트, 갈륨, 인디움, 탄탈룸, 플래티넘, 팔라디움, 니오비움, 리튬, 게르마늄 등에 의존하고 있다는 사실을 잊어서는 안 된다. 라틴어에서 비롯된 멋진 이름을 가진 이들 물질은 아프리카, 남아메리카, 그리고 아마도 이들 '갈등 물질'의 안정적인 공급을 위해 핏빛 전쟁을 벌이거나 폭력적으로 지역민들을 축출하는 콩고 동부로부터 나온다. 이 전쟁은 젊은 여성에 대한 학대를 포함하여 수천 명의 희생자를 만들어 낸다. 또한, 이 전쟁은 가장 위험한 조건 아래 버려진 수백만 장의 스크린과 모바일 기기, 컴퓨터가 만들어 낸 e-폐기물들, 산림과 강의 황폐화와 연결되어 있다. 조금이라도 사용 가치가 있는 것을 찾아 헤매는 중국 혹은 어딘가의 가난한 이들에게는 이것들이 필요한데 이 폐기물들이 기회를 의미하기 때문이다. 이 광물은 자본주의자들이 가부장적 연금술을 위해 최대로 활용하는 금속 물질의 지질층에 자리 잡고 있다는 사실을 우리는 간과하지 말아야 하는데, 왜냐하면 기업들은 지구를 어떤 형태나 모양으로든지 구부릴 수 있어서 암벽 깊숙한 곳에 놓인 지구의 지질학적 시간조차도 아주 작은 하지만 강력한 기계를 작동하기 위한 자원으로 만들 수 있다고 믿기 때문이다.[3] 이것은 우리가 (구원 혹은 진보라는) 유대-기독교의 직선적 시간을

---

3   나는 여기서 미디어 기술의 정치지질학에 관한 통찰력 넘치는 짧은 책을 소개하고자 한다. 디지털 문화에 대한 프랑스 이론가인 주시 파리카(Jussi Parikka)의 『인류외설(The Anthrobscene)』(2016)을 참고하라. 또한, 이른바 분쟁 광물에 관한 시장의 윤리

비활성 상태인 지질학 층에 강제한다는 것을 함축하고 있다. 이에 대해 브라질 해방신학자인 레오나르도 보프(Leonardo Boff)는 『대지의 외침과 빈자들의 외침(*Cry of the Earth, Cry of the Poor*)』(1997)이라는 저작을 통해 수십 년 동안 지구가 소리치고 있음을 알리고자 노력했다.

물론, 오늘날의 디지털 기기가 디지털 혁명 초기에 나온 트랜지스터, 반도체, 마이크로칩, 집적회로를 가져온 고체 물리학에서의 발견에 기대고 있다는 사실을 기억하기 위해 시간을 좀 더 거슬러 올라갈 수 있다. 또한, 점진적인 소형화 과정은 실리콘 밸리를 가능성과 찬양, 거품, 과잉, 실망으로 넘쳐나게 했으며, 천천히 하지만 확실하게 (스티브 잡스가 찬양한 '천재'들의) 실리콘 밸리와 아프리카, 그리고 중국의 극단적 저임금 노동자 사이에 벌어지는 식민주의적 연결 지점에 눈을 뜨게 한다. 그 결과 벤자민 브래턴(Benjamin Bratton 2014)이 '쌓아 올린 더미(the Stack)'라고 부르는 복잡한 지리-존재론이 형성된다. 그 안에서는 현대 미디어와 정보, 커뮤니케이션 기술의 정치지질학이 자리 잡고 있으며, 그것은 우리가 이 놀라운 도구를 가지고 진정으로 하고 싶은 것이 무언가를 성찰하도록 한다. 많은 이들이 그것 없이는 더이상 살아갈 수 없다는 것을 생각하는 시점이 되었기 때문이다.

또 다른 지점이 있다. 프린스 에아의 서사 안에는 대면의 관계를 대체하는 분리된 타자들과의 관계가 언급되어 있다. 하지만 당신은 삶이

적, 경제적 함의를 논의하기 위해서는 깁슨-그레이엄, 캐머런, 힐리(Gibson-Graham, Cameron and Healy 2013, 95-104)를 참조하라.

이런 방식으로 더 재미있어지지 않느냐고 반문할지도 모르겠다. 맞는 말이다. 그럼에도 불구하고, 철학자이자 건축가인 폴 비릴리오는 비극의 예언자가 아닌 새로운 기술의 진정한 애호가로서 다음과 같이 말한다. "만약 더이상의 **여기**가 존재하지 않고 모든 것이 **지금**이라면 우리는 어떻게 살아갈 수 있겠는가?"(1997, 37).[4] 확실히 시간과 공간으로부터 자유로운 것은 인간의 진보를 의미한다고 주장할 수 있겠다. 그렇지만 우리가 다양한 인터페이스에 접속하여 원격 존재로 연결될 때, 우리는 일종의 시민-터미널이 되며 우리의 몸은 탈영토화된다. 이는 1980년대에 시작된 사이버펑크적 상상처럼 사이버스페이스가 그것이 무엇이든 간에 좋은 것의 은유가 되었음을 뜻한다.[5] 장소로부터 소외된 우리에게 있어 유일한 자원은 동시에 최대량을 최단 시간의 유토피아에 갇

----

4 비릴리오는 신기술에 대한 가장 명민한 비평가일 것이다. 그는 속도의 철학자, 더 정확히 말해 속도, 권력, 기술 사이의 관계에 대한 철학자로 가장 잘 알려져 있다. 그의 견해에서는 현재-시간에 작동하는 정보와 커뮤니케이션 기술이 우리가 오랫동안 경험한 장소, 몸, 시간, 공간을 드라마틱하게 변화시키며, 속도에 의해 규정되는 속도 공간(dromosphere)을 만들어 낸다(Virilio 1997, 1999, 2012). 이런 기술이 낳은 최신의 군사기술을 적용한 결과로 나타난 탈장소화 조건에서 위험에 처하게 된 것은 세계에 대한 기존의 개념이며, 뒤따라 분기하는 존재론(diverging ontologies)이 나타난다. 비릴리오에게 자신의 작업은 "일종의 저항과도 같다. 구원의 진보, 해방, 모든 억압으로부터의 (인간의) 해방 등에 대한 속임수를 끌어내는 '협력자들'이 너무 많기 때문이다"(1999, 80). 비릴리오는 한동안 파리에서 모리스 메를로퐁티의 강의에 참석하여 현상학을 공부했다. 이와 관련하여 나는 결론 부분에서 기술에 관한 문제로 돌아갈 것이다.

5 나에게 가장 통찰력 있는 사이버펑크(cyberpunk) 소설은 윌리엄 깁슨의 『신경 연애자(*Neuromancer*)』(1984)이다. 여기에서 **사이버스페이스**라는 개념이 나타난다. 이 소설과 그 연작에서 깁슨은 기술이 만들어낸 변화된 몸 정치, 특히 완전한 탈육체화에 대한 남성의 판타지를 탐색한다. 더 많은 논의를 위해서는 에스코바르(1994)를 참조하라.

혀 실시간 전송이라는 독재를 통해 속도를 최대화하는 것이다. 이 결과 지구의 시간은 동질화되며, 정보계를 생물계에 강제하고, 생명보다 바이트를 선호하며, 위키리크스 등의 정보 공유조차 허용하지 않는 새로운 사이버 통제 등 주체성의 측면에서 매우 공격적인 변화가 나타난다. 또한, "전 지구적 수준에서 동시화되는 감정"(Virilio 2012, 30)으로 미디어가 실시간으로 전달하는 (테러리스트 혹은 자연재해에 대한) 공포의 환경에 쉽게 굴복하는데, 이것이 바로 우리의 감정적 영토가 점령되는 방식이다. 여전히 당신은 '그래서 대체 어쩌자고?'라고 물을 수도 있다. 이 질문에 대해 나는 만약 이 모든 기술적·문화적 변화가 초래하는 손실이 이익을 넘어서지 못한다면 어떻게 할 것인가를 반문하고 싶다. 누군가는 또 어떻게 그걸 알 수 있는가라고 되물을 수 있다. 그리고 혹자는 신체의 재물질화와 장소의 재영토화가 여전히 가능한 대안인지, 또는 그들은 이미 역사적으로 닫힌 가능성이 아니냐는 회의적인 질문을 할 수도 있다.

나는 어느 것이 좋고 나쁘냐에 대한 가치를 판단하는 질문이 아니라, 오히려 비판적 시각에서 질문하는 것이 중요하다는 사실을 전달하고자 한다. 나는 페이스북 계정이 없다. 나는 트위터를 하지 않으며 스마트폰도 가지고 있지 않다. 종종 내가 원하지 않는 메시지나 듣고 싶지 않은 신호음, 내가 싫을 때는 연결되지 않도록 하는 내 구식 핸드폰이 가장 스마트하다고 농담조로 말한다. 핸드폰에 하루 4시간 이상 소비하는 이들보다 내가 더 나은 사람이라고 말하려는 의도는 전혀 없다. 내가 이 책을 쓰면서 컴퓨터 스크린에 많은 시간을 소비하는 것을 알기에 내가 그렇게 말한다면 그것은 위선적이다. 동시에 내가 휴먼, 혹은 포스트휴먼 스타일이라고 외치는 것이 과연 무슨 차이가 있을까? 이 질문은 바로 우리 자신에 대한 역사적 존재론에 관한 것이자, 우리를 현재의 우리로 만드는 것이 무엇인가에 관한 질문이다.

이제, 왜 존재론, 특히 정치적 존재론이 중요한가를 이해할 수 있을까? 우리가 직면하는 다양한 종류의 역사적 임무를 만족시키는 데 과연 디자인이 공헌할 수 있을까?

새로운 기술에 관해 질문을 다시 던지는 것은 기술을 존재론적으로 완전히 거부하려는 것이라기보다는, 그것이 나온 문화적 전통의 방향을 다시 제시하려는 것이다. 근대 사회는 이론적으로 완전히 경도되었다. 이는 전문지식이 우리 삶에 심대한 영향력이 있음을 의미한다. 삶의 많은 영역에서 (음식에 대한 공포를 포함하여 영양에 관한 지식을 통해) 음식을 먹는 것, (소아에 관한 심리학적 그리고 전문적 지식을 통해) 아이를 기르는 것으로부터 경제를 사고하는 것에 이르기까지, 우리의 일상적 선택은 전문 담론의 개입을 통한 합리적 판단에 기초하고 있다. 우리의 일상적 현실은 미디어에 의한 발전을 포함하여 모든 전문적 범주에 의해 생산되며 매개되고 있다. 이러한 관행이 디자인을 만들어 온 방식은 이번 상에서 테리 위노그래드와 페르난도 플로레스가 출발점으로 제안한 존재론의 논의를 통해 발전시킬 것이다.

우선 위노그래드와 플로레스가 처음으로 기획한 존재론적 디자인의 개념을 소개할 것이다. 그런 다음에는 디자인에 관한 최근의 존재론적 접근, 특히 토니 프라이와 그의 동료들의 작업에 관해 논할 것이다. 프라이의 접근은 이 작가들의 형식과 일치하는데, 특히 하이데거 현상학과 기술 분석이라는 부분을 공유한다. 더불어 이 작업은 디자인의 존재론에 관한 더 나은 방법론을 제시하기 위한 기반을 조성하고 있다. 이 장의 마지막에는 『윤리적 노하우: 행위, 지혜 그리고 인지(*Ethical Now-How: Action, Wisdom, and Cognition*)』(1999)라는 책에서 제안한 중요한 질문을 다룰 것이다. 즉, 비이원론적 태도가 서구 문화에서 배양될 수 있을까에 관해 논의한다. 이러한 성찰은 다음 장에서 이야기할 전환 및 전환 디자인에 관한 논의에 방향을 제시할 것이다.

존재론적 디자인의 개념

왜 디자인은 '존재론적'이라고 파악되는가? 이 질문에 대한 최초의 대답은 단도직입적이었다. "우리는 디자인 도구를 통해 존재의 방식을 디자인하는 것을 알게 될 때, 디자인에 관한 심오한 질문과 마주하게 된다"(Winograd and Flores 1986, xi). '이해와 창조 사이의 상호작용'으로 알려진 디자인은 가능성에 관한 대화라는 점에서 존재론적이다. 디자인의 존재론적 국면에 도달하기 위한 다른 한 가지 방법은 "어떻게 한 사회가 창조되는가에 대한 광범위한 질문을 포함하는데, 이로 인해 창조된 것은 다시 그 사회를 변화시키는 존재가 된다"(4-5). 디지털 기술은 물론 (이전의 사진, 자동차, 그리고 텔레비전이 그러했듯이) 선례 없는 가능성의 공간을 여는 드라마틱한 근본적 혁신 사례가 되었다. 이는 일상적 삶을 전적으로 변화시켰다. 따라서 모든 도구 혹은 기술은 아무리 작다 할지라도 일련의 의례, 행위의 방식 그리고 존재의 형태를 낳는다는 의미에서 존재론적이다(Escobar 1994). 그리고 결국 인간은 무엇인가를 형성하는 것에 도움을 준다.

디자인이 존재론적이라는 두 번째 이유는 위노그래드와 플로레스가 이미 힌트를 주었던 것처럼, 디자인 과정에서 (인간들이) 우리 존재의 조건을 디자인하며, 그것은 또한 우리가 디자인하는 조건을 디자인한다. 즉, 우리는 도구를 디자인하며, 이 도구는 다시 우리를 디자인한다. 앤-마리 윌리스는 "디자인이 디자인하는 것"이 이러한 순환에 주어진 간단하고 적용하기 쉬운 공식이라고 말한다. "우리는 세계를 디자인하고, 반면 우리 뒤에서 움직이는 세계는 우리를 디자인한다"(2006, 80). 이는 우리가 아무리 중립적이라고 해도 사물 전체, 도구, 제도 및 인간이 만들어내는 담론에 해당한다는 의미로 해석된다. 거주 공간보다 더 중립적으로 보이는 어떤 것이 존재할 수 있는가? 나는 종종 아마존 선주민의 말로카(maloca)라는 긴 집과 미국 도시 외곽의 전형적인 핵가족을 예로 들곤 한다. 말로카는 특정한 규칙과 공간 배분 방식을 따라야하지만 하나의 지붕 아래 수십 명의 사람을 재울 수 있다. 나는 농담조로 "나에게 말로카를 주시오. 그럼 내가 (인간과 비인간 사이의 통합적이면서도 상호의존적 관계를 포함하는) 관계적 세계를 만들어 보여주겠소"라고 이야기한다. 반대로 내게 도시 외곽의 집을 주시오. 그럼 나는 자연으로부터 분리된, 탈공동체화된 개인의 세계를 세울 것이오. 따라서 디자인은 불가피하게 인간 (그리고 다른 지구 존재의) 가능성의 구조를 만들어낸다.

위노그래드와 플로레스의 논쟁 지점은 합리주의적 전통에서 유래한 기술에 대해 사고하는 주요한 형태가 **디자인에 관한 함축적 이해**를 형성하고 있을 뿐 아니라, 인간의 목적에 더 어울리는 기계를 디자인하는 새로운 방식을 어렵게 만들고 있다는 점이다. 또한, 컴퓨터를 통해 매개되는 인간의 상호행위의 네트워크가 역설적으로 열린 공간을 만드는 데 장애물로 작용한다는 사실이다. 합리주의적 전통은 컴퓨터를 두뇌나 단순한 정보처리 기기로, 언어를 정보 전달의 도구와 같은 은유로 제한하면서 우리의 상상력에 덫을 놓는다(이 시각에서 인공지능을 비판하는 사례는 드레이푸스(Dreyfus)의 1979년의 저작을 참조하라). 이러한 전통을 밝혀내면서, 저자들은 전통을 무너뜨리기보다는 다른 방향으로 나아가는 것이 중요함을 역설한다. "합리주의적 전통과 같이 엄격하지만, 그 전제를 공유하지는 않는 합리성에 대한 새로운 기반을 놓는 것이 필요하다"(Winograd and Flores 1986, 8).[6]

이러한 목적을 위해 그들은 생물학적 삶(Humberto Maturana and Francisco Varela 1980, 1987), 지식과 인간 행위에 관한 현상학적 틀(Martin

----

6   위노그래드와 플로레스의 책에서 드러나는 이러한 관점은 상당 부분 하이데거와 가다머에 기초하고 있다. 전통은 어디에나 존재하는 혹은 이해 이전의 배경으로, 이를 통해 행동하고 세계와 상호작용한다. 그것은 명백함으로 인해 숨겨져 있다. 역사적으로 생산되었으며, (해석학적 순환의) 전체로서 그것을 이해하는 것은 불가능하다. 마투라나와 바렐라(1980, xvii)가 **자기생산**(autopoiesis)의 새로운 개념을 통해 지적하듯이, "우리는 (합리주의적) 전통에서 벗어날 수 없지만, 적절한 언어로서 그리고 다른 방식으로, 아마도 새로운 시각에서 새로운 전통을 만들 수 있다." 이들의 작업의 새로움은 정확하게는 마지막 장에서 확인하겠지만, 특히 생물학적인 존재의 인지에 관해 이야기하기 위한 새로운 연결 지점을 창조한 데에 있다.

Heidegger 1962, 1977; Hans-Georg Gadamer 1975), 그리고 (언술의 행위 이론인) 언어철학 이론을 교직한다. 이들 분야에서 체계를 이루는 중심 개념이 유래한다. 인식은 객관세계에 대한 지식을 지배하는 것에 기초하지 않는다. 관찰자는 그녀나 그가 관찰하는 세계에서 분리되지 않으며, 오히려 그녀 혹은 그가 행동하는 현상적 공간을 창조한다. 세상은 언어를 통해 창조된다. 다시 말해, 언어는 '밖에 있는' 현실을 단순히 번역하는 것이 아니라, 기호학이나 탈구조주의 이론이 지적한 것처럼 그 현실을 구성한다. 앞서 논의한 인도의 과학 비평가와 유사하게, 위노그래드와 플로레스는 합리주의적 전통과 유기적 과학 사이의 깊은 연결 지점을 발견하는데, 전자는 인지과학을 통해 정책 입안, 시민권의 개념, 사업, 행동주의에 이르기까지 다양한 상황을 이해하는 것을 방해한다 (Spinosa, Flores and Dreyfus 1997). 정신과 몸의 이원론은 물질적 현실이라는 객관세계와 주관적인 정신세계라는 두 개의 분리된 존재를 지시하는데, 이는 물론 위노그래드와 플로레스가 조준하는 비판적 측면 중하나이다. 그러한 이원론에 맞서 이들은 세계 속의 존재라는 것을 실천적 이해의 기본으로, 인식에 대한 사고를 실현으로 바라보면서 전체로서의 통합을 이야기한다.

이런 측면에서 배경이 의미하는 것은 인간이 세계에 대한 '돌봄'을 표현하고, 행하는 가능성의 공간이다. "이 세계는 언제나 기본적으로 인간의 기획으로 조직되며, 그 존재와 조직은 이 기획에 의지하고 있다"(Winograd and Flores 1986, 58). 객관세계를 통제하는 근대 주체에 관한 데카르트적 개념은 새로운 방식으로 자신을 드러내는 존재론적 기술을 위한 기반을 제공하지는 못하는데, 이는 웹을 탐험하는 '유연한' 포스트모던 주체도 마찬가지이다(유사한 관점으로는 드레이푸스와 켈리 (2011)를 참고하라). 플로레스와 공저자인 찰스 스피노자(Charles Spinosa), 허버트 드레이푸스(Hubert Dreyfus)는 **우리가 우리 자신과 사물을 대하고 소통하는 방식을 변화시키는 것을 포함하여** 역사를 구성하는 존재론적 기술에 대해 상세히 논한다(Spionsa, Flores and Dreyfus 1997). 그럼에도 불구하고, 존재하는 새로운 가능성을 효과적으로 드러내기 위해서는 공공 영역에서의 논쟁이나 과학에서 진행되는 특정한 이해로부터 거리를 둔 고찰 대신에 집단과 함께하는 작업이 요구된다. 고민을 공유하고, 조화롭지 못한 혹은 핵심적 문제를 실천적으로 해결하기 위해 나의 공간에서 유래하여 나와 연결된 공동체와 함께할 수 있는 다른 방식의 태도를 요구한다. 여기에서 우리는 디자이너가 정보제공자(discloser)가 될 수 있다는 사고를 가지며, 자신이 정보제공자라는 인식을 갖는다. 마찬가지로, 이들은 이와 같은 역사 만들기가 서구에서는 쇠퇴하고 있지만, 완전히 사라진 것은 결코 아니라는 점을 지적한다. 공동적 실천은 다시 되살릴 필요가 있는 능력이며, 디자인이 이를 되살릴 수 있는 수단이라고 주장한다(Dreyfus and Kelly 2011; Dreyfus 2014).

실천을 위한 대화로서의 존재론적 디자인

바렐라에게서와 마찬가지로 위노그래드와 플로레스에게 이 모든 과정에서 실천을 지향한다는 점이 강조될 필요가 있다. 공간에서 부조화를 인식하고 고민하는 것은, 그리고 이를 분석하기 위해 데카르트적 습관을 따라 문제로부터 물러서려는 것은 효과적이지 못하며 상식에도 반한다. 반면, 의미 있는 변화가 필요할 때, "부조화는 상식이나 추상적 이론이 대체로 간과하는 비정상적인 상황에서 나타날 것이다." 그리고 이러한 경우에 요구되는 것은 참여와 이를 통한 실험이다(Spinosa, Flores and Dreyfus 1997, 23-24).[7] 이것은 시나리오와 설계를 포함하는 참여와 실험 그리고 열린 실천을 강조하는 디자인 철학과 조응한다. 위노그래드와 플로레스는 '문제'보다는 '균열'[8]에 주목하면서 이와 유사한 사고를 전개한다. 문제가 합리주의적 전통에서 논의되는 방식이라면, 균열은 세계-내-존재의 반복이 중단된 순간이다. 균열이 발생하면 일상적 실천과 그것을 유지하기 위한 도구의 역할이 노출되며, 새로운 디자인 해결책이 논의되고 만들어진다. 우리는 현재 발생하는 생태적 붕괴에 이 개념이 활용되는 상황을 직관적으로 느낄 수 있다.

반복하자면 이 저자들은 균열과 행동을 다루는 데 있어 개별적 재현을 통해 세계가 기능한다는 일반적인 사고를 넘어 사회적 관점과 상호

---

7   책을 관통하여 스피노자와 플로레스, 드레이푸스는 이런 형태의 재능을 보여주는 마틴 루터 킹 및 음주운전 반대 어머니 모임과 같은 인물을 사례로 논의한다. 나는 이를 콜롬비아 태평양 지역의 흑인 공동체들의 운동에 적용했다. 이들의 작업은 발전주의를 기반으로 영토와 문화를 공격하고 점령한 역사를 서술하고, 문제를 드러내는 실천으로 파악할 수 있다(Escobar 2008, 229-236).

8   이는 하이데거의 개념으로, 일정한 현실을 유지하는 실천이나 관계의 균열과 붕괴를 뜻한다.

작용을 향해 나아간다고 주장한다. 그것은 우리가 상호 공간에서의 활발한 참여를 강조하는 관점이다. 더욱이 이 모든 것이 언어를 통해 나타난다. "보다 급진적인 형태를 구성하기 위해 우리는 언어 안에서 우리를, 그리고 우리 삶이 의미를 지니도록 사회적 · 기술적 네트워크를 디자인한다"(Winograd and Flores 1986, 78). 마투라나에게 '언어'는 인간의 근본적 존재 방식이다. 그뿐 아니라 언어는 감정의 흐름과 매우 밀접히 연결되어 있는데, 언어는 '감정'과 함께 합의의 공간을 창조함으로써 행위 조정을 위한 기반을 제공하기 때문이다. 마투라나는 "언어, 감정, 대화를 중재하는 것"으로 이를 설명한다(1997, 9; 또한 마투라나와 페어덴–칠러(2008)를 참조하라).

이 저자들은 우리가 앎의 분리된 방식을 완전히 제거해야 한다거나, 재현이 중요하지 않다고 주장하는 것이 아니라는 점을 분명히 한다. 그들이 설명하듯이 "인간의 인지는 재현을 사용한다. 하지만 그것이 재현에 기반을 두고 있지는 않다"(Winograd and Flores 1986, 99). 유사한 방식으로 바렐라는 '노왓(know-what)'이라는 데카르트적인 지식과는 반대인 (불교, 도교, 그리고 유교와 같은 지혜의 전통에서 지배적인) '노하우(know-how)'의 중요성을 강조한다. 합리적 분석의 중요성을 간과하지 않고, 일반적으로 근대인들이 무시해 온 평범한 삶과 비이원론적 행위에 기반을 둔 윤리에서 구체적인 방식을 드러낸다. 디자인에 대한 이러한 개념과 방법론은 언어와 현실 사이에 놓인 것으로 추정되던 일대일 대응 관계, 재현 그리고 실재가 지닌 문제점을 폭로하는데, 이는 우리가 다시 어떤 '세계', 그리고 어떤 '디자인'이냐에 관한 질문으로 돌아가도록 한다. 지금까지 명확해진 답은 세계, 디자인 그리고 실재를 각각 분리하는 객관주의적이고 이원론적 방식을 넘어서는 것이다. 이것을 기반으로 어떻게 다시 디자인을 생각할 수 있을까?

이 질문에 대답하기 위해 위노그래드와 플로레스는 조직과 운영 방식을 재고해야 한다고 설명한다. 그것은 명확하다. 비록 상당수의 행정가가 시스템 분석에 근거한 합리적 의사결정 과정을 따르지만, 이 수준에 머무르는 것은 위험성이 존재한다. 가능성의 영역을 제한하기 때문이다. 우선, 효과적인 협력 행위를 확인하기 위하여 일상적 상황에 적극적으로 반응해야 한다. 그렇게 하면서 운영자들은 공동체의 네트워크를 활성화하는 것으로 보인다. 이러한 관점에서 조직은 일반적으로 행동을 위한 대화의 토대를 만든다. 이 대화에는 일정 정도의 반복과 공식화가 있는데, 그것을 위노그래드와 플로레스는 약속이나 요청과 같이 구별되는 언어적 행동이라고 파악한다.[9] 마지막으로 디자인과 조직에서 핵심적 과제는 해석을 위한 열린 공간에서 투명한 방식으로 소통 능력을 계발하고 수행하는 것이다.

....

9   위노그래드와 플로레스 논의의 중요한 부분은 (요청, 질문, 제안 등의) 지시(directive) 와 (약속, 수용, 거절 등의) 약속 행위(commissive)에 기반을 둔 조직에 대한 언어학적 인 접근법이다. 1980년대에 플로레스는 조직은 언어 안에서 작동하는 약속의 망이라 는 사고에 기초하여 '조정자'라 명명하는 조직을 위한 소프트웨어를 개발했다. 위노 그래드와 플로레스(1986, 5장과 11장), 플로레스(2013)을 참조하라. 그 목적은 "행동 을 위한 대화가 지배하는 상황에서 투명한 상호행위"를 만드는 것이다(Winograd and Flores 1986, 159).

소통 능력은 자신의 직관을 표현하고 협력의 네트워크에서 해석의 책임을 맡는 능력을 의미한다. 일상적 존재로서 사람들은 일반적으로 자신들이 하는 행위를 깨닫지 못한다. 단순하게 일하고 말하는데, 많은 경우에서 협력이 본질적 측면으로 삶에 깊숙이 퍼져 있다는 것을 잘 알지 못한다. 결과적으로, 소통 능력에 대한 교육을 위한 공간이 필요하다. 언어와 성공적 행동 사이의 근본적인 관계이다. 공동체의 네트워크에 참여하는 사람들이 의식하는 지식은 언어의 장소에서 행동하는 능력을 배양하면서 확인되고 발전될 수 있다.(1986, 162)

이 방법이 성찰에 대한 합리주의적 이해에 기대고 있다는 것은 논의할 여지가 있으며, 어느 정도는 그렇다고도 할 수 있다. 하지만 마찬가지로 인지를 행위로 파악하면서 마투라나와 바렐라는 다음과 같이 주장한다. "모든 인지는 세계를 앞으로 향하게 하기에, 우리의 출발 지점은 반드시 **존재의 장소에서 살아 있는 존재들의 기능적 효율성**을 인정하여야 한다. (……) 효과적인 행위는 살아 있는 존재가 세계를 향해 나아갈 때, 정해진 환경에서 존재를 지속하는 것을 가능하게 한다. 그 이상도, 그 이하도 아니다"(1987, 29-30. 필자 강조). 앞으로 상세히 살펴볼 디자인에 관련한 존재론적 접근을 위한 두 가지의 중요한 가설이 존재한다. 그 하나는 현재 우리가 속한 주체와 대상에 대한 근대적 인식론을 좀 더 명확하게 할 필요가 있다는 점이다. (반복하자면 여기에서 주체와 대상은 '실제로 존재하는' 경제에 관한 '분리된 지식'에 기초하여 기능하는 분리된 '개인'을 의미한다.) 그리고 다른 하나는 관계적인 이해에 기반을 둔, 다

플루리버스

른 방식의 존재론적 협력이 과연 가능한가의 질문이다.

물론 기능적 효율성은 컴퓨터를 포함하는 도구를 디자인하는 데 있어 주요한 이슈로 떠오른다. 그것은 투명한 상호행위라는 개념을 통해 전달되며, 여기서 인터페이스는 중요한 역할을 한다. 위노그래드와 플로레스는 인터페이스가 인간을 모방하는 것으로 성취되는 것이 아니라, '사용이 준비된' 도구가 적절한 공간에서 사용자와 적절하게 결합하는 방식을 복합적으로 사고해야 한다고 설명한다. 여기에서 논의되는 것은 일종의 인터페이스 인류학이다(Laurel 1989; Suchman 2007). 멕시코 출신 디자이너인 토마스 말도나도(Tomás Maldonado), 아르헨티나의 실비아 아우스테릭(Silvia Austerlic 1997)에게 디자인의 존재론적 구조와 작업의 토대는 도구, 사용자, 그리고 목표의 상호작용으로 형성되며, 이 세 가지는 인터페이스에 의해 통합된다. 독일계 칠레인 디자인 이론가인 기 본시에페(Guy Bonsiepe 2000)는 '시청각론(audiovisualistics)'이라는 용어를 창안하여 기능적 관점에서 인터페이스 디자인에 연관된 인지적 복합성을 설명하고자 한다.

균열은 위노그래드와 플로레스의 디자인에 있어 중심이 되는 개념이다. '불확정성'의 상황으로서 균열은 부정적인 것이 아니라 행위를 위한 가능성의 공간을 제공하는데, 이 공간은 새로운 대화와 연결이 발생할 수 있는 곳을 의미한다. 균열은 어느 정도로 예견할 수 있지만, 디자인과 경험 사이의 상호작용을 요구하며 나타난다. 균열을 예측하고 그것이 발생할 때 이를 제대로 다루는 적절한 장소를 만들어 내는 것에 의해 이 문제를 해결할 수 있다(Winograd and Flores 1986, 171). 이렇게 디자인은 사람들의 행위가 구성되고 해석되는 언어라는 장소를 통해서 창조되는 특징을 갖는다. 이것은 사용자 중심 디자인의 주요 원칙이며, 1장에서 논의한 것처럼 오늘날의 디자인 조건과 사용자의 디자인이 합치되는 것을 의미한다. 균열이 발생하는 반복적 패턴을 통해 우리 자신이 형성되는 것으로 파악한다면 생태 위기에서 중요한 것은 시스템이 작동하는 장소를 만드는 것이며, 상호의존과 협력(혹은 협력의 부족)을 가시화하는 방식을 통해 규칙을 규정하거나 재규정할 수 있다. 이것은 전문가 시스템과는 다르다. 전문적 공간 디자인은 이 위기를 직면하는 데 필요한 행위를 위한 대화를 촉진하지 못할 가능성이 크기 때문이다. 사람들 사이의 상호작용 공간에서의 변화를 디자인하는 데 있어 생태적 디자인의 목표는 개인과 집단의 목표를 변화시키는 것이다. 즉, 이해의 기반이 되는 지평선에서의 변화이며, 우리가 지속가능성의 개념을 재구성할 때 더 논의해야 할 지점이다.

책의 결말에 위노그래드와 플로레스는 다음과 같이 주요 원칙을 요약하고 있다.

가장 중요한 디자인은 **존재론적**이다. 그것은 우리 전통의 배경에 개입한다. 또한, 이 세계에 이미 실재하는 존재의 방식으로부터 성장하며, 현재 우리의 존재에 심대한 영향을 미친다. 새로운 기구와 설비, 건물, 조직의 구조를 만들 때, 디자인은 우리의 일상과 우리가 사용하는 도구 중어디에서, 그리고 어떻게 균열이 나타날 것인가를 예견하고 구체화하면서 우리가 일하고 즐길 수 있는 새로운 공간을 개척한다. 그러므로 존재론적으로 지향된 디자인은 반드시 성찰적이고 정치적으로 작동하면서 우리를 형성한 전통을 돌아보는 것뿐 아니라, 아직 도래하지 않은 우리 삶의 변화를 예견하게 한다. 새로운 도구의 도래를 통해서 우리는 인간의 본성과 행위의 변화를 의식하게 되며, 이는 결과적으로 새로운 기술 발전으로 이어진다. 디자인 과정은 우리 삶에 있어 가능성이 현실화되는 이 '춤'의 일부가 된다.(1986, 163)

마지막으로, 한 번 더 이들을 인용해 보자.

존재론적으로 디자인하는 과정에서 우리가 형성되는 것 이상을 요구할 수 있다. **우리는 무엇을 할 수 있을 것인가와 무엇이 될 것인가라는 자아에 대한 철학적 담론에 연결된다.** 도구는 행위에 있어 근본적이며, 우리의 행위를 통해 우리는 세계를 창조한다. 우리가 주목하는 변화는 기술적인 것이 아니며, 우리 자신과 환경을 이해하는 방식의 끊임없는 진화, 그리고 그 속에서 우리가 현재의 존재가 되어가는 과정이다.(179, 강조는 필자)

다음에서 우리는 공동적인 것에 초점을 맞추고, 위노그래드와 플로레스가 비판한 합리주의적 전통을 넘어서는 전환 방식을 고민하면서 비이원론적인 방향으로 나아가고자 한다.

디자인을 통한 인간 되기

인간도 마찬가지로 어떠한 방식으로 디자인된다는 사고를 대다수는 직관적으로 거부하곤 한다. 하지만 이러한 사고는 디자인에 존재론적으로 접근하는 방식이 가져다주는 가장 직접적인 교훈이다. 근대 사회에서 우리는 우리 자신의 선택이 아니라 할지라도 자신을 디자인한다. 근대 인간을 개념화한 결과로 이제는 포스트휴먼에 대한 모든 가능성이 나타났으며, 2장에서 논의하기도 한 인간중심적, 남성중심적 그리고 합리주의적 기반을 넘어서야 한다는 명령이 힘을 얻어가고 있다.

프라이의 디자인 존재론(Fry 2011, 2012, 2015; Fry, Dilnot, and Stewart 2015)은 다음과 같은 이유에서 포스트휴먼 진영 내부에서 특별한 사례로 파악된다. 내가 아는 한 우선 그것은 포스트휴머니즘과 디자인을 시스템적으로 연결하는 첫 번째이자 유일한 방식이다. 둘째, 이와 동시에 인간에 대한 포스트휴먼적 개념을 구성하는 데 결정적 역할을 하는데, 이는 구조화된 지속불가능성이라는 문명적 조건에서 살아가는 것에 관해 시스템적으로 문제를 제기한다. 프라이는 "'인간'이 지배적인 범주로 떠오르면서 무엇을 잃어버렸는가?"(2012, 12)라는 질문을 던진다. 그는 우리에게 인간이 자연선택, 자기 조직화, 그리고 디자인 이렇게 세 가지의 강력한 힘의 결과였다는 사실을 설명한다.[10] 이러한 진화적 관점은 프라이가 근대성이 초래한 비지속가능성이 지니는 독특한 성

10 디자인을 포함하여 디자인이 낳은 결과가 아니라면, 무엇이 인류세가 될 수 있을 것인가?

격에 주목하도록 한다. 이것이 프라이와 동료들의 작업에서 세 번째로 중
요한 점이다. 근대 디자인이 가져온 가장 주요한 결과 중 하나가 비근대
세계의 도래를 지연시키거나 구조적으로 파괴하는 것인데, 근대를 넘어
상상하고 그것을 탈식민적으로 실행하려는 의지는 바로 이 점을 인지하
도록 한다. 프라이는 "쉽게 말해 (근대는) 해악을 가하고 착취하는 사람
들로부터 미래를 떼어놓는 것이 아니라, 미래를 부정하고 태어난 것과
아직 그렇지 않은 미래를 소거하는 과정으로 진행되었다"(2015, 3)고 주
장한다. 이에 대해 탈식민적 사고는 세계가 하나로 구성된다는 관념을
비판하며, "행성은 하나지만 세계는 복수"라는 인식인데, "왜냐하면 세
계는 차이를 통해 형성되고 나타나기 때문이다"(Fry 2015, 21). 여기에서
차이를 자각해야 하는 것이 핵심적이다. 차이가 곧 플루리버스를 지시
하며, 우리가 지속해 나가야 할 것이 바로 플루리버스이다."

　프라이에게 근대성이 초래한 가장 큰 문제점은 구조화된 지속불가능
성을 유발함으로써 가능한 미래를 파괴하는 것이며, 그는 이를 **탈미래
화**(defuturing)로 명명한다.[12] 반대로, **미래화**(futuring)는 그 반대, 즉 미래
가 있는 미래를 의미한다. 근대의 계몽으로부터 다른 방식의 사유, 존

11　이는 디자인과 발전의 새로운 기초를 형성하기 위해 다양한 책과 논문을 통해 프라이
　　가 추진한 것의 부분적 종합이다. 프라이의 이론은 진화론, 사회 기술, 니체의 계보학,
　　하이데거의 현상학의 부분들을 연결한다. 비록 프라이의 작업을 가장 잘 받아들인 분
　　야가 디자인 이론에서이지만 실용적인 측면, 특히 (디자인 교육에 더하여) 도시 디자
　　인 분야에서도 그렇다. 이것들을 종합한 것이 최근 프라이의 주요 저작들의 주요 기
　　반이 된다.

12　"현재 점점 더 명확한 것은 근대성이 낳은 파괴적 성격이다"(Fry 2015, 25).

재, 행위가 가능한 (하이데거적 의미에서의) 새로운 시대를 표상하는 이미지인 '지속(sustainment)'으로의 이행을 제안하기 위해 프라이는 탈미래화와 미래화 사이의 긴장을 논한다. 그리고 그에게 있어 전환은 고대로부터 근대 세계로의 이행과 유사하다.

포스트휴먼 인간과 인공적인 것

근대의 인간들이 이룩한 세계는 전 지구화된 자본주의, 인구 그리고 기술이라는 압력 아래 바로 그 세계를 사라지게 하고 있다. 따라서 '다시 세계를 창조하는 것'은 단지 구조, 기술, 제도뿐 아니라 우리가 생각하고 존재하는 방식 자체를 없애거나, 다시 디자인하는 것을 포함한다는 의미에서 반드시 존재론적이다(Illich 1973). 아마도 이 과제 중 가장 혼란스러운 특징은 인간을 다시 디자인하자는 프라이의 대담한 요구이다. 다시 말해 지속불가능성을 낳는 것이 (어떠한) 사람들이라면, 우리는 다른 인간을 디자인해야 한다. 많은 근대 사상가들은 인간을 재디자인한다는 그의 사고에서 사회공학, 사회-생물학, 혹은 푸코식 생명 정치, 그리고 최악의 경우에는 초(超)근대와 관계된 추악한 유령을 감지할 수도 있을 것이다. 그러나 프라이는 자신이 의미하는 것이 포스트휴먼적이고, 인간에 대한 탈합리주의적 사고라는 것을 명확히 한다.

우리는 우리 자신을 다시 디자인하는 방법을 배워야 하는 시점에 서 있다. 이것은 들리는 것처럼 그렇게 극단적인 것은 아닌데, 왜냐하면 알게 모르게 우리는 언제나 디자인의 산물이었기 때문이다. (……) 여기에서 제안하고자 하는 것은 새로운 형태의 '인간'에 대한 관계론적 발전을 향한 행동이다. 이것이 함의하는 바는 주체를 축소된 행위자로 구성하는, 혹은 그 반대의 경우를 낳은 존재론적 디자인의 힘을 고려하는 것이다.(Fry 2012, 37)

캐머런 톤킨와이즈가 설명했듯이(2014), 이것의 목표는 우리 자신이 운명의 주인이라거나 우리 의지대로 우리 존재를 디자인할 수 있다는 의미가 아니다. 오히려 우리가 역사적으로 만들어온 디자인에 초점을 맞추고 있다. 이것은 실제로 인류세를 의미한다. 톤킨와이즈를 따르면 프라이가 생각하고 있는 것은 실제로는 "인간이 중심이 된 디자인"에 반대하는 것인데, 이 인간 중심의 디자인은 "인간에 대한 자유주의적 태도로서 소비자의 욕망이나 도구적 합리성으로 이해되고는 한다" (Tonkinwise 2014, 7). 하지만 '디자인을 통해 만들어진 존재'는 도구적이지 않다. 그것은 우리가 디자인하는 공간에 존재한다는 사실을 의미한다. 따라서 인간이 중심이 된 디자인은 디자인을 통해 인간이 된다는 프라이의 사고와 혼동되어서는 안 된다.

주목해야 할 또 다른 지점이 있다. 프라이는 지구가 기후변화 등 지속불가능성과 탈미래라는 드라마틱한 결과에 직면했기에, 근대에 의한 것이든 전통에 의한 것이든 손에 쥐고 있는 자원이 더 이상 과제를 해결하는 데 적절하지 않다고 단호하게 주장한다. 진화에 적합했던 디자인도 소용이 없을 것이다. 반면에, 우리에게 요구되는 것은 지속의 변증법으로 우리를 안내하는 미래를 위한 새로운 존재와 실천 디자인이다. 이는 근대의 식민주의를 재생산하는 '세계 내의 세계'를 넘어, 지속 불가능성을 향하는 흐름을 근본적으로 변화시키는 새로운 방식이다. 이는 (인간의 동물성을 포함하여) 생물학적, 사회문화적, 기술적인 측면에서 관계의 앙상블을 재조직하는 의인화 과정을 의미한다. 이를 위해 프라이는 현재의 인간이 디자인과 기술을 통해 창조된 자연적이면서, 동시에 인공적인 생태학 내에서 구성되었음을 명확히 한다. 결국 자연은 (인간에게) 사용되는 '보유지'가 되며, 따라서 모르는 사이에 우리가 창조한 절대적 의존 현상이 생물리학적 세계를 부정하도록 만들었다.

> 변화로 인해 진화적 시간이 우세해졌고, 인간이 이 상황에 적응할 필요성은 그 어느 때보다 긴급해졌다. 하지만 이제 유일한 선택지는 인공적인 수단을 통해 적응하는 것이다. 따라서 생존은 이제 생물사회를 디자인하는 프로젝트가 된다. (……) 인간/동물이라는 이분법적 틀 안에 적응하는 것보다, 우리는 그것을 인간적인 것과 인공적인 것 사이의 관계라는 맥락에 위치하여야 한다.(Fry 2012, 8)

이런 방식으로 프라이는 디자인과 미래의 관계를 설명하면서 우리를 새로운 논의로 이끈다. 기술과는 다른 지리공학, 생물학, 독창성과 같은 미래의 비전을 결합하는 데 있어 프라이가 성공을 거두었는가는 질문할 필요가 있다. 그의 제안이 기술-미래주의의 비전 아래에 자리하고 있는 전유와 통제의 존재론으로부터 충분한 거리를 확보했는가의 문제이다. 한편, 프라이에게 인간은 근대에 들어서기 시작하면서부터 진화의 인공적 측면을 당연한 것으로 간주하는 '세계 내의 세계'로 귀결되었다. 또한, 인간/도구/정신 사이의 앙상블을 존재론적으로 디자인하는 방향으로 최초의 도구를 발명한 존재가 되었다. 프라이에게 이것은 근대 인간이 불가피하게 인간중심적이라는 사실을 의미한다.

인간중심주의로부터 벗어나는 급진적 방식을 취하기보다, 프라이는 성찰적이고 책임 있는 인간중심주의를 요구한다. 따라서 인간 자신에 대한 포스트휴먼적 개념을 만드는 것이 필요하다. 이런 이유로 인류세 개념에서 진화는 자연선택, 자기 조직화, 그리고 존재론적 디자인의 관점을 통해 적절히 이해될 필요가 있다. 이러한 태도는 생태디자인 영역에서 출발하는 제안들과 합치되기 힘들다. 반면, 과학과 기술 영역에서 도나 해러웨이 같은 페미니스트 학자들은 인간과 자연의 유기적 통합에 최우선권을 부여하지만, 현대 기술이 가능하게 한 가능성을 비판적으로 포용하려는 요구와 공명한다. 엄격한 생물학적 윤리에 관한 프라이의 거부에도 불구하고(2015, 57), 이 방식은 그 어떤 쪽으로도 나아가지 못한다. 그럼에도 불구하고 적용 과정으로서 디자인은 지구가 자신을 조직하는 역동성을 고려해야 한다. 프라이와 이 책 자체가 오늘날 증가하는 인공적인 것에 관한 윤리학의 틀을 구성하고 기획하는 존재론을 회피할 수 있을까에 대해서는 이 책의 결말에서 더 논의할 것이다.

우리는 근대의 존재론적 디자인과 우리를 디자인하는 행위성이 만들어 낸 복합적 결과를 도시를 통해 가장 명확하게 확인할 수 있다. 2장에서 우리는 "미래의 도시 형태에 관한 성찰"을 언급했는데(Fry 2015, 87), 결론에 도달하기 위하여 이제 이 개념으로 되돌아가 보자. 프라이는 이 질문을 약 만 년 전 유목에서 농경을 포함한 정착으로 변화시킨 지구의 주거라는 큰 규모 안의 역사에 위치시킨다. 미래를 가능하게 하는 미래를 전망하기 위해서 인간 주거의 세 번째 형태가 활발하게 재구성되어야 하는데, 프라이는 이를 **미정착**(unsettlement)으로 명명한다. 도시 주거 형식에서의 극적인 변화에도 불구하고, 정착은 마치 우리가 근대 도시를 여전히 다루고 있는 것처럼 파악되며, 도시계획과 기후변화 대응에 관한 논의에서 초깃값으로 작동한다. 하지만 대중의 이동과 기후변화는 상황을 완전히 다른 방식과 규모로 바꾸어 버렸다. 우리는 버려진 도시와 만연한 폭동, 그리고 식량 및 기후로 인한 분쟁, 대규모 죽음, 생존을 위한 처절한 투쟁, 그리고 모든 종류의 인간이 만든 재앙을, 기후변화의 효과로 나타난 극단적인 "세계 내의 세계"를 근대 도시에서 예상할 수 있다. 이런 종류의 주거에 담긴 불안정성은 (근대성이 잘못 만들어 낸 도시 및 근대 도시가 낳은 홈리스와 구조적 불안정성이라는 미래를 포함하여) 지구의 주거가 고민해야 할 가장 우선적인 존재론적 디자인 전략이다.

우리는 미래의 속이 비어버린 현재에 의해 희생당하는 탈미래적 조건에 '던져져' 있다. (······) 이러한 관계가 유지되는 가운데 우리는 지속(sustainment)을 생각해야 한다. 이는 계몽과 근대, 지구화, 그리고 지속불가능성을 넘어서는 개념적이고 실질적인 기획으로서 산업, 삶의 방식, 상품, 제도, 만들어진 환경, 농업 방식 등을 의미한다. 이 모든 것이 다름을 통해 존재하는 세계를 만드는 것에 기여한다. 다시 말해, 차이가 존재하는 포스트휴먼 세계는 그 안에서 인간이 방치되는 것이 아니라, 오히려 지속의 존재로 변모하고 미래의 행위자로 변한다.(Fry 2015, 32)

도시 디자인을 다시 생각하는 것은 실용적인데, 도시라는 시공간의 모든 국면을 관통하기 때문이다. 프라이는 이를 『기후변화 시대, 도시의 미래(*City Futures in the Age of a Changing Climate*)』(2015)라는 책을 통해 자세히 설명한다.[13] 다른 방식에 대해 사고하고 배우는 수고는 (근대 인간인) 우리가 실제로 어떤가를 더 날카롭게 인식하는 데 도움이 될 것이며, 이를 통해 우리는 달라질 수 있다. 프라이는 "질서와 무질서 (그리고 공식과 비공식, 정보와 생체, 산업과 탈산업, 가시적인 것과 비가시적인 것의) 체계가 함께하는 차이의 후기 자연환경으로서 도시 어셈블리라는 존재론적 지위를 받아들이다. (……) 후기 어바니즘(post-urbanism)이 보여주는 전혀 다른 관점이 이제 앞으로 나타날 것이다"(88), 그리고 이것은 미래를 사고하는 방식을 가능하게 한다.

---

13 또한, 현재 프라이가 진행하는 프로젝트인 "세상 끝의 실험실(The Studio at the edge of the world)"을 참조하라(http://www.thestudioattheedgeoftheworld.com/).

디자인을 통한 지속가능성?

이제 지속가능성에 관한 질문으로 돌아가는 것이 필요하다. 이번에는 명백하게 존재론적인 관점에서이다. 하이데거 현상학과 마투라나 생물학의 주요 원칙에 영향을 받는 지속가능성에 관한 존 에렌펠드(John Ehrenfeld)의 최근 접근 방식은 생태학적 디자인을 위한 존재론적 틀을 발전시켜 왔다.[14] 에렌펠드(2009)는 현재 진행되는 제안들이 진정한 지속가능성을 창조하기보다는, 기껏해야 지속불가능성을 줄이는 것에 그친다고 주장한다. 진정한 지속가능성을 위해서는 우리의 삶을 형성하고 인간다움을 규정하는 집단적 구조의 재구축이 요구된다. 간단히 말해, 에렌펠드의 진단에서 지속불가능성은 근대성 자체의 문화적 구조로부터 나온다. 더욱이 환경 문제를 다루기 위한 접근 방식은 문제에 대한 환원론적 태도에 근거하는데, 이는 데카르트 전통에서 물려받

....
14 하이데거와 마투라나에 더하여, 에렌펠드는 에리히 프롬(Erich Fromm)과 같은 프랑크푸르트 학파의 산업사회 비판, 칠레의 발전 비평가인 만프레드 막스-네프(Manfred Max-Neef), 앤서니 기든스(Anthony Giddens)의 구조화 이론 등에 기초를 둔다. 페르난도 플로레스는 1980년대 후반 캘리포니아 바히아 지역의 '존재론적 디자인에 대한 집중 프로그램을 통해' 그에게 하이데거와 마투라나를 소개했다는 사실은 중요하다(Ehrenfeld 2008, xxii). 현대 비판사회 이론을 아는 사람들은 이와 같이 특이한 혹은 문제적인 이론의 근거의 조합을 발견할 수 있을 것이다(예를 들어, 프롬으로 돌아가자면 그는 근대성에 대한 명쾌한 비평가이고, 그의 태도로 보자면 비판적인 심리학 방법으로 회귀하는 것으로 보일 수도 있다). 하지만 이런 측면에서 에렌펠드의 노력을 디자인에 대한 최고의 존재론적 사고의 예로 고려하는 독자에게는 흥미로운 지점이 될 것이다.

은 실재, 합리성 그리고 기술의 협소한 이해에서 연유한다. 이것은 생태뿐 아니라 사회적 삶에도 거대한 붕괴를 초래하는데, 작가는 이를 소비에 대한 중독이라는 관점을 통해 해석한다. 그는 여기에서 나아가 돌봄의 존재론에 기반을 둔 의식과 실천에서의 변화를 장려하는 도구와 물적 인프라, 사회적 제도를 재디자인하기 위한 체계를 제안한다. 이 체계는 지속가능성에 이르기 위한 대안을 위한 공간으로 인간, 자연, 그리고 윤리라는 세 개의 범주를 다시 가로지른다.

지속가능성은 **"인간과 다른 생명이 행성에서 영원히 번창할 가능성"**으로 정의하는 것으로부터 출발한다(Ehrenfeld 2009, 53. 강조는 원문). 여기서 번창한다는 것은 다양한 철학적, 영성적 자원의 활용을 의미한다. 또한, "인간은 번창을 위한 가장 기본적인 토대이며, 적절히 연결된다면 지속가능성을 향한 가장 강력한 동력이 될 수 있다"(53). 그는 여기에서 더 나아가 번창하는 것은 지속불가능한 문화에 대응하기 위한 효과적인 디자인 방식을 통해서만 가능해질 수 있다고 제안한다. 다시 말해, 탈출구는 디자인에 의한 지속가능성에 있다(76-77). 이것이 바로 에렌펠트가 강력하게 주장하는 것 중 하나이다. 둘째, 그 압도적인 힘을 고려한다면 가장 먼저 변화되어야 하는 것은 근대 존재론을 지탱하는 경제적·기술적 공간이다. 이는 지속가능성의 핵심이 과학에서의 돌파구나 기술적 혁신에서 나온다는 것을 의미하기보다는, "지속가능성의 핵심은 우리 각자가 일상에서 발견하고, 집단의 문화에 공헌하는 실천"임을 의미한다(95).

그렇다면 어떻게 우리는 일상생활에서 번창하기 위한 세계를 디자인할 것인가? 문화적 실천이 디자인을 통해 변화될 수 있을까? (존 듀이와 찰스 퍼스와 같은) 실용주의적 이해에 공감하며, 에렌펠트는 '도구'가 점진적으로 이해와 존재에 관한 기존의 방식을 변화시키도록 디자인될 수 있다고 대담하게 주장한다. 이 결론은 역사 만들기에 관한 찰스 스피노자, 페르난도 플로레스 그리고 허버트 드레이푸스(1997)의 개념과 유사하다. 또한, 그는 돌봄이 '존재함'을 통해 도구의 디자인으로 작동할 수 있다고 주장하면서 (자신과 다른 사람들 그리고 세계를 위한) 돌봄의 개념을 구체화한다. (기술이라는 인터페이스에서 '유용한(ready-to-hand)' 것과 유사한 개념으로의) '존재함'에 있어 열쇠가 되는 것은 디자인의 과정을 통해 생태적 도구로 통합해 내는 데 있다. 그 결과 반복적인 행위를 생태적 형태로 변화시키며, 이는 다시 말해 작성된 '원고'를 디자인된 상품으로 구체화하는 것과 같다. 이러한 방식으로 디자이너들은 사용자의 요구를 만족시키려는 목표를 넘어서 새로운 방식으로 공동체의 문제와 결합할 필요가 있다. 이를 통해 새롭게 실현된 일상은 천천히 집단적으로 바뀌며, 결과적으로는 사회적 의식과 제도적 구조를 변화시키게 된다.[15]

이 제안은 사용자 중심의 원칙에 의해 도달한 공생적인 해결책을 통해 "사물을 효과적이고 의미 있게 만들기"라는 최근의 디자인적 사고를

---

15 에렌펠트는 변기를 놓기 위한 결정에 대해 사용자들을 교육하는 새로운 화장실과, 무의식에 대한 커다란 변화를 이끄는 요소로 그가 판단하는 지역산물 운동을 그 예로 인용한다. 그럼에도 불구하고, 초점은 여전히 기본적으로 이론적이어서 명백하게 정치적인 국면을 드러내지 못한다.

강조한다(Manzini 2015). 톤킨와이즈가 말하듯이 "지속가능한 급진적 디자인은 단지 작은 것들을 크게 만드는 것"을 의미한다(2013b, 14). 달리 말해, 지속가능성은 거대한 도전인데, 변화시켜야 하는 무한히 많은 작은 것들을 드러내기 때문이다. 좀 더 이론적으로 논의해 보자. 디자인을 통해 지속가능성을 지향하는 것은 도전적인 질문으로 나아가게 한다. 그것은 "새로운 인지 패러다임을 어떻게 물적 환경과 일상의 실천으로 번역할 수 있는가"이며(2013b, 10; 2013a도 참조하라), 이는 다시 물질성에 대한 새로운 관심을 요구한다. 이렇게 물질성에서 출발하여 더 지속가능한 태도, 규모에 관한 관심, 물질성에 관한 재개념화가 뒤따른다. 특히, 이 과정이 풀뿌리 혁신을 통해 나타나는 경향을 수용한다면, 지속가능한 디자인은 운동가들에게 사물을 재배치하고, 네트워킹을 통해 사회적, 문화적으로 복잡한 과제들을 혁신할 것을 요구하면서 다시 정치화된다.

멕시코 환경론자인 엔리케 레프는 십여 년에 걸쳐 3장에서 언급된 정치존재론을 진전시키기 위해 지속가능성에 관한 존재론에 관심을 쏟는다(Leff 2002, 2015. 그의 작업에 관해서는 에스코바르(2008)의 103-106, 129-132를 참조하라). 레프는 "정치생태학은 환경의 위기가 낳은 돌연변이 세상에서 이론적, 정치적 정체성, 즉 살아 있는 세계 내 존재의 위기를 드러낸다. (……) **어떤 새로운 것**이 불확실성, 혼돈 그리고 지속불가능성의 세계에 나타나고 있다. 일원론적인 합리성과 전체주의적인 사고의 균열 속에서 틈이 열리며, 복잡한 환경은 도래할 미래를 비춘다. 이 '어떤 것'은 해방의 필요성, 혹은 삶에 대한 의지로서 드러난다"(2012, 32). 이 어떤 것이 활성화되기 위해서는 새로운 생태적 에피스테메를 필요로 하는데, 그 안에서는 지속가능성이 지식과 문화의 대화에 기반한 지향적 삶을 위한 지평선이 된다. 또한, 하이데거와 후기구조주의에 영향을 받은 레프의 전망은 열린 결말이라는 미래의 가능성을 지닌 지속적인 전환을 의미한다.

존재론적인 디자인 및 행위성에 관한 질문

지금까지 어떤 존재론적 디자인 접근법도 디자인 배후에 존재하는 행위성을 명확하게 논의하지는 않았다. 따라서, 이런 어려운 문제에 대응하기 위해서는 행위성에 관해 보다 명확하게 감지하고 있는 전환 디자인과 자치 디자인을 먼저 논의해야 한다. 모든 이가 디자인한다는 사고는 잘 수용되는 반면에, 존재론적 디자인을 구성하는 요소는 디자인하는 데 필요한 기제를 갖춘 훈련된 디자이너에게만 특별히 적용되는 것으로 받아들여진다. 존재론적으로 행위를 사고하는 것은 마크 티트마쉬(Mark Titmarsh)와 톤킨와이즈(Tonkinwise)가 예술과 디자인의 재해석을 통해 분석하는 '사용(use)'이라는 단어에 대한 보다 섬세한 이해를 요구한다(2013). 연구, 기술 그리고 스튜디오의 역할과 마찬가지로 지속불가능성의 정치경제학은 존재론적인 틀의 관점에서 많은 논쟁이 되는 주제이지만, 이를 실천하는 행위자에 대해서는 제대로 언급되지 않았었다. 프라이는 지속불가능성, 탈미래, 불확정성이 초래한 근본적 변화를 보여주는 사람들에 대해 논의한다. 물론, 포스트휴먼 서사에서 보여주는 모든 특징이 지속가능성으로 나아가는 데 건설적 역할을 하는 것은 아니다. "새로운 존재를 통해 '다른 존재'"를 가능하게 하는 "세계의 재물질화"가 일어난다는 것에 대해서는 명확히 논의된 바가 없다(Fry 2012, 208).[16]

현대 이론에서 행위성의 개념은 존재론적 전환의 결과로 드라마틱하게 변화했다. 대상, 물체, 비인간, 영혼 등이 이론의 궤도로 진입하면서, 생명이 무엇이고 그것이 어떻게 세계를 구성하는가에 대한 설명도 상당한 정도로 풍요로워졌다. 분배 행위성에 대한 개념은 행위성이 특정 주체가 의도를 갖고 행위하는 것의 결과가 아니라, 대체로 인간과 비인간의 복잡하고 이질적인(heterogeneous) 네트워크의 효과라고 제안한다. 이는 디자인을 위한 심도 있는 논의를 제공하며 다음 장에서 이야기할 것이다(Manzini 2015). 존재론적 디자인의 본질적 질문은 "어떻게 우리의 도구가 무엇이 인간인가를 물을 수 있는 것에 대한 전제가 될 수 있는가"인데(Winograd and Flores 1986, 163), 이런 이유로 인해 훨씬 더 복잡해진다. 비인간 및 그들이 존재하면서 보여주는 다양한 형태가 나타날 때, 적어도 디자이너들은 인간과 세계의 변화를 고려하면서 그 이해의 영역을 확장해 나가야 한다.

....

16 프라이는 출현하고 있는 7가지의 가능한 인간 존재를 예견하는데, 각각의 성격은 이름으로 확인할 수 있다. (급진적으로 기술에 호의적인) 기술 인간(homotecs), 신 유목민(neo-nomad), 전쟁 인간(war-takers), 독점적 생존자(hoarder survivalists), 청소부(scavengers), 수집가(gatherers), (지식의 보유자이고 재창조자인) 재생 인간(palingensiaists)들이며 이 '미래의 인간'에 대한 논의로는 프라이(2012, 205-211)를 참조하라.

디자인 행위성을 논의하는 데 매우 어려운 이슈 중 하나가 저작권이다. 물론 공동 디자인을 강조하면서 상품 디자인, 도시계획, 혹은 건축에서의 저작권이 다양해졌다. 하지만 저작권의 개념에 강력하게 기대는 경향은 쉽게 사라지지 않는다. 건축사학가 에이미 장(Amy Zhang)이 잘 설명하듯이 "건축에서는 실천의 존재론적 효과를 비판적으로 성찰하는 것 이전에, 먼저 디자이너의 존재론에 관해 질문해야 한다"(July 17, 2005). 여기에 덧붙여 그녀는 개인적 저작권에 대한 개념은 재정적 측면에서 복잡해졌다는 사실 외에도 디지털 모델로 인해 상당히 침식되었음을 지적한다. 그러나, 일정 정도의 이원론이 여전히 작동하고 있다. 또한, 저자/디자인과 함께 비작가/비디자인에 관한 논란이 잠재되어 있다. 여기에서 위험스러운 부분은 인종과 젠더를 분리하는 문제이다. (주로 백인과 남성인) 작가-디자이너들은 생산 과정에서 물적이고 경제적 측면이 존재한다는 사실을 망각한다. 이런 방식으로 대상화된 저작권은 관계성으로부터 출발한, 그리고 관계성을 위한 노력에 반하는 행태이다.

현상학적으로 지향된 행위성은 오토 샤머(Otto Scharmer)와 카트린 카우퍼(Katrin Kaufer)가 설명한 "발현하는 미래로부터 이끌어가는" 개념에 포함되어 있다(Scharmer 2009 ; Scharmer and Kaufer 2012). "도래하기를 지향하는 존재로부터 행동하는 것"(19)에 대한 기본적 통찰에는 관계성과 미래에 관한 확고한 개념이 존재한다. 존재에 대한 이들의 개념은 소비를 통해 지구를 파괴하는 단절의 존재론("Ego-System")에 대응하는 방식으로 제안된다. 그것은 자신에 대한 확장된 시선을 함의하며, 발현하고

플루리버스

있는, 그리고 발현을 기대하는 새로운 디자인 사고를 이끈다. 저자들이 설명하듯이, 이런 종류의 존재화는 '최전선의 일꾼들'에 의해 새로운 공동적 관계를 맺고, 자연-사회에 대한 새로운 형상화를 이뤄낼 것이다. 그리고 최전선의 일꾼들은 "진정한 힘은 자연-사회와 함께 발맞추어 만들어가는 방식을 인정하는 것으로부터 출발한다"는 것을 깨달을 것이다(Scharmer 2009, 32). 그들은 근대 과학이 경험의 의미를 이해하지 못하고 있다고 주장하는 바렐라과 조응한다. 그리고 디자인의 진정한 원천인 (원칙적으로 비이원론적인) 경험의 영역에 진입한다. 그 체계는 기존의 방식에서 이동한다. 다운로드하고, 보고, 존재를 환원하고, 일반화하고, 수행하는(perform) 것에서 벗어나 '놓아주고, 들어오는 것을 허용하며', 재연하고(enact), 또한 발현된 것을 체현하는 것을 포함한다. 이러한 변화와 이동은 집단적 존재를 창조하고 파괴하는 사회적 공간 내에서 일어나며, 더욱 관계적인 방식의 존재로 나가기 위해 개인적 차원에서 상당한 변화를 요청한다. 이 제안은 존재론적 디자인 체계의 내부에서 수용할 수 있다.[17]

----

17 이러한 설명은 이 저자들의 주요 사상을 적절하게 소개하는 방식이 되지 못한다. 오히려 '존재 학원(Presencing Institute)' 강좌에서 그들의 작업을 참고하라(http://www.presencing.com/). 또한, 이 저자들은 하이데거와 바렐라에 영향을 받았으며, 피터 싱어(Peter Singer) 재단, 브라이언 아서(Brian Arthur)의 경제학에 적용된 복잡성 이론, 불교 명상에 영향을 받았다. 디자인을 주제로 한 내 강좌에서 대학원 학생들은 이 관점이 기업과 같은 행위자들에게나 적절한 것이라고 비판하고는 한다. 이는 그들을 규정하는 개인적·경제적 지향과 함께, 정치와 자본주의에 대한 비판에 기인한다. 또한, 가장 단순한 것에서 구조까지 '사회 체제'를 도구적이고 신학적 개념으로 바라보기 때문이다('사회 4.0'). 하지만, 나는 긍정적인 측면에 주목하고자 한다. 디자이너들이

지속가능성과 전환의 맥락에서 행위성을 사고하기 위해서는 도전이 요구된다. 1장의 마지막 부분에서 나는 비이원론과 관계성을 통해 디자인 실천에 관해 질문하고자 했다. 이러한 관점에서 비이원론적 행위가 프라이와 그의 동료들이 포착해 낸 탈세계와 탈미래라는 조건에서 성장할 수 있는지가 핵심적인 질문으로 대두된다. 우리는 이 질문에 답하기 위하여 존재론적 디자인에 관한 마지막 논의로 돌아가기 전에, 한번 더 바렐라의 논의로 돌아갈 필요가 있다. 하지만 이것은 존재론적으로 지향된 디자인의 실천과 윤리를 탐구하기 위한 한 가지 방법이라는 점을 명확히 하고 싶다. 그 과정에서 우리는 오늘날의 세계에서 발현하는 복수의 다양한 목소리들로부터 도움을 받을 수 있을 것이다.

바렐라의 질문: 일상생활에서의 비이원론?

『윤리적 노하우(*Ethical Know-How*)』(1999)의 3장에서 바렐라는 서구에서 제기되는 자아의 부재 문제를 다루면서, 시스템 속에서 사회적 상호작용의 중재를 통해 등장하는 자아가 없는, 혹은 비가시적 자아의 개념을 제시한다(52-63). 이를 통해 바렐라가 제기하는 질문의 핵심은 비어있는 자아를 체현하는 법, 다시 말해 비즈니스와 같이 자기 이익에 몰

'존재화'와 비이원론을 수용하기 위해 스스로가 내부적 성찰 작업을 진행한다는 점에서 이 이론은 기존의 디자인을 넘어서고 있다.

두하는 자치적 개인을 넘어서는 **실용적 방법**에 도달할 수 있느냐는 것이다. 이것이 바로 불교식 마음챙김의 전통이 의미하는 것이다. 그것은 비이원론의 수단을 제공할 뿐 아니라, 근본의 부재라는 전제에서 나오는 자비심을 발휘하는 원칙을 제공하고자 한다.[18] 바렐라의 논점에서 보이는 불교적 부분에 관한 논의를 더 확장하려는 의도는 없다. 여기서는 고정되지 않은 자아를 받아들이는 것은 진정한 돌봄을 가져올 수 있다고 확인하는 것만으로도 충분하다. 실제로 "누군가는 진정한 돌봄이 존재의 가장 밑바닥에 놓여 있고, 성공적인 윤리 교육을 지속함으로써 분명해진다"고 주장한다(Varela 1999, 73). 우리는 서구의 허무주의적 방식과는 완전히 낯선 이러한 사고를 즐길 필요가 있다.[19]

추론은 일종의 질문을 통해 성립한다. "어떻게 자비의 태도가 우리의 문화 속에서 장려되고 체현될 수 있으며, 모든 것을 관통하고 반응할 수 있는가?" 여기에 대한 대답은 확실히 "규칙과 이성적 명령을 통

---

18 서구의 역사와 근대적 방식에 의지하지만, 자치적인 개인을 넘어서려는 다른 논의를 확인하기 위해서는 드레이푸스와 켈리(2010)를 참조하라.

19 돌봄에 대해서는 브라질 해방신학자 레오나르두 보프(Leonardo Boff 2002)를 참조하라. '돌봄'을 근본적으로 하나의 존재론적 구조로 파악하는 논의는 하이데거와 종교 사상, 사람들의 일상적 행위에 기초를 두고 있다. 돌봄 경제학을 연구하는 경제학자로부터 인간/비인간이라는 대립 관계에서 윤리적 돌봄에 주목하는 과학기술 연구자들, 해러웨이와 같이 돌봄에 관한 페미니즘까지 이에 관한 연구는 상당히 많다. 마리아 푸익 데 라 베야카사(María Puig de la Bellacasa, 2015)는 독특한 시각으로 돌봄에 대한 논의에 참여한다. 한편으로는, (관습적인 디자인이라고 명명할 수 있는) 자본주의 생산, 혁신 그리고 기술과학 사이에 존재하는 긴장에 주목한다. 다른 한편으로는, 물질적, 인간적 혹은 비인간적 형태의 모든 스펙트럼을 통해 삶을 유지하는 관계의 네트워크를 위한 효과적인 돌봄의 윤리학을 위해 필요한 시간을 이야기한다.

해서는 창조될 수 없고," 단지 새로운 개념 혹은 자기계발의 방식에서는 나오지는 않는다는 것에서 출발한다. 반대로, "그것은 자아 중심적 습관과의 이별을 연습하며, 자비가 자발적이고 지속적이 되도록 하는 훈련을 통해 발전되고 체현될 수 있다"(73). 이와 함께 각 개인은 비이원론, 비목적적 행위 그리고 돌봄을 가꾸어가야 한다. 많은 근대 독자는 이를 지나치게 밀교(密敎)적이고 영성적이라고 생각할 것이다. 하지만 이 개념은 2장에서 간략하게 논의했듯이, 사회운동 출신의 지식인-활동가들이 역사를 창조하기 위한 행동과 기술에 관해 말하는 것과 호응한다. 우리는 이 질문에 대한 답변을 조애나 메이시(Joanna Macy)와 동료들이 구조적 사고, 생태, 페미니즘 그리고 불교적 시각에서 발전시켜 온 "재연결 작업"에서 찾는다(Macy and Brown 1998 ; Macy 2007 ; Macy and Johnstone 2012). 메이시의 목표는 자기 파괴적인 '산업 성장 사회'에서 '생명을 지속시키는' 사회로 이동하는 실천적인 길을 제공하는 것이다. 이러한 시대적 전환, 즉 거대한 이행은 분리된 자아에 관한 믿음을 걷어내고, 생태적 자아를 채택하는 것을 포함하여 현실에 대한 우리의 지각을 근본적으로 변화시킬 것을 요구한다. 생명이 중심이 된 패러다임을 찾아 인간중심주의를 포기하는 것, 모든 사물이 상호의존하고 있음을 이해하는 것, 몸과 마음을 포함하는 것, 경제 체계와 기술 영역에서 구조적 변화를 장려하는 것, 비이원론적 영성성과 같은 수단을 통해서 의식에서의 변화를 배양하는 것이 그 변화들이다. 오직 그럴 때 "미래의 존재들과 함께하는 세상이 존재한다"고 기대할 수 있을 것이며 (2007, 191), 이것이 바로 지속가능성의 개념이다.

메이시는 다음과 같은 질문을 던진다. 왜 우리는 이러한 통찰을 실재 세계에서 효과적인 에너지로 바꾸는 데 계속해서 실패하는가? 그렇다면 무엇을 할 것인가? 크리스 존스턴(Chris Johnstone)과 함께 쓴 최근작에서 그녀는 "이 신기하고 놀라운 행성 위의 생명을 꽃피게 하는 것"을 위해서라고 말하는데(Macy and Johnstone 2012), 이를 지속가능성을 꽃피우는 것으로 이해할 수 있다. 우리는 전환 서사에 관한 논의에서 메이시의 비전을 다시 만날 것이다. 지금 여기에서는 다음과 같은 질문을 던질 수 있다. 바렐라의 질문과 메이시의 통찰력이 디자인을 위해 과연 유용할까? 비이원론, 비자유주의, 비자본주의의 공간을 현실화하기 위해 디자인이 정말 필요할까? 지금의 상황과 투쟁에서 비주체의 가능성을 찾을 수 있을까? 여기에 존재론적 접근을 중요하게 생각하는 디자인에 관한 문화연구와 인류학을 위한 질문이 있다.

이와 함께 우리는 근대성에 관한 비판적 분석으로 돌아온다. 근대성은 광범위한 존재-인식론적 형태였으며 그 내부에서 합리주의적 전통이 번창했다. 나는 근대성의 관점에 관한 중요한 논의를 면밀하게 진행했다. 하지만 중요한 것은 근대를 자신의 장소 안에 위치시키는 것이다. 우리는 근대의 시간이 끝날 때까지 전 지구적으로 계속될 것이라는 사고를 수용하고 있었던 것 같다. 이러한 가정에 도전하기 위해 한 번 더 아쉬스 낸디를 인용해 보자.

지금까지 우리를 구속하던 폭력과 불공정, 그리고 모욕감을 이해하기 위해 희생자들이 사용했던 몇 가지 범주를 복구할 시간이 도래했다.

(……) 무시되었던 이 범주는 억압된 우리 시대의 지적 자아에 중요한 단서를 제공하는데, 특히 보다 민주적이고 덜 착취적인 삶의 방식에 관한 비전이 요구되는 분야에 있어 중요하다. 근대성은 모든 문화의 마지막 상태도 아니며, 제도적 창조성에 등장하는 마지막 단어도 아니다. 근대 세계라는 건축물이 오늘날 아무리 경이롭고 영속적으로 보인다 해도, 어느 날 탈근대 사회와 탈근대 의식이 출현할 것이고, 그러한 사회와 의식은 근대에 토대를 두기보다는 비근대 혹은 전근대 세계의 전통에 기반을 두고 건설될 것이다.(1987, xvii)

누군가는 낸디의 논의를 근대가 낳은 탈미래에 의해 직접 희생된 이들에 의해 구성되고 내부로부터 체현된, 미래의 가능성을 논의하는 것으로 해석할 수 있다. 하지만 낸디는 전통을 있는 그대로 수호하는 것을 옹호하지는 않는다. 전통과 근대에 대한 그의 개념과 작업은 이보다는 훨씬 더 복잡하고 정교하다. 게다가 그에게 가장 우선시되는 것은 문화들 사이의 대화다. 남반구에서 벌어지는 대부분의 운동에 대하여 다양한 정치적 스펙트럼을 지닌 근대 옹호론자들은 보편성, 혹은 이원론의 이름으로 이들을 코너로 몰아넣고 있지만, 이 운동이 전통을 완강히 고집하는 것은 아니다. 낸디는 잃어버린, 혹은 억압된 (내가 언급했던 것처럼 비이원론적 존재론을 구성하는) 서구를 복원하고 이를 위해 싸우는 것의 중요성을 인식하고 있다. 아마도 전통을 단순히 병리적이거나 낭만적, 혹은 향수에 젖은 것으로 언급하는 것을 멈출 시간이 다가온 듯하다. 물론, 예를 들어, 가부장제와 같은 형태의 억압에 피난처를 제공하는 전통에 대한 무비판적인 수호에 빠져서는 안 될 것이다. 하지만 여러 형태의 전통이 오늘날 미래화, 지속가능성 그리고 비판을 위한 도구로 사용될 수 없냐고 이제는 질문할 수 있다. "내가 전통을 선택할 때, 전통의 의미는 그 내부에서 작동하는 이질성, 복수성 그리고 부정을 통해서 스스로 갱신할 능력을 포함한다. 그것은 열린 자세, 자기 성찰, 그리고 과도한 자의식을 배제한 자기이해의 문화가 될 역량을 포함한다. (……) 다행히도 문화들은 그것을 번역하는 이들보다 일반적으로 더 열려 있고 자기반성적이다"(Nandy 1987, 120).

투쟁하는 사회 집단들은 다양한 방식으로 움직인다. 근대 세계의 제도와 기술을 습득하면서, 오래 유지되어 온 그들의 습관을 더하고 단단하게 한다. 볼리비아 학자 실비아 리베라 쿠시캉키(2014)는 **감싸안은 사회**(sociedades abrigadas)의 개념을 통해 라틴아메리카 선주민 및 민중문화의 역량을 언급한다. 이들이 지배적이기보다는 공존을 지향하는 자신만의 근대성을 가꿔왔다고 분석한다. 선주민과 지역의 습관을 지역적이지 않은 것과 교직하는 방식으로 자신의 역사에서 영양분을 찾아온 결과, 하나로 완전히 섞이지는 않는 여러 다른 문화의 가닥으로 구성된 세계가 되었다는 것이다.[20] 그녀의 관점으로는 이곳에서 보다 오래 지속되는 상호문화적인 얽힘이 나타나는데, 왜냐하면 다양한 세계 사이에서 적대를 간과하지 않고, 선주민의 지식과 기술에 시장 경제를

----

20 '감싸안은 사회'는 번역하기 어려운 용어이다. 뒤범벅된(motley), 얼룩덜룩한(variegated), 뒤죽박죽의(jumble), 그리고 이질적(heterogeneous)인 사회를 의미한다.

연결하는 보완적 방식 속에서 지속성을 추구하기 때문이다. 여기에서 완전히 새로운 근대와 전통에 대한 시각이 담겨 있으며, 이것이 바로 플루리버스의 체계다.

디자인과 음악의 관계적 존재론

현대 대중음악의 몇몇 장르는 오늘날 다양한 집단과 운동이 혁신적인 문화, 정치적 실천을 통해 성취하고자 하는 것을 묘사하는 데 적합한 모델이다. 대체로 '퓨전'으로 설명되는 이 세계화된 장르는 완전히 모순적인 성질들이 뒤섞인다. 따라서 장소에 기반을 둔 음악 전통이지만, 동시에 그 전통을 개방하여 세계의 다른 음악과 대화를 추구하며 비관습적인 일련의 디지털 생산 기술을 사용하여 실현 가능한 최고의 리듬과 소리를 만들어내고 있다.[21] 이를 통해 종종 독특하고, 창조적이며, 사람들의 몸과 의식을 연결하는 강력한 결과를 가져온다. 이를 증명하듯이 자크 아탈리(Jaques Attali 1985)는 이론보다도 음악이 새로운 문화적, 정치적 질서가 도래하는 것을 더 잘 전한다고 주장한다. 적어도 음악의 예언적 성격은 음악과 같은 예술적 실천이 관계론적 존재

---

21 비록 이 퓨전(fusion)이 실제로 세계 모든 지역의 음악을 모으지만, 그중에서도 몇몇 지역이 현재 풍부한 음악적 자원을 보여준다. 말리와 세네갈을 포함한 서아프리카, 라틴아메리카의 쿠바, 콜롬비아, 브라질, 유럽과 북아메리카의 전통 음악이 그 예이다. 잡지《노랫길(*Songlines*)》은 이러한 퓨전을 주목한다.

에 더 적합하다는 것을 제안하고 있는가? 현대의 퓨전은 이런 의미에
서 상호인식론적이고 효과적인 플루리버스로 판단할 수 있는가? 그렇
다면 에치오 만치니(2015)와 같은 디자인 사상가들이 보여준 새로운 협
력적 디자인 실천을 위한 영감의 원천이 될 수 있는가? 음악가들은 세
계를 횡단하는 음악을 위해 협력할 때 존재론적 정치학을 발전시키는
가?[22] 현대 음악이 소리를 통해 존재를 위한 새로운 가능성을 만들어가
고 있는가?

　이러한 질문은 음악과 문화이론가인 아나 마리아 오초아 고티에(Ana

....

22　실제로 퓨전이라는 단어는 음악가들이 생각하는 것에는 적절하지 않다. 유명한 플라
　　멩코 가수인 엘 시갈라(El Cigala)에게 퓨전의 개념은 세계의 사라짐을 의미한다. 그
　　럼에도 불구하고, 음악 협연에서 세계는 사라지는 것이 아니라 대화 속에서 다시 창
　　조된다. 이 사고에 도움을 받아 엘 시갈라는 살사 음악가 베보 발데스(Bebo Valdés)와
　　의 대화를 언급한다. "당신은 당신이 집시인 것처럼 노래하듯이, 나는 내가 쿠바인인
　　것처럼 연주할 것이다." 엘 시갈라가 나오는 '스튜디오에서의 만남'이라는 프로그램
　　을 참조하라(http://www.youtube.com/watch?v=l0yhpNC-qn9Y). 협연은 고전음악, 대
　　중음악, 민속음악을 포함하여 모든 종류의 음악에서 나타난다. 예를 들어, 샌프란시스
　　코 4중주 현대 음악 그룹과 핀란드 음악가 (아코디언과 소리의) 킴모 포호넨(Kimmo
　　Pohjonen)과 (소리 샘플링, 라이브 루프 및 디지털 인터페이스의) 사물리 호스미넨
　　(Samuli Hosminen) 사이의 놀라운 협연인 Uniko(2004/2011)를 생각해 보라. (마치 재
　　즈 혹은 살사에서의 즉흥 연주나, 다른 장르 사이의 생산과 같이) 음악가들은 자주 "음악
　　을 위해 가장 좋은 것"을 한다는 관점에서 협연을 묘사한다. 이런 측면에서 두 가지의
　　대화를 알고 있다. 하나는 전자음악 작곡가인 루이지 노노, 감독 클라우디오 압바도,
　　피아니스트 마우리지오 폴리니 사이의 대담으로 베티나 에르하르트가 2001년 감독
　　한 다큐멘터리인 「물 위의 여행(A trail on the water)」을 참조하라. 다른 하나는 매우
　　다른 성격으로 아르헨티나 대중음악가인 페테코 카라바할(Peteco Carabajal), 듀오인
　　코플라나쿠(Coplanacu)와 랄리 바리오누에보(Raly Barrionuevo)가 있으며 2004년 「협
　　연(La Juntada)」이란 제목의 비디오를 참조하라.

María Ochoa Gautier 2014)가 청각과 존재 사이의 관계를 역사적으로 탐구하는 것에서 나온다. 그녀가 발견한 것은 음향학이 적어도 19세기 이래 서구에서 디자인 혁신이 활발하게 진행된 영역이라는 사실이다. 음향은 형식과 사건을 무너뜨리고 과정, 디자인 그리고 물질 사이의 관계를 다시 생각하도록 이끈다. 음향 생태학에 대해 스티븐 펠드(Stephen Feld)가 기초한 개념을 토대로 오초아 고티에는 계속해서 소리가 인식론과 존재론 사이의 경계를 흐트러뜨리는가를 논의하며, 소리와 음악적 형태, (비)물질성, 소리 기술, 그리고 소리 인식의 물리학이 부분을 구성하는 청각의 관계론적 체계를 드러낸다. 콜롬비아 지역 음악에 대한 19세기의 유럽식 해석에 관한 연구에서 그녀는 이를 둘러싸고 벌어지는 음악에 관한 정치적 존재론을 모두 드러낸다. 음향 존재론 연구에서 그녀가 소개하는 것 중 하나는 '지역의 소리'가 특정한 장소를 대표하도록 만들어진 고정된 성격을 갖지 않는다는 사실이다. 언제나 퓨전이 새로운 수준의 세밀함을 낳고, 이를 통해 플루리버스의 에너지를 만들어 내는 "소리의 문화 횡단"(Ochoa Gautier 2006)이 존재해 왔다는 것이다. 그녀는 비판적 디자인 연구가 압도적으로 의존하고 있던 시각을 대신하여 소리와 청력에 우위를 두고자 했다.

디자인과 음악을 엮는 또 다른 흥미로운 시도는 디자인이 현재 급진적 음악 실천의 다섯 번째 원칙이 될 것이라는 점이다. 에이미 장은 몇몇 현대 음악에 대해 이 아이디어를 제안했다(개인적 코멘트. 2012년 1월 15일). 그녀는 아탈리(Attali 1985, 20)가 사회와 특정한 역사 시기에서 음악 생산을 위한 네 가지의 주요한 역사적 방식으로 규범, 재현, 반복, 구성을 소개한 것에 기초하여 이를 제안한다.[23] 아탈리에게 작곡은 이전의 방식과 달리 주요 코드와 음악의 정치경제를 무너뜨리고, 관계성과 집단적 실험을 위한 진정한 잠재력을 발현하도록 한다. 아탈리는 이탈리아 아방가르드 작곡가인 루치아노 베리오(Luciano Berio)를 인용한다. "만약 우리가 음악을 작곡한다면, 우리에게 지속적으로 도전하는 상황에 의해 역사는 또한 우리를 작곡한다"(141). 이는 디자인이 우리가 미래를 디자인하도록 자극하는 방식으로 디자인한다는 사고를 받아들이는 것으로 읽힌다. 여기에 아탈리는 다음과 같이 덧붙인다.

더 이상 음악은 재현하거나 비축하기 위해 만들어지지 않는다. 오히려 새롭고, 규범 없는 즉각적인 소통, 그리고 언제나 유동적인 것에 대한 요구 속에서 집단적 연주에 참여하는 것이다. 그것은 비재생산적이고, 불가역적인 것이 된다. (……) 음악은 새로운 시대로 우리를 인도한다. 이 것을 교환가치로부터의 해방을 매개하는 것으로 볼 것인가, 아니면 음악과 그 소비자들, 그리고 자기를 조종하기 위한 새로운 덫을 놓는 것으로 볼 것인가? 내 생각에 이 질문에 대한 답은 이 실험의 급진성 여부에 달려 있다. 사람들이 기존의 악기를 사용하여 작곡하도록 유도한다면 그러한 악기가 승인한 것과는 다른 생산방식을 창출하지는 못한다.(141)

----

23 작곡에 관한 논의에서 아탈리는 노노(Nono), 베리오(Berio), 케이지(Cage), 불레즈 (Boulez)와 같은 작곡가와 미국의 프리 재즈, 미국 흑인 대중음악의 혼합 그리고 유럽의 실험 음악에 기반을 둔다.

우리는 현대 음악이 아탈리의 구성 원칙에 더하여 열린 결말, 음악적 · 문화적 차이를 가로지르는 작업, 협력적 창조 등을 포함하는 새로운 요소를 추가할 수 있겠다. 그렇다면 아마도 디자인은 플루리버스 시대에 적합한 구성적 모델이라고 말할 수 있을 것이다. 장에게 작곡은 그가 기대한 것에는 아직 미치지 못하는데, 계속 개인 저작권에 의지하고 상업 자본주의에 흡수되기 때문이다. 이것은 존재론적 사고를 지닌 디자이너가 지나간 디자인 양식을 반복하는 덫을 피하는 실천을 다시 상상하는 과정에서 깊이 새겨야 할 것이다.

다시, 존재론적 디자인으로

이제 이번 장에서 정리된 존재론적 디자인 개념화를 통해 공유한 몇 가지 성격에 주목하는 것으로 시작해 보자. 첫째, 존 로가 언급한 '오직 하나의 세계로 구성된 세계(OWW)', 하이데거의 (세계를 활용해야 하는 대상으로 보는) '세계 그림의 시대', 혹은 과학자들이 고립되어 연구하거나 디자이너들이 마음대로 조종할 수 있는 독립된 대상에 상응하는 자치적인 주체의 존재론 개념 등 어떠한 형태이든 간에, 데카르트주의에 대한 거부가 그 첫 번째 특징이다. 여기에서 형이상학은 인간이 세계를 발견하는 것이 아니라, 실행(Varela), 언어(Winograd and Flores), 그물세공(Ingold), 혹은 피할 수 없는 던져져 있음이나 사물과의 연계(Fry, Wills, Tonkinwise) 등을 통해 세계를 구성한다. 또한, 이러한 독해는 지식과 인지, 디자인에 관한 비이원론적 접근을 진전시키려는 다양한 시도이다. 그리고 이들은 비판을 넘어 대안적 형태를 제공하고자 한다.

또한, 존재론적 디자인은 '주체' 이후의 디자인이며, 확실히 주체/대상 분리 이후의 디자인이라는 점에 동의한다. 그것은 인간주의, 허무주의 그리고 이성이 중심이 된 인간중심주의를 넘어서는 세계-속-존재의 방식을 옹호한다(스피노자, 드레이푸스, 플로레스, 플룸우드, 프라이). 따라서 존재론적으로 지향된 디자인에는 반드시 비판을 향한 충동이 존재한다. 톤킨와이즈가 지적하듯이(2012. 8), 그것은 "사회가 조직되고, 가치가 이동하고, 변화하는 비즈니스 모델과 경제적 사고를 다시 사유하는 것"을 포함한다. 이것은 존재론적 디자인 방식이 비판적인 디자인 연구의 중요한 부분이 된다는 것을 의미하는 것일까? 이것이 몇 가지 이유에서 타당하다. 첫째, 존재론적 디자인은 물질성에 대한 새로운 이해를 통해, 그리고 '사회의 자원이 되는' 새로운 혁신을 통해 사회를 탈물질화하려 할 때, 물질을 관계론적으로 이해하도록 돕는다. 이것은 다시 (디자인과 민족지학을 연결하는 것을 포함하여) 실천에 대한 이해의 변화를 함의한다. '대상'이 무기력하다는 가정에 맞서 사물의 행위성과 이들의 '활기 넘치는 물질성'을 회복한다. 생태경제가 보여주듯이 물질은 (생산과 소비라는) 경제의 대사 내부로 다시 위치시킨다. 그리고 장소로부터 출발하여 디자인을 더 커다란 조합으로 통합한다.

존재론적으로 지향된 디자인 사상가는 근본적으로 혁신적인 디자인이 가진 잠재력에 대한 믿음을 나눈다. 당연하게도 디자인과 삶에 대한 '항상 비즈니스 마인드'와 같은 방식은 극복되어야 한다. 톤킨와이즈는

"나는 '언제나 비즈니스 마인드'가 사라지기를 바라는데, 왜냐하면 이 행성을 사회적으로 그리고 생태적으로 파괴하기 때문이다. (……) 디자인 사고 내부에는 반자본주의 혹은 적어도 '항상 비즈니스 마인드'에 반하는 이상주의적 노력이 존재한다"(2012, 8: 14). 이러한 디자인 이론가와 발맞추기 위해 급진적 잠재력을 실현하려는 시도는 물질성, 시각성, 인프라와 도구, 기술, 노하우를 새롭게 결합하는 과정에서 실천을 통한 공감, 의미와 정체성을 이어주는 심오한 관계적 감수성이 요구된다. 마지막으로 디자인 교육에 존재론적 성찰을 포함할 필요성을 공감하는데, 이를 통해 디자이너들은 그들이 디자인하는 생태 속에서 자신의 위치를 자각하도록 도움을 준다.

결론을 대신하여

다음은 이번 장의 결론을 대신하여 디자인에 관한 존재론적 접근법의 몇 가지 특징을 살펴보도록 하겠다. 이 목록은 이 장에서 제시된 작업을 기반으로 한다. 존재론적으로 지향된 디자인은

- 모든 디자인이 '세계 내의 세계'를 창조하며, 그 안에서 우리는 또 다른 주체인 우리가 디자인하는 것들에 의해 디자인된다는 점을 인식한다. 우리는 모두 디자이너이며, 우리는 모두 디자인된 존재이다.
- (지속불가능성, 탈미래, 탈세계, 파괴의) 계몽으로부터 (미래화, 재세

계화, 창조의) 지속성으로 전환하기 위한 전략이다. 그것은 미래를 위한 존재론적 실천을 포용하는데, 특히 관계적인 세계와 인간으로 성장하도록 하는 것을 지향한다.

■ 대상화를 통한 탈미래화를 피하며, 기술이 지속불가능성을 초래하고 있다는 점을 폭로한다. 따라서 상상력과 기술을 존재론적으로 엮으며, 기술을 인간중심적으로 사용하는 것에 태클을 건다.

■ 탈주체화와 탈객체화이다. 그것은 자연적으로 존재한다고 믿는 (사용자, 작가를 포함한) 자아의 기술-합리주의를 넘어선다. 또한, 인간에 대한 기존의 지배적 개념에 도전하는 한편, 문명적 전환에 대한 질문을 던지는 방식을 통해 포스트휴먼 실천을 위해 노력한다.

■ 직접적인 직조가 아니라 드러내는 방식에 관한 것이다. 기술적이지 않은 창조 형식을 복원하는 것을 고려하는 한편, 새로운 창조물을 포용한다. 그것은 (서구와 그 밖의 지역에서) 비유럽적이고 탈식민적인 방식으로 모든 디자인 전통을 응시하는 것을 통해 가능하게 된다.

■ (자유주의적 자유와 같이) '선택의 범위를 확장하는' 것이 아니라, 우리가 소망하는 종류의 존재로 바꾸려는 것에 관한 것이다. 이런 측면에서 존재론적 디자인은 잠재적으로 비자본주의적이며 혹은 탈자본주의이거나 비자유주의적이다.

■ 자기 조직화를 위한 생명과 대지의 내재적 역량을 키운다. 존재론적 디자인은 인공성에 관한 질문에 태클을 걸지만, 플루리버스를 구성하는 생명의 복잡한 거미줄에 주목하면서 진행된다.

■ 생태 붕괴 혹은 재해에 관한 공통의 경험이 기폭제가 되어, 인간/

비인간 집단을 포함하여 공생적 그리고 공동적인 도구화를 장려한다. 따라서 비인간이 만들어낸 활력 넘치는 에너지를 중요하게 생각하는 디자인을 상상한다. 이와 관련하여 긍정적 존재론을 진지하게 고려하는 디자인을 상상한다. 그리고 디자인의 조건이 언제나 인간과 모든 종류의 비인간 행위자 사이의 만남을 포함한다는 것을 자각하면서, 생명력 넘치는 사건들이 만들어내는 긍정적 존재론 위에서 건설된다.

■ 디자인 행위가 만들어지고 해석되는 공간에 관한 디자인을 포함한다. 이는 그 내부에서 사람들이 행동하는 세계(들)을 만드는 언어를 창조하는 데 분명히 기여할 것이다. 행위를 위한 대화의 공간을 형성하기 위해서는 반드시 디자인으로부터 (시나리오 분석과 시험을 통해) 경험으로 이동한다. 이러한 방식으로 새로운 디자인을 창조하는 행위가 권력의 동학을 간과하지 않으면서도, 해석과 행위를 위한 더 나은 장소가 될 수 있는가에 관해 질문을 던진다.

■ 언제나 비인간, 사물, (지구를 둘러싼 연결로서의) 대지, 영혼, 그리고 무엇보다도 (배제보다는 다양한 세계를 포괄하는 탈식민적 측면에서) 급진적 타자성을 가진 인간과의 재결합을 낳는다. 존재론적 디자인은 이원론을 흔드는 것에 기여하며, 모든 종류의 비이원론적 존재를 진지하게 사유한다. 가장 중요하게도 그것은 (더 큰) 마음의 챙김으로 가는 길을 열며 자비와 돌봄의 존재론을 가능하게 한다.

■ 모든 디자인은 (단순히 사용자가 아닌) 활동적인 사용을 위해 존재하며, (좁은 의미의 실용성이 아닌) 기능적 효용성을 생산하고, 살아 있는 전체와 생명의 이질적 결합을 통해 구성된 자기생산을 가능하게 하며,

플루리버스에서 살아가는 마음가짐을 알려준다.

우리는 이 책의 가장 마지막, 특히 자치 디자인에 대한 논의와 공동적인 것의 개념을 설명한 이후에 이러한 특징을 다시 살펴볼 것이다. 톤킨와이즈가 제기한 다음의 항변이 이 장을 마치는 적절한 방식이 될 수 있을 것이다. "우리는, 특히 우리 디자이너들은 디자인이 의미하는 것, 그리고 디자인하는 동시에 디자인되는 인간이 누구이고 무엇이 될 수 있는가에 대한 존재론적 설명에 대해 특히 관심을 가질 필요가 있다"(2014a, 7). 이 안에 존재론적 디자인을 위한 건설적인 프로그램이 있다.

3

플루리버스를
향한
디자인

5장
전환을 위한 디자인

전환 디자인은 보다 지속가능한 미래, 사회적 전환, 새로운 시대를 향한 디자인 주도의 실천과 연구이다. 전환 디자인 솔루션은 오랜 기간의 사유에 그 기원을 두고 있으며, 생명을 지향하고 장소에 기반을 둔다. 또한, 언제나 자연 세계를 디자인 솔루션을 위한 가장 위대한 교재로 수용한다.
—테리 어윈, 「전환 디자인: 디자인 실천과 연구의 새로운 시대를 위한 제안」

전환 디자이너가 된다는 것은 다른 가치와 관점을 채택함을 의미한다. 따라서 배움의 과정이다. 하지만 같은 이유로 도전이기도 하다. 디자이너는 기존의 시스템 내에서 새로운 시스템을 향하여 나가는 변화의 행위자가 되는 위선이 요구된다.
—캐머런 톤킨와이즈, 「디자이너의 (무)질서와 전환 디자인」

이 책의 배경은 대전환이다. 변환의 과정에서 인간성은 행성의 한계와 더불어 논의되며, 우리에게 가능한 연결성을 더 잘 활용할 수 있도록 한다. 이와 함께 지역과 세계를 포함하는(범세계주의적 지역주의) 문화

위에 세워진 디자인 시나리오를 스케치하는 것이 가능해진다. 또한, 생산을 (분배된 시스템인) 소비에 더 가깝게 가져오며 노동을 재승인할 수 있는 탄력적 구조를 가능하도록 한다.

—에치오 만치니, 『모두가 디자인하는 시대』

이 장은 (문명적, 시대적, 패러다임) 전환 사이의 연결과 디자인을 다룬다. '전환 디자인', 혹은 '전환을 위한 디자인'으로 다양하게 불리는 분야가 등장했다. 그 목적과 적용될 환경을 고려한다는 측면에서 이 분야는 존재론적 의미를 필요로 하는데, 현재 자본주의 근대성의 지배적 형태에 침윤된 존재-인식론에 대한 어느 정도의, 혹은 상당 부분의 도전이기 때문이다. 이러한 개념적 · 윤리적 입장은 기존 사회에 확립된 이론적 틀의 전환을 위한 전망을 공유한다. 이 장은 앞서 언급한 인용문들의 맥락을 탐구하는 것으로 시작한다. 이 사상가들은 어떻게 상징적 변화의 공간으로서 디자인을 개념화하기에 이르는가? 그들이 보여주는 디자인은 분리되어 보이는 장소, 분배된 행위성의 개념, 패러다임 변화, 지구의 역동성, 그리고 새로운 사유 방식을 하나의 체계 안에서 어떻게 결합하는가?

이 장은 두 부분으로 구성된다. 첫 부분은 최근 들어 다방면의 영역과 맥락에서 명확하게 나타나는 전환의 전망을 살펴본다. 여기에서 소개하는 담론들은 '전환을 위한 연구'라는 새로운 분야를 구축하는데, 이는 전환을 위한 디자인 체계를 위해 큰 도움이 된다. 나머지 부분에서는 디자인과 전환을 연결하는 두 가지의 제안에 초점을 맞출 것이다.

그 하나는 카네기멜런 대학교(Carnegie Mellon University)에서 진행되고 있는 전환을 위한 디자인 프로그램이고, 다른 하나는 에치오 만치니가 작업한 '사회적 혁신을 위한 디자인'에 관한 개념화이다. 여기에 더해 이전 장에서 논의했던 '계몽'에서 '지속'으로의 전환을 위한 제안을 포함할 것이다.

첫 번째 부분이 전환을 위한 디자인에 포함된 '전망'을 보여주고자 한다면, 두 번째 부분은 존재론적 디자인 영역에 공헌하는 것을 목표로 한다. 장소의 구성과 협력적 실천을 비롯하여 생태적 전망으로의 전환을 위한 디자인에 초점을 맞추는 것은 의심할 여지 없이 존재론적 개입이자, 동시에 디자인의 정치적 존재론이 될 것이다.

전환 담론

전환의 상상력은 이반 일리치(1973)가 산업 사회에서 공생의 사회로의 이행을 위한 논쟁에서 예시한 것처럼 지난 수십 년에 걸쳐 형성되어 왔다. 그렇지만 최근 십 년 동안 논의가 훨씬 밀도 있게 진행되었다. 실제로 학계와 사회운동 진영을 비롯한 다양한 공간에서 전환의 서사, 상상, 그리고 제안이 등장한다는 사실은 우리 시대의 상황을 보여주는 가장 강력한 신호 중 하나다. 그 출발점으로서 전환 담론은 산업주의, 자본주의, 근대성, (신)자유주의, 인간중심주의, 합리주의, 가부장제, 세속주의 혹은 기독교-유대 문명으로 벌어진 현대의 생태학적·사회적 위기가 지난 수세기를 지배해 온 사회질서의 모델로부터 분리될 수 없다는 사실을 보여주고 있다. 전환 담론 대부분은 우리가 필요로 하는 중요한 변환을 만들어 낼 수 있는 세계를 갖기 원한다면 기존의 제도와 인식론의 테두리에서 벗어나야 한다는 점을 공유한다.

위기와 전환에 관한 이야기가 서구 역사에서 오래된 계보를 이어왔다면, 오늘날의 전환 담론은 독특한 풍요로움, 다양성 그리고 강도를 동반하여 등장하고 있다. 전환 담론의 지도를 그려보는 것만으로도 충분히 이해할 것이다. 이러한 서사는 학계에만 국한되지는 않는다. 오히려 가장 선견지명이 있는 전환 담론은 학계 바깥에서 나타나는데, 학계는 이를 학문이라는 비평적 흐름과 연결하고는 한다. 현재의 전환 담론은 장소에 구애받지 않고 나타나며, 다양한 사회운동과 비정부 기구를 포함한다. 또한, 지식인들의 작업은 환경 및 문화적 영역과 긴밀히 연결되는 동시에, 그에 대한 이견을 보이거나 대안적인 전통 내부에서 진행되기도 한다. 전환 담론은 문화, 생태, 종교 및 영성, 대안 과학, 음식과 에너지, 사회운동 연구, 디지털 기술 분야에서 활발하게 진행된다.[1]

....

1 나는 **변화**(transformation)보다는 **전환**(transition)이라는 용어를 사용한다. 여기에서 논의되는 대부분의 사람들이 용어를 선호하기 때문이다. 몇몇 TDS(Transition Discourses, 전환 담론)는 (계급, 젠더, 인종, 혹은 근대적 전제에 계속 의존하는 등) 냉정한 비판을 받을 수 있다. 하지만 대부분은 상당한 측면에서 변화에 대한 급진적 성격을 포함하고 있다. 몇몇에게 있어 **전환**의 의미는 칼 폴라니(Karl Polany 1957)가 주장한 '거대한 전환'의 개념과 유사하다. 또 다른 측면에서 **전환**은 다양한 형태의 변화를 끌어내는 것을 의미한다. 대부분은 많은 이야기가 가능해질 수 있다는 깨달음과 성숙한 열린 결말을 보여준다. (포스트 사회주의, 포스트 자본주의 혹은 포스트 분쟁 시대로의 전환 등) 사회과학에서 잘 알려진 전환 연구의 분야와는 반대로, TDS는 비록 '로

토마스 베리(Thomas Berry)는 전환을 위한 연구를 다음과 같이 설명한다. "우리는 이야기들 사이에 있다. 세계가 어떻게 시작되었고 우리가 어떻게 이곳에 적응하게 되었는가에 관한 오래된 이야기는 더 이상 유효하지 않다. 그리고 아직 새로운 이야기를 배우지 못했다"(1988, 123). 그는 새로운 이야기, 좀 더 정확히 말하자면 새로운 이야기들을 모색하는 것을 정확하고 이해하기 쉽게 설명한다. "우리는 다음 문장으로 우리에게 놓인 도전을 묘사한다. 우리 시대의 역사적 임무는 시간이 전개된다는 맥락에서 상상과 이야기의 경험을 공유하는 것을 통해 비판적으로 성찰하고, 생명 공동체를 고려하면서 종적인 수준에서 인간을 재창조하는 것이다"(1999, 159). 이는 모든 인류를 위한, 그리고 확실히 존재론적으로 충만한 디자이너를 위한 설득력 있는 명령이다.

북반구에서의 전환 담론

일반적으로 북반구와 남반구에서 생산된 전환 담론 사이에는 지정학적인 차이가 존재한다. 물론 이들 사이를 연결하는 교량 역시 존재한다. 북반구에서 가장 주요한 것은 탈성장과 다양한 전환 계획인데, 전자는 커먼즈에 관한 논쟁과 빈번하게 연결된다(Bollier 2014; Bollier and

---

부터(from)'나 '향하여(toward)'를 사용하여 이야기를 전개하기도 하지만 단순한 목적론과는 다르다. 그리고 몇몇은 명확하게 비직선적 구조와 발현, 그리고 자기 조직화를 지향한다.

Helfrich 2012, 2015; Nonini 2007). 예를 들어, 랜더스(2012)와 같이 시대를 예감하는 인류세에 관한 논쟁, 여러 종교 사이의 대화 및 스테이크홀더 포럼(Stakeholders Forum)에서 보여준 유엔의 노력 등이 모두 전환 담론과 연결되는 활발한 장소가 된다. 그 가운데에 영국의 전환 마을 계획(Transition Town Initiatives), 래스킨(2012)에서 언급된 텔러스 학교(Tellus Institute)의 대전환 계획, 전환점(Macy and Johnstone 2012)과 생태대(Ecozoic) 시대로의 대작업 혹은 전환(Berry 1999), (공동체로부터 개인을, 살아 있는 나머지 생명체로부터 인간을) 분리하는 시대로부터 통합의 시대로의 전환(Eisenstein 2013), 계몽에서 지속성(Fry 2012)으로 혹은 생기(enlivement)로의 전환(Weber 2013), 사업 문명에서 생태문화적 문명으로의 전환(Greene 2015)이 있다. 반면, 남반구의 전환 담론은 포스트 발전, 발전에 대한 대안, 문명의 위기 모델, 부엔 비비르 및 자연의 권리, 공동체화, 포스트 채굴주의(post-extractivism)로의 전환을 포함한다. 북반구에서 도래할 시대가 포스트 성장, 포스트 유물론, 포스트 경제주의, 포스트 자본주의, 포스트 휴먼이라면, 남반구에서는 포스트 발전, 비자유주의, 포스트 자본주의/비자본주의, 생명 중심, 포스트 채굴주의의 용어로 표현된다(상세한 설명은 에스코바르의 2011, 2015a를 참조하라).

가장 현대적인 전환 이론은 문화적 · 제도적으로 급진적인 변화, 즉 전적으로 다른 세계로의 전환을 지향한다. 이것은 패러다임의 전환이라는 용어로 다양하게 개념화된다(Raskin 등 2002; Shiva 2008). (선주민 운동과 같은) 문명 모델의 변화, 새로운 영성 문화의 탄생, 혹은 근대적 이분법(Goodwin 2007; Macy and Johnstone 2012; Macy and Brown 1998; Lapp

2011), 환원주의(Kauffman 2013; Laszlo 2008), 경제주의(Schafer 2008), 인간중심주의(Weber 2013; Goodwin 2007)를 넘어서는 전적으로 새로운 시대의 도래를 의미한다. 이러한 변화는 제안자의 대부분이 결과를 보증할 수 없다고는 하지만 이미 진행되고 있다. 그리고 가장 현실적인 전망에서조차도 가치에 대한 근본적 변화의 필요성을 강조한다. 상상력이 가장 뛰어난 전환 담론은 기존 사회변화의 이미지에서 분리된 채 남아 있었던 문화적 · 정치경제적 · 생태학적 · 영성적 면모들을 다시금 결합한다. 이들은 인간의 고통과 생명, 그 자체의 운명에 대한 깊은 우려를 통해 등장했다. 전환에 관한 몇 가지 고전적 서술에 관해 들어보자.[2]

지구적 전환은 시작되었고, 행성은 다가올 수십 년 동안 모양새를 갖춰갈 것이다. 하지만 그 결과는 의문으로 남는다. (……) 환경과 사회적 분쟁이 해결되는 방식에 따라 지구적 발전은 극적으로 다른 방향으로 나아갈 수 있다. 부정적으로 보자면 빈곤해진 사람들, 문화, 그리고 자연에 대한 현기증 나는 미래 등 이 모든 것들이 너무나 쉽게 그려진다. 실제로 많은 이들은 이런 불길한 가능성을 점친다. 그러나 그것은 불편하지 않

----

2 여기서 언급된 TDS는 보다 문화적이고 영성적인 것에서부터 명백하게 정치적인 것에 이르기까지 다양한 면모의 일부를 보여준다. 또한, 이들은 (붕괴, 쇠퇴, 생존, 묵시론과 같은) 디스토피아부터, (예를 들어, 의식의 진화, 집단지성, 신성함, 행성과 인간 구하기 등의) 재구성에 이르기까지 폭넓은 형태의 개념과 비유를 보여준다. 이와 같은 전망과 제안을 통해 학자들과 디자이너들이 배워야 할 많은 것이 있다. 영성 생태학의 분야는 TDS를 위한 공간으로 활용할 수 있을 것이다.

다. 인간성에는 예측하고, 선택하고, 행동하는 힘이 있다. 가능하지 않을 것 같기는 해도 풍요로운 생명, 사람들 사이의 연대, 그리고 건강한 행성을 지닌 미래로의 전환은 가능하다.(Raskin et al. 2002, ix)

우리 행성에서의 삶은 어려움에 봉착해 있다. 세계의 상처와 생명이 흘리는 눈물을 직면하지 않고는 어디로도 갈 수 없다. (⋯⋯) 행성은 끊임없이, 그리하여 거의 정상이 되어버린 고통의 신호를 우리에게 보내고 있다. (⋯⋯) 이 신호들은 적어도 의식적 삶의 거주지로서의 세상이 종말을 맞이할 수 있다고 경고한다. **세상이 끝날 것이다**가 아니라 **끝날 수 있다**는 것이다. **바로 그 가능성이 우리의 모든 것을 변화시킨다.** (⋯⋯) 지금 일어나고 있는 것은 우리 문명의 기초와 방향에 문제 제기가 되어가는 방식이다. 지구적 혁명은 일어나고 있다. (⋯⋯) 그리고 많은 이가 이를 대전환이라고 명명한다.(Macy 2007, 17, 40; 강조는 필자)

생태학적 문명은 아직 도착하지 않았으며, 오히려 지속적으로 창조되는 어떤 것이다. (⋯⋯) 그것을 존재하도록 하고 지속한다는 것은 인류 사이에서 좀 더 공정하고 협력적인 관계를, 그리고 더 광범위한 생명 공동체와 인간 사이의 변화된 관계를 포함한다. 그것은 모두가 포함되는 것이고, 모두가 그 안에 자리를 가진 어떤 것이다.(Green 2015, 3)

러스킨과 그의 동료들이 앞서 언급한 인용에서처럼, 많은 전환 담론은 공통적으로 근대의 가속화된 팽창의 결과로 인간성이 행성적 규모

플루리버스

로 문명에 영향을 주는 단계에 진입했으며, 지구 시스템이 지난 역사 단계와는 근본적으로 다른 방식으로 구성되고 있다는 사실을 보여준다. 어떤 성격의 전환인가는 당대의 세계관과 세계인식에 달려 있다. 대전환 계획은 진화와 파국, 그리고 변화라는 세 가지 세계관과 이에 상응하는 관습적인 기존의 세계, 야만성의 심화 그리고 대전환이라는 미래의 시나리오와 구별된다. 이와 같은 틀에서는 오직 후자만이 지속 가능한 도전에 대한 답을 약속할 수 있다. 하지만 가치와 새로운 사회 경제적, 제도적 배열의 측면에서 근본적인 변화가 요구된다. 대전환의 패러다임은 상호연결성을 강조하며, 복지(well-being)의 개념에서 성장과 소비를 분리해 내고, 연대, 윤리, 공동체, 의미와 같은 새로운 가치를 만들려 한다. 또한, 문명적 세계화로 개념화된 산업자본주의를 대체하는 지구의 대안적 전망을 제안한다.[3]

많은 전환 담론은 탈석탄 경제로 이동해야 하는 필요성을 인지하고 있다. 반다나 시바(Vandana Shiva)는 이 지점을 특별히 강조한다(마찬가지로 브라운(2015)을 참조하라). 시바(2005, 2008)에게 (세계화된 시장에 중심을 둔 기계-산업 패러다임에서 인간과 행성이 중심이 됨을 의미하는) '석유에서 대지로' 전환하는 데 있어 열쇠는 탈중심화된 생명다양성에 기초

---

3   대전환 계획은 보스턴에 위치한 텔러스 협회가 주관하는 전환의 사고와 전략에 관한 구조적 연구와 홍보를 위해 만들어진 네트워크이다. 처음 제안된 것은 1995년이며 폴 라스킨(Paul Raskin)과 아르헨티나의 모델링 전문가 힐베르토 가요핀(Gilberto Gallopin)이 주도한 세계 시나리오 그룹(Global Scenario Group)의 결성과 함께 탄생했다. 설립 당시의 웹사이트를 참조하라(http://www.greattransition.org/.)

한 유기농 음식과, 에너지 시스템 구축에 기반한 재위치화 전략이다. 그리고 이 시스템은 풀뿌리 민주주의, 지역 경제 및 생태적 일관성 의 유지를 통해 작동한다. 일반적으로 이런 종류의 전환 담론은 영토 에 대한 공동체의 권리 및 전 세계의 소비와 환경에 나타나는 지나치 게 불평등한 패턴을 정확하게 의식하고 있다. 자본주의 비판, 문화적 변화, 영성 그리고 생태계는 문제에 대한 다양한 진단 속에서 서로 엮 여 있고 앞으로의 가능한 방법들을 제안한다(Korten 2006, Mooney, ETC Group and What Next Project 2006 ; Sachs and Santarius 2007). '변화의 생태학' (Hathaway and Boff 2009)은 글로벌 자본주의가 가져온 황폐함에 대항하 고 지속가능한 공동체를 구성하기 위한 시도로 보인다. 그 주요한 구성 요소는 생태 정의, 생물적·문화적 다양성, 생명 지역주의, 장소 기반, 참여 민주주의, 협력적 자주 관리를 포함한다. 최근의 전환 담론은 '지 각(pansentience)'이라는 사고를 강조하는데, 이 사고는 장소에 기반한 선 주민들에게는 익숙한 사고로, 인간뿐 아니라 (사건을 포함하는) 모든 살 아 있는 생명체가 의식과 의미의 소유자라는 의미이다(Goodwin 2007 ; Weber 2013 ; Ingold 2012).[4]

자신을 지질신학자로 칭하는 토마스 베리는 전환에 대한 전망에 있

---

4 이는 학계의 비판적인 영역에서조차 놀랍게 성장하는 분야이다. 서구에서는 블라디미
르 베르나드스키와 피에르 테야르 드 샤르댕 등의 선구자가 있었다. 여기에는 내재성
(immanence), 생기론(vitalism) 그리고 과정의 사고 전통도 존재한다. 선주민 우주관에
서는 지각을 지닌 우주가 핵심적 사고이며, 그것이 사고가 아닌 실재라는 점을 강조
할 필요가 있다.

플루리버스

어 영향력이 지대하다.[5] "인간이 지구라는 행성에 파괴적인 힘이 된 시대에서 상호작용을 통해 행성에 존재하는 시대"로의 전환(1999, 11: 1998)이라는 '대역사(the Great Work)'의 개념은 전환의 상상에서 가장 선견지명이 있는 시도 중 하나이다. 베리는 이 새로운 시대를 '생명의 거처'를 의미하는 **생태대**(Ecozoic)라고 명명하는데, 이에 대해 디자이너들은 깊이 공감할 것이다. "현재의 황폐함을 초래한 가장 큰 요인은 인간 및 다른 존재의 인식과 인간에게 모든 권리를 준 것 사이에 나타나는 근본적 불일치성을 강화한 사유 방식에서 찾을 수 있다"고 베리는 지적한다(1999, 4). 인간과 비인간의 장소를 분리하는 것은 고립된 자아라는 개념과 함께 전환 담론이 제기하는 비판의 기초가 되고 있다. 조애나 메이시와 크리스 존스턴(Joanna Macy and Chris Johnstone 2012)은 인식론과 영성의 혁명을 논한다. 근대적 주체를 모든 존재와 다시 연결하며, 자본주의 근대성의 직선적 시간으로 삭제되었던 진화하는 시간의 감각을 회복하는 생태적, 비-이분법적 주체로의 교체를 역설한다. 따라서 전환의 전망에 중심이 되는 것은 이분법을 치료하는 것이다. 이런 측면에서 "지구는 대상의 집합이 아니라 주체들의 모임과 어셈블리다"라는 베리의 말이 가장 유려한 주장으로 널리 인용되고 있다(Barry 1987, 107, 108).

베리의 진술은 다시 확인할 필요가 있다. "우리 시대의 역사적 임무

....
5   베리의 문제의식을 이어받아 허먼 그린(Herman Greene)이 주도한 채플힐의 생태대 사회 센터(Center for Ecozoic Societies)의 작업을 참조하라(http://www.ecozoicsocieties.org/).

는 시간이 전개된다는 맥락에서 상상과 이야기의 경험을 공유하는 것을 통해 비판적으로 성찰하고, 생명 공동체를 고려하면서 종적인 수준에서 인간을 재창조하는 것이다"(1999, 159). 이 임무의 다섯 가지 요소는 베리의 작업을 통해 각각 독특한 의미와 중요성을 지니는데, 그가 보여주는 대부분의 전망은 디자인 개념으로 어렵지 않게 번역될 수 있다. 예를 들어, 베리는 정부, 기업, 대학과 종교라는 대체되어야 할 네 가지 축을 설정한다. 그는 인류세 도래라는 용어가 생겨나기 전에 그것을 묘사하는 통찰력을 지녔다.[6] 그는 생명종교주의의 선구자로 생명 체제의 관점을 채택했다. 인간중심주의에 대한 그의 비판은 급진적이었으며, 토니 프라이와 다른 이들의 비판과 같이 "인간을 재발명하는" 작업에 대한 추구와 조응한다. 그는 인류가 상상력을 활성화하고 디자이너들이 이에 메아리로 화답할 수 있다고 설명한다(1999, 55).

그럼에도 불구하고 생명과 영적인 행성으로서 지구를 바라보아야 하는 것처럼, 베리의 작업에는 디자이너의 역할에 관한 좀 더 깊이 있는 성찰이 요구된다. 그는 새로운 이야기를 주조하는 데 근본이 되는 지구와의 친밀성을 재구성할 필요성에 대해 역설한다. "우리는 우선 우주와 지구, 우리 존재의 명령을 재발견하지 않고서는 우리 자신을 발견하

----

6 실제로 베리는 인류세란 용어가 나오기 이전에(avan la lettre) 이에 대한 정의를 내렸다. 1988년 발간한 『지구의 꿈(The Dream of the Earth)』이라는 아름다운 제목의 에세이에서 "우리는 지질학적, 생물학적 질서의 규모 수준에서 행동하고 있다. 우리는 지구의 화학적 성질을 변화시키고 있다. (……) 지구를 압도하고 있는 인위적 쇼크는 인간의 역사 혹은 문화 발전에서 이전에 모든 것을 넘어서는 규모의 질서가 되고 있다"(206, 211).

지 못하게 된다"(1988, 195). 그리고 아마도 가장 어렵고 모순적인 점이 있다면, 계시적인 전망이 인도하고 합리성을 관통하는(transrational) 사고가 전환을 위해 중심적이라는 것이다. 합리성을 관통하는 사고는 생명이 자신을 조직하는 잠재력에 의해 조율되고, 신화와 꿈을 통해 가장 잘 접근할 수 있는데, "우리를 둘러싼 현상학적 세계에서 항상 있는 무감각한 존재에서 깨어날 때 나타나는 직관적이고 비합리적 과정을 의미한다"(이는 샤먼이 여러 시대에 걸쳐 행했던 것이기도 하다. 1988, 211).

베리와 (영국의 수학자이자 철학자인 알프레드 노스 화이트헤드와 주로 연관된) 과정 철학의 전통에 기반한 허먼 그린(Herman Greene 2015)은 산업-경제에서 생태-문화 시대, (베리의 생태대를 설명하는 보다 대중적인 용어인) 생태학적 문명으로의 이행을 제안한다. 베리와 마찬가지로 그는 세계의 창조 과정에서 지구를 활동적인 참여자로, 문명적 변화를 행동이 요구되는 새로운 국면으로 파악한다. 서구 문명의 세계화라는 조건에서 그린에게는 인간의 역사와 자연사의 교차를 우주론적 범위에서 사고하는 것이 필수적이다. 따라서 생태적 문명은 인류 문명의 새로운 무대가 된다. 지구는 독립적 관계들로 묶인 독특하고 성스러운 공동체이며, 인간의 역할은 자기 인식이 가능한 이 공동체를 가꾸고 기념하는 것을 전제로 하여 출발한다. 또한, 생태학적 문명은 모든 인류와 살아 있는 존재에게 정의와 공정의 권리를 인정한다. 생태의 장소가 실재하는 동시에, 역사적 문화와 문명에 뿌리를 내리고 있다. 커먼즈를 보호하며 지구 공동체 전체의 기능과 번영을 달성하려는 목표를 지닌다. "다가올 수세기 동안 우리가 번창하는 생명 공동체에서 활기찬 인간의 미래를 갖게 될 것"을 전제한다(Greene 2015, 8). 중국의 포스트모던 발전 연구소에서 일하는 필립 클레이튼(Phillip Clayton) 역시 이 같은 접근법을 취하는데, 여기에는 생태적 문명의 개념적 논의가 발전되고 있다. 이 제안에서 흥미로운 점은 (경제, 기술, 농업, 교육 등) 일반적인 분야뿐 아니라, 영성의 세계관이 전환의 필수적인 요소로 포함된다는 것이다. 이러한 기획은 행성의 문명적 생존을 위해 필요한 사회적 장소들에 대한 재조직을 명확하게 이론화하고 있다는 점이다.[7]

전환 마을 계획, 탈성장, 그리고 커먼즈: 전환 디자인으로 떠오르는 세 가지 공간

롭 홉킨스(Rob Hopkins)에 의해 주도되어 잉글랜드 남부의 토튼즈(Totnes) 마을에서 시작된 전환 마을 계획(TTI, Transition Town Initiatives)은 곧 논의할 CMU(Carnegie Mellon University)에서 나온 전환 디자인 체계에 주요한 영감이 되었다. 이 계획과 함께 탈성장과 커먼스는 전환 디자인 이론과 실천의 발전을 위한 통합적 공간을 제공한다. 다음 장에

----

7   그린이 주도한 프로젝트를 위해서는 생태대 사회 센터, 국제 생태학적 문명(http://colleges.org/networks.ecological-civilization-international/)을 참조하라. 또한, 이와 연관된 기획들은 다음과 같다. 대안과 점유(Seizing and Alternative), 생태적 대안을 향하여(Toward an Ecological Civilization), http://www.ctr4process.org/whitehead2015/; http://www.pandopopulus.com/.

서 나는 라틴아메리카로부터 유래한 유사한 개념을 소개할 것인데, 전환 디자인을 예비하는 중요한 장소로서 포스트 발전, 부엔 비비르, 자연의 권리, 포스트 채굴주의로의 이행을 포함한다.

TTI은 포스트 화석연료 사회로의 전환에 있어서 가장 구체적인 계획 중 하나이다(Hopkins 2008, 2011). 이 설득력 있는 전망은 마을의 이행을 위한 타임라인을 따라 움직이는 길을 제시하기 위해 석유 사용 정점 이후에 관한 시나리오를 고민한다. 음식과 에너지, 주거, 교통 및 의사결정을 재조정하는 것이 TTI의 주요한 요소이다. TTI은 공동체의 재활성화를 성찰하고 계획하면서 자급적이지만, 인간 활동의 측면에서는 점진적으로 '동력을 낮추고', '에너지를 줄이는' 방식으로 수세기에 걸쳐 진행된 탈지방화·수출지향적인 정치경제 시스템으로 인해 침식된 공동체와 에코시스템을 재구축하는 작업이다. 탄력성은 지속가능성이라는 관습적 언어에 대한 TTI의 대안적 개념이다. 다양성과 사회적·생태적 자기 조직화를 통해 공동체를 뿌리내리고, 지역적으로 생산할 수 있는 역량을 배양하는 것 등이다. TTI은 실제로 "현시점에서 세계의 모든 곳에서 나타나는 가장 중요한 사회적 실험 중 하나이다"(Hopkins 2011, 13). 다른 전환 이론과 마찬가지로 생태적 위기에 의해 허락된 시간의 틀 내에서 사회의 근본적 변화를 지향하는 새로운 이야기를 담고 있다. 이 접근 방법의 기초가 되는 것은 공동체의 회복을 일구는 것이 "집단적인 디자인 기획"이라는 점을 인식하는 것이다(45). 지역적인 실천을 통해 회복력의 필요성을 다시 논의하는 것이 이 계획의 주요한 성과이다. 이처럼 실제 삶에서 사회적 혁신 디자인의 실험은 폭넓은

네트워크로 형성되어, 지금까지 34개국 이상에서 전환 계획이 진행되고 있다.[8]

탈성장의 개념은 특히 일부 유럽에서 전환 운동을 가시화하고 있으며, 전환 디자인 체계에서 중요한 구성요소가 될 만큼 잠재력을 지닌다. 그 명칭이 암시하듯이, 탈성장 운동은 경제 성장이 최우선의 목표이며 사회가 하는 조정 업무라는 것을 비판하는 것에 기초한다. 생태경제학자와 다른 이들이 증명하듯이, 성장은 무한정하게 계속될 수 없고, 현재의 수준으로는 더 오래가지 못하며, 머지않아 에코시스템의 상당 부분이 붕괴할 것이다. 탈성장은 자본주의, 시장, 성장과 발전에 관한 폭넓은 철학적·문화적·생태적·경제적 비평과 급진적·사회적 변화에 관한 정치적 전망을 결합한다. 그 원천은 산업주의에 대한 일리치(1973)의 비판과 사회생활로부터 경제를 떼어내는 것에 대한 폴라니(1957)의 분석으로부터, 바이오 경제와 생태적 위기에 관한 지속적인 관심에 이르기까지 매우 다양하다. 탈성장은 (지속가능한 탈성장에서 유래하여) 강한 생태적 기반을 갖지만, 그것이 지향하는 장기적 과제는 문화적이고 비물질적인 다양한 영역을 횡단한다. 일부의 탈성장 주창자들이 자극적으로 말하듯이 탈성장은 "기존보다 적게" 하는 것이 아니라, **적게 그리고 다르게 사는 것**에 관한 것이다. 다시 말해 생명을 배양하

는 한편으로, 동시에 축소하는 것이다(Kallis, Demaria, and D'Alisa 2015).[9]

탈성장은 "경제적인 이유로 분리된 인간 정체성을 재발견하고, 변화된 문화를 함의하는 새로운 상상적 형태를 향해 나아가는 길"로 묘사된다(Damaria et al. 2013, 97). 이러한 새로운 상상은 인간의 삶을 조직하는데 있어 시장 중심에서 벗어나고, 민주주의를 재배치하고 재발명하기위한 전적으로 다른 형태의 제도를 발전시키고자 한다. 이러한 목표를통해 탈성장은 대항 행동주의와 대안적 경제를 건설하려는 것에서부터다양한 방식의 개혁주의에 이르기까지 광범위한 전략과 행위자를 포함한다. 탈성장 이론가들은 논란이 되었던 자발성이라는 단순함보다는, (도구, 커먼즈, 경제 등) 탈성장의 목표와 공간의 디자이너로서 공생의 개념을 선호한다. 따라서 탈성장의 목표는 "공동으로 그리고 더 적은 것을 가지고 단순하게 사는 공생의 사회로의 전환"이 된다(Kallis, Demaria, and D'Alisa 2013, 11). 또한, 탈성장은 비록 간접적이긴 하나 인구 문제에 대해 여성해방의 정치와 연결해야 할 필요성을 강조하면서 이 이슈를 다루고 있다.

커먼즈의 보호와 재창조를 둘러싼 운동들은 북반구와 남반구의 전환담론을 연결해 주며, 이러한 이분법을 해체하는 데 도움을 준다. 데이

---

9   여기에서 탈성장이 제시하는 것은 바르셀로나 자치대학의 ICTA에서 생태경제와 탈성장에 공헌하는 이론에 그 기반을 두고 있다. 이 그룹이 내놓은 학술적 결과는 탈성장을 위한 종합적 틀을 구축하려는 인상적인 노력이었다. 특히, 다음의 작업을 참고하라(Schneider, Lallis and Martínez-Alier 2010; Martínez-Alier 2009, Kallis 2011; Kallis, Kerschner and Martínez-Alier 2012; Cattaneo et al. 2012; Sekulova et al. 2013; Demaria et al. 2013; Asara, Profumi and Kallis 2013; D'Alisa, Damaria and Lalis 2015).

비드 볼리어(David Bollier 2014)가 지적하듯이, 커먼즈는 다른 방식으로 세상을 보고 존재하는 길을 인도하는 자연사회 삶의 대안적 모델이다. 커먼즈를 위한 투쟁은 북반구와 남반구 모두에 걸쳐 발견된다. 숲, 씨앗, 물에서 도시 공간과 사이버 공간, 그리고 이들 사이의 내부 연결까지도 점점 더 가시화되는 실천이 진행되고 있다(Bollier and Helfrich 2012, 2015). 커먼즈에 대한 논쟁은 다양한 세계와 사람들이 공통적인 이해를 공유한다는 순간에 진행되는데, 그럼에도 불구하고 연관된 모든 이의 이해가 같지는 않다. 커먼즈의 전망과 실천이 기반한 장소와 특수한 세계에 따라 다르기 때문이다(de la Cadena, 2015). 커먼즈와 커먼즈를 행하는 것에 관한 성찰은 커먼즈가 이분법적 개념들, 특히 인간과 비인간, 개인과 공동적인 것, 그리고 몸과 마음의 이분법을 무너뜨리는 것을 드러내려는 경향을 보인다. 이 토론은 모든 것이 불가피하게 합치되는 생명의 끊임없는 흐름 안에 인간을 다시 위치시킨다. 현재의 커먼즈는 삶을 증진할 엄청난 잠재력을 지니고 있다.

탈성장과 커머닝(commoning)은 개인과 경제의 탈구조화를 이끌면서 새롭게 나타나는 운동이다. "커먼즈를 창조하는 경제"로의 나아가는 것(Helfrich 2013)은 사회와 자연에 경제를 다시 위치시키고 사람들을 공동체 안으로, 인간을 비인간 안으로 재통합하고, 지식이라는 것을 아는 것, 존재하는 것 그리고 행하는 것과 불가피하게 합치되는 것을 요구한다. 이것이야말로 존재론적으로 지향된 디자인 실천을 위한 주요한 이슈이다.

탈발전, 부엔 비비르, 자연의 권리, 문명적 전환

성장의 패러다임이 발전 패러다임에서보다 더 지속적으로 사용된 다른 사회, 혹은 정치적 장소는 없는 것 같다. 발전은 지금까지 지속불가능성과 미래를 볼 수 없는 구조를 만든 주요한 담론이자 제도적 기제 중 하나였다. 전환 디자이너가 이런 지적·정서적 압력에 저항하는 것이 중요하다. 특히, 자신이 지명하고 자신을 위해 일하는 엘리트 그룹을 중심으로 큰 변화 없이 계속되는 '국제 공동체', 그리고 소위 지속가능한 발전이라는 명목으로 피해를 양산하는 정책적 처방을 십오 년 이상 더 계속하는 시기에는 더욱 그러하다.

발전의 황금시대는 1950년대에서 1970년대까지로, 부유한 서구를 따라잡으려는 가난한 제3세계 국가의 꿈이 세계 지도자 대부분의 상상력을 사로잡고 있던 시대였다. 1980년대 후반부터 세계 여러 지역에서 문화비평가들은 발전이 서구가 문화적·사회적·경제적으로 제3세계를 재생산하는 강력한 메커니즘으로 작동하는 담론이었다고 주장하면서 발전 개념 그 자체에 의문을 제기하기 시작했다(Rist 1997; Escobar 2011). 이 분석은 성장, 진보 및 도구적 이성을 포함하는 발전에 대한 주요한 가정에 근본적인 문제를 제기한다. 몇몇은 이러한 비판의 연장으로서 '포스트 발전(post-development) 시대'를 이야기하기 시작했다. 이는 세 가지가 서로 연결된다. 첫째로 발전 개념이 아시아, 아프리카, 라틴아메리카의 조건을 재현하는 것에서 벗어난다. 이렇게 발전이라는 전제에 덜 매개되면서 다른 조건을 논하는 또 다른 담론의 공간을 여는 것이다. 두 번째로, 담론 공간은 발전의 끝에 대해 생각하고, 구체적인 가능성으로 발전 대안보다 발전에 관한 대안을 찾도록 만들어졌다. 세 번째로, 발전에 관한 전문적 지식과 권력의 질서를 변화시켜야 한다는 진지한 필요성을 자각하게 되었다. 이러한 목적을 위해 포스트 발전주의 변호인들은 대안을 위한 유용한 사고가 풀뿌리 운동의 실천으로부터 수집될 수 있다고 주장한다.

포스트발전과 발전에 대한 대안에 관한 논쟁은 지난 십 년간 라틴아메리카에서 진보적 정부의 집권과 연결되어 힘을 얻었다. 물론 이와 같은 경향이 나타난 주요한 동력은 분명히 사회운동이었다. 포스트발전과 밀접하게 연결된 두 가지의 주요한 영역은 ('잘살기' 혹은 문화적으로 적절한 개념에 의하면 '더불어 잘살기'의 뜻을 가지며 케추아어로는 **수막 카우사이**(sumak kawsay), 아이마라어로는 **수마 카마냐**(suma qumaña)로 불리는) 부엔 비비르와 자연의 권리이다. 사회적 삶에서 탈경제화를 추구하며, 영성의 관점으로 정의되는 부엔 비비르는 "발전에 대한 대안을 구성하며, 마찬가지로 포스트발전의 중요한 비판에 대한 잠재적인 답변이다"(Gudynas and Acosta 2011, 78). 간단히 말해 부엔 비비르는 선주민의 투쟁으로부터 성장했는데, 이후 농민, 흑인, 환경론자, 학생, 여성, 젊은 이들의 사회변화 아젠다와 절합된다.[10] 2008년, 2009년 각각 에콰도르와

---

10 부엔 비비르와 자연의 권리를 위한 개념의 분석을 위해서는 알베르토 아코스타의 짧은 저작(Acosta 2010), 그리고 아코스타와 에스페란사 마르티네스(Acosta and Martínez 2009a, 2009b)의 책을 참조하라. 에두아르도 구디나스(2014, 2015)의 작업은 이에 대한 전체적 조망을 가능하게 한다. 이에 대해서는 상당히 많은 연구가 진행

볼리비아 헌법으로 명문화되면서 부엔 비비르는 "그 자체로 새로운 형식의 삶을 집단적으로 구성하기 위한 기회를 제공한다"(Acosta 2010, 7; Gudynas 2014, 2015).

부엔 비비르는 경제적 목적을 인간의 존엄, 사회정의 그리고 환경이라는 기준에 의해 종속시킨다. 안데스 지역에서 부엔 비비르의 가장 중요한 예는 서구 지식의 중심성을 지식의 다양성을 강조하는 것으로 대체하고, (생명 중심주의로서) 비인간의 본질적 가치를 인정하며 모든 생명의 상대적 인식을 채택한다. 부엔 비비르가 순수하게 안데스의 문화 정치 기획이 아니라는 것을 강조할 필요가 있겠는데, 그것은 서구 사상 내의 비판적 조류에 의해 영향받았으며, 전 지구적 토론에 영향을 주기를 지향하기 때문이다. 부엔 비비르라는 형태에 관한 논쟁은 근대 도시의 맥락에서 취하게 되며, 유럽과 같은 세계의 다른 지역에서도 일어나고 있다. 탈성장과 부엔 비비르는 이러한 노력에서 '동료 여행가'가 될 수 있다."

....

되고 있다. 먼저 적절한 선행 연구 리스트는 에스코바르를 참조하라(2015a). 월간지인 《라틴아메리카의 운동(*América Latina en Movimiento*)》은 부엔 비비르(452호, 462호), 전환(473호), 포스트발전(445호) 등에 관한 특집호를 통해 이 이슈에 대해 지식인과 운동가들의 빛나는 논의를 제공한다(http://www.alainet.org). 제한된 지면으로 인해 부엔 비비르와 자연의 권리에 대한 개념이 에콰도르와 볼리비아와 같은 진보 정부에 의해 적용된 예를 논의하지는 않을 것이다. 이러한 적용이 선택적이었고 모순적이라는 점, 역시 잘 알려져 있다.

11 여기에서 논의할 수 없는 우분투(ubuntu)라는 남아프리카의 개념과 같은 남반구의 관련된 개념이 있다. 탈성장, 스와라지, 부엔 비비르에 관해서는 코타리, 드마리아, 그리고 아코스타(Kothari, Demaria, and Acosta 2015)를 참조하라.

전환의 상상으로서 탈성장과 포스트성장 비교하기

탈성장과 포스트 발전을 대비시키는 작업은 이들을 잠재적으로 통합하여 전환 디자인의 틀로 만드는 데 있어 유용할 것이다. 포스트 발전과 탈성장의 틀 안에서 포스트 성장, 포스트 자본주의, 포스트 발전에 도달하려는 전략 사이에는 일정 정도 차이가 있다. 탈성장 지지자들에게 이러한 목표는 사회적 삶에 관한 대안적인 해석의 뼈대를 만들고, 진정한 사회운동을 가능하도록 한다(Demaria et al. 2013, 194). 사회운동을 정의하는 기준과는 상관없이, 포스트 발전은 그 자체로 사회운동이라기보다, 사회운동을 통해 그리고 그것과 함께 작동한다고 말하는 편이 정확할 것이다. 최소한 탈성장과 포스트 발전은 **움직이는 사회**(Zibechi 2006), 혹은 **움직이는 세계들**(Escobar 2014)을 기반으로 기능할 때 훨씬 더 효과적이다. 수렴되는 한 가지 중요한 지점은 생태계와 사회정의 사이의 관계에 주의를 기울인다는 점이다. 조안 마르티네스-알리에르(Joan Martínez-Alier 2002)는 (물과 기후정의, 생태적 빚과 같은) 남반구에서 벌어지는 많은 환경정의 운동들이 탈성장과의 강력한 다리로서 기능할 수 있다는 사실을 강조한다. 패트릭 본드(Patrick Bond 2012)와 나오미 클라인(Naomi Klein 2014)도 유사한 방식으로 기후정의는 오직 초국적인 운동과 투쟁의 네트워크를 통해서만 효과적으로 통제될 수 있다고 주장한다.

두 가지 운동 모두 시장과 정책 개혁 그 자체에 의해서는 전환을 성취할 수 없다는 데 동의한다. 또한, 이들은 공통적으로 자본주의와 자유주의가 지속가능한 탈성장, 포스트 발전, 혹은 부엔 비비르를 앞당기기 위한 장소가 될 수 있느냐에 문제를 제기한다. 하지만 에너지 절감이나 번영을 다시 정의하는 것과 같이 탈성장을 강조하는 것은 남반구에서는 적용될 수 없다거나 심지어는 비웃음을 당하기도 한다(여기에는 예외도 존재하는데, 라틴아메리카에서 점진적으로 성장하는 영성과 검소의 측면을 강조하는 에코빌리지 운동이 있다). 이러한 고민은 라틴아메리카의 중산층과 이제 막 시작된 남반구 다른 지역에서 나타나는 과소비와 관련이 있다. 지역에 거점을 둔 작은 실천을 지지하는 것은 재위치화라는 기치 아래 진행되는 탈성장과 포스트 발전을 함께 엮어주는 또 다른 특징이기도 하다. 이 두 가지 흐름 모두가 보이는 관심은 무정부주의적 정치적 상상력에 가까운 지역 자치에 주목하는 것이다.

마지막으로 탈성장과 포스트 발전은 중첩된 도전에 직면하고 있다. 포스트 발전의 측면에서 가장 명확한 도전은 공격적인 채굴주의 정책이다. 환경론자와 풀뿌리 조직에 대한 빈번한 탄압이 계속되는 가운데 에콰도르와 볼리비아 같은 나라는 부엔 비비르와 자연의 권리를 전유하기 시작했다. 또한, (예를 들어, 산지 전용 및 산림 황폐화로 인한 배출 감축(REDD)을 위한) 기업, 비정부 기구, 혹은 정부의 묵인하에 진행되는 관습적인 발전 계획의 압력에 대항하는 지역 공동체의 흐름이 눈에 띈다. 탈성장 쪽에서의 주요 위험은 경제주의의 기본적 구조를 건드리지 않는 녹색경제와 탈성장 계획 속에서 본래 의미가 전도되는 것이다. 마지막으로, 탈성장과 포스트 발전 사이의 파트너십은 북반구에서는 탈성장이 올바른 방향이지만 남반구는 발전이 필요하다는 (북반구에서 나타나는) 인식을 비판하고, 혹은 반대로 탈성장에 관한 관심은 오직 북반구를 위한 것이며 남반구에는 적용되지 않는다는 (남반구에서 나타나는) 사고를 바꾸는 데 공헌할 수 있다.

포스트 채굴주의로의 전환

전환의 기획 중 라틴아메리카에서 두각을 나타낸 가장 구체적이고 정교화된 제안은 '포스트 채굴주의로의 전환'이라는 틀이다. 이는 우루과이 몬테비데오에 근거를 둔 라틴아메리카 사회적 생태 센터(Latin American Center for Social Ecology)가 처음으로 제안한 것으로 많은 남미 국가에서 벌어진 지식인과 운동가들의 치열한 논쟁의 주제가 되어 왔다(Alayza and Gudynas 2011; Massuh 2012; Vlardi and Polatsik 2012; Gudynas 2015; Svampa 2012). 이는 대규모의 채굴, 탄화수소 개발, 혹은 농업 운영의 확장, 특히 콩, 사탕수수 혹은 팜유 등의 바이오 연료에 기반한 채굴주의 모델의 심화에 대한 비판에서 출발했다. 이 활동이 콜롬비아, 페루, 멕시코와 같은 국가에서처럼 관습적이고 종종 야만적인 신자유주의적 채굴주의의 형태를 지니든지, 혹은 좌파 정부의 신채굴주의를 따르든지 간에 탈성장과 포스트 발전이 전환 디자인과 운동에 적절하다는 점을 진지하게 논의할 필요가 있다. 실제로 제안자들은 채굴주의의 속도를 늦추기 위해 집단에 가이드를 제공하는 한편, 대안 공간에 자신을 위치시키면서 발전에 **대한** 인식론적 · 정치적 측면에서 근대의 너머를 지시한다.

포스트 채굴주의의 뼈대는 자연에 대한 접근을 막거나, 모든 채광이나 대규모의 농업을 금지하는 것은 아니다. 오히려 채굴주의가 가져오는 환경적, 문화적 충격을 최소화하기 위해 이러한 활동에서 중요한 변화를 지향한다. 포스트 채굴주의는 두 가지 주요한 목표를 지평선으로 한다. 그것은 무(無)가난과 무(無)절멸이며, 여기에다가 정치적 존재론의 관점에서 세계의 무(無)파괴를 추가할 필요가 있겠다. (환경과 사회적 충격에 대한 고려 없이 일어나고 있는) 파괴적인 채굴주의, (존재하는 환경과 노동 규율을 준수하는) 분별 있는 채굴주의, 그리고 불가피한 채굴주의 사이를 구별하고 유형화할 것을 제안한다. 후자의 범주는 부엔 비비르를 실현하기 위해 꼭 필요하며, 사회적 · 환경적 조건에 온전히 적합한 활동을 포함한다. 에두아르도 구디나스(Eduardo Gudynas)가 이와 관련한 개설서에서 주장했던 것처럼, 포스트 채굴주의를 상상함으로써 "인간중심주의와 실용주의라는 족쇄를 끊을 수 있는 길을 열어주었다. 이제는 사람들과 자연에 관한 풍요롭고 다양한 방식을 통해 창조된 다른 통로를 걸어가기 시작할 때이다. 다시 한번, 핵심적인 것은 바로 생명의 가치 그 자체이다"(2014, 434).

요약하자면, 전환 담론은 북반구와 남반구 양쪽에서 출발하여 지배적인 제도와 관행에 대한 급진적인 문화적 · 경제적 · 정치적 변화를 지향한다. 이러한 변화는 개인적 · 존재론적 분리를 실행하는 체제와 시장에 의해 자연사회의 삶이 완전히 점령당하지 않은 공동체에서 함께 일어날 것이다. 전환이 보여주는 전망은 모든 존재가 상호의존적이라는 것을 강조하면서 우리 시대의 중대한 명령 중 하나에 힘을 싣는데 그것은 바로 서로를, 그리고 비인간 세계와 다시 연결되어야 한다는 긴급한 요청이다. 전환 담론에서 음식, 에너지, 그리고 경제를 다시 배열하고 위치시키는 것이 본질적이며, 비록 지역과 연관되지는 않더라도 강력한 공동체적 기반을 지니며 다양한 경제를 포함하고는 한다 (Gibson-Graham 2006; Gibson-Graham, Cameron, and Healy 2013). 탈성장, 커머닝, 부엔 비비르 및 비채굴주의적 경제 모델을 추구하는 것은 성장과 발전에 대한 근본적 질문을 던지는 한편, 전환의 길로 이동하는 안내자의 상상력과 명백한 목표로 제공된다. 이러한 개념들은 전환 디자인 계획을 위한 구체적 이슈와 국면 및 목표를 포함하는 공간의 지도를 작성한다.

전환을 위한 디자인

이러한 대전환을 뒷받침하면서, 이탈리아의 디자인 이론가 에치오 만치니는 다음과 같이 적고 있다.

오늘날 우리는 이러한 난기류 속에서 오랫동안 이중 세계에서 산다는 것을 예상해야 한다. 이중 세계에는 두 가지 현실이 갈등하면서 존재한다. 하나는 행성의 한계를 인정하지 않는, 즉 '한계를 모르는' 오래된 세계가 있으며, 다른 하나는 이 한계를 인식하고 이 한계들을 기회로 변환시키는 방법을 실행에 옮긴다. (⋯⋯) A라는 대륙이 나타나고 있다. (⋯⋯) 그것은 우리에게는 길지만, 세계 역사에서는 짧은 전환으로, 그 안에서 우리는 모두 살아가기를, 새로운 섬에서 잘살기를, 그렇게 함으로써 삶의 질이 새롭게 나타나는 대륙일 것이라고 배운다.(2015, 2-3)

만치니는 의도적으로 오래된 문화적 배경을 언급하는데, 그 안에서 전환에 적합한 디자인 실천이 형태를 갖추기 시작한다. 이것은 베리가 새로운 시대의 도래라고 희망적으로 독해한 것과 상응한다. 베리는 "우주가 바로 지금 매우 특별한 방식으로 우리에게 자신을 드러내고 있다"고 적고 있다(1988, 215). 기후과학자들에 따르면 인간은 섭씨 2도 이상 지구 온도의 상승을 초래할 파국적 상황을 피하기 위해서는 근본적으로 방향을 전환할 수 있는 오직 삼십 년이라는 적은 기회의 창이 있다. 그러한 극도의 곤궁함으로부터 진화하는 공간에는 이미 수많은 작은 전환의 섬이 수없이 생겨났고, 이곳에서 지속불가능성과 탈미래는 주변으로 밀려나고 있다. 하지만 그러한 섬들에서 삶이 다시 활력을 얻어가는 새로운 대륙으로 성장하기 위해서 아직은 갈 길이 멀다.

전환에 관한 연구는 전환이 디자인된 것이 아니라 발현된다는 점을 명확히 한다. 이들은 자신과 타자가 상호활동하면서 구성되는 역동적 과정에 의존한다. 발현(emergence)은 가장 주요한 원칙 중 하나인데 지역적 행위의 복합성이 낳은 결과로 나타난다. 이 지역에서의 활동은 중앙의 계획이나 지도 없이, 일반적으로 계획하지 않은 상호작용을 통해 (새로운 사회적 질서, 혹은 문명을 지칭하는) 새로운 구조나 통합된 총체로서 발현된다.[12] 시스템의 전환적 시각은 미리 전환의 방향과 성격을 예측할 수 없다는 점을 강조한다. 전환의 시나리오는 가능한 통로와 새로운 미래를 질문하기 위한 도구이며, 당연하게도 이들 모두가 TTI에 관한 유용한 분석이 보여주는 것처럼 만족스러운 결과로 이어지는 것은 아니다. 결국, 중요한 것은 우리가 변화 그 자체에 대하여 사고하는 방식을 바꾸는 것이다. 6장에서 서술할 발현에 관한 아이디어, 자기 조직화, 자기생산은 사회변화의 이론을 다시 사고하기 위한 중요한 요소가 될 수 있다(Escobar 2004). 한 가지는 확실하다. 전환 사상가 대부분이 전환은 일어나고 있다고 단호하게 말하고 있다. 그리고 많은 사회운동은 이를 실현해야 한다는 점을 명확하게 인식하고 있다. 우리는 전환이 시작되는 지점에 와 있다.

전환 디자인을 주제로 최근에 열린 워크숍에서 전환은 기획되지 않았으며 발현하고 있다는 인식은 디자인과 상상이 전환의 사고와 비판적 디자인 연구가 만나는 지점에서 태어났다는 사실을 가장 적절하게 보여준다.[13] 전환 디자인이든, 전환을 위한 디자인이든, 사회적 혁신을

---

12 발현과 자기조직화에 관한 연구는 광범위하며 내가 여기에서 그것을 종합할 생각은 없다. 여기에 대한 최신의 유용한 설명으로는 카르파와 루이시(Carpa and Luisi 2014)를 참조하라. 또한, 짧은 요약으로는 바렐라(1999)와 에스코바르(2004; 2008 6장)를 참조하라. 간단하게 논의된 전환 디자인 워크숍에서 만치니는 자본주의의 출현과 소비에트 연방의 붕괴를 두 가지의 대조되는 발현으로 분석하면서 이 개념을 설명한다.

13 2015년 3월 6-7일 피츠버그의 CMU에서 열린 박사과정의 전환 디자인 심포지엄에 약 50여 명이 참여했는데, 여기에는 프로그램과 관련된 주요한 인사인 테리 어윈, 캐머런 톤킨와이즈, 기든 코소프, 피터 스쿠펠리와 다섯 명의 박사과정 학생, 이 학교 박사 졸업생, 외부 강연자인 앤-메리 윌스와 에치오 만치니가 주요 발표자로 포함되었다.

위한 디자인이든, 혹은 당신이 생각하는 무엇이든 간에 이 범주가 채택하는 것에는 전환이 발현하고 있다는 공통된 이해가 깔려 있다. 이에 따라 나는 두 가지의 진화하는, 그렇지만 이미 잘 구조화된 뼈대를 제시하고자 한다. 하나는 CMU 디자인 학교의 전환 디자인 대학원 프로그램이며, 다른 하나는 만치니가 그의 가장 최근의 책에서 제시한 사회적 혁신을 위한 전환 개념이다.[14]

CMU의 전환 디자인 체계

CMU의 전환 디자인 프로젝트는 명확한 전망과 목표를 갖고 있다. "전환 디자인은 우리가 '전환의 시기'에 살고 있다는 사실을 인정하고 보다 지속가능한 미래를 위해 사회적 전환이 필요하다는 점과 디자인

나 또한 이 심포지엄에 참여했다.

14 발표는 주로 다음 언급되는 저작과 심포지엄에서 내가 참여한 것에 기반한다 (Irwin 2015, Irwin, Kossoff, and Tonkinwise 2015; Kossoff 2011, 2015; Scupelli 2015; Tonkinwise 2012, 2013a, 2013b, 2014, 2015; Irwin et al 2015; Manzini 2015). 명백한 인용이 아니고서는 이 발표에서 특정한 저작을 지시하지는 않을 것이다. 발표 대부분이 (자료를 바탕으로 한 사고에 기반하여) 직접적 표현을 사용했다면, 몇몇은 올더스 헉슬리(Aldous Huxley)의 작중 인물 중 한 명인 작가가 '사고의 소설'이라 명명한 것처럼 '대위법(point counter point)'을 사용한다. "변화는 한 건반에서 다른 건반으로뿐 아니라, 한 음조에서 다른 음조로의 이동을 의미한다. 하나의 테마가 나타나, 발전하고, 형태가 만들어지고, 알지 못하는 사이에 변형되며, 그것이 완전히 다르게 될 때까지는 여전히 같은 것으로 인식된다"(1996, 293-204). 이러한 '대위법적 플롯(counterpuntal plots)'의 동력학은 학계의 글쓰기에서 종종 사용되고는 한다.

이 이러한 전환에서 일정한 역할을 한다는 믿음을 주요한 전제로 한다"
(Irwin, Tonkinwise, and Kossoff 2015, 2). 이러한 전제는 두 가지 방법으로
제시된다. 이 대학원 프로그램 내부에 전환 디자인이라는 하위 범주를
설정하면서도 디자인 연구 전체를 포괄한다. 또한, 잠정적이지만 숙고
를 거쳐 만든 전환 디자인의 개념을 제안한다. 이 대학의 대학원 프로
그램 구조는 (상품, 커뮤니케이션, 환경이라는) '디자인 트랙'과 '전공 영역'
의 혼합을 기반으로 한다. 이 전공 영역은 서비스 디자인(긍정적인 변화
가 달성될 수 있는 기존의 패러다임과 시스템 안에서의 디자인), 사회적 혁신을
위한 디자인(출현하는 패러다임과 긍정적인 사회적 변화를 이끄는 대안적 경제
모델 **내부에서의**, 혹은 그것을 **위한** 디자인), 전환 디자인(급진적이고 이상적인
사회적, 환경적 변화를 이끄는 새로운 패러다임에 **대한** 혹은 그 **내부에서의** 디자
인)을 포함한다. 이 트랙과 전공 영역 모두는 (사람들 사이, 구성된 세계, 그리
고 자연환경을 넘나드는) '상호작용을 위한 디자인'이라는 포괄적인 우산 아
래 놓인다. 이러한 방식은 정확하게는 전환 디자인 전공 영역뿐 아니라,
자연 세계를 모든 디자인 활동을 위한 영역으로 파악하고 있다.[15]

많은 디자인 학교는 전환 디자인을 통해 오늘날 생태적 · 사회적 도
전과 압력이 커지는 시기에 디자인 담론 형성과 교육에 개입한다. 물
론 바우하우스(Bauhaus)가 비지속가능한 근대적 삶의 양식을 만들어 온
것에 커다란 영향을 준 것처럼, 현장에서 이를 실현하는 것은 생각보

---

15 독특하면서도 흥미로운 카네기멜론대학의 디자인 학교의 체계에 대해서는 웹사이트
를 참조하라(http://design.cmu.edu/content/program.framework).

다 훨씬 더 어렵다. 따라서 CMU 그룹이 구조적 비지속가능성에 직면하여 급진적 사회변화를 이루기 위해 디자인 연구 영역, 교육, 실천에 헌신하는 것은 디자인 분야뿐 아니라 전체 학계로 보아도 대담한 시도라고 볼 수 있다. 전환 디자인 트랙을 개설하려는 계획은 1장에서 인용되었던 예들(John Thackara; Anthony Dunne and Fiona Raby; and Pelle Ehn, Elizabeth Nilson, and Richard Topgaard)에 상응하면서도, 디자인의 방향을 재설정하려는 구체적인 시도로 파악할 수 있다. 실제로 그룹의 전환 디자인 상상력은 적어도 영미권 학계에서는 현재의 인문학과 사회과학, 혹은 지구화 혹은 환경 연구와 같은 다제학문 분야에서 구현된 변화를 뛰어넘는다. (내 견해로는 주요 대학들은 대부분 더욱 세계화되고 상호연결된 세계에 관한 성찰 과정 없이 주어진 분야에서 성공하도록 교육해야 한다는 주문을 받고 있다. 이것은 세상에 나갈 준비를 하는 이들에게 시장 경제 속에서 경쟁하는 것을 의미하며, 많은 이들이 비지속가능성과 탈미래를 수행하는 것으로 귀결되고 말 것이다.) 그렇다면, 이 새로운 영역이 개념화되는 방식을 살펴보자.

CMU 프로그램의 체계는 서로 연결된 네 가지의 다른 영역에 구조화된 발견 학습법(heuristic) 모델을 기반으로 한다(그림 5.1을 참조하라). 그것은 몇 가지 독특한 특징이 있다. 첫째로 장기간의 지평을 설정하며, 지속가능한 미래의 전망을 담고 있다. 전환에 의한, 전환을 위한 **전망**의 창조는 그 접근법에 있어 시금석이다. 그리고 이 틀을 만드는 구성요소들이 개발되고 있다. 그것은 전망에 대한 비판적 연구와 결합된 완벽한 전략이라기보다는, (예를 들어, 시나리오 구성, 예측 그리고 성찰적 디자인이라는) 대안적 미래에 관한 토론을 가능하게 하는 도구와 방식에 집

지속가능한 사회로의 전환을 위한 전망이 요구된다. 그것은 장소에 기반하지만, 기술 및 정보, 문화의 교환으로 전 지구적으로 연결된 인간의 모든 라이프스타일에서의 재개념화를 요구한다. 또한, 공동체가 에코시스템과의 상징적 관계 속에서 존재할 것을 요청한다.

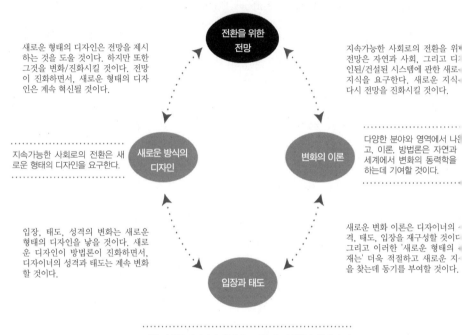

새로운 형태의 디자인은 전망을 제시하는 것을 도울 것이다. 하지만 또한 그것을 변화/진화시킬 것이다. 전망이 진화하면서, 새로운 형태의 디자인은 계속 혁신될 것이다.

지속가능한 사회로의 전환을 위한 전망은 자연과 사회, 그리고 디자인된/건설된 시스템에 관한 새로운 지식을 요구한다. 새로운 지식은 다시 전망을 진화시킬 것이다.

지속가능한 사회로의 전환은 새로운 형태의 디자인을 요구한다.

전환을 위한 전망

변화의 이론

새로운 방식의 디자인

입장과 태도

다양한 분야와 영역에서 나오고, 이론, 방법론은 자연과 세계에서 변화의 동력학을 하는데 기여할 것이다.

입장, 태도, 성격의 변화는 새로운 형태의 디자인을 낳을 것이다. 새로운 디자인이 방법론이 진화하면서, 디자이너의 성격과 태도는 계속 변화할 것이다.

새로운 변화 이론은 디자이너의 격, 태도, 입장을 재구성할 것이다 그리고 이러한 '새로운 형태의 재는' 더욱 적절하고 새로운 지을 찾는데 동기를 부여할 것이다.

전환 시대를 살아가기 위해서는 개방성, 마음챙김, 협력의 자발성, 그리고 '낙관적인 까다로움'의 태도와 입장이 필요하다.

그림 5.1 CMU의 전환 디자인 프레임워크. 네 영역은 서로 강화하며 함께 진화한다. 출처: 테리 어윈, 기든 코소프, 캐머런 톤킨와이즈의 다이어그램을 기반으로 어윈(2015: 5)에서 재작업.

중한다. 그리고 전환 디자인 작업의 상당 부분에서 필요한 기본적 성격과 일상의 변화와 관계가 있는 디자인은 1장과 이번 장의 초반부에서 논의된 몇 가지 트렌드를 포함하고 있다. 또한, '전망'에 관한 측면은 특히 TTI, 대전환 계획과 같이 이미 논의된 몇 가지의 전환 담론에 기대고 있다.

CMU 체계가 가진 두 번째 독특한 성격은 사회변화 이론을 전환을 위한 디자인 전략의 중심으로 끌어들이는 점이다. 여기에는 디자이너들에게 항상 진화하는 태도로서 세계에 대한 비판적 태도를 견지하려는 의도가 존재한다. 전환 디자인 트랙과 함께하는 주요한 이론 중 하나는 생명 시스템 이론으로 자연과 사회적 시스템 내에서 일어나는 자기 조직화, 발현, 회복력의 역학을 설명하는 지식의 신체와 같다(이 이론에 관한 설득력 있는 설명으로는 프리초프 카프라(Fritjof Capra)와 피에르 루이지 루이시(Pier Luigi Luisi)의 최근 저작(2014)을 참조하라). 이 지식의 본체는 비록 생명과학 내에서는 상대적으로 주변부에 머물고, 몇몇 예외 (Taylor 2001 ; B. Clarke and Hansen 2009)와 함께 사회변화에 관한 이미 알려진 이론들 사이에서도 잘 알려지지 않았음에도 불구하고, (예를 들어 조애나 메이시(Joanna Macy), 브라이언 굿윈(Brian Goodwin), 엘빈 라슬로(Ervin Laszlo)와 대전환 계획 등) 많은 전환 담론에 있어 중심적이다. 생명 시스템 이론과 영성의 관점을 통해 CMU의 전환 디자인 팀에서 활동하는 기든 코소프(Gidden Kossoff)는 (가정, 마을, 도시, 지역으로) 중첩된 구조의 측면에서 일상의 장소를 관계론적 측면에서 개념화하는데, 각각은 협력적인 네트워크를 둘러싸고 자기 조직화의 역학을 지니게 된다. 코소프는 다음과 같이 설명한다. "지속가능한 사회로의 전환은 지구 위 모든 곳에서, 즉 가정, 마을, 동네, 도시와 지역의 재발명과 재구성을 요구하는데, 그 방향은 상호의존적이고, 중첩되며, 자기 조직적이고, 참여적이고 다양화된 전체로서 이해해야 한다. 이는 근본적으로 일상생활에서 진정한 전체론(holism)으로의 전환을 의미한다. 그 결과, 우리가 지금까지 익숙해져 온 중심화되고 동질화된 것과는 대조되는 탈중심화되고 다양화된 일상의 구조가 보인다. 그것은 (……) 단지 사람들만의 회합이 아니라, 사람들, 인공물, 자연의 모임을 체현하며, 복합적이고 상호연결된 규모의 수준이 될 것이다"(2013. 36). 이러한 개념화는 세계적인 것을 지나치게 강조하고, 지역적인 것에 무관심하던 기존의 수직적 위계를 피하는 변수의 상상력을 통해 장소를 기반으로 한 전환에 전망을 제동한다. 재지역화와 재공동체화를 강조함으로써 모든 전환 계획은 이런 위계의 전복을 꾀한다. 중첩된 구조와 네트워크 측면에서 사고하는 것은 행위성에 관한 분배된 이해에 기초를 제공한다.

체계를 이해하는 변화 국면을 이론화하는 것은 (비전문적 지식에 주목하는) 탈정상 과학에 호소하는데, 이를 통해 디자이너들이 변화에 대해 당연하게 받아들였던 사고를 적극적으로 성찰하게 된다. 몇 가지 방식에서 그것은 변화에 대한 이해의 씨를 뿌리는 디자인 이론과 방식을 통합한다. 예를 들어, 리처드 부캐넌(Richard Buchanan)의 디자인의 네 가지 질서와 아놀드 워서맨(Arnold Wasserman)의 발견 학습법에 기반한 디자인 체계가 존재한다(Scupelli 2015). 하지만 많은 질문이 지금까지 이 틀로 통합된 변화 이론에 의해서 충분히 제시되지 못한 채 남아 있다.

실제로 이 질문들은 대부분의 인간 행위와 사업과 같은 주요한 행위
자의 역할에서 어떻게 미래화와 탈미래화 사이에 놓인 실타래를 풀어
낼 것인가에 관한 디자인 이슈를 포함한다(Scupelli 2015). 또한, 이론화
가 충분치 못한 다른 이슈도 존재한다. 예를 들어, 시스템과 복잡성 이
론에 주목하는 경향은 (마르크스주의 혹은 탈구조주의에서 유래하던) 비판
적 사회이론이 특히 역사, 권력과 정치, 지배와 저항에 관한 질문들을
관성적으로 다루는 전통을 넘어서야 할 도전에 직면했음을 지시한다.[16]
이러한 불완전성은 근대 사회이론 전체가 막다른 골목에 다다랐음을
암시한다. 2장에서 논의한 바와 같이 네트워크와 집합의 개념은 행위
성에 관해 당연시하던 인식을 해체하는 오랜 길을 걸어왔다. 하지만 포
스트휴먼이라는 새로운 지평에서 사회이론이 견지해 온 지배, 저항, 계
급/젠더/인종 등으로 명명했던 것에 대한 보다 설득력 있는 설명을 제
공해야 한다.[17]

....

16 로드 아일랜드 디자인 학교의 데미안 화이트(Damian White)는 심포지엄에서 이 지점
을 강조했으며, 그의 발표에서도 다루었다(2015).

17 생명 시스템 이론을 제외하고도 현재의 변화 이론(Theories of Change)의 구성요소
는 사회-실천 이론과 (예를 들어 일리치와 같은) 몇몇 근대성 비판, 그리고 발전과 같
은 지배적 담론에 관한 후기구조주의적 분석을 포함한다. 나의 견해로는 변화 이론
을 통해 전환 디자인을 풍요롭게 할 수 있다. 즉, 전환 디자인이 직면하는 장애물을 넘
어 길을 조명해 줄 유용한 제안을 제공하는 것이다. 그 주요한 이슈로는 경제를 다시
사고하는 것이다. 내 생각으로는 이 영역에서 가장 발전된 논의는 디자인에 호의적
인 상상력을 보여주는 깁슨-그레이엄의 다채로운 경제라는 틀(Gibson-Graham 2006;
Gibson-Graham, Cameron and Healy 2013), 라틴아메리카의 사회와 연대 경제(예를 들
어, Coraggio and Laville 2014; Coraggio, Laville, and Cottani 2013)이다. 인식론적인 이
슈는 2장에서 언급한 『남반구의 인식론(Epistemologies of the South)』에서 언급한 체계 및

따라서 전환 디자인은 보다 지속가능한 복수의 미래를 향한 사회적 변화를 제안한다. 사회적 · 경제적 · 정치적 그리고 자연 시스템의 상호 연결에 대한 이해를 적용함으로써 가난, 생물다양성의 손실, 공동체의 쇠퇴, 환경과 자연의 훼손, 그리고 기후변화를 포함하는 삶의 질을 나아지게 하는 방식으로 모든 수준에서 존재하는 문제를 드러내고자 한다.

프로그램이 갖는 또 다른 특징은 디자인에 관한 구체적 사고에 있다. "자세와 사고방식"에 대한 논의는 전환 디자이너가 "세계에 '존재하는' 새로운 방법을 발전시킬 것을 요구한다는 점이다"(Irwin 2015, 8). 이는 구체적 가치 시스템을 포함하여 타자와 세계와 연결되는 새로운 실천 모두를 포함한다. 이러한 측면은 관계론적 윤리를 옹호하면서 디자인의 윤리와 실천에 공개적으로 문제를 제기한다. 이는 프란시스코 바렐라(1999)가 했던 질문과 유사한데 과연 서구가 비이원론적인 관계성을 장려할 수 있는가이다. 디자인 작업에서 관계성에 관한 진지한 통찰을 한다는 것은 어떤 의미일까? CMU의 그룹이 주장하듯이 이는 전환 디자이너들 사이에서 활발한 내부 토론을 요구한다. 다시 말해 전환 디자인은 디자인의 비이원론적인 상상력을 담고자 한다. 이원론적 방식을 통한 생각하기, 존재하기 그리고 행동하기가 우리를 둘러싸고 있기에,

---

탈식민적 사고를 통해 건설적으로 논의될 수 있다. 이 틀과 사고는 디자인에 비서구의 숨결을 불어넣을 것이다. 마찬가지로 과학과 기술 연구, 그리고 육체와 물질성 및 기술과학의 재구성과 같은 디자인에 영감을 주는 페미니즘 정치생태학의 작업을 포함할 필요가 있다.

또한 캐머런 톤킨와이즈(2013b, 12)가 "콘크리트로 덮다"라는 적절한 은유를 사용하듯이 우리의 자본주의적 일상이 규범과 구조에 고정되었기에, 실제로 실천하는 것은 말보다 훨씬 더 어렵다. 이 도전에 관한 집단적 협의는 향후 진행 과정에 있어 필수적인 요소가 될 것이다. 이 논쟁은 전환 디자이너에게 여러 방향의 전환을 인도한다. 논쟁에서 제기되는 질문들, 예를 들어 개인적인 것/공통적인 것, 성찰/추상적 지식, 한 가지 진실 대/복합적 진실 등에 관한 논의는 기존의 틀을 안정하지 않기 때문이다.

관계성에 관한 통찰에 주목하고 배우는 것이 근대 인간들, 특히 전문가로 인정받는 이들이 직면해야 하는 가장 어려운 이슈 중 하나라는 점은 아무리 강조해도 지나치지 않다. '비이원론적 존재'가 일상에서 무엇을 의미하는가? 이 책이 다룬 존재론에 관한 분석의 후기로서 이 질문으로 돌아오는 것은 우리가 분리된 관찰자가 아니라, 오히려 세계에 속하면서 이 세계를 끌어들이는 참가자이자 디자이너라는 현상학적 통찰이다. 안다는 것은 관계한다는 것이다. 마푸체(Mapuche)[18] 시인이자 샤먼(shaman)인 아드리아나 파레데스 핀다(Adriana Paredes Pinda)가 노스캐롤라이나 채플힐 대학에서 열린 강연(2014)에서 말한 것처럼, **"우리는 하나의 살아 있는 존재로서 세상을 걷는 법을 다시 배워야 한다"**. 삶의 세계를 포괄하고 지구와 친밀한 관계를 회복하는 것이 이 노력에 있어 근본적이다. 이러한 내부적 작업은 분석적 지식뿐 아니라, 치카나

---

18 칠레와 아르헨티나에 걸쳐 거주하고 있는 선주민이다(옮긴이 주).

페미니스트인 글로리아 안살두아(Gloria Anzaldúa 2002)가 코노시미엔토(conocimiento)[19]라고 명명한 지식, 성찰, 직관 및 감정이 체화된 것을 포함한다. 다시 말해 내부적 작업은 삶의 관계적 실천을 요구하며, 디자인하기는 이론적 성찰을 넘어서는 다른 도구를 요구하게 된다.

마지막으로, 네 번째 특징은 '새로운 방식으로 디자인하기'를 상상한다. 여기에서 이 그룹은 풍요롭고 도전적인 방식으로 공헌하고 있다. 이들 중 몇몇은 이미 지난 장에서 디자인 소거와 탈/미래화에 대한 논쟁, 모든 디자인 작업에 체현된 창조와 파괴의 변증법과 같은 프라이의 작업(2012)을 논의하면서 언급했다. 여기에서 질문이 생겨난다. 디자이너들은 디자인이 에코시스템을 파괴하고, 다른 인간들을 위험 속에 내모는 상당한 양의 물질을 사용하게 되는 결과를 빈번하게 가져온다는 사실에 대해 새롭게 인식할 수 있을까? 그 "디자이너들은 창조적 과정에서 많은 물질을 파괴하고 있는가?"(Tonkinwise 2013a, 5) 디자인이 과거 욕망하는 것의 결과였다면, 새로운 형태는 생태적 문해력을 포함하고 물질성에 새롭게 주목하여 급진적인 지속가능성을 상상하는 디자인이다. 관습적인 비즈니스와 상업, 서비스와 디자인 컨설팅을 넘어 사회적 변화로 나아가면서 혁신을 재사고하는 것. 디자인을 확장함으로써 변화를 지향하는 진원지가 되는 새로운 방향성, 지속가능한 혁신의 재지역화, 그리고 디자인하기를 통해 전망을 고민할 필요가 있다.[20] 이 단

---

19 '지식'을 넘어서는 의미를 담아내기 위해 영어가 아닌 스페인어로 '지식'을 뜻하는 이 단어를 사용했다(옮긴이 주).

20 톤킨와이즈가 지적하듯이, "디자이너 대부분은 존재하는 라이프스타일, 혹은 작업 방

계에서 전환 디자인 체계는 "패러다임의 변환과 함께 가정과 사회를 이해하는 데 전적으로 새로운 방식"을 배양하는 것으로 파악할 수 있다 (Tonkinwise 2012, 8). 사고방식에서의 변화 외에도 전환 디자인의 임무로서 적절한 기술의 창조를 기대할 수 있다. 따라서, 전환 디자인은 새로운 영역의 디자인 방법론이자 실천이고 연구로서 진전된 논의를 제공할 수 있다. 다음은 이 접근 방식에 대한 간략한 요약이다. 전환 디자인은

① 생명 시스템 이론을 이해하고 잘못된 문제를 드러낸다. ② 디자인 솔루션은 사회와 자연의 에코시스템 모두를 보호하고 복원한다. ③ 일상적 삶의 형태가 디자인의 가장 근원적인 기초가 된다. ④ 지역에 기반하고 지구적 네트워크를 이용한 해결을 지향한다. ⑤ 디자인 솔루션의 규모는 다양한 시간적 지평과 복합적 차원을 포함한다. ⑥ 존재하는 해결책을 연결함으로써 더 큰 전환의 전망으로 나아간다. ⑦ 발현하는 풀뿌리 해결책을 확장한다. ⑧ 가장 넓은 범위의 요구를 최대치로 만족시키는 해결책의 기반을 조성한다. ⑨ 디자이너 자신의 마음가짐과 자세를 디자인 프로세스의 본질적 요소로 파악한다. ⑩ 다양한 융합적 지식을 통해 재통합과 재맥락화를 요구한다.(Irwin, Kossoff, and Tonkinwise 2015, 3)

식만을 향상하는 데 초점을 맞춘다. 이는 비즈니스와 같은 디자인이다"(2014, 7). 전환 디자이너는 다른 형태의 윤리가 필요하다.

이러한 진술은 디자인의 중대한 변화를 암시한다. 디자인 그 자체가 전환 과정의 기획이 된다. 그리고 생명과 인간을 풍요롭게 이해하기 위하여 우리는 다른 형태의 정치적 · 신학적 기획에 참여하게 된다.

모두가 디자인하는 시대:
사회적 혁신을 위한 디자인

『모두가 디자인하는 시대: 사회혁신을 위한 디자인 입문서(*Design, When Everybody Designs: An Introduction to Design for Social Innovation*)』(Manzini 2015)는 디자인과 사회변화의 관계를 이야기하며, 그러한 관계를 통해 실천에 옮기는 가장 좋은 방법에 대해 논의한다. 이는 사회적 삶의 현재와 미래가 무엇인가를 전망하는 특별한, 하지만 섬세한 작업에 기초한다.[21] 또한, 이 작업은 점점 더 도전받고 있는 근대 문화를 성찰하는데, 이는 명백하게 그가 '대전환'이라고 파악하는 것에 디자인이 잠재적으로 공헌한다는 관점에서 접근한 것이다(2015, 2). 이 책은 네 가지 제안을 제시한다. (1) 우리는 모든 이가 자신의 존재를 디자인하고 재디자인해야 하는 세계를 살고 있으며, 이런 측면에서 디자인의 목표는 개인적 · 집단적 삶의 기획을 돕는 것이다. (2) 세계는 대전환을 통과하

---

21 현상학적으로 말해서, 이 저작은 실행자의 결과물이라고 할 수 있는데, 이 실행자는 실천에서, 즉 디자인을 최대한으로 실행하는 장인(匠人)과도 같다.

고 있다. 디자인은 생산과 소비를 연결하고, 분배 시스템을 만드는 탄력적 기반 시설을 통해 지역과 세계를 효과적으로 연결하는 범세계적 지역주의(cosmopolitan localism) 문화를 배양하는 데 공헌할 것이다. (3) 일상생활의 조건을 변화시키려는 사람들의 행동은 협력적인 조직을 통해 점점 더 많이 나타나고 있다. 따라서 디자인 전문가들은 협력적 사회변화를 위한 조건을 창조하는 것의 일부가 된다. (4) 위의 모든 것들은 디자인에 관한 국제적 대화에서 나타나며, 이를 통해 전문가, 비전문가 모두가 디자인 작업을 할 수 있도록 문화적 배경을 바꾸고자 한다. 네 가지의 서로 연결된 제안을 통해 볼 때, 모두가 디자인한다는 것을 깨닫게 된다. 이 디자인하기는 분배된 행위성을 기반으로 작동하는데, 현재 진행되는 중요한 전환에 있어 필수적이라고 할 수 있다. 그리고 이 모든 것이 디자인의 새로운 문화가 출현하고 있음을 의미한다. 행위자, 역사성, 형식, 목표와 디자인의 문화에 관련하여 이 네 가지 진술은 서로 통합되어 사회 혁신을 위한 강력한 전망을 지닌 디자인의 기반이 된다. 이제는 이를 확인해 보도록 하자.

사회적 실천을 위한 배경은 지역이다. 지역에서는 새로운 기능, 실천 그리고 의미를 창조하는 협력적인 기획들로 가득 차 있다. 음식의 토착화를 위한 전략은 가장 잘 알려진 예이지만, 여기에는 에너지, 기반시설, 건설, 그리고 경제의 다양한 측면을 포함하여 모든 종류의 전환 활동에 적용할 수 있다는 점을 강조하고자 한다. 흥미로운 점은 대다수의 혁신이 새로운 논리, 즉 분배된 시스템의 논리를 통해 발생한다는 점이다. 본질적으로 지배적이고 중심화된 상명하복의 근대 시스템과 (조직과 사회적 삶에서 위계적 모델을 재현하는) 사회기반에서, 분배된 시스템은 더 광범위한 네트워크로서 상호 연결되는 탈중심화된 요소를 기반으로 작동한다는 사실이다. 디자인에 관련하여 분배된 행위성이 제공하는 통찰력은 "시스템이 확장되고 네트워크화가 진행될수록, 사회와의 인터페이스를 더 크고 강하게 연결하고 사회적 측면에 대한 혁신이 더 많이 고려되어야 한다"(Manzini 2015, 17). 연결된 행위가 증대하면서 더욱 탄력적인 시스템이 만들어지며, 노동과 관계, (부엔 비비르와 유사한) 복지, 그리고 결과적으로 "새로운 문명"에 관한 재개념화가 진행된다(3). 만치니는 디자인이 문명의 의미 구성에 적극적으로 참여하는 과정에서 디자인의 가설이 실현될 수 있는 것으로 이해한다(26).

이 가설을 실천하기 위해 만치니는 두 가지의 구별 지점을 소개한다. 첫째, 디자인의 두 가지 차원, 즉 문제 해결과 의미 생산이다. 그리고 두 번째로 확장 디자인과 숙련 디자인으로 나누어지는데, 확장 디자인은 모든 사람이 디자인할 수 있는 능력을 부여받는다는 것을 뜻하며, 숙련 디자인은 전문적인 디자인 지식을 의미한다. 문제 해결과 의미 생산 사이에서, 확장 디자인과 숙련 디자인 사이에는 2장의 제목에서 언급하듯이 "연결된 세계에서의 디자인"에 관해 다시 생각할 공간을 열어준다. 만치니의 모델에서 이 공간은 확장 디자인과 의미 생산이 연결된 "문화적 행동주의"로부터 전문가가 주도하는 문제 해결에 초점을 맞춘 기술적인 행위에 이르기까지 디자인 모델이 직관적 도구로 기능한다. 이 방식은 종종 특정한 장소와 상황이 겹쳐져 만나면서 새로운 디자인 문화에 자양분을 제공한다. 이렇게 새로운 문화의 지향점은 (아마도 지

플루리버스

속이라는 선을 따라) 여러 장소와 지역에서 새로운 생태계를 건설하는 것이다. 공동 디자인의 실천, 참여 디자인, 그리고 (이어지는 장에서 자치적 디자인에 더하여 논의할) 디자인 행동주의는 사회적 혁신을 위한 새로운 방식의 자원이 된다. 새로운 디자인 접근법은 현재의 상태에 대해 비판적인 동시에, 폭넓은 문화 변화를 적극적으로 돕는다.

디자인의 관점에서 사회적 혁신을 논할 때, 변화가 어떻게 출현하고 디자인이 어떻게 급진적인 실천방식이 되는가를 통해 사회과학에 대한 이해를 풍요롭게 한다. 그 예는 세계의 다양한 지역과 삶의 영역에서 끌어올 수 있다.[22] 또한, 열린 결말이라는 공동 디자인 과정에서 배우게 되는 많은 교훈이 있다. 예를 들어, (지역 농산물을 경작해 먹는 슬로 푸드 (slow food)와 같은 운동이 지역 너머의 실천으로 확산되는 것처럼) 지역 프로그램은 보편적 시야와, (이 책의 6장에 나오듯이) 지역을 다시 상상하는 전망을 담는 방식으로 연구와 지식을 생산한다. 이를 통해 **"숙련 디자인이 지속가능성이라는 사회적 변화를 이끌기 위해 시행하고, 지원하는 모든 것"**을 사회적 혁신을 위한 디자인으로 정의할 수 있다. 물론, 모든 디자인이 이 정의에 맞추어야 하는 것은 아니다. 상당수가 ('큰 자아'와 '고정됨'에 기댄) 관습적인 디자인 모델에 매여 있다. 대화적 협력

---

22 만치니는 영국과 이탈리아의 협력적 서비스, 주거 프로그램, 이탈리아의 슬로 푸드와 민주적 정신과학 운동을 사례로 든다. 그는 자신의 책에서 밀라노에 기반을 두고 있지만, (연계된 대학과 디자인 실험실 등) 많은 나라에서 참여하는 사회적 혁신과 지속가능성 네트워크를 위한 풍부한 디자인 경험을 보여준다(http://www.design-network.org/).

의 원칙은 분명히 이런 측면에서 큰 차이가 있다. 플루리버스라는 사회적 혁신을 위한 디자인을 만드는 과정에서 대화주의는 세계와 존재론들 사이에서 발현할 수 있다.[23] 이러한 실천은 협력의 디자인으로 인도하는데 그 안에 전망을 품을 수 있는 역량, 대화적 과정 그리고 확장 디자인과 숙련 디자인 지식이 모두 구성된다. 디자이너들은 진행 중인 협력의 성격과 상황에 따라 기획자이자 운동가, 전략가, 혹은 문화 기획자의 역할을 한다.

　협력적인 조직은 사회적 혁신을 위한 디자인을 활발하게 진행한다. 문제에 직면하며 네트워크가 잘 연결된 곳에서 사회적 혁신은 "사람들, 전문가 그리고 물적 자산이 새로운 방식으로 만나 새로운 의미와 기회를 창조할 수 있을 때" 발생한다(77). 이런 조건은 풀뿌리 조직이나 지역 공동체 및 디지털 네트워크의 교차점에서 자주 나타나는데, 상향식, 하향식 그리고 대등한 관계로 진행되는 실천과 이들의 새로운 결합을 가능하게 한다. 대면이나 비대면을 통합한 상호작용은 사람들에게 공공적 삶의 기획을 재탐색하는 데 유리한 기반을 조성한다. '협력적 삶의 기획'은 최근 근대적 삶에서 현저하게 나타나는데, 부분적으로는 근대 존재론이 지탱해 온 극단적 개인주의적 삶의 방식을 수정하는 것으로서, 건강, 교육, 교통 등에서 무기력한 결과를 초래하는 것에 대한 대응이다. 그러므로 협력적 삶의 기획 개념은 근대의 중요한 성격

23　비록 만치니가 작업해 온 것은 아니지만, 이에 관한 소개를 하고 있다. 그에게 있어 새롭게 출현하는 문명은 복합적 플루리버스 내부에서 나타난다(23).

에 대한 비판이 포함되어 있다.[24] 달리 말하면, 이 개념은 개인의 행동이 역사 및 집단과 분리될 수 없는 의미 시스템 안에서 발생한다는 인류학적 통찰을 포함한다. 마찬가지로 **"협력적 조직은 상향식 계획으로 분류된다. 모든 것은 풀뿌리 수준에서 일어나기 때문이 아니라, 관계된 사람들이 적극적으로 관여하는 것이 이들 존재의 전제 조건이기 때문이다"**(83).

협력적 삶의 기획에 관한 만치니의 개념은 아메리카의 몇몇 선주민 그룹이 발전 프로그램에 반대하여 제안했던 기획과 호응한다(Blaser, Feit and McRae 2004). 선주민들은 **자신의 장소에서** 자신의 경험으로부터 발현된 좋은 삶을 개념화했다. 그 방식은 발전 기획이 제공하는 보편적인 좋은 삶으로 알려진 것과는 다르다. 지구와 대지에 기반을 두면서 선주민들은 좋은 삶에 관한 다른 비전을 가능하게 한다(Blaser).[25] 그들은 자신들의 영토와 관계론적 존재론을 방어하는 방법으로 이를 선택한다. 이들 공동체는 종종 협력적인 조직을 창조한다. 삶을 지키기 위해 문화

---

24 만치니의 전망에는 같은 시스템에 대한 일리치의 급진적 비판과 호응하면서 개인주의와 전문가들에 의한 무능력한 제도 모두에 대한 문화적 비판이 직접적이든 그렇지 않든 분명하게 드러난다.

25 삶의 기획 네트워크는 캐나다 뉴파운드랜드(Newfoundland)에서 마리오 블레이저에 의해 운영되고 있다. 웹사이트에서는 그 목적을 "특정한 장소와 역사적 경로와 현실에 대한 인식에서 출현한 좋은 삶을 다양하게 실천하기를 원하는 아메리카 대륙의 실험에 접속하는 것으로 한다. '삶의 기획'이라는 용어는 (좌우파를 막론하고) '인간'을 최우선으로 전제하는 좋은 삶의 전망과 실천인 '발전 기획'과는 다른 좋은 삶의 실천을 의미한다. 이들의 웹사이트를 참조하라(http://www.lifepovida.net/index.php?lang=en).

적·정치적으로 나서는 이들이 갖는 진정한 강점은 지배라는 고통스러운 조건에서 문화적 자치를 유지해 온 오랜 역사적 경험으로부터 나온다. 따라서 그들은 각각의 '관계적 강도(relational intensities)'를 통해 자연을 인식하고 공동성을 조직하는 다양한 방식 사이에 다리를 놓아야 한다고 주장한다(Manzini 2015, 103).

사회적 혁신을 위한 협력적 조직은 기존에 존재하는 패턴에서 벗어나 재정의된 완전체로서의 디자인 도구와 실천이 된다. 만치니는 자신의 저작에서 주거 협동조합과 공동체 농업으로부터 디지털 스토리텔링과 도시계획 실험에 이르기까지 유럽과 북미의 다양한 사례를 소개한다. 또한, 협력적인 만남의 지도를 그리기 위하여 토론 방식에 대한 디자이너의 발견과 참여, 협력적인 시나리오 만들기, 대화를 조율하는 도구, 아직 실현되지 않았다 해도 대안적 삶의 형식에 대한 거시적 전망의 창조 등을 설명한다. 시나리오는 이중적 성격을 지니는데, 사회적 혁신에 기반을 둔 동시에, 사회적 혁신의 조건을 창조하고자 한다. 그 결과로 출현하는 것이 바로 "협력적 조우의 생태학"이다(118). 이런 맥락에서 사회는 "새로운 방식의 존재와 행위의 실험실"이 된다(132).

집단적 삶을 기획하기 위한 유리한 조건을 조성하기 위해서는 적절한 '기반 구조화'를 통한 호의적인 환경 마련이 요구된다. 공동 디자인의 결과로서 기반 구조를 가능하게 하는 것은 대부분의 근대 행위의 기반이 되는 탈미래적 구조를 (예를 들어, 널리 알려진 개조를 통해) 내부로부터 그것을 전복하거나, (새로운 디자인을 통해) 그것에 의지하지 않고 뒤집는 방식으로 저항하는 것이다. 공동 디자인을 가능케 하는 것은 연구, 실험, 표준화에서부터 플랫폼, 지역의 네트워크화, 공동체 지향의 도구 모델 등 복합적 요소들이다. 흥미로운 지점은 확장 디자인 능력이 이러한 도구와 실천을 통해 실행될 수 있다는 점이며, 이것이 공동 디자인을 효과적으로 만드는 데 핵심적이라는 사고이다. 여기에는 공동 디자인의 도구가 갖는 강력함과 방법론에 대한 합의가 필요하다. **"해결책은 디자이너들이 가치를 두는 결과를 달성할 수 있는 사람들의 역량을 배가하는 인식론적·기술적·조직적 도구를 제공하는 상품-서비스 시스템이다"**(167-168). 이는 다음과 같이 명백하게 보이는 질문으로부터 생겨난다. 어떻게 우리가 살고 싶은 삶을 달성할 수 있을까? 우리는 다시 삶의 기획에 관한 개념과 전망의 중요성에 관한 관련성을 발견하게 된다.

두 가지 측면에서 전략은 작동한다. 첫째로, 광범위한 공통의 기획을 통해 (같은 사회적 장소 내에서, 혹은 지리적 확장을 통해) 더 큰 전망과 다른 의미 체계를 창조하는 것이다. 그리고 두 번째로는 이상적인 해결책의 도움을 받은 지역에서의 기획을 통해서다. 지역과 장소를 기반으로 한다면 네트워킹에 열려 있다. **"오늘날에는 작은 것이 더이상 작은 것이 아니고 지역적인 것은 더이상 지역적인 것이 아니다"**(178)라는 전제에서 접속을 통해 얻을 수 있는 잠재력은 거대하다. 예를 들어 분배된 기반 구조, 권력, 생산, 그리고 이와 함께 추가할 수 있는 분배된 행동주의(Papadopolous 2015; Escobar 2004)와 같이 분배된 시스템이라는 개념을 통해 얻을 수 있는 주요한 교훈은 SLOC로, 작고(small), 지역적이고(loal), 개방된(open) 동시에 연결된 것(connected)이 사회적 혁신을 위한 새로운 기초를 세운다는 것이다(Manzini 2015, 178).[26] 네트워킹을 통해 다른 이들과 함께 작업함으로써 지역의 기획들은 마을과 지역의 수준에서 사다리 효과를 획득할 것이다. 결과적으로 **범세계적 지역주의**(cosmopolitan localism)의 순간이 형성된다(202).

『모두가 디자인하는 시대』는 장소를 만들고 공동체를 건설하고 재건설하는 것을 디자인 임무의 중심에 놓는다. 이는 결코 중립적이고 가정적으로 객관적인 위치가 결코 아니며, 윤리적이고 정치적인 위치에서 삶에 대한 구체적인 이해와 구체적인 양식을 통해 지역화, 자기 조직화, 그리고 협력적인 사회적 실천이라는 세계를 구성하도록 한다. 새로운 문명의 형성을 지원하는 과정에서, 디자인은 '20세기라는 거대한 공룡', 즉 베리가 탈미래를 가속화하는 네 가지 제도(정부, 기업, 대학, 종교)로 대표되는 위계적인 시스템으로부터, 열린 결말을 추구하는 공동 디자인 과정이 더 쉽게 작동할 수 있는 (에코시스템, 장소, 공동체의 결합인) '영토 생태학(territorial ecologies)'의 출현으로 관심을 돌린다. 만치니는 장소에 기반한 정치학이 배타적인 경향과 복고적인 지역주의로 나

---

26 만치니는 이 과정에서 한 가지 중요한 요소를 강조한다. "사람들과 공동체의 역량은 기존의 제도에 저항하며 아래에서 위로의 방향을 통해서만 증대되는 것은 아니다. 또 다른 전략에 기초를 두고 다양한 종류의 개입을 허용해야 한다. 우리가 언급하는 제도는 잘 활용해야 할 뿐만 아니라, 그것을 사용하는 동기를 다시금 생각하도록 하는 서비스와 소통의 도구가 되어야 한다"(2015, 184). 나는 두 가지 전략이 다 함께 작동하는 하위 주체들의 사회운동에 대해 언급했다(Escobar 2001). 하나는 (장소에 기반을 둔) 지역화의 전략으로, 구조화된 지배 세력의 공조에 대항하여 자신들의 영토와 문화를 수호하고 다양한 투쟁을 결합해 내는 것이다. 다른 하나는 오늘날 소위 분배된 권력과 행위자라는 용어를 통한 전략이다.

갈 수 있음을 잘 인지하고 있다. 그러나 이런 경향을 피해갈 수 있다면, "그 결과로 나타나는 지역과 공동체가 새로운 영토적 생태학과 탄력적인 에코시스템뿐 아니라, 지속가능한 복지를 장려하기 위한 필요조건이라는 사실은 틀림이 없다"(202). 이 책의 끝에서 만치니는 이를 광범위하게 적용될 수 있다고 확신한다. "그러므로 장소를 만드는 것은 복지에 대한 새로운 사고를 정의하는 데 상당한 도움을 줄 수 있다. (……) 장소와 공동체의 특성에 기반한 복지의 개념과 사회적 혁신을 다시 정의내리는 것은 새로운 문화를 위한 씨앗이다. 혹은 더 나아가서 복합적인 문화들의 플루리버스를 위한 플랫폼이 될 수 있는 메타 문화의 씨앗이 된다"(202).

이 진술은 부엔 비비르에 대한 라틴아메리카의 논쟁과 조응한다. 하지만 아마도 이번 장에 나온 전환의 상상이 보여주는 가장 주목할 만한 특징 중 하나는 장소의 정치를 진보적·급진적 정치학의 중심적 특징으로 사고한다는 점이다(Harcourt and Escobar 2005). 이것은 다음 장에서 중요한 주제가 될 것이다. 이 과제를 소환하기 전에 잠시 다시 한번 베리를 경청할 필요가 있다. 그는 가장 급진적인 수준에서 전환을 요구하기 때문이다. 『위대한 작업: 미래를 향한 우리의 길』에서 "은총의 순간"이라고 이름 붙여진 장에서 그는 다음과 같이 적고 있다.

지금 우리는 우리 중 누구나 상상할 수 있는 것을 넘어서는 중대한 순간을 경험하고 있다. 말할 수 있는 것은 새로운 역사적 시기의 토대가 되는 생태대가 모든 인간사의 장소에서 뿌리내리게 된 것이다. 신화적 전망은 장소를 통해 실현되었다. 산업화와 기술이 만든 낙원에 대한 뒤틀린 꿈에서, 영원한 재생에 기반한 유기적 지구 공동체 안에서 상생하는 인간의 존재를 상상하는 더욱 생명력 넘치는 꿈으로 대체되고 있다. 꿈은 행위를 자극한다. 더 커다란 문화적 맥락에서 꿈은 행위를 인도하는 동시에 자극하는 신화가 된다.

하지만 우리가 새로운 세기로 향하는 전환을 만들 때조차도 우리는 은총의 순간이 전환의 순간이라는 점을 명심해야 한다. 변화는 짧은 시간 안에 일어나기 때문이다. 그렇지 않다면, 그것은 영원히 떠나버린다.(1999, 201)

플루리버스

6장
자치 디자인과 관계성 및 공동성의 정치학

대지는 명령하고, 민중은 주문하며, 정부는 복종한다. 그렇게 자치를 건
설한다.
──사파티스타 슬로건

세상을 변화는 위에서도, 바깥에서도 오는 것이 아니다.
──2013년 6월, 콜롬비아 포파얀에서 부엔 비비르를 위한 계획과 협력

자치의 열쇠는 생명 시스템이 자신의 자원을 통해 적절히 행동함으로
써 다음 순간으로 나아가는 길을 찾는 것에 있다.
──프란시스코 바렐라, 『윤리적 노하우: 행위, 지혜 그리고 인지』

2013년 6월 9일, 부엔 비비르를 위한 계획과 협력은 콜롬비아 남서부
의 칼리에서 남쪽으로 두 시간 정도 걸리는 포파얀(Popayán)이라는 도
시에서 개최되었다. 라틴아메리카 탈식민 사상의 중심이 되어온 카우

카대학 다학문 발전 연구 프로그램의 석사 과정 후원을 받아 2년마다 열리는 이 행사는 일종의 개방대학으로 학자들, 지식인들 그리고 학계 밖의 운동가들이 모여 대화와 토론을 진행한다. 주로 남서부에서 온 사회운동과 풀뿌리 공동체 활동가들로 구성된 수백 명이 참가하는 부엔 비비르를 향한 계획과 협력은 인식론들 사이를 넘나드는 대화의 공간이다. 선주민, 흑인 지식인과 활동가들의 공헌은 이미 언급되었지만, 노동자, 여성, 환경론자, 농민 그리고 도시 활동가 들의 개입 역시 중요하다는 점을 지적할 필요가 있다. 이 행사는 많은 영감을 주었으며, 남반구에서는 이런 혼종의 공간도 종종 학계에 의해서 조직되는 일반적인 예이다. 우리는 이번 장의 주제와 직접 관련이 있는 행사에서 나온 목소리에 귀를 기울일 필요가 있다.

우리는 언제나 땅에 발을 딛고 꿈을 디자인하는 것에 대한 두려움을 지금 멈추어야 한다.

우리는 영토와 사랑에 빠질 권리를 포기하지 말아야 한다.

자치는 제도가 아니라 관계의 형태이다.

우리는 다르기에 자치가 필요하다.

우리는 공동체들의 공동체를 만들고 있다.

말을 탈상업화하라.

그 비밀은 항상 움직이며 즐겁고, 투명하고, 창의적인 아이와 같고 물처럼 되는 것이다.

이와 관련하여 아마도 가장 명백한 두 개의 제안이 있다. "똑같은 방식으로 우리의 것을 건설할 수 없다." 그리고 "가능한 것은 이미 이루었다. 이제는 불가능한 것을 향해 나아가자."

이러한 주장은 라틴아메리카에서 자치 사상으로 명명되는 것이 융기한 요인에 대한 설명 중 빙산의 일각이다. 이번 장은 공동성(communality), 혹은 존재에 대한 공동 형태를 재구성하기 및 그와 연결된 실천과 평행한 개념인 라틴아메리카의 자치(autonomy) 개념이 디자인 사고를 위한 초석을 제공할 수 있는지 묻는다. 포스트 채굴주의와 생명 기획(Planes de Vida)으로 전환하기 위하여 선주민, 흑인 그리고 농민 공동체들이 상상하는 부엔 비비르는 이런 흐름의 하나이다. 이는 광포한 채굴주의 세계화가 벌어지는 여러 지역에서 씨앗 역할을 하는 동시에, 커먼스, 산, 밀림, 습지, 강 등을 보호하려는 영토적 경험이다.

그렇지만 이들의 약속에도 불구하고, 상당수의 경험은 적대적이고 위축된 상황에서 출발했다는 사실을 언급해야 할 것이다. 자치를 추구하는 과정에서 몇몇 기획은 발전주의로 흡수되고, 어떤 것들은 리더로 인해 내부로부터 무너지며, 몇몇은 여전히 오래된 억압을 다시 도입하거나 새로운 억압을 발명한다. 운동이 시간의 엄청난 무게를 이기지 못하거나, 혹은 노골적인 견제로 인해 사라지는 경우도 빈번하다. (이 문제는 곧 다루겠지만) 이런 상황에도 불구하고 변화가 나타나고 있다. 실제로 역사적 접점에서 공동성과 다양성의 역사적 변증법의 땅인 '아브야-얄라/아프로 아메리카/라티노 아메리카'는 나머지 세계의 전환을 위해 구체적으로 도움이 될 것이라고 많은 이들은 기대한다.

많은 풀뿌리 공동체에서 디자인이 존재론적 작업의 조건 아래에서 출현한다는 것을 기억할 필요가 있다. 이번 장에서 설명할 자치 디자인 개념은 사람들의 영토와 생활 세계를 보호하기 위한 존재론적 투쟁이라는 측면에서 바라보아야 할 것이다. 남은 문제는 이런 공동체에 빈번하게 영향을 주는 폭력과 통제라는 조건에서 디자인을 생각하는 것이 가능하냐는 것이다. 자치의 사고가 번창하고 자치를 위한 디자인이 가장 적절한 의미를 지닌다는 사고가 정확히 그러한 경우로부터 시작된다. 나는 이러한 맥락에서 등장하는 자치의 개념을 간단하게 설명할 것이다. 위에서 세 번째 머리글에 인용된 자치에 관한 프란시스코 바렐라의 간단한 정의를 떠올려 보는 것이 유용하다. 자신들의 자원을 적절하게 사용함으로써 다음 단계를 찾아가는 것은 유기체뿐 아니라 사람과 공동체, 그리고 세계에 적용된다. 이 정의는 존재론적 작업 아래 벌어지고 있는 투쟁 상황을 드러내 준다. 또한, 자원이 중요한 이유는 마찬가지로 생존과 번영을 위한 전략으로 인도하는 개념이기 때문이다.

이러한 가정은 질문하는 것 이상을 의미하지는 않는다. 서문에서 이미 언급한 것과 같이 자치 디자인이라는 말은 모순인가? 이를 긍정적으로 사고하기 위하여 내가 확인하고 싶은 것은 존재론적으로 지향된 디자인이 자치로부터 나온 것이냐, 그리고 자치를 위한 것이냐에 관한 것이다. 다시 말해, 디자인을 지속불가능하고 탈미래적인 실천에 의존하는 것에서 벗어나 다른 세상을 만드는 기획으로 변화시킬 것이 요구된다. 우리가 우리 자신과 사물을 다루는 방식을 변화시키는 존재론적 디자인 원칙을 적용하여 미래를 가능케 하는 도구와 상호작용, 맥락과 언어를 디자인한다는 측면에서 이것은 무엇을 의미하는가? 이 장은 주로 현재 라틴아메리카에서 일어나는 지식인과 운동가들의 논쟁에 기초하여 자치 디자인의 초석을 놓으려는 질문으로 시작한다.

다시 움베르토 마투라나와 프란시스코 바렐라에게 돌아가 이론적 여행을 떠나보자(1980, 1987). 우선 이들이 발전시킨 개념으로 잘 알려진 자기생산(autopoiesis)에 주목한다. 앞으로 논의하겠지만, 이 작가들이 생물학적 자치로 명명하는 것은 자치 디자인에 유용한 가이드라인을 제공한다. 두 번째로 자치와 공동적인 것에 관해 현재 라틴아메리카에서 벌어지는 논쟁으로 넘어갈 것이다. 이는 여러 실타래로부터 자치 디자인의 개념화와 공동적인 것의 실현에 관한 폭넓은 사고를 보여준다. 이 장의 세 번째, 네 번째 부분에는 이 사고를 보충해 주는 두 가지 경험을 소개할 것이다. 내가 참여하기도 했던 첫 번째 사례는 1998년에 일어났다. 태평양 밀림 지역 공동체 형성을 위해 강과 분지 지역 디자인 워크숍을 구성하고 발전시킨 것이다. 두 번째 경험은 콜롬비아의 남서부의 한 특정한 지역을 위한 전환 디자인 실험이다. 이 지역은 100년 이상의 자본주의 발전으로 파괴되었지만, 전환을 위한 상상력이 잠재적으로 무르익은 곳이다. 더 나아가기 전에 먼저 두 가지 전제를 점검해 보자. 먼저, 이 장은 하나의 가설이라는 점이다. 디자인과 자치는 공동의 지붕 아래에서 가능해질 수 있다. 다른 하나는 이 가설이 라틴아메리카에서 나타난 경험과 사상에서 나왔다는 사실이다.

자기생산과 생물학적 자치

마투라나와 바렐라의 작업은 인간의 인식과 생물학적 뿌리에 관한 이론을 넘어 살아 있는 전체의 조직화 이론을 확립했다. 그것은 생물학이자 철학이며, 가장 훌륭한 용어로 설명하자면 사고의 체계이다.' 이들이 생명에 접근하는 방식은 세포 수준에서의 진화에서 사회에 이르기까지 모든 것을 포괄한다. 아마도 그것은 '내부로부터', 즉, 자치로부터 삶을 설명한다고 말할 수 있다. (세포 혹은 기관이 실행하는 기능과 같은) '기능'이 '인풋(input)'이든 '아웃풋(output)'이든, 혹은 유기체가 환경과 맺는 관계이든 간에 생명이 무엇인지와 그것이 무엇을 하는가를 논할 때 관찰자가 생산한 개념에 기대지 않는다. 그들의 이론은 이 생물학적 접근법에서 출발한다. 그리고 생물 체계를 오직 자신을 지시하는 자기생산과 자기보유로 설명한다. 이 방식은 모든 살아 있는 존재의 근본적인 기능이다. 그것은 세계에 관한 재현이 아닌, 거주하는 장소에서 벌

----

1 이는 〈프로젝트 사이버슨(Project Cybersyn)〉을 플로레스와 공동작업한 전설적인 시스템 이론가인 스태포드 비어(Stafford Beer)가 마투라나와 바렐라의 저작인 『자기생산과 인지(Autopoiesis and Cognition)』(1980) 서문에서 지적한 것이다. 〈프로젝트 사이버슨〉은 칠레 아옌데 대통령의 사회주의 정부 집권기(1970-1973)에 사이버네틱스와 컴퓨팅을 칠레 경제에 적용하려는 시도였다. 마투라나와 바렐라 작업의 출발점은 1950년대 말부터이다. 마투라나는 전망에 관한 신경물리학적 연구를 진행했는데, 이는 1960년대에 몇몇 주요한 저작과 논문의 출간으로 이어졌다. 이 출간물은 1973년 스페인어로 먼저 발표된 『자기생산과 인지』의 기반이 되었다. 여기에서 개체발생, 계통발생, 유전, 진화 및 인지와 신경 시스템을 포함한 생물학의 주요한 개념을 급진적으로 재해석하고 있다.

어지는 존재의 효율적 행동이라는 통찰에서 나온다(3장). 이에 따라, 삶의 본질은 그러한 기능적 효율성을 가능하게 만드는 자치를 조직화하며, 이를 위해 마투라나와 바렐라는 **자기생산**이라는 용어를 만들어낸다. "이 용어를 통해 우리는 살아 있는 존재가 문자 그대로 지속적으로 자기생산을 한다는 것을 제안한다. 우리가 자생적으로 형성되는 것을 조직화로 정의할 때 그 과정을 의미한다"(1987, 43). 여기서 비록 기능적이기는 하지만 원래의 정의를 되새길 필요가 있다. 자치적인 시스템의 단위는 다음과 같이 구성된다. "이는 생산 (변화 그리고 파괴) 과정에서 형성되는 네트워크이다. 그 구성요소들은 (1) 상호작용과 변화를 통해서 끊임없이 자신을 생산하는 과정(혹은 관계)의 네트워크를 만들고 재생산한다. (2) 네트워크와 더불어 장소를 구체화하는 방식을 통해 구성요소가 존재하는 공간에서 구체적 단위로 발현된다"(1980, 79).[2]

이를 고려할 때 (현재의 생물학적 용어로 설명하면 생물리학, 세포, 생화학, 신경과 같은) 구성요소들 사이의 관계 체계로서 '조직화'를 사고하는 것이 유용하다. 이 구성요소들의 지속적인 상호작용은 합성물 단위 그 자

---

2   독자들은 이 정의가 지닌 순환성을 지적했다. 실제로『기계와 살아 있는 존재에 관하여(De máquinas y seres vivos)』(1973)가 칠레에서 처음 출간된 판본은 우르보로스 (Urboros)라는 고대의 상징을 언급하고 있다. 이집트에서 기원한 것으로 알려진 이 상징은 자신의 꼬리를 먹는 뱀으로, 자기생산 개념의 핵심은 살아 있는 것의 자기지시성(self-referentiality), 즉 언제나 자신의 안으로 접히는 사물과 에너지를 표상한다. 이는 진화의 핵심적 동력으로서 자신의 안으로 접히는 의식의 개념을 주장한 테야르 드 샤르댕(Teilhard de Chardin)의 논의와 유사하다. 이를 알려준 구스타보 히메네스 라고스(Gustavo Jiménez Lagos)에 감사를 표한다.

체를 생산한다. 모든 살아 있는 시스템은 현재의 생명체 시스템을 유지하기 위한 기본적인 조직화를 유지해야 한다. 그리고 이 조직화를 잃어버리면 이들은 해체되고 만다. 살아 있는 단위 사이의 모든 관계는 자기생산의 유지라는 기반을 존중해야 한다. 이것은 마투라나와 바렐라가 구조적 결합(structural coupling)이라고 부르는 것을 통해 나타난다. 모든 생명 시스템은 이 결합을 통해 환경과 상호작용을 한다. 여기에서 주요한 이슈는 환경이 관계를 결정하지는 않는다는 것이다. 오히려, 환경과의 상호작용을 결정하는 것은 (관계의 기본적인 시스템인) 단위의 조직화 과정에서다. 달리 말하면 생명 시스템은 "조직화에 있어 **기능적인 종결**이 존재한다. 이들의 정체성은 역동적인 과정의 네트워크로 구체화되는데, 그것의 효과는 결코 네트워크를 떠나지 않는다"(1987, 89). 이 특징을 설명하는 다른 방법은 변화가 (자기생산을 유지하기 위해) 조직을 통해 결정되기에, 생명 시스템이 (위의 정의에 따르면 생명 시스템은 곧 '기계'다) 구조적으로 결정된다고 말하는 것이다(1987, 95-100; 1980). 하지만 다시 그것은 살아 있는 존재에서 일어나는 것이 아니기에 환경은 조직화를 방해하는 것이 아니다. 환경은 이 변화에 방아쇠를 당긴다고 할 수 있다.

　이는 생물학적이고 사회적 혹은 문화적 자치에서 나타나는 주요한 특징이다. 시스템은 구조적 변화를 경험하고 환경과 상호작용하기 위해 다양한 구조를 채택할 수 있다. 하지만 자신들의 단위로 남아 있기 위해 기초 조직화를 유지해야만 한다. 자기생산의 단위, 혹은 자생적 세계 사이에서의 역사적인 상호작용은 각각의 단위가 (플루리버스의 상호작용인) 자신들의 조직화를 유지하도록 허용하는 적합한 구조적 변화의 패턴을 형성하면서 반복되는 성격을 갖는다. 이것은 결과적으로 공동의 존재를 통해 행위, 소통 그리고 사회적 협력을 이끌며, 모든 종류의 복합적 단위를 디자인하는 결과를 낳는다. 인간들에게 이 과정은 언어를 통해 나타난다.[3]

하지만 이것을 사회운동과 디자인으로 연결하는 것으로 넘어가기 전에, 우리가 왜 '시스템'에 대해 논의하는가에 관한 질문을 던질 필요가 있다. 후기구조주의자들은 이 개념을 사용하는 것이 논쟁적이라고 우려할 것이다. 시스템 분석에 있어서 군사적·산업적인 적용을 차치하더라도 유기성, 전체 및 법과 같은 행위와 연결된다는 이유로 상당한 비판을 해왔기 때문이다. 이는 타당하고 중요한 지적이다. 하지만 여기서 우리는 후기구조주의가 지나치게 해체적인 동시에 충분히 구성적이지 못하다는 사실을 확인한다. 물론 네트워크와 앙상블은 재구성에 있어 중요한 의제이다(Latour 2007; de Landa 2006), 하지만 나는 전체, 형태 그리고 통일성의 문제는 사회이론에서 미해결된 채로 남아 있다는 것을 강조하고자 한다. 복잡성 연구에서 몇 가지 명백한 공통점을 발견

---

3 이 관점은 다른 단위 혹은 구조, 살아 있는 존재와 환경 사이를 구별한다. 이 구별에 대한 마투라나와 바렐라의 인식론적 논의는 복잡하며, 이 논의에 대해서는 에스코바르를 참조하라(Escobar 2008, 294-295). 스페인어로 된 다섯 번째 판본의 서문에서 바렐라는 시스템과 환경에 관한 공동-정의(co-definition)에 관해 말한다. 마투라나와 바렐라의 작업은 1950년대와 1960년대의 시스템, 사이버네틱스, 정보 그리고 자기조직화에 관한 활발한 논쟁에 영향을 받았다. 이에 대해서도 에스코바르를 참조하라(Escobar 2008, 6장).

한다. 마크 테일러(Mark Taylor)는 이 이슈를 정확하게 짚어내고 있다. "네트워크의 논리를 이해하고 나서는 시스템과 구조는 아무리 생물학적이고, 사회적이고, 문화적이라 할지라도 후기구조주의 비평가가 알아낼 수 있는 것보다 다양하고 복잡하다. 발현하는 자기조직화 시스템은 전체로 행동하지 않으며, 전체화되지도 않는다. (……) (후기구조주의자들이 두려워하는 것처럼) 차이를 차단하는 것이 아니라, (체계화된) 지구적 행위는 창의성과 생산적 삶을 보장하는 다양성을 증대시킨다"(2001, 155).[4]

신유물론(new materialism)과 신현실주의(new realism) 학자들은 복잡성 연구와 몇 가지 의심할 수 없는 동맹을 발견한다. 예를 들어, 복잡성 이론은 (자본주의, 가부장제 그리고 근대성과 같은) 일종의 자연사회적 형태가 그 성격의 변화에도 불구하고 어떻게 안정성을 획득하는가를 고찰하는 데 유용하다. 관습적인 시스템처럼 행동하지 않으면서도 전체로서 행동하는 전체주의적이지 않은 형식을 사고하는 것이 가능할까? 냉정하게 말하자면 시스템을 사고하는 것은 전체가 부분들의 상호작용으로

....

4 테일러는 매우 드물게 비판이론을 발현 및 자기조직화 이론과 연결하는 작업을 진행했다. 그는 복잡성 이론이 후기구조주의가 가진 몇몇 해결되지 않는 문제를 다시 논의하는 데 도움을 줄 수 있다고 지적한다. 테일러는 후기구조주의자들이 (시스템을 전체화하고 차이를 억누르는) 시스템 이론과 마찬가지로 전체화의 논리를 재생산한다고 비난한다. 그들은 차이를 돌이킬 수 없이 파편화된 것으로 파악하면서 어떤 재결합의 희망도 볼 수 없다고 생각하기 때문이다. 내 견해로는 자기생산의 개념을 사회 시스템에 적용하는 유일한 예는 클라크와 한센(2009)에서 논의된 니클라스 루만(Niklas Luhmann)이다.

부터 나타난다는 사고에 근거를 두고 있다. 지난 삼십 년 동안 발현과 자기조직화 이론은 이러한 과정이 결코 고정되거나 정태적인 대신에, 열려 있고 유연하게 적응하며, (질서와 혼란 사이에서) 균형을 잡는 것과는 거리가 먼 불안정의 상태로 존재하는 복잡한 시스템으로 연결된다는 사실을 강조한다. 생물학자들이 질서가 왜 발현하는가에 관한 질문을 멈추고, (사회적 수준에서 세포와 유기체로부터) 모든 살아 있는 시스템의 조직화를 강조하는 일종의 기초적 동력을 발견할 때, 이들은 세계에 관한 인지된 질서의 **통일성**이나 **전체성**에 관한 질문을 다시 고민하게 된다(Kauffman 1995; Solé and Goodwin 2000; Goodwin 1994, 2007). 그들은 발현과 복잡성, 분절된 패턴, 자기 유사 형태를 포함하여 자연적인 과정에서 통일성과 창조성을 찾는다. 상당한 차이와 형태 형성, 생명의 형태와 형태의 생명 사이의 관계에 관한 질문이 나오게 된다(Goodwin 2007). 이들은 디자이너뿐만 아니라 신유물론자들과 탈이원주의 이론가들에게 있어 유용한 질문이다.[5]

자기생산의 이론에서 나온 몇 가지 요소들을 주목해 보자. 살아 있는

....

5   이 부분에서는 복잡성, 발현, 자기조직화 그리고 이들이 사회이론에 적절한가에 관한 부연 설명이 필요하다. 이 작업은 다른 이들을 후속 연구로 이끌 것이다. 자연과학의 용어를 사회이론으로 적용하는 것을 걱정하는 이들이 존재한다. 나는 집합, 일관성, (스스로 조직하고 타자에 의해 조직되는 일종의 플루리버스인) 경험과 사건의 연속체라는 측면에서 사회적이고 생물적 삶을 동시에 사고할 수 있다고 확신한다. 이러한 방식에서는 생물학적 세계와 사회적 세계, 자연과 문화의 구별은 존재하지 않는다. 그렇다면 복잡성에 대한 통찰은 하나의 이론으로부터 다른 이론으로의 가르침으로 읽을 수 있을 것이다.

존재는 자생적이라는, 즉 자가 생산적이라는 점에서 자치적인 실재이다. 이들 구성요소 사이의 반복적인 상호작용을 통해 자기 자신을 생산한다. 이것이 바로 자치에 대한 생물학적인 정의이다. 자기생산의 시스템은 구조적인 결합을 통해 자신의 환경과 연계되는 전체를 의미한다. 그들은 환경에 열려 있는 동시에 닫힌 채로 작동한다. 실제로, 시스템은 (자치의 정도인) 닫힘의 복잡성에 비례하여 환경에 열려 있는데, 이는 다시 말해 시스템을 그것으로 만드는 관계가 지니는 기본적 시스템의 복잡성을 의미한다. 이러한 기능적 닫힘은 조직의 (혹은, 시스템 또는 앙상블의) 자치적 기초가 된다.

이 원칙을 우리 삶과 정치에서의 공동성에 적용하기 전에 한 가지 주의할 점이 있다. 자기생산과 자치에 관한 요구가 관계성에 관한 요구를 부정하지는 않는가? 나는 그렇게 생각하지 않는다. 자치에 대한 라틴아메리카의 관념은 관계성을 급진적으로 설명한다. 플루리버스의 개념 안에서 엄격하게 말하자면 타자성(alterity)은 단지 내가 아닌 타자(other)를 지칭하는 것이 아니며, 관계성의 구성적 국면을 지닌다. 두 번째로 마찬가지 맥락에서 자치는 우주를 흐름(flux)으로 이해하고 있다.[6] 자기

....

6   이 흐름에서 관찰자가 생산하는 시스템이 나타난다. 하인츠 폰 푀르스터의 『시스템 관찰하기(Observing Systems)』의 서문(1983, xv)에서 바렐라는 다음과 같이 적고 있다. "여전히 세계에 대한 묘사를 상호 이해라는 순환적 과정보다 독립적 조건으로 이해하는 객관성의 관점에 도전하는 경향이 존재하지 않는다. 게다가 아직도 이러한 관점을 과학적 프로그램으로 받아들이면서 살아 있든 그렇지 않든 인지 시스템의 기능적 결론이라는 점이 거의 받아들여지지 않고 있다." 다시 말해, **기능적 결론은 독립적인 존재를 수용하지 않는다.** 그가 비유적으로 설명하고 있듯이, "세계의 논리는 세계를 묘사

생산의 실재는 환경보다 미리 존재하지 않으며, 오히려 일정한 과정과 법칙에 따라 상호작용을 통해 성립된다. 자기생산의 개념은 (마투라나와 바렐라가 실제로 사랑이라고 부른) 활발한 맞물림을 요구하면서 결정에 대한 관계를 재구성된다. 자기생산은 일종의 자기 창조로서 근대주의적 의미에서의 자치를 의미하지 않는다. 그것은 자기 충족에 관한 것이 아니다. 보다 구어적으로 말하자면, 자치와 자기생산은 신뢰를 지닌 관계와 더 포용적인 나눔을 위한 (존재와 공동체) 시스템을 준비하는 조건을 제시한다. 서발턴 공동체에서는 이를 준비하기 위해 많은 상황적 사고 및 전략화와 더불어, 외부의 관찰자들에게는 때로는 전략적 본질주의, 혹은 문화를 수호하는 것으로 보이는 전략을 활용하기도 한다.

사회적, 문화적 장소에서의 자치

사파티스타의 등장과 함께 "이제 그만!(¡Ya Basta!)"이라는 외침과 더불어 자치를 위한 투쟁이 라틴아메리카에서 격렬하게 일어났다. 이 흐름은 주로 선주민들을 중심으로 전개되었으며, 농촌과 도시 지역으로도 퍼져나갔다. 아르헨티나의 실업자들은 "모두 떠나버려! 아무도 남을 필요 없어!"라고 모든 정치가와 경제 엘리트에게 저항했다. 이 시위

<hr />

하는 논리이다. (……) 객관성의 원칙에서 관찰자의 영역은 세계를 묘사하는 것이어서는 안 된다. 탈-객관성에서는 관찰한 바를 묘사함으로써 관찰자의 영역을 드러낸다"(Varela 1983, xvi).

자들은 2001년 경제 위기 이후 다시는 기존의 엘리트를 믿을 수 없다고 주장한다. 이후 유사한 요구가 남유럽의 분노한 사람들(los indignados)이나 미국의 점거 운동(the Occupy movement) 시위자들 사이에서도 나타났다. 자치를 위한 이러한 라틴아메리카에서의 요구는 형식적 민주주의에 대한 비판일 뿐 아니라, 사람들의 삶에 닻을 놓을 전혀 다른 방식의 통치 형태를 건설하려는 시도였다. 또한, 다른 이들의 문화와 조화를 이루는 새로운 방식의 사회에 관한 요구이기도 하다(Esteva 2015).

멕시코 출신의 발전 비평가인 구스타보 에스테바(Gustavo Esteva)는 멕시코 남부의 선주민과 농민 공동체들이 발전, 근대성 및 세계화에 끈질기게 저항하는 관점에서 이들에게 나타나는 다음과 같은 특징을 서술하고 있다. 그는 집단적인 사회생활을 조성하는 규칙의 측면에서 다음 세 가지를 구별한다.[7]

■ 존재론: 규칙이 전통에 따르는 문화적 실천을 통해 확립될 때, 이는 내부로부터 발생하는 것으로서 장소에 따라 다르며, 제시된 집단적 과정을 통해 역사적으로 변화한다.

■ 타율: 규칙이 (전문가 지식과 제도를 통한) 외부에 의해 확립될 때, 이는 보편적이고, 객관적이며, 표준화된 것으로 이해할 수 있으며, 이성

---

7 에스테바는 2000년대 중반의 한 강의에서 이를 구별하고자 했다. 2015년의 논문에서도 이를 확인할 수 있다. 참고로 그해 《라틴아메리카와 카리브 지역 민족연구 저널 (Latin American and Caribbean Ethnic Studies Journal)》의 전체 이슈는 라틴아메리카 선주민의 자치를 주제로 한다.

적인 숙고와 정치적 교섭을 통해 변화가 된다.

■ 자치: 규칙이 내부로부터 변화하기 위한 조건이 존재하거나, 혹은
전통을 전통으로 변화시킬 능력이 있을 때, 그것은 실천을 보호하는 한편
다른 실천을 변형시키고, 새로운 실천에 있어 진정한 창조를 잉태한다.

"전통을 전통으로 변화시키는 것"은 자기생산에 관한 묘사가 될 수
있다. "우리가 변화하는 방법을 변화시키는 것"이라는 상호관련성은 그
것을 유지하기 위해 요구되는 조건이 존재한다. 즉, 타율성에서 자치와
존재로 옮기는 것이고, 타자생산(allopoiesis)에서 (예를 들어, 타율적 발전
주의에서 생명 기획으로의 전환과 같이) 자치로 이동하는 것이다. 이를 이해
하면 자치는 자신의 자생성을 유지하면서 구조적 결합을 통해 공동체
서로를 연결하고, (국가와 같은) 다른 공동체를 결합하는 것을 의미한다.
이는 선주민과 농민 공동체와 같이 그들의 존재 속에 관계적인 기초를
가지며, (장소에 한정된 것이 아닌) 장소에 기반을 두고 유지되는 공동체
에서 나타나는 경향을 보인다. 하지만 대안적인 삶의 기획을 조직하고
자 분투하는 도시민들을 포함하면서 전 세계의 다른 많은 공동체에 적
용될 수 있을 것이다.[8]

관계적이고 공동적인 존재 방식을 유지하기 위한 필수 요소는 사람

----

8 이와 같은 자치의 성격에 관한 논의는 특히 (치아파스주와 오아하카주 등의) 멕시코 남
부와 콜롬비아 남서부의 선주민, 흑인 공동체, 볼리비아와 에콰도르와 같은 남미에서,
그리고 이들의 사회운동에서 활발하게 나타난다. 이들은 질 들뢰즈와 펠릭스 과타리
(1987)의 주제들 및 무정부주의적 사고와 만나는 지점이 있다.

들 사이의 관계, 지구와의 관계, 초자연적 세계와의 관계에 대한 특수한 형태 및 경제와 음식 공급, 식물과 동물의 돌봄, 치료 행위, 그리고 성찰과 결정 과정에 대한 구체적 방법을 포함한다. 사회운동들에서 사용되었던 **영토**(territory)의 개념은 관계의 시스템을 위한 지름길로, 그 안에서 지속적으로 문제가 제기되어 온 공동체를 다시 창조하도록 한다. 콜롬비아와 같은 나라들에서 보여주는 선주민과 흑인들의 장구한 역사적 저항에서 자치는 문화적·생태적·정치적 과정이었다. 그것은 존재와 의사 결정의 자치적 형태를 포함한다. 지난 이십여 년 동안 콜롬비아에 있는 선주민 조직들은 이 정치적 결정에 참여해 왔다. "우리가 우리 자신의 계획을 갖는 것에 실패한다면, 우리는 다른 제안과 교섭하는 것에 머물고 말 것이다. 이런 상황이 발생하면 우리는 더 이상 우리 자신이 아니다. 우리는 그들이 될 것이다. 즉, 우리는 지구적으로 조직된 범죄 시스템의 일부가 될 것이다."[9] 또한, 이 진술은 자치와 타율 사이에 지속적인 미끄러짐이 존재하는데, 특히 국가와 연계된 사회운동의 경우가 그렇다는 사실을 보여준다. 실제로 절대적인 자치는 존재하지 않는다. 오히려 자치는 정치적 실천을 이끌면서 이론적이고 정치적인 지평으로서 기능한 것이다.

이 경우들에서 자치는 공동체적이라고 할 수 있는 존재론적 조건을 결부시킨다. 사파티스타는 2005년 라캉도니아(Lacandonia) 밀림에서 보

---

9 콜롬비아의 주요한 선주민 조직이 작성한 문서의 내용이다.(http//www.movimientos. org/es/show_text.php3%3Fkey%3D3282)

낸 유명한 여섯 번째 선언에서 그것을 잘 설명한다. "자치적인 정부를 위한 (우리의) 방식은 사파티스타 민족해방전선이 발명했다고 단순하게 말할 수 없다. 그것은 수세기 동안 선주민들의 저항과 사파티스타들 자신들의 경험으로부터 나온 것이다. 자치는 공동체에 대한 자기 통치이다"(부사령관 마르코스와 사파티스타 2006, 77-78). 같은 시기에 오아하카(Oaxaca)에서 일어났던 자치 운동을 에스테바는 유사하게 묘사한다. "그것은 오래된, 사회적 투쟁의 전통을 지닌 오아하카 사람들 자신의 전통에서 나온다. 하지만 그 성격과 시각, 세계를 보는 방식은 엄밀히 말해서 동시대적이다. 그것의 급진적 성격은 자연적 조건에 기대고 있다. 그것은 뿌리와 가까운 지구적 수준에서 나온다. (……) 그것은 자신의 음악을 만든다. 그것은 아무것도 없는 순간에 자신의 길을 만들어간다. (……) 그것은 세계에 근본적 변화를 위한 신선하고 즐거운 바람을 가져온다"(2006, 36-38). 이렇게 자치는 장구한 역사적 배경에서 진행되었고, 이를 통해 연구자들은 특히 지난 이십 년 동안 멕시코 남부와 볼리비아, 에콰도르에서 일어났던 선주민들의 대중적 저항에서 사회운동보다는 운동 속에서 보이는 그 사회에 대해 논하는 것이 더 적절하다고 주장한다(Zobechi 2006). 우리는 이보다 더 나아갈 수 있고, **운동하는 세계들**에 대해 말할 수 있다(Escobar 2014). 이렇게 운동하는 사회들/세계들은 문화적이고 정치적인 자치가 실행되는 순간이고, 진정으로 존재론적 자치를 만드는 순간이기도 하다.[10]

---

10 실제로 사회운동은 자기생산 단위로 판단할 수 있다. 하지만 기존의 이론은 사회운동

자치에 관한 이러한 성격 규명은 **신자유주의 세계화에 의한 공동적 세계들의 파괴가 진행되는 현재의 국면**에 대한 답이다. 흥미롭게도 자치적인 운동의 목표는 세상을 바꾸는 것이라기보다는, 사파티스타가 바라는 것과 같이 **아래로부터 그리고 좌파로부터** (공동체, 지역, 민족과 같은) 새로운 세계를 창조하는 것이다. 자치는 '국가를 획득하는' 것에 의해 달성되지 않으며, 국가로부터 국가가 식민화한 사회적 삶의 주요한 영역을 되돌리는 것이다. 그 목표는 국가와 새로운 제도적 조정 장치에서 (사파티스타 영토에서의 좋은 정부 위원회(Juntas de Buen Gobierno)와 같이) 이러한 방향으로 나아가는 자치적인 행위의 영역을 확장하는 것이다. 가장 좋은 점은 자치가 사회적 삶을 위한 새로운 기초를 확립하고자 한다는 것이다. 예를 들어, 사파티스타의 자치는 특히 먹는 것, 배우는 것, 치유하는 것, 사유하는 것, 교환하는 것, 움직이는 것, (땅에 대한 집합적 소유를 의미하는) 소유하는 것, 그리고 일하는 장소에서 주요한 사회적 기능을 획득하는 영역에서의 변화를 포함한다(Esteva 2013; Baschet 2014). 각자 자리에서의 실천은 모든 가능성 측면에서 타율-자치의 축을 따라 변형되는데, 이들을 얼마나 자치적으로 만들었는가를 분석하는 것은 불가능하지만 이런 가능성은 자치를 위한 디자인의 가장 좋은 사례를 보여준다."

....

을 타율생산으로, 즉 자본, 국가, 민족주의 혹은 그 무엇이든 다른 논리에 의해 만들어지는 것으로 바라보는 경향이 있다(Escobar 1992).

11 제롬 바셋(Jerôme Baschet 2014)에 따르면, 저항적인 자치는 자본주의를 넘어서는 삶을 재구축하려는 사파티스타 조직과 그들의 행위 모두에 있어 주요한 원칙이다.

자치는 이미 정해진 영토와 장소를 기반으로 하는 경향이 있다. 아메리카 대륙의 여러 지역에서 흑인과 선주민 운동의 경우가 보여주는 것처럼, 이들은 저항과 차이의 영토로부터 나오며 자치를 재구성한다. 하지만 도시와 농촌, 밀림, 그리고 다른 형태의 영토에서 다른 방식으로도 적용된다. 잘 알려진 바와 같이 2001년 위기 이후 부에노스아이레스에서 벌어진 실직자들에 의한 시위의 경우에서 자치의 경험은 자본주의에 대한 비판과 더불어 (돌봄센터와 도시 정원에서 무료 진료소, 공립 학교의 복원, 버려진 공장의 회복과 자주 관리에 이르기까지) 새로운 형태의 삶을 창조하는 것을 포함한다. 다시 말해, 비자본주의적 공간과 다른 형태의 영토성을 구축함을 의미한다. 새로운 실천은 작업장 민주주의와 자주 관리 공장에서의 수평성, 그리고 공동체 내에서는 시장의 가치보다는 공동체적인 가치가 나타나기 시작한다. 운동의 목표는 다양한 방식을 낳고, 생산과 사회적 재생산과 연관된 행위의 종합적 측면에서 비착취적인 노동 관계를 모색하는 것이었다. 도시 운동에서도 영토의 조직, 집단적 정체성, 그리고 자치의 핵심이라고도 할 수 있는 새로운 형태의 삶을 창조하는 것 사이의 상호작용을 볼 수 있을 것이다(Mason-Deese 2015 : Sitrin 2014).[12]

이 장소에 기반을 둔 자치의 성격은 역사적으로 남성보다는 더 영토와 자원에 대한 타율적 압력에 저항하고 존재를 집단적 방식으로 보호

----

12 아르헨티나의 **피케테로스**(피켓을 들고 거리로 나선 사람들, piqueteros)는 라틴아메리카 도시 지역에서의 자치를 보여주는 가장 잘 알려진 사건이다. 이에 대한 논문으로는 엘리자베스 메이슨-디즈(Elizabeth Mason-Deese 2015)를 참조하라.

하려는 여성들의 의사 결정을 우선시하고는 한다(Harcourt and Escobar 2005; Conway 2013). 그리고 자치를 지향하는 운동에 있어 종종 사람들의 공간을 (재)생산하며 커먼즈를 요구하는 의지가 나타난다. 이 과정은 인식론적 불복종을 포함하고 인지적 측면에서의 정의를 추구한다(Santos 2014). 어떤 이들은 자치가 사람들의 존엄과 공생을 위한 다른 이름이라고 말한다(Esteva 2005, 2006). 그리고 **자치는 상호존재의 이론과 실천이며, 이는 플루리버스를 위한 디자인이다.**

그러나 자치를 형성하고 유지하는 공동체의 역량은 지역에서 초국가에 이르기까지 다양한 수준을 가로지르는 숙련된 노력과 조정에 기대고 있다는 점을 언급하는 것이 중요하다. 자치가 뿌리를 내리기 위해서는 "사회적 삶에 대한 자기 통치를 위한 기초가 되는 자치에 관한 지역적 체계, 그리고 살아 있는 모든 것과의 협력적인 상호소통에 열려 있는 행성적 네트워크를 형성해야 한다"(Baschet 2014, 72). 국가 형태로부터 자유로워질 때 자치적인 집합체는 행성 내의 상호문화적인 네트워크를 통해서 복수의 세계로서 자신을 조직하는 경향이 있다. 생명의 기획 및 공동체의 생명 기획이 보여주듯이, 지역적 수준에 있어서 생산에 대한 통제는 지역을 넘나들면서 효과적으로 결합하는 것이 필수적이다. 바스켓에게 이런 기본적인 생산 체계는 자본, 주류 경제 그리고 법의 결정을 넘어 독립된 공간이 성장하기 위해 필수적이다.

콜롬비아의 인류학자인 아스트리드 우요아(Astrid Ulloa, 2010, 2011, 2012)는 이와 유사하게 영토에 기반한 자치를 다중 스케일(multiscalar)의 과정으로 설명한다. 우리는 이미 콜롬비아 북서부의 시에라네바다

데 산타 마리아에 거주하는 선주민 그룹을 언급할 때 그녀를 인용한 바 있다. 이 그룹의 전략에 기초하여 그녀는 선주민 그룹과 지역, 그리고 지역 간 행위자들의 만남에서 유래한 선주민의 관계론적 자치 개념을 제시한다. (3장에서 나온) 생명 순환의 존재론과 관련하여 선주민 그룹은 석탄 시장과 산림 벌채, 산림 황폐화 및 탄소 배출 감소 프로그램(REDD)을 통해 채굴 작업에 관련된 지역의 거대 발전 계획으로부터, 상징적 전유의 메커니즘으로 기능하는 초국적 법 체계에 이르기까지 다양한 행위자를 다룬다. 물론 이 행위자들이 지닌 에코-통치 형태와 자연에 관한 신자유주의적 이해를 전제하고 있다. 그녀가 설명하듯이 아르우아코(Arhuaco), 코구이(Kogui), 캉쿠아모(Kankuamo) 그리고 위와(Wiwa) 사람들은 상호인식론적 · 상호존재론적인 복잡한 지정학을 실현하면서, 생명 세계를 위한 영토, 문화 및 정체성을 효과적으로 이어줄 수 있는 대안적 영토성을 창조하고자 한다.[13]

---

13 나는 여기에서 자치에 대한 라틴아메리카의 관점에 대해 논하고 있음을 분명히 할 필요가 있다. 무정부주의와 이탈리아의 자치 마르크스주의를 포함하여 이 개념에 대한 다양한 논의가 이전부터 존재했고, 1990년대 후반과 2000년대 초반의 대안 세계화 운동을 통해 자치의 문제가 다시 논의되었다. 예를 들어, 콘웨이(2013), 오스터베일(Osterweil 2013), 그리고 그루바식과 오헌(Grubacic and O'Hearn 2016)을 참조하라.

공동적인 것의 실현: 비자유주의적 형태의 정치와 사회 조직

사회 공동체 조직으로서 나사(Nasa) 운동의 주요한 개념에 대해 생각해 보자. "행동 없는 말은 공허하다. 말 없는 행동은 눈이 먼 것이다. 공동체에 관련하여 영혼의 바깥에 있는 말과 행동은 죽은 것이나 다름 없다."[14] 공동체의 개념은 다양한 인식론적·정치적 공간을 통해 되돌아오고 있다. 이는 선주민과 흑인 및 농민 운동을 포함하는데, 특히 멕시코와 볼리비아, 에콰도르, 페루에서 활발하게 나타나고 있다. 공동적(communal)인 것에 관한 관심이 다시 점화된 것은 대륙 전반의 도시에 기반을 둔 투쟁에서도 존재한다. 공동적인 것은 탈식민 페미니즘에서도 주요한 관심사가 되었다. 예를 들어, 전환과 관련된 방식에서도 커먼즈와 공동체 경제에 관해 언급하는 것에서도 발견된다(Gibson-Graham, Cameron and Healy 2013). 라틴아메리카에서 공동체를 부르는 다양한 이름이 존재하는데 공동성, 공동적인 것, 공동적-민중적(popular-communal)인 것, 공통적인 것을 위한 투쟁, 공동체주의(공동체 행동주의) 등이 있다. 여기서 나는 이런 개념들을 관통하는 **공동적인 것**, 혹은 **공동적 논리**라는 용어를 사용하고자 한다.

이러한 용어들을 '공동적인 것의 귀환'이라고 표현하는 것이 허락된다면, '공동적인 것의 귀환'의 역사적 배경은 매우 복합적이라고 할 수

---

14 이러한 원칙은 나사 선주민의 글쓰기, 특히 북부 카우카의 선주민 연합에서 자주 반복된다. 예를 들어, 이 연합이 개최한 세 번째 모임(2017년 6월 15-21일)의 참여 요청에서도 확인할 수 있다.(http://nasaacin.org/30-congreso-acin-cxhab-wala-kiwe/)

있다. 라틴아메리카의 경우 1992년 이후 선주민 운동의 등장, 1998년을 기점으로 한 좌파로의 정치적 변화와 진보적 정권의 약진, 볼리비아와 에콰도르 등의 국가에서 나타난 선주민-민중 봉기를 포함한다. 이러한 상황을 다시 설명하는 것은 이 책의 영역을 벗어나며, 공통적인 것에 반하여 제기되는 많은 비판—낭만주의적 태도와 과거로 회귀한다는 비판에서 공동체의 억압적인 성격에 대한 경고에까지—에 대한 토론도 마찬가지로 여기에서의 논의를 벗어난다(이와 같은 비판과 그에 대한 상세한 답변에 관해서는 에스코바르 2013a, 2014를 참고하라).[15]

공동적인 것에 대한 사고는 오아하카와 치아파스에서 일어난 사회운동의 경험에 기반을 둔 멕시코에서 가장 활발하게 나타난다. 에스테바에게 **공동적이라는 조건**은 "메소아메리카 문화가 지닌 지성의 지평에

....

15 자치와 공동적인 것의 정치-이론적 표현은 무엇보다도 다양한 풀뿌리 집단과 운동으로부터 출발한다. 이 개념들은 구스타보 에스테바, 라켈 구티에레스 아길라르, 소치틀 레이바(Xochitl Leyva), 실비아 리베라 쿠시캉키, 라울 시베치(Raúl Zibechi), 마누엘 로센탈(Manuel Rozental), 빌마 알멘드라, 파트리시아 보테로, 아스트리드 우요아, 존 홀로웨이(John Holloway), 카를로스 월터 포르토 곤잘베스(Carlos Walter Porto Gonçalvez), 아르헨티나의 상황 그룹, 루이스 타피아(Luis Tapia), 캐서린 왈시, 자넷 콘웨이(Janet Conway), 제롬 바셋을 포함하는 많은 지식인과 활동가에 의해 활발하게 개념화되었다. 여기에는 아이마라 지식인인 파블로 마마니, 홀리에타 파레데스, 펠릭스 팟지, 시몬 얌파라(Simón Yampara)가 포함된다. 또한, 포파얀 시에서 중심이 되어 선주민과 흑인 공동체들의 활발한 참여와 더불어 다양한 그룹의 연구자들, 지식인들 그리고 활동가가 있다. 이들 중 다수가 구티에레스 아길라르와 동료들이 멕시코 푸에블라에서 2015년 10월 26-29일 개최된 제1회 국제 공동체 대회에서 만나게 되었다. 이런 맥락에서 캐서린 왈시가 이끄는 에콰도르 키토의 시몬 볼리바르 안데스 대학(Universidad Andina Simón Bolívar)의 라틴아메리카 문화연구 프로그램의 박사과정 또한 중요하다.

서 핵심이다. (……) 그 조건은 살아가는 행위를 투명하게 만드는 공동주의적 존재에 영감을 준다. 개인과 공동적 삶에서 중심적 범주이고, 가장 근본적인 살아감, 혹은 경험을 의미한다"(n.d., 1). 오아하카의 활동가인 아르투로 게레로(Arturo Guerrero)는 다음과 같이 말한다.

공동성은 멕시코 남동부 오아하카 주 북쪽의 산지 및 여타 지역의 사람들 사이에서 존재와 삶의 방식을 일컫는 신조어이다. 이것은 이 지역에 당도했던 모든 형태의 발전에 대한 강력한 저항의 표현이다. 이 지역은 다양한 모델을 수용해 왔으며, 또한 자기 자신의 것을 파괴하거나 해체하는 것을 허락하지 않으면서도 멀리서 도착한 것을 포함하는 현대적 방식의 삶을 받아들였다. (……) 공동성은 우리라는 것에 대한 언어적 전제이다. 그것은 존재가 아니라 행위에 이름을 붙인다. 먹고, 말하고, 배우는 것 등이 체현된 동사이다. 이것들은 특정한 장소에서 집합적으로 창조된다. 그리고 오직 실천을 통해서만 존재한다. (……) 우리는 모든 존재와 에너지에 자신을 개방한다. 그 이유는 비록 우리라는 것이 구체적인 여성, 남성, 아이들의 행위에서 나온다고 하더라고, 땅 위와 땅 밑의 보이거나 보이지 않는 모든 것이 같은 움직임 안에서 그 모든 차이 속에서도 보완의 원칙을 따르면서 참여하기 때문이다. 공동적인 것은 일련의 사물이 아니라 내재된 유동성을 의미한다.[16]

....
16 공동성(comunalidad)이라는 용어는 1970년대 말 두 명의 오아하카 사상가인 플로리베르토 디아스 고메스(Floriberto Díaz Gómez)와 하이메 마르티네스 루나(Jaime Martínez Luna)에 의해 정립되었다. 또한, 에스테바 역시 이미 정립된 공동체적인

멕시코 사회학자 라켈 구티에레스 아길라르(Raquel Gutiérrez Aguilar)
는 '초국적 기업의 연합'에 반대하여, 최근 **공동체적 얽힘**(communitarian
entanglements)이라는 개념을 제안하는데, 이는 모순되는 방식의 두 가지
사회적인 조직이다. 그녀는 **공동체적 얽힘**이 자본 축적의 논리에 종종
공격받고 압도되기는 하지만 완전히 종속되지 않는 "다양한 규범의 존
중, 협력, 존엄, 사랑, 상호성 아래의 세계를 만들고 정주하는 인간 세
계의 복합성"을 의미한다고 설명한다(2012, 12). 같은 페이지에 "그러한
공동체적 얽힘은 (······) 다양한 기반과 디자인에서 찾을 수 있다. (······)
그들은 다양한 집단적 인간의 형태를 보여준다. 일부는 오래되었으며
다른 일부는 새로운 것으로서 고전적인 정치철학에서 '자연사회적 공
간'으로 알려진 것을 '장만'하고 의미를 부여한다." 구티에레스 아길라
르는 이들을 두 가지로 구분한다. "한편으로는 관계성과 내부적 응집력
을 통해 다양한 복수의 공동체적 얽힘 사이에 벌어지는 **전 세계적으로
거대한 응전**이다. 다른 한편으로는 경찰과 군대로, 소위 '전문가'를 통
해 만들어지는 담론과 이미지, 엄격하게 위계적인 규칙과 제도로 전 세
계의 공간을 연결하는 강력한 초국적 기업과 연합을 보여준다"(13).

하지만 게레로의 논의로 돌아가 공동성이 오직 비공동적 외부와의
관계 속에서만 이해될 수 있음을 강조할 필요가 있다. "이것은 **바깥의
나선**이다. 내부적인 저항을 분출하거나 그렇지 않은 외부로부터의 **강**

(comunitario/communitarian)인 것과는 다른 공동적인(comunalitario/communalitarian)
것을 소개했다. 이 신조어는 남아시아에서 종종 '공동체적 폭력(communitarian
violence)'으로 묘사되는 것과 공동적인 것 간의 차이를 설명하는 데 유용하다.

제로 시작하며, **적응**하는 것으로 발전한다. 이것의 결과가 바로 자기 **자신이며, 우리**인 것이다"(Guerrero forthcoming, 2). 즉, 공동적인 것은 어떤 사회집단이 주위의 세계와 상호작용하는 것을 미리 전제하는 존재론적 조건을 전제하지 않는다. 오히려 바로 그러한 **상호작용의 산물**이다. 달리 말하면, '우리'라는 것은 고립된 채로 형성되지 않으며 항상 이질성, 자치, 존재 사이에서 상호침투하는 과정을 통해 함께 생산된다. 동시에, 공동체적 얽힘은 공통적인 것에 중심을 둔 인간관계를 포함하며 언제나 자본에 의한 결정을 넘어서려고 시도한다는 것이 분명하다.

2006년 최초의 선주민 대통령인 에보 모랄레스(Evo Morales)가 선거에서 당선되기 전 수년 동안 볼리비아에서 일어난 거대한 동원과 민중적 저항은 자치와 정치적인 것에 대한 이론화에 풍요로운 지반을 제공한다. 이에 관한 연구는 이미 너무 방대하여 여기서 요약하기는 힘들다(Escobar 2010a). 다만 이번 장의 목적에 적절한 몇 가지 예를 선주민과 비선주민 지식인의 작업에 기반하여 제시할 것이다. 볼리비아의 학자 실비아 리베라 쿠시캉키(Silvia Rivera Cusicanqui)는 볼리비아에서의 자유주의와 근대성에 관한 선주민의 관점을 보여주는 그녀의 연구에서 삶의 형태와 사회 조직에서 자유주의와 공동적 형태 사이의 긴장이라는 측면에서 1780~1781년 사이에 일어난 투팍 아마루(Tupac Amaru)와 투팍 카타리(Tupac Katari)의 유명한 반란으로부터 시작된 선주민의 투쟁을 해석한다. 이 두 형태 사이의 긴장은 그녀가 지적하듯이 "식민적 지배 관계의 연쇄 고리"로 직조되었기에 볼리비아 역사의 상당 부분에 영향을 주었다(Rivera Cusicanqui 1990, 20). 이 역사는 오늘날에도 남아 있는데 모랄레스의 당선 이전인 2000-2005년의 강력한 저항운동은 1781년의 사건, 즉 카타리를 절단하여 죽인 후 그의 시체 각 부분을 선주민 사회의 공적 공간에 전시한 것에 대한 집단적 기억이 "선주민 사회에서 파편화된 몸을 다시 결합하려는 정치"를 위한 열망을 낳은 것과 겹쳐진다(2014, 9). 리베라 쿠시캉키는 공동의 집단, 즉 시간에 대한 이들의 비직선적인 관념과 동시에, 그럼에도 불구하고 나타나는 이들의 엄격한 동시대성에 관련된 정치학의 핵심적인 국면에 주목한다.

수도 라파스에 인접한 아이마라(Aymara) 선주민이 주로 거주하는 도시인 엘알토(El Alto)는 30년이 채 되지 않아 인구가 100만 명으로 성장했다. (제프리 삭스(Jeffrey Sachs)가 제안하고 당시 군부 정부에 의해 승인된) 1980년대 신자유주의 개혁으로 인해 쫓겨난 많은 숫자의 농민 이주자들이 거주하게 된 이 도시는 사회학자인 펠릭스 팟지 파코(Félix Patzi Paco)에 의하면 공동적 사고를 위한 학교가 되었다는 점에서 그 형성 배경과 모순된다. 아이마라 지식인에게 이와 같은 운동이 추구하는 변화는 "그들 자신의 철학 및 경제적 정치적 실천의 관점에서부터" 발현한 것이다(2004, 187-188). 이와 유사하게 2000-2005년에 진행된 신자유주의적 개혁에 반대하는 저항을 기술하면서 파블로 마마니(Pablo Mamani 2005)는 자유주의와는 다른 사회로부터 발아하여 진행 중인 '선주민 민중의 세계'를 언급했고, 구테에레스 아길라르(2008)는 공동적-민중적 형태가 자유주의적 패러다임에 가져온 균열에 관해 서술했다. 그녀가 결론에서 밝히듯이 저항은 "근본적 측면에서 사회적 현실을 변화시키는데, 그 변화는 오랫동안 존재해 온 집단적 삶의 세계를 유지하며, 새롭고 유용한 형태의 정부, 조직 그리고 자기 규칙을 만들기 위함이다. 이러한 방식의 주요한 아이디어는 존엄, 자치, 협동이라는 트라이앵글에 의하여 종합할 수 있다"(2008, 351).

이러한 해석은 "비자본주의적이고 비자유주의적인 사회관계, 노동의 형태 그리고 조직의 방식으로 설명되는" 볼리비아 사회의 존재를 드러낸다(Zibechi 2006, 52). 비국가적, 비자유주의적 규정의 주요한 특징은 의사 결정을 위한 숙의 형태의 모임인 일종의 어셈블리(assembly), 조직 내에서의 수평성, 그리고 임무의 교대 및 순환을 포함한다. 투쟁은 비-국가적 형태의 권력을 건설하기 위한 자기조직화의 형태를 형성하게 되었다. 이러한 형태는 작은 정부 마을(neighborhood microgovernments) 혹은 산발적이고 미생물처럼 증식하는 형태의 분산된 저항 권력(disperse anti-power)으로 나타난다(Mamani 20005). 투쟁은 (a) 풀뿌리 또는 지역적 자치에 기반한 사회를 조직하고자 하며, (b) 무엇보다도 도시 지역에서 비자본주의적, 비자유주의적 형태의 조직을 운동화하고, (c) 시장과 연결되지만, 공동의 원칙에 의해 조직된 자주 관리 형태의 경제를 도입하고, (d) 식민적 이성에 균열을 일으키기 위해서만 국가와 관계를 맺는다. 그 목적은 국가를 통해 통제하려는 것이 아니라, "다른 사회의 에너지를 기초로 조직되기" 때문이다(Zibechi 2006, 75).

이 해석에서 근본적인 질문이 제기된다. "자본주의 생산과 자유주의 국가에 의해 강제된 사회질서의 바깥에서, **그것에 반대하여, 그리고 그것을 넘어선 규범을 현재에 확립할 수 있는가**라는 질문이다"(Gutiérrez

플루리버스

Aguilar 2008, 46).[17] 공동적 시스템에 관한 팟지 파코의 개념은 이러한 가정으로부터 나온다. "공동적 시스템에 대한 분석을 위한 출발점은 의심할 여지 없이 선주민 사회에서이다. 근대 사회와 대조적으로 선주민 사회는 (정치적·경제적·문화적) 공간에서 차별이나 분리의 패턴을 재생산하지 않는다. 따라서 내부와 외부 환경 모두에 연결된 단일한 시스템으로 기능한다. (……) 공동적 시스템은 자신을 자유주의적 시스템의 반대에 위치시킨다. 공동적 시스템은 자유주의적 환경이 구조에 영향을 미치지 않는 선에서 이를 활용할 수 있다"(2004, 171-172). 누군가는 이러한 개념화를 자기생산과 자치의 이론으로 연결할 수 있을 것이다.[18] 도시의 그리고 농촌 지역에 거주하는 선주민 집단이 실천에 옮긴 공동적 경제에서 자연 자원, 토지, 노동 수단은 비록 사적으로 분배되고 사용되었지만 집단적으로 소유된다. 시스템 전체가 집단에 의해 통제된다. 정치적인 국면은 경제적 측면과 마찬가지로 중요하다. 권력은 개인이 아닌 집단과 맞물린다. 공동적 형태의 정치에서 "사회적 주권은 대리되지 않는다. 그것은 다양한 형태의 권위, 서비스, 회합을 통해 직접 행사된다." 간단히 말해 "복종을 통해 명령한다(rules through obedience)"(Patzi Paco 2004, 176)는 형태로 이는 잘 알려진 것처럼 사파티스타의 주요한 원칙이다.

----

17 최근 볼리비아에는 국가 차원에서 국가주의와 발전주의적 입장에 대한 대비책을 마련하고자 했다.

18 팟지 파코의 개념은 마투라나와 바렐라를 연상시키는 시스템과 환경 사이의 구별을 포함한다.

공동적 시스템을 제안하는 것은 세 가지 지점을 함의한다. (1) 자본주의 경제의 점진적인 탈중심화, 공동의 사업, 비자본주의 형태의 확장, (2) 공동적 형태의 민주주의, 혹은 게레로가 주창한 코뮤날로크라시아(comunalocracia, 공동민주주의)를 향한 대의 민주주의의 탈중심화, 그리고 (3) 진정한 상호문화성을 위한 체계의 구축이다(Patzi Paco 2004, 190). 팟지 파코는 공동적 시스템은 어떤 집단을 배제하는 것을 전제하지 않는다고 설명한다. 그것은 자유주의 사회의 지식과 기술적 진보를 활용하지만, 그것들을 공동의 논리에 복종하도록 한다. 그리고 그 과정에서 공동적 시스템 그 자체는 경쟁력을 확보하고 더 공정해진다. 그 제안은 새로운 헤게모니를 위한 요구가 아니라, 근대의 보편성과 작별하고 상호문화성이라는 플루리버스로 나아가며 한 시스템의 지배에 관한 종말을 의미한다. 이 목표를 달성하는 것은 아마도 다른 방식의 사회성의 원칙에 의해 이 대륙과 사회를 재구성하는 것을 요구한다. 공동적 시스템에 관한 팟지 파코의 개념화는 자치 디자인을 위한 설득력 있는 원칙을 제공하고 있다.

요약하자면, 시장 기반 해결책에 기초한 국가 주도의 발전 대신 자치는 배우고, 치유하고, 사고하고, 생산하는 방식 위에 건설되며, 따라서 이종의 명령을 지니며 규정으로부터는 더 자유롭다. 이것은 자치를 강화하기 위한 디자인 프로젝트에 있어 핵심적이다. 따라서 자치는 가능한 멀리 국가와 자본의 논리를 넘어 나아가는 것을 의미하며, 비자유주의적, 비국가 그리고 비자본주의적인 형태로 존재하고, 행동하고, 알아가며 이에 의지하는 것이다. 그러나 그것은 또한 수평적일 수 있는 조

플루리버스

직을 요구하는데, 권력은 대리되지 않으며 재현이라는 대표제를 기초로 작동하지 않기 때문이다. 오히려 그것은 공동적 집합과 의무의 교대와 같은 자치적인 조직을 통해 대안적 형태의 권력을 배양한다. 자치는 반자본주의적이지만, 그렇다고 사회주의적일 필요는 없다. 가능하다면 자치는 급진적 민주주의, 문화적 자기 결정, 그리고 자기 규범의 방식으로 묘사될 수 있다. 디자인과 민주주의를 연결하는 데 있어, 디자인 이론가인 기 본시에페(Guy Bonsiepe 2005)에게 민주주의는 실제로 이질적, 즉 외부적 힘에 의한 지배의 축소로 묘사되며, 지배받는 시민들이 그들 자신을 주체로 변환시키는 과정으로 자기 결정과 자치 프로젝트로 향하는 공간을 열어가는 것이다.

이것은 자폐증이나 고립을 의미하지 않는다. 반대로 자치는 더 커다란 인식론적, 그리고 사회적 평등이라는 조건 아래에서 다른 이들과의 대화를 제안한다. 더욱이 그것은 투쟁하고 있는 다른 영역이나 집단과의 연합을 요구하는데, 이는 지역화와 교직의 전략이 기존 시각으로 '지역적'인 것을 '지구적'인 것으로 편입되는 것이 아니라, 일종의 장소에 기반한 자치 운동을 서로에게 연결하는 세계주의를 의미한다(Osterweil 2005). 이러한 연합은 '언어 위를 걷는다(walking the word)'는 표현을 배태한 콜롬비아의 밍가(Minga)[19] 사회 공동체에서 발전된 개념으로, 사회에 대한 요구를 구성하고 이들의 지식, 저항, 전략이 다른 운

---

19 선주민 언어로 공동의 목표를 위해 다양한 행위자, 지식, 도구가 함께 모이는 것을 뜻한다. 최근에는 권리의 회복을 위한 저항이나 항의로 해석되기도 한다.(옮긴이 주)

동과 집단 차원에서 교직된다.

　공동체와 공동적인 것의 관념에 관한 또 다른 논의를 살펴보자. 부에노스아이레스 급진적 연구 단체인 상황 그룹(Colectivo Situaciones)은 공동체가 이미 정해진 것이나 '논쟁 지점이 없는 완벽한 것'이라기보다는, '특정한 조직적, 그리고 정치적 코드와 독특한 사회적 기술'에 부여받은 이름이라고 주장한다. 시대착오적이라고 기각한 근대에 저항하여 공동체는 '실행된 집단적 에너지'를 소환한다. "모든 상식을 거스르면서 공동체는 분산을 이루어 내고", 이 분산은 비국가적 형태의 확장된 협력을 발명하는 데 핵심적인 것이 된다(Colectivo Situaciones 2006, 212, 215). 따라서, 공동체 그 자체에 호소하는 것은 근대인들이 무시하던 것과 달리 시대착오적이지 않다. 반대로, "공동체는 실제로 집단의 에너지를 소환한다. (……) 공동적 행동과 내부적 모순, 양가성에 대한 그들의 개방성은 다른 방식의 조직과 협력에 관한 공동체의 급진적 현대성을 반영한다." 여기에는 현재 더욱 시대착오적이라고 판명된 근대의 형태 일부를 포함할 수 있을지도 모르겠다(213, 215).

　'저항하는 공동체'에 관하여 말하는 것은 몇몇 비평가들이 인용하듯이 공동체에 관한 본질주의적, 혹은 동질화하는 태도를 의미하지는 않는다. 그것은 공동체의 균열과 파편화에도 불구하고 공동적 행위가 "근대와 탈근대, 보편주의와 공동체주의 사이의 이분법을 넘어 새로운 전환의 길"을 드러내는 방식을 보여준다. 즉, 이들은 자기 결정을 위한 작은 혁명들의 일기를 공동으로 작성하고 있다(P. Botero 2015, 17-19). 그렇다면 정확히 어떤 방식인가를 탐구하는 것이 중요하다. 서발턴이라는 위치로 인해 이 공동체들에서는 불가피하게 이질성(heterogeneity)과 갈등 속에서 새로운 형태의 삶, 연대성 그리고 저항이 나타난다. 공동체의 내부적 다양성이 극심한 억압과 분열이라는 압력 아래에서 다툼과 해체를 초래한다. 하지만 다른 한편으로는 그들의 세계에 의미를 부여하는 과정을 확장하는 능력을 지닌 상호문화적 다양성을 형성할 수 있다. (당연하게도 항상 존재하는) 이러한 역학은 고난을 겪는 공동체들의 적대적 모순을 찾아내고자 하는 과정에서 학자들의 관심을 벗어나고는 한다. 이런 관행적 연구 방식을 넘어서기 위해서는 다른 인식론적 위치가 요구된다. 연구자는 자신이 연구하는 집단의 행위에 자신이 속한다는 것을 자각해야 하며 그것과 기꺼이 상호작용해야 한다. 공동적이고 집단적인 면모는 투쟁하는 많은 공동체에서 사라지는 대신에 복수성과 불일치를 통해서 교직된다(P. Botero and Perdomo 2013).

아마도 현재 시점에서 공동적인 것의 개방성을 논의하기 위해서는 민중 공동체와 소수인종 공동체에서 나타나는 공동체적 탈식민 페미니즘보다 더 명확한 예는 없을 것이다. 아이마라 지식인이자 운동가인 훌리에타 파레데스(Julieta Paredes)에게 공동체적 페미니즘은 (토착적이고 근대 가부장제 모두에서 벗어나는) 탈가부장제와, (서구 페미니즘을 포함하여 자유주의적, 근대적, 그리고 자본주의적인 헤게모니에서 벗어나는) 탈식민화라는 한 쌍의 목표를 추구하는 전략이다. 이러한 틀에서 공동체는 "생명을 배려하기 위한 포괄적인 원칙"으로 이해된다(Paredes 2012, 27). 공동체는 "다른 방식으로 이해하며, 사회와 삶을 조직하는 것이다. (……) 그것은 개인주의적 사회에 대한 대안적인 제안이다"(31). 이것이 바로 농촌 공동체에서 도시 공동체와 초국적 집단, 그리고 당연하게도 비인간 전체와의 관계를 포함하는 보완성, 상호성 및 자치와 상호문화성의 형태 간의 완전한 교직을 의미하는 이유이기도 하다. 공동체는 역동적인 순환적 시각을 갖고 몸, 공간, 기억, 그리고 운동을 함께 연결한다. 이것이 부엔 비비르, 혹은 함께 '잘살기'라는 흐름에 닻을 놓은 복합적인 과정이다.

이 모든 경험 속에서 공동체는 심대하게 역사적이고, 개방적이고, 비본질적인 방식으로 이해된다. 만약에 존재한다면, 공동적인 것을 위한 새로운 공간을 창조하는 것이 강조될 필요가 있다. 공동적인 것을 실현하는 것에는 언제나 열린 결말을 지닌 역사적 과정이 뒤따른다. 마투라나와 바렐라(1980)에 따르면, 공동체는 사회적 시스템으로서 자기생산적 전체이며 이런 측면에서 제3의 질서이다. 종종 지역민들에 의해 '우리 문화에 대한 방어'라는 표현으로 코드화되는 '운영적 폐쇄'는 공동체와 (넓게 말해 사회정치적·생태적 맥락에서의) '환경'이 연결되는 방식을 통해 진행된다. 끊임없이 계속되는 이 (구조적 결합의) 관계를 통해 공동체들은 다양한 형태의 구조적 변화, 예를 들어 정보와 소통 기술, 혹은 새로운 시장에 적응하는 변화를 겪을 수 있다. 하지만, 관계의 기본적 시스템은 공동체가 자기생산을 지속하도록 유지되어야 한다. 즉, 자기 창조의 능력을 의미한다. **자치**는 이 과정에 부여된 이름이다.

놀랍게도 오늘날 자치를 위한 공동체적 실천은 적대적인 조건에서 발생한다. 마찬가지로 공동적인 것을 향한 끊임없는 투쟁은 공동적인 것에 기초한 전환 계획과 영토적 저항이 실제로 (마치 그들이 음악을 창조하는 것과 같이) 도래할 잠재적 세계를 형상화하고 있음을 보여준다. 하지만, 이 계획들은 그 노력을 무모하게 깎아내리는 엄청나게 적대적인 환경 내부에 존재한다는 사실을 깨달아야 한다. 이는 자본주의, 기업체 연합, 전문적 제도, 억압적인 경찰국가 및 이중적 관계에 묶인 정치존재론이며, 자치 기획은 그 내부로부터 싸워나가야 한다. 이들이 고립되어서는 성장해 나갈 수 없다. 자치를 시도하는 무수히 많은 섬을 가로질러 추구하는 교직의 전략은 당분간은 아무리 작다고 해도, 전환의 운동가와 디자이너들이 상상한 혁신적 대륙이라는 결과를 가져올 수 있을 것이다. 자치 디자인이 지닌 이러한 공동적 면모가 플루리버스를 실현하는 데 도움을 줄 수 있을까?

이렇게 자치와 공동적인 것에 관한 오랜 역사적 · 정치적 · 이론적 배경은 한편으로는 자치를 디자인의 범위 내에 위치하며, 다른 한편으로는 공동적인 것을 존재론적으로 지향된 디자인을 위한 공간으로 위치시키는 것의 중요함을 일깨운다. 또한, 라틴아메리카의 투쟁이 전환의 사고, 혹은 사상이 나아가야 할 길에 구체적으로 도움을 주고 있음을 보여준다.

자치 디자인의 개요

이제는 자치, 디자인 그리고 공동적인 것의 실현 사이의 관계를 논의하고자 한다. 이 논의는 세 부분으로 구성된다. 첫째, 1990년대 후반에 콜롬비아에서 나타난 구체적 경험을 논의하면서 자치 디자인을 위한 몇 가지 원칙을 제시할 것이다. 둘째, 자치와 공동적인 것에 관해 이번 장에서 논의했던 토론을 확장한다. 그리고 마지막으로 콜롬비아 남서부 특정 지역에서 진행된 전환을 위한 상상력의 실험을 간략하게 스케치할 것이다.

공동체를 실현하는 데 도움을 준다는 목표를 지닌 디자인 실천으로서의 자치 디자인은 다음과 같은 전제로부터 나온다(에스코바르와 PCN이 1998년 작성한 것에서 약간의 수정이 가해졌다).[20]

1. 모든 공동체는 조직, 사회적 관계, 실천, 환경과의 관계에 대한 자신의 디자인을 실천한다. 역사 대부분에서 공동체는 전문적 지식으로부터 독립한 (존재 및 자발적 대응 등) 일종의 '자발적 디자인'을 실천했으나, 현재에는 성찰을 포함하는 동시에 성찰로부터 분리된 디자인을 추구하는 상황에 놓여 있다.

2. 모든 디자인 행위는 **사람들이 자기가 가진 지식의 실행자**라는 전제

---

20 이 부분은 1998년 콜롬비아 태평양 지역의 부에나벤투라(Buenaventura) 항구도시에서 흑인 공동체 활동가들과 일주일 동안 자치 디자인의 원칙을 통해 디자인하고 실행했던 생태친화적 강 디자인 워크숍에 기초한다. 여기에 참여한 이들은 강에 대한 풀뿌리 조직의 리더들이었고, 흑인 공동체에서 출발한 사회운동가들이었다. 이 운동은 정부의 명령에 대해 강 공동체가 자신의 계획을 세울 필요성으로 인해 제기되었다. 이 워크숍을 통해 만든 자료집은 비록 출간되지는 않았지만 그 내용을 확인할 수 있다 (PCN & Escobar 1998). 이 워크숍은 내가 제안한 시스템 접근법을 따르는데, 이는 웨스트 처치맨(C. West Churchman)과 (이 책의 서문에서 언급한) 레너드 조이(Leonard Joy)에 의해 영향을 받은 것이다.

로부터 출발해야 하며, 자신의 현실을 이해하는 방식을 고찰해야 한다. 이러한 인식론적·윤리적·정치적 원칙이 자치와 자치 디자인의 기본이다. (기존의 발전 계획은 다른 사람의 지식, 즉 전문가들의 지식을 실행하는 방식으로 진행되었다!)

3. 우선 공동체가 **디자인하는 것은 질문하는 것, 혹은 자신에 관한 시스템을 배우는 것**이다. 디자이너로서 우리는 공동체와 함께 공동 연구자가 되지만, 공동 디자인 과정에서 자신의 현실을 규명하는 것은 후자이다.

4. 모든 디자인 과정은 디자이너와 집단이 목표에 관해 동의하고 (예를 들어, 강의 오염, 대규모 광업으로 인한 영향, 특정한 음식 제작 기획, 토지의 부재, 공간과 문화를 수호하려는 투쟁, 여성에 관한 차별, 물의 사용 가능성 등) 행위에 관한 대안적 과정을 결정하도록 할 수 있는 **문제와 가능성**을 동시에 포함한다. 그 결과 변화, 혹은 새로운 실천의 창조를 위한 일련의 시나리오와 가능성을 가진 형태가 되어야 한다.[21]

5. 이러한 실천은 공**동의 관심사가 되는 시스템** 모델을 구축하는 형식을 취하게 된다. 모든 자치 디자인 프로젝트가 직면하게 되는 문제는 우리가 이 모델에 대해 무엇을 할 수 있을까이다. 그에 관한 답은 현실의 모델이 얼마나 복잡한가에 달려 있다. 일련의 과제를 디자인하는 것, 계

---

21 빅터 파파넥(Victor Papanek)에게 "디자이너가 그의 작업에 가져올 수 있는 가장 중요한 능력은 칭찬하고, 고립시키고, 정의하고, 문제를 해결하는 것이다"(1984, 151). 오늘날 디자인은 문제 해결 너머로 나아가며, 문제를 제기하는 것은 참여적이어야 한다는 것에 모두가 동의한다. 정확하게 말하자면 파파넥은 편협한 정의와 계획에 반대하여 "통합되고, 이해하기 쉬우며, 예측이 가능한 디자인"을 옹호한다(322).

획적인 실천, 그리고 질문 행위와 디자인 과제에 접근하는 기준이 구체적 결과로 나타날 것이다.[22]

특정한 주제에 관한 모델을 형성할 때, **문제를 제기하는 것은 항상 해결을 함축하고 있음**을 인정해야 한다. 문제는 현실에 대한 중립적 진술을 제공하지 않는다. 이 전체 과정은 어떤 건축물도 특별한 방식으로 사람에게 영향을 미치는 선택으로 이어진다는 점에서 정치적이다. 문제를 제기하는 것은 같은 의미에서 부분적인 과정이다. 문제에 대해 집단이 인식한다는 것은 그 개념화가 새로운 사고, 새로운 정보 그리고 이와 연관된 실험 등의 관점에서 복잡하게 진행되면서 계속 진화한다는 것을 의미한다. 문제를 만드는 시스템을 개념화하는 것이 복잡해지면서 목표 지점이 더욱 명확해진다. 문제를 제기하는 것은 "우리가 이 문제에서 보는 것은 무엇인가"를 이야기하는 것이며, 이에 뒤이어 참여자의 가치가 명확해질 때까지 "왜 그런가"라는 질문이 수반되어야 한다. 또한, 디자인 프로세스는 어떤 변화가 필요한가, 이런 변화가 왜 지금 일어나지 못하는가, 그리고 이 변화가 일어난다면 어떤 결과가 발생

---

22 이미 확립된 데카르트적인 방법론으로부터 더 멀어질수록, 내가 (가장 좋은 용어는 아니지만) 모델이라고 부른 것으로 이끄는 논의로 다가가게 된다. 나는 이 결속(engaging)이 집단을 유지해 온 문화적 배경에 대한 도전이면서, 미래로 향하는 열린 결말의 대화라고 생각한다. 이런 결속의 대화는 공동체의 회합이나 사회운동의 정치 모임에서 잘 나타나는데, 겉보기에는 구체적인 안건 없이 몇 시간 동안 진행되고는 한다. 기획자들은 반복된 일상 속에서 역동성을 잃어버리거나, 이를 시간 낭비라고 생각한다.

할 것인가에 관한 질문 꺼낼 필요가 있다. 그리고 이러한 질문이 가족, 공동체, 그리고 지역과 그것을 넘는 다양한 수준에서 반복되어야 한다.[23]

따라서 질문하는 것은 집단이 (디자이너들이 이상적으로 공유하는) 사람들의 조건에 관해 가지고 있는 **고민을 표출**하는 것이다. 자치 디자인 과정이 마지막 순간에 성취하려는 것은 공동체를 건설하는 것뿐 아니라, 집단성에 관해 새롭게 제기된 문제에 섬세하게 반응하는 더 성숙한 사회를 만드는 데 있다. 이는 시스템이 가진 잘못된 지점에서 출발하여 현실의 문제를 다루는 집단이 공동체 자치를 실험하기 위한 새로운 공간을 창출할 다양한 가능성을 조성한다. 이 측면에서 자치 디자인을 위한 이상적 상황은 요청자, 디자이너, 의사 결정자, 시스템의 보증인, 즉 공동체와 조직이 하나의 조직이 될 때 달성할 수 있다(Churchman 1971).

워크숍 시스템 방법론은 유행이 조금 지난 것 같지만, 자치 디자인 연습을 이해하기 위한 출발점으로 유용하다. 콜롬비아의 태평양 지역에서 시작된 독특한 맥락에서 워크숍은 (일정 정도 선주민 운동가들과의 대화를 통해) 흑인들이 주도하고 이전에 내가 상세하게 분석한 운동(Escaobar 2008)을 통해 정치 생태학의 기초를 제공했다. 그 주요한 개념에는 콜롬비아와 에콰도르 태평양 지역을 '인종 집단의 지역-영토', 영토를 '공동체의 생명 프로젝트'를 위한 공간으로 개념화하는 것, (생물

---

23 이 질문은 음식과 영양 기획에 관한 조이(Joy)의 시스템적 접근법에서 출발했다(1978, 1979년 여름 UC 버클리 대학의 수업 노트, Joy 1978).

보호학자와 경제학자가 디자인한 고정된 틀과는 완전히 다른) 영토와 문화 수호에 기초한 생명다양성의 보호를 위한 틀, 그리고 미래를 위한 발전과 지역의 새로운 전망이 포함된다(Escobar 2008). 자치는 전체 과정의 중심이 되었다. 그림 6.1은 그 과정을 재현한 것이다(PCN을 확인하라 2000, 2004).

우리는 이 모델에서 자치와 공동적인 것의 실현에 중심이 되는 디자인 상상의 핵심을 확인할 수 있다. 자치는 지역-영토의 수호에 기반한 사회운동의 정치 기획과 더불어 (인간과 자연을 비롯한 모든 존재에게 좋은 삶인) **비비르 비엔**(vivir bien)과 같은 공동체의 관계적 생명 기획을 포함한다. (주목할 만한 점은 이 틀에서 비비르 비엔의 개념이 2005년에 알려지게 되었으며, 이전 장에서 논의한 부엔 비비르의 개념과 매우 유사하다) 생명 기획이 오랫동안 계속된 (당시에는 우주관으로 표현되던) 강 공동체의 관계론적 존재론에 뿌리박고 있다면, 정치 기획은 인종과 영토에 기반한 조직의 작업에 기대고 있는데 이는 공동체의 미래 전망을 통해 영토를 효과적으로 전유하는 것을 요구한다. 이러한 사회운동이 자치적이며 존재론적으로 지향된 디자인 전략의 추구를 제안이라고 생각하는 것은 너무 멀리 간 것일까? 이와 유사하게 누군가는 공동 디자인 과정이 공동체, 행동가 그리고 (전문 디자이너들을 포함하여) 기획자, 디자이너, 의사 결정자, 그리고 보증인을 포함한 외부 참가자들이 공동체 및 운동과 상당한 정도의 의견일치를 통해 협력하는 것이라고 주장할 수 있다.

이 경험은 1993년 이래 흑인 공동체들의 조직적 원칙에 기반을 두고 있다. 그리고 더욱 풍부한 형태로 오늘날까지 그 기본 구조를 유지해

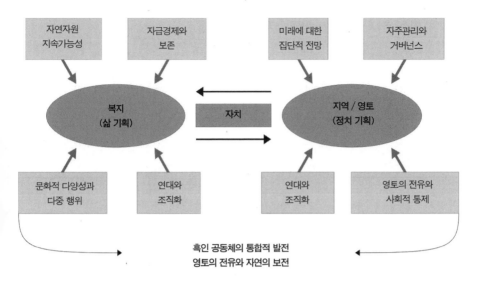

오고 있다. 이 원칙은 (흑인의 권리인) 정체성 인정, (존재를 행사하기 위한 조건으로서) 영토의 권리, 자신들의 미래를 가질 권리를 아우르며, 자기 자신의 우주관에 따라 발전과 경제의 모델을 선택할 수 있는 공동체의 권리를 포함한다(Escobar 2008, 221-227). 또한, 이 원칙은 조직의 내부 결정 과정뿐 아니라, 국가나 다른 행위자와의 관계에 닿아 있다. 이 경우 **디자이너들이 운동의 정치적 기획을 (완전체로서 그것을 공유하는 것보다) 깊이 있게 이해하고**, 기꺼이 모든 공유 디자인 활동을 제안하는 것을 원칙으로 한다. 이는 자치 디자인이라는 항목 아래 인종 조직 및 정치 조직과 작업하기 위해 꼭 필요하다.

자치 디자인의 몇 가지 부가적 특징들

이 장의 대부분을 차지하는 이론적-정치적 논의로부터 우리는 자치 디자인을 사고하기 위해 다음의 부가적인 요소를 제안할 수 있을 것이다.

- 공동적인 것의 실현을 그 주요한 목표로 삼는데, 공동체의 지속적인 자기 창조와 지구화된 환경에 발맞춘 성공적인 구조화 작업이다.

- 관계적 세계의 역사에 의심이 생길 때, 유구한 전통과 동시에 공동적인 것의 실현을 추구하는 미래성을 포용한다.

- 비자유주의적, 비국가중심적, 비자본주의적 형태의 조직을 장려하는 개입과 행위에 가치를 부여한다.

- 공동체의 생명 프로젝트와 공존하는 사회를 창조하기 위한 호의적 공간을 창조한다.

- 공동체의 자치를 증진하고 보존하는 관점에서 (시장, 디지털 기술, 채굴 기능 등을 포함하는) 이질적인 사회적 행위자와 기술을 공동체와 연동한다.

- 장소를 만들고 재배치하는 전환 디자인의 필요성, 물질성과 비인간에 대한 재인식, 지식을 넘나드는 협력적 조직의 창조를 진지하게 고민한다.

- 공동적인 것을 실현하는 데 있어 공유의 역할에 특별한 관심을 기울인다. 반대로 그것은 (연대와 사회적 경제, 대안적 자본주의 및 비자본주의 경제)와 같은 다양한 경제를 활성화하는 효과적인 수단을 창안한다.

■ 부엔 비비르와 자연의 권리 및 (탈성장과 커먼즈 등) 다른 대안적 흐름과 연결한다.

■ 플루리버스를 향한 문을 연다. 이는 플루리버스와 지구상의 생명이 충만하기 위한 디자인의 형태를 의미한다.

■ 지구의 모든 장소에서 공동적인 것의 실현을 도모하기 위한 공간을 숙고함으로써 인간들이 비인간들과 상호 공존하는 법에 대해 다시 배우도록 한다.

■ 관계적인 삶의 원칙을 지키려는 인간과 비인간들의 지속적인 투쟁에 희망을 부여한다.

이러한 방식으로 자치 디자인은 투쟁과 대항 권력의 형태, 그리고 정치적으로 깨어난 관계적 존재론으로부터 유래하는 혁신과 새로운 삶의 형태를 창조하려는 긴급함에 대한 대응으로 이해할 수 있다. 이것은 어떤 주어진 이론적·정치적 상상의 문턱에 위치시키기에는 너무 광범위하다. 다시 말해, 현재 위험에 처한 것은 상황이 어떤가라기보다는 상황이 어떻게 될 수 있는가이다. 에스테바는 "희망은 어떤 것이 일어날 것이라는 확신이 아니라, 무슨 일이 발생하든 어떤 것이 의미를 지닌다는 것에 대한 확신을 의미한다"고 적고 있다(2009, 22).

그림 6.2는 지금까지 제시된 체계를 구체적으로 그려본 것이다. 도형을 명확히 설명할 필요가 있겠다. 지속, 혹은 생태대 시대로의 전환을 위한 모든 디자인 과정의 출발점은 지구 그 자체가 되어야 하며, 지구의 온전함과 자기조직화를 유지하는 것이다. 영토와 장소를 지키기 위

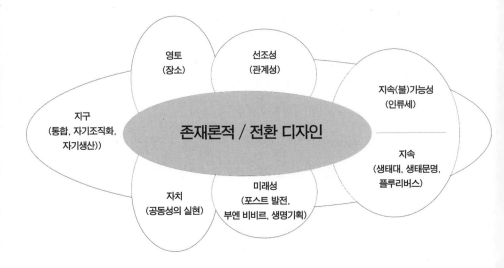

그림 6.2 자치, 전환, 지속. 자치 디자인과 전환을 위한 디자인의 체계

해 투쟁하는 공동체와 사회운동에 관한 디자인의 경우, 디자인 과정의
목표는 공동체의 자치와 이를 실현하려는 지속적 노력을 강화하는 것
이 되어야 한다. 이 디자인 과정은 공동체의 전통이라는 아무리 모순적
으로 보일지라도 오랫동안 유지된 관계적 실천 위에서 만들어지게 되
며, 공동체의 생명 기획에 체현되어 있는 미래성을 향해 나아가는 것이
다. 또한, 디자인 과정은 포스트 발전 및 부엔 비비르와 같이 폭넓은 투
쟁과 조응하여 나타난다. 마지막으로 그 목표는 비지속가능성과 탈미
래를 만드는 조건으로부터 인간이 초래한 인류세의 대안이 될 수 있는
플루리버스를 제공하는 것이다.

플루리버스

콜롬비아 카우카 계곡 지역에서 형성된 전환의 상상력과 실천

많은 사람이 아직 준비되어 있지 않지만, 세계의 많은 지역에서 이미 중요한 문화적·생태학적 전환이 시작되고 있다. 콜롬비아의 태평양 지역에서 나타나는 흑인 운동은 2000년 이래 발전주의의 살육과 탈미래의 기획에 직면하여 제한적이지만 이런 방식의 운동에 개입하고 있다(Escobar 2008, 2014). 지역 엘리트와 국가 기관은 모든 과학적 증거와 및 생태적·사회적·문화적 상식에 반하여 생태 사회적인 파괴, 폭력 그리고 불안을 증가시키는 경제적 전략을 끊임없이 강제하고 있다. 실제로 이 지역은 지역적 차원에서의 전환 기획의 주요한 실험장이며, 대안적인 플루리버스를 위한 풍부한 가르침을 제공한다.

주요 항구도시인 부에나벤투라에서 동쪽으로 가다 보면 서부 안데스 산지의 다른 쪽에는 비옥한 카우카 강 계곡이 자리한다. 이 지역은 잘못된 발전의 대표적 예가 되었다. 평야에서 사탕수수 플랜테이션과 안데스 산지의 목축에 기반을 둔 자본주의 발전은 19세기 후반부터 중심이 되었다. 1950년대 초반에는 카우카 지역자치발전협회를 출범시킬 만큼 힘을 얻었고, 이후 세계은행의 지원을 받은 테네시 계곡 지방청이 되었다. 사탕수수와 목축업에 기반을 둔 발전 모델은 이미 시효를 다했지만, 이 지역의 농민과 흑인 공동체가 삶의 영토를 빼앗기고 이주해 발생한 고통은 말할 것도 없고 언덕, 암반 지층, 강, 산림과 토양에 대한 엄청난 환경 파괴를 초래했다. 하지만 이 지역을 유기농 과일, 채소, 곡물 및 이국적 식물 생산과 같은 진정한 생태농업의 근거지로, 또한 중소규모의 농업 생산자들의 다문화 지역으로, 마을과 중간 크기 도시 기능을 하는 탈중심화된 네트워크로 다시 상상하는 것이 가능하다. 마찬가지로 다른 매력적인 미래를 통해 이 지역을 상상할 수 있다.

그렇지만 이와 같은 미래는 현재에는 **생각하는 것은 불가능하다**. 발전주의적 상상력이 이 지역의 파워 엘리트는 물론이고, 사람들 대부분에 강한 영향력을 지니기 때문이다. 이 지역은 근본적 전환을 통해 성숙할 수 있는 잠재력이 있지만, 이러한 전제가 엘리트와 지역민 대부분, 그리고 중간 계층에도 깊이 침윤되어 있다. 그리고 이들의 소비주의적 라이프 스타일은 불가피하게 발전주의 모델과 연결된다. 이러한 조건에서 전환 디자인 실천이 가능한 것일까? 더욱이 정책 및 사고방식, 행위와 실천에 대한 진정한 의미를 획득할 수 있을까? 이렇게 질문하는 것은 이번 장, 그리고 나아가서는 이 책을 시험대에 세우는 것이다. 나는 비록 일종의 가정이고 하나의 흐름이라 할지라도 그러한 조건에서 전환 디자인을 상상하는 것이 진행되고 있음을 보여줄 것이다. 그렇다면 그것이 어떤 것인지 살펴보자.

카우카 계곡: 지역 발전은 잘못되었다!

콜롬비아의 두 번째로 중요한 뱃길을 가진 카우카 계곡은 콜롬비아 마시프(Massif)에서 기원하여 고지대 안데스 산지가 위치한 콜롬비아 남서부까지 1,360킬로미터에 달한다. 콜롬비아의 신선한 물의 70프로가 마시프에서 기원한다고 한다. 안데스 산지가 세 지류로 나뉘어 카우카 계곡과 같이 안데스 내부의 계곡들에 수원을 제공하는 곳도 이곳이다. 이 계곡은 서부와 중부 산맥 사이를 열어가며, 후자는 5,000미터 이상 되는 높이의 눈 덮인 정상이 있다. (알토 카우카, 혹은 상부 카우카로 불리는) 대(大) 카우카 유역의 첫 번째 부분은 500킬로미터 이상의 강을 따라 넓어지면서 367,000헥타르의 지역을 포함한다. 두 개의 산맥 사이에서 많은 작은 강들과 지류가 통과하며 펼쳐지는 매우 아름다운 계곡이다. 평야는 해발 1,000미터이고, 평균 기온은 24도를 유지한다. 1950년대의 관점에서 이 계곡을 본 여행자라면 의심의 여지 없이 이 계곡이 문화적·생태적으로 매우 풍요로운 지역이라는 점에 동의할 것이다. 실제로 지역민들은 이 계곡을 여전히 남아 있는 가장 유명한 식민지 대농장이라는 의미에서 '천국'으로 부른다. 그렇지만 이를 파괴하는 세력이 힘과 속도를 내면서 1950년대 이후에는 미래가 배제되어 버렸다.

행정적 구분으로 계곡 대부분은 카우카 군에 속하지만, 주요한 부분은 카우카 남쪽에 위치한다. 알토 카우카는 카우카 지역자치발전협회에서 1980년대 중반에 건설한 살바히나(Salvajina) 댐에서 시작하는데, 이 댐은 강의 흐름을 조절하고 인구 250만 명의 도시 칼리에서 있는 농업 단지가 성장하면서 필요한 전기를 생산하고, 증가하는 도시의 중산층을 위해 건설되었다. 지리적으로 카우카 계곡은 40여 개의 작은 강 유역, 몇 개의 호수, 넓은 습지로 구성되는 지역이며, 상당 부분이 사탕수수 재배로 인해 파괴되거나, 심각한 영향을 받았다. 토양은 매우 비옥하고, 투과율이 높으며, 상대적으로 낮은 염분을 가진다. 얕고 깊은 암반수 층은 농업적 사용과 인간의 소비 모두를 위한 양질의 물을 제공하기 위한 풍부한 원천이 된다. 역사적으로 산, 숲, 계곡, 강 그리고 습지로 이루어진 복합적 생태는 수백 가지의 동물과 식물 종에게 집과도 같았다. 이 모든 특징은 농업산업의 기능에 의해 시스템적으로 무시되었다.

이 지역 인구의 대다수가 메스티소임에도, 아프리카계 인구의 존재는 매우 중요하다. (살바히나 댐의 영향력 내에 있는 부에노스아이레스 시 당국, 2장에서 설명했던 금광산업에 저항했던 라토마(La Toma) 공동체가 속한) 카우카의 북부에는 아프리카계 인구가 지배적인 몇몇 시 당국이 존재한다. 통계에 따르면 칼리 인구의 절반 정도가 흑인인데, 이는 지난 30년 동안 태평양 지역으로부터 강제 이주하거나 이민을 온 것이며, 결과적으로 브라질 사우바도르다바이아(Salvador do Bahia)에 이어 라틴아메리카에서 두 번째로 흑인 인구가 많은 도시가 되었다. 이것은 어떤 디자인 프로젝트에서도 놀라울 만큼 중요한 사회적 사실이다. 대부분의 흑인 인구는 가난하다. 이 스펙트럼의 다른 한쪽에는 유럽 혈통을 자랑스러워하는 부유한 소수의 백인 엘리트 그룹이 거주한다. 이 엘리트들은 전통적으로 토지 대부분을 통제해 왔고, 가장 큰 사탕수수 공장을 소유해 왔다. 2013년에는 225,000헥타르의 수수가 심어졌고, 53,000헥타르를 방목 초지로 이용했다. 비록 오직 60여 소유주만이 500헥타르 넘는 땅을 소유하지만, 대규모 토지 소유자들은 땅을 임대하거나 수수만 생산하는 작은 농장에서 나온 수수를 매매하는 방식이었기에 이 수치는 기만적이라고 할 수 있다. 사탕수수 재배에서 물 사용은 헥타르당

10,300평방미터가 필요할 만큼 집약적이다. 이는 지표면 물의 64퍼센트를, 그리고 88퍼센트의 지하수를 사용한다. (전체 지역의 절반을 넘는) 670,000헥타르 이상의 언덕은 집약적 목축업에 영향을 받는다.[24]

주요 고속도로에서 계곡을 오르내리다 보면 지역민 대부분이 아름다운 녹색 경관이라고 부르는 것을 보게 될 것이다. 평원에 사탕수수밭이 쭉 펼쳐져 있고 소 떼가 한가롭게 구릉에서 풀을 뜯고 있다. 하지만 이 풍경은 수백 년 동안 이 계곡을 지배한 백인 엘리트, 소 무리, 수수, (홍수를 막고 관개를 돕기 위해 만들어진 댐과 수수밭 사이를 가르는 관개용 수로인) 물, (사탕수수 재배에 사용되는 상당량의 살충제와 비료 등의) 화학물질, (이 모델과 결합한 정치 엘리트를 포함한) 국가, (백설탕을 요구하는) 세계 시장 및 (증가하는 기계화에도 불구하고) 이 전체의 기능을 가능하게 하는 흑인 노동자들이라는 이질적 집합에 의한 존재론적 점유의 결과이다. 실제로 흑인 노동자들은 사탕수수를 녹색의 괴물로 부르며 그것을 악마와 연결하는데, 이들에게는 이 경관이 결코 아름다운 경치일 수 없기 때문이다(Taussig 1980). 이 전체 경관은 상당수의 도로, (수수를 실은 긴 행렬로 차로 이동한다면 피하기 어려운) 트럭, 및 칼리와 주변 마을의 산업적, 재정적, 그리고 서비스 인프라에 의해 실현되었다.[25]

....

24 이 부분에 관한 정보를 제공해 준 다비드 로페스 마타(David López Mata)와 더글라스 라잉(Douglas Laing)에 감사를 전한다.

25 2015년 10월 칼리에서 그를 기리기 위한 연설에서, 사탕수수 재배 지역의 심장인 푸에르토 테하다(Puerto Tejada)의 흑인 마을 어른인 루이스 엔리케 디나 사페(Luis Enrique Dina Zape)는 사탕수수의 초기 팽창 시기를 "도적 떼가 당도했을 때"라고 언급한다. 사탕수수는 20세기 중반까지 코코아에 기반을 둔 독립적 농장과 흑인 농부들

한 세기 이상을 이 이질적 집단이 잘 유지되고 문제 없이 기능해 왔다고 가정해 왔다. 지역 엘리트는 이를 발전의 기적이라고 자랑했고 민속 문화는 연속극에서 살사 음악에 이르기까지 다양한 방식으로 이를 선전해 왔지만, 마침내 근본적으로 미래를 탈구하는 효과가 가시화되었다. 토양의 고갈, 강의 침전, 그리고 암반수의 오염을 통해서다. 습지의 건조, 생물 다양성의 감소, 산림 파괴와 언덕 및 산간의 심각한 침식 속에서, 수수 재배가 이루어진 다음 정기적 소각이 진행되는 동안 흑인 노동자와 인근의 인구는 재를 들이마심으로 인해 호흡기 건강에 이상이 생기게 되었다. 더 나은 조건을 위해 단결한 흑인 노동자에 대한 탄압 및 인종주의와 심각한 불평등의 지속 등 이 모든 것이 이 수수 모델에 내장되어 있다.

60퍼센트에 달하는 빈곤과 불평등은 불가피하게 중간 계층이 두려워하는 '불안정'과 '범죄'라는 결과로 이어진다. 중간 계급은 보안이 철저한 아파트 단지와 출입문을 설치한 공동체에 거주하고, 접근이 수월하며 경찰이 상주하는 세계적 수준의 쇼핑몰을 이용하는 방식으로 안전을 추구했다.[26] 주민 대부분이 인식하지 못하고 주류 언론은 이에 대하여 비판적으로 살피는 대신 그저 이 모델을 찬양하고 있지만, 상당수의

이 유지했던 다양한 곡물을 구조적으로 파괴했다. 따라서 독립적이고 자치적인 흑인 농업 공동체 시대에 종지부를 찍었다.

26 인류학자인 알린 다빌라(Arlene Dávila 2016)의 연구에 따르면, 라틴아메리카는 세계화된 쇼핑몰 구축이 가장 빠르게 성장한 지역이다. 이러한 경향은 (점점 더 소비를 중심에 놓으면서) 문화적 양식과 사회경제적 구조, 정체성 형성에 상당한 영향을 준다. 쇼핑몰 디자인은 탈미래화와 비지속가능성에 매우 효과적인 기제가 된다.

학자와 지식인, 그리고 운동가들은 이를 실패로 바라보고 있다. 그렇지만 명백한 실패에도 불구하고 계속되는 점에 대해 의문을 가질 수 있을 것이다. 이것이 바로 (남반구의 지역에서 공통적으로 나타나는) 어려운 점이며, 전환 디자인의 전략이 해결해야 할 지점이다. 이러한 노력의 주요한 양상에 대해 논의해 보자.

카우카강 유역을 위한 전환 디자인 상상하기

이처럼 순수하게 이론적인 전환 디자인 연습조차도 두려운 임무이며 누군가 상당한 희망을 부여한다면 더 그럴 것이다. 하지만 상당수의 영향력 있는 지역의 (재)발전과 (자본주의적 관점에서 엄청난 성공을 거둔 것으로 알려진 미국의 테네시강 유역 개발 공사와 살바히나 댐 건설 이후의 카우카강 유역 개발을 포함하여) 세계적인 재생 사업의 실제 결과를 고려할 때, 왜 하지 못하겠느냐는 반문이 생길 수 있다. 두말할 필요 없이 전통적인 지역의 (재)개발 사업이 자본주의 발전이라는 당연하게 수용되는 역사에 의지한다면, 여기에서 기획하는 지역의 전환은 그러한 역사를 반대로 거스르는 것이다. 이전 장에서 논의한 상당수의 디자인은 물론 이전의 역사에 문제를 제기하는 것에서도 드러난다. 하지만 헬싱키 알토 대학의 미디어 실험실 출신 콜롬비아의 디자인 이론가 안드레아 보테로(Andrea Botero)는 "이러한 진전에도 불구하고 완전히 협력적이고 개방적인 디자인 과정은 여전히 제한된 상태"라고 주장한다(2013, 13). 그렇지만 그녀는 그 어느 때보다도 장기적인 전망을 지닌 협력적인 디자인 방식에 대한 커다란 요구가 있음을 덧붙인다. 이 협력적 디자인은 (선발 주자 혹은 주최자가 되는 것 이상으로) 디자이너에게 충분한 시간을 제공하여 더 나은 역할을 부여하며, 디자인의 목표를 비인간 존재로 확장하는 보다 더 광범위한 작업을 의미하도록 한다. 시기적으로 확장된 집단적 디자인 행위라는 맥락에서 이 디자인 실천 행위는 현재 시점에서 특히 중요하다.

생태학자와 전환 운동가, 그리고 디자이너에게 디자인 상상력을 장전하기 위한 시나리오를 제안하는 것은 상대적으로 어렵지 않다. 나는 위에서 그러한 예를 제안했다. 우선, 어디에나 존재하는 사탕수수와 목축, 그리고 그로 인한 가시적, 비가시적 효과가 낳는 압도적인 전경을 떠올려 보자. 그리고 그것을 "유기농 과일, 채소, 곡물, 이국적 식물을 생산하는 진정한 생태농업의 장소, 중소농민을 위한 다문화적 지역, 마을과 중간 크기의 도시의 탈중심화된 네트워크로 다시 상상해 보자". 아마 상상하기는 쉽지만, 여전히 지역 차원에서 사고하기는 어려울 것이다. 이 흐름을 따라가면 카우카강 유역에 수년에 걸쳐 일어난 전환 디자인 실천을 살펴보는 몇 가지 특징을 확인하게 된다. 그리고 이를 카우카강 유역 전환 프로젝트(the Cauca River Valley Transition Project)로 부른다.[27]

----

27 최근의 제안에서(Escobar 2015b), 나는 이 과정을 십 년에 걸쳐 진행되는 것으로 파악했다. 이 프로젝트의 이론적 논의를 이해하기 위해서는 제안서를 참조하라. 여기에서 카우카강 유역은 행정적인 영역을 의미하는 것이 아닌, 알토 카우카라고 부르는 지역

프로젝트의 초기에 달성해야 할 두 가지 중요한 목표가 존재했다. 공동 디자인 팀을 조직하는 것과 협력적 디자인 팀이 진화할 수 있는 디자인 공간을 창출하는 것이다. 디자인 공간의 정체성을 창조하는 것은 유용하지만 그 자체로는 출발일 뿐이다. 안드레아 보테로, 카리-한스 코모넨(Kari-Hans Kommonen), 그리고 산나 마르틸라(Sanna Marttila)가 강조한 것처럼 디자인 공간의 중요성은 간과될 수 없다(2013). 이 디자인 이론가들은 디자인 공간을 "디자인을 실현하기 위한 가능성의 공간으로, 개념을 넘어 디자인 공간을 사람들의 행위 속에 활용되는 디자인으로 확장하는 것"으로 이해한다(186). 디자인 공간은 소비에서 활발한 창조까지를 포함한 연속적 활동에 참여자들을 위치시키려는 디자인 활동의 지도를 그리는 도구까지를 포함한다. 디자인 공간은 언제나 기술, 도구, 물질과 사회적 과정을 포함하는 사회적 상호작용을 통해 다양한 행위자와 함께 구성된다. 지속적인 디자인 행위를 통해 "새로운 디자인의 출현이 가능한 상황을 만드는 잠재력의 공간"이 된다(188). 따라서 그 개념은 대상, 일터, 그리고 디자인에 대한 신념에 초점을 맞추는 것을 넘어, 다양한 사용자의 의견과 디자인을 포함해 모든 복합성을 포용하는 방향으로 나아간다. 이런 확장된 디자인 공간의 개념은 보테로가 '공동적인 노력'이라고 부르는 것에서 특히 효과적일 수 있는데, 이 공동적인 노력은 (라토마의 영토 조직과 같이) "실천으로 인정받은 공동체의 기획, 혹은 규정할 수 없는 집단이나 임시 그룹들의 단순한 협력적 행

....
전체를 지칭한다.

위 사이의 그 어딘가에 존재한다"(2013, 22).

이러한 대화 공간에서 디자인 협력은 사업을 위한 조정을 뛰어넘어 이 지역을 위한 급진적인 변화를 위한 전망을 만들 것이다. 첫해, 혹은 두 번째 해에 이 연합과 관련된 협력 조직은 초기의 전망과 전환을 위한 틀을 구성해야 할 과제를 갖는다. 누군가는 디자인 공간을 공동의 디자인이 만나 실천을 위한 조직된 대화를 나누는 일종의 실험실로 생각할 수도 있다. 예를 들어, 시에서 지휘하는 카우카강 유역의 실험실 뿐 아니라 칼리 실험실이 생겨난 것이다. 또한, 토양, 습지, 노동자 혹은 그 밖의 사회적이고 생태적인 행위의 문제에 초점을 둔 실험실이 형성되었다.

일반적으로 이와 같은 전개 과정에서 나타나는 정치적이고 논쟁적인 성격으로 인해 카우카강 유역의 전환 계획 과정의 초기에는 이 디자인에 관여한 공동의 행위자들이 제한되었다. 주요 행위자의 경우 광범위한 측면에서 실천의 근본적 목표의 공유가 필수적이다. 이들에는 (도시와 시골, 흑인, 선주민, 농민 그리고 다양한 도시 집단의) 사회운동 조직, (특히 주변화된 농촌과 도시 지역의) 여성과 젊은이들, 학자와 지식인들, 예술과 대안 미디어가 포함된다. 또한, 이 팀은 인식론적, (인종, 젠더, 세대, 계급, 그리고 영토를 기반으로 한) 사회적 측면, 문화적이고 인식론적인 다양성에 기초하여 출발하는 것이 중요하다. 디자인의 결과로 진정한 플루리버스를 가져올 수 있는 유일한 합리적 선택이기 때문이다. 운동가들, 지식인들, 비정부 기구 활동가들, 자연과 물리 과학을 포함한 학계는 모두 원칙적으로 이 팀을 위한 훌륭한 후보자이다. (라틴아메리카에서는 개인이 동시에, 혹은 결과적으로 여러 역할을 맡는 것이 흔하지 않은 일이 아니다. 카우카강 유역에는 이런 상호인식론적 대화를 수행하기에 적합한 상당한 수의 사람들이 이미 존재하고 있다). 또한, 이 팀이 공동으로, 그리고 상대적으로 (비록 반드시 이런 이론적 측면일 필요는 없지만) 존재-인식론적 측면에서 사고하는 능력을 계발하는 것이 중요하다.[28]

실제로 전환 실천은 최초의 과정에서 진화를 거듭하며, 전환의 사고에 자양분을 공급할 수 있는 상황이 세대를 통해 계속 진행되고, 사회적 혁신을 위한 디자인의 특정한 요소를 발전시키려는 구체적 프로젝트를 모두 포함해야만 한다(Manzini 2015).[29] 이 국면이 갖는 목표와 행동들은 다음을 포함한다.

- 현재의 모델이 초래한 '문명적 실패'와 탈미래 실천을 가시적으로 보여준다. (몇 가지만 예를 들더라도 물과 토양의 효과, 흑인 노동자들의 구조적 빈곤화, 통제 불가능한 소비주의, 금광 등의 파괴적인 채굴주의라는) 지속불가능성과 탈미래가 보여주는 생태적 사회적 의미는 무엇일까? 따라서 유물론적 존재론의 관점에서 출발한 정치 지질학 및 사탕수수와 목축의 생태학 지도를 만드는 것이 중요하다.
- 사탕수수, 살사 음악, 스포츠 그리고 상업으로만 설명되는 '민속적'

----

28 에치오 만치니(2015, 89)는 협력적 디자인 경험에서 시작 단계에 있는 '창조적 공동체'의 중요성에 관하여 언급한다.

29 3장에서 언급한 사회적 혁신에 관한 만치니의 논의는 이 지점을 이야기하기에 아주 유용하다. 구체적으로 슬로 푸드 운동에 대한 논의를 참조하라.

서사와는 다른 칼리에 대한 지역적 감각을 형성해야 한다. 즉, 순전히 지리적인 혹은 민속적인 형태를 넘어, 알토 카우카 전체를 위한 생태지리적 플루리버스 개념으로 나아갈 필요성을 제시한다.

■ 주변화된 도시에서 (공동체가 아닌 것으로 보이는) 공동체 및 이와 유사한 집단에서 다양한 삶의 프로젝트를 파악하는 것이다.

■ 공동 디자인 과정에 폭넓은 참여를 유도하는 디지털 플랫폼 등의 다양한 경로로의 참여, 같은 이슈로 연결된 집단 및 디자인 실험실을 장려한다. 작은 마을이나 시골과 같은 지역에 관한, 그리고 지역을 위한 새로운 상상력을 지닌 세대를 길러내기 위해 실험실과 전시실을 탐방한다. ('다른 경제는 가능하다'는 사실을 보여주는 데 유용한) 실제의 사례를 모은 자료집을 작성하고, 메타스토리(metastories)를 구성한다. 또한, 존재하는 사례에 기반하든 열린 결말의 디자인 사고를 위해 상상하는 것이든 간에 공동체를 상상하는 시나리오 작업과 집단 창작을 활성화한다.[30]

■ 상향적이고, 수평적이며, 동료 의식에 기반한 방법론과 디자인 도구에 특권을 부여하면서도, 필요하다면 하향식―하지만 언제나 공동적 대화로부터 출발하는 목표에 종속되는―요소들을 포함하는 행위를 제시한다. 방법론적 측면에서 여기에는 상당한 장애물이 도사리고 있다.

---

30 '다른 경제는 가능하다'라는 슬로건은 흑인 공동체 운동(Proceso de Comunidades Negras, PCN)가 조직하여 나흘간 열린 워크숍의 실제 제목으로, 카우카 북부와 남부 태평양 출신 70여 명의 활동가를 비롯하여 나를 포함한 일군의 학자들이 참여해 2013년 7월 칼리 북쪽의 부가(Buga)에서 개최되었다. 워크숍의 목적은 다른 경제가 과연 가능한가를 논의하고, 공동체들의 자치 경제 프로젝트의 사례를 보여주기 위한 것이었다.

예를 들어, 중첩되는 다른 세계와 현실을 인정하는 동시에, 과거의 기억들을 존중하는 협력의 공간을 디자인할 수 있을까? 결과적으로 카우카강 유역의 다양한 주민들의 담론적, 감정적 공간을 제공하는 다양한 미래에 관한 전망을 제공할 수 있을까?

■ '당신은 어떤 칼리를 원하십니까?'라는 질문에 대답하기 위한 '칼리 실험실'을 만든다. 이 시나리오 작업에 따르면 공동 디자인 팀이 발전시킨 잠재적 전환과 성찰적 디자인이 낳은 다양한 전망과 상상의 결과를 전시할 수 있다. 따라서 더 많은 사람이 강을 급속도로 파괴하는 지속불가능한 기계로서가 아닌, 진정한 환대의 공간으로서 칼리의 이미지를 공유하게 된다.

■ 복합적인 방식을 통해 공동의 디자인 역사를 활성화한다. 이 고유하면서도 자치적인 역사는 많은 도시와 시골 집단에서 분산되어 발견되며, 유역의 많은 공간 및 전문가 디자인과 중첩되어 나타난다.

■ 여러 지역과 에코시스템에서 기후변화의 영향이 가시화된다. 이에 대해 전환 마을 계획과 함께 전략적으로 전환의 상상력에 호소하는 부엔비비르와 탈성장을 비롯하여 이 질문에 답할 수 있는 다양한 전환 기획에서 배우는 것이 필요하다. 디자인은 잠재적으로 모든 것, 즉 농업, (개인 차량의 기하급수적 증가를 감소시키고, 대안적 전기, 탈중심화된 교통시스템으로 나아가는) 에너지와 교통, 도시계획, (공원과 휴양시설을 포함하는) 커먼즈 등을 포함한다.

■ 전환을 위한 예술과 커뮤니케이션 미디어, 디지털 플랫폼을 창조한다. 퍼포먼스 예술은 비인간도 포함하는데, 예를 들어 지친 토양을 '해

방시키고', 다시 삶을 가져다주는 방법을 보여줄 수 있다. 전환의 음악과 춤은 살사와 흑인 음악을 비롯해 태평양과 카우카 북쪽 지역의 강력한 전통을 기반으로 성장했다. 지역의 민속적 담론에 균열을 가져오고 새로운 방향의 집단적 상상을 유도하는 소셜미디어와 새로운 주류 미디어 콘텐츠 또한 디자인에 포함될 것이다. 이러한 흐름은 1980년대부터 이 지역에 존재해 온 강력한 대중 교육과 커뮤니케이션을 기반으로 한다. 이 전환의 상상력은 전례 없는 문화적 행동주의의 물결을 형성하는 데 큰 잠재력을 지닌다.

전환 디자인의 관점에서 고려해야 하는 다양한 이슈가 존재한다. 여기에는 분산과 전문 디자인 사이의 관계, 한 지역에서 다른 곳으로 이동하는 지식의 창조, 프로젝트 진행에서의 배움의 과정, 디자인 연구의 역할, 원형과 지도의 사용, 소규모의 개방적이고 연결된 지역화 전략에 기반한 시나리오의 창조(Manzini 2015), 생생한 디지털 스토리텔링, 공동 공간에서 그리고 그 공간을 위한 도구의 디자인, 지혜로운 미디어 캠페인, 규모의 문제 등이 포함된다.

이런 진술은 물론 매우 일반적인 것을 열거한 것이다. 즉, 실제 로드맵으로서보다 전환을 위해 진행되는 디자인에 대한 요구 사항을 의미한다. 나는 이 제안이 지나치게 이상적이라는 사실에 대해 잘 알고 있다. 하지만 이것이 바로 이론적인 실험인 동시에, 비판적인 디자인 연구를 위한 것이라고 말하고 싶다. 또한, 플루리버스 디자인과 '다른 디자인은 가능하다'는 사고를 지원하기 위함이다. 동시에 이 책에서 보여주려고 한 것처럼 다양한 디자인의 영역에서 나타나고 있는 비판적인 디자인 상상력의 예로 이해할 수 있다. 아마도 책의 마지막 부분에서 설명하는 이와 같은 노력은 우리가 학계와 저서라고 부르는 매우 디자인된 공간에 의지하면서 정치적·존재론적 제안을 하려는 나의 불완전한 시도이기도 하다.

결론 부분에 앞서 다시 한번 북부 카우카 지역 나사 행동가들의 말을 들어보자. 그들은 위험과 연대의 문제를 전면으로 가져온다.

2005년에 우리가 주장했고 지금 다시 말하고 있듯이 우마 키웨(Uma Kiwe, 어머니 지구)의 철조망을 제거하는 것은 마치 심장의 실타래를 풀어내는 것과 같다. 그리고 심장의 실타래를 풀어내는 것은 어머니 지구를 풀어내는 데 있다. 누가 지구와 마음이 하나라는 사실을 믿었었겠는가? 이것이 바로 지금 우리가 깨닫고 느끼는 것이다. 이런 상황에서 우리는 다시 진보라는 기차에 올라타야 할 것인가?

현실을 명확하게 직시할 때 우리에게는 오직 하나의 길만이 남아 있다는 것을 깨닫는다. 우리는 이것을 수년 동안 말해 왔지만, 이제는 자!치! 가 점점 더 힘을 얻어간다. 마음이 깨어 있다면 이것을 느끼는 것은 어려운 일은 아니다. 그리고 자치에 대해 말하자면 그것은 매우 단순하다. 우리에게 부과된 삶을 사는 것이 아니라, 우리가 원하는 삶을 사는 것이다. 그가 누구이든지 윗사람이 우리가 해야 한다고 하는 것이 아닌, 우리가 가고자 하는 방향을 취하는 것이다. 하지만 영토 없이는 자치적으로 살아갈 수 없다. 그리고 어머니 지구 없는 영토는 존재할 수 없다. 그리고 노예화된 어머니 지구는 그 기능을 잃어버린다. (……) 이것이 우리가 2014년에 농장에 돌아온 이유이다. 우리의 농장은 존재하고, 다른 농장은 존재하지 않는 이유이다. (……) 이런 방식으로 우리는 자치의 길로 되돌아왔고, 우마 키웨의 자유로 향하는 여정을 시작했다. 우리는 (……) 자그마한 역량을 갖고 있으며, 무리로 연결됨으로써만 배우고 승리할 수 있다는 것을 알고 있다. 집단은 선주민 남녀뿐 아니라 농민들, 흑인들, 도시 사람들을 포함한다. 이에 대한 의구심은 여전히 강하며, 또한 커지는 것도 사실이다. 우리는 여러분들이 텔레비전을 끄고 서로의 얼굴을 마주할 것을 제안한다. 우리의 역사, 우리의 투쟁, 우리의 말은 서툴지만 진실하다. (……) 전등을 켜고 자세히 비추어보기를. 그럼 이 투쟁이 북부 카우카를 벗어난다는 것, 단지 북부 카우카에서 나오고 이 지역을 위한 것이 아님을 분명하게 볼 것이다. 나사 사람들에게서 나왔지만 그들의 것은 아니다. 이곳이거나 세계의 어떤 모퉁이든지 모든 자유로운 농장은 우마 키웨의 평형 상태를 다시 만들어나가는 영토이다. 그것은 우리 공통의 집이며 우리의 유일한 집이기도 하다. 그것이 거기에 있다. 들어오시라, 문은 이미 열려 있다.[31]

....

31 2010년 5월 28일, 북부 카우카 선주민 연합 웹사이트(http://www.nasaacin.org/libertar-para-la-madre-tierra/50-libertad-para-la-madre-tierra)에 실린 다큐멘터리 「어머니 대지를 위한 자유(Libertad para la Madre Tierra)」. 이 선주민 운동과 최근의 활동에 대해서는 「우리를 부르는 도전(El dsafío que nos convoca」(http://www.nasaacin.org/el-desafio-no-da-espera, 2010년 5월 28일)을 참고하라. 또한, 웹사이트 '길 위의 민중들(Pueblos en Camino)'에 실린 「우마 키웨의 해방에서 우리가 배우는 것들(Lo que vamos aprendiendo con la liberación de Uma Kiwe)」(http://www.pueblosencamino.

놀랄 만큼 빛나는 이 진술은 결론에서 조금 더 발전시킬 자치와 전환 디자인의 실천을 위한 기초를 마련한다. **문은 이미 열려 있다.**

종결부 악장: 공동체 없는 사람들에게 공동적인 것

우주가 어떻게 발생했는지 말해 주세요, 그럼 나는 당신이 누구인지
말해 줄게요.

우리는 원칙적으로 결정할 수 없는 문제에 관해 결정했을 때, 우리가
원하는

그 누군가가 되기를 선택할 수 있어요.

──폰 푀르스터, 「윤리학과 2차 사이버네틱스」

관계성과 공동적인 것의 개념은 주로 시골이나 선주민들, 혹은 영토에 밀착된 경우들에 해당하는 것으로 알려져 있다. 도시의 현대인에게

---

org/?p=2176, 2016년 1월 19일), 빌마 알멘드라(Vilma Almendra)의 「구속도 침묵도 없는 여성인 자유로운 마마 키웨의 평화(La paz de la Mama Kiwe en libertad, de la mujer sin amarras ni silencios)」(http://www.pueblosencamino.org/?p=150, 2013년 8월 2일)를 보라. 블로그 〈어머니 대지를 위한 자유〉에 게재된 「우마 키에와 함께하는 자유와 기쁨: 어머니 대지의 해방과 말(Liberar y alegría con Uma Kiwe: Palabra del proceso de la liberación de la Madre Tierra)」(http://liberemoslatirra.blogspot.es/1481948996/libertad-y-alegria-con-uma-kiwe-palabra-del-proceso-de-liberacion-de-la-madre-tierra/)도 참조하라.

는 적용되지 않는 것으로 말이다. 하지만 이것은 기껏해야 부분적으로만 사실인데, 왜냐하면 우리는 모두 플루리버스 안에 존재하기 때문이다. 탈식민화된 그리고 자유로운 중간 계급의 도시적 근대 안에서 사는 우리에게 주어진 역사적 명령은 재영토화와 함께 다시 공동적인 것을 구성하라는 것이다. 아직 선례가 많지 않은 새로운 형태의 공동성과 존재라는 새로운 영토가 상상되어야 하는데, 이는 특히 현재와 같은 불확실한 시대에 절실하다. 우리들의 세계가 지속하도록 도움을 줄 선조들의 명령이 존재하지 않는 이들에게 필요한 질문은 어떻게 세계를 다시 창조하고 다시 공동적인 것을 만들어 내는가이다. 삶의 과정에서 아직 단어, 사물, 존재를 갖지 못하는 지식을 어떻게 발전시켜 나갈 것인가? 이 목적을 위해 어떤 방식의 의례를 발전시킬 것인가? 여러 세계 사이에 놓인 불가피한 존재론적 조건에서 어떤 방식으로 희망을 실천으로 가시화하고, 플루리버스의 윤리학으로 세계를 봉합할 공간을 형성할 것인가?

우리는 단순히 개인이 아니라는 것은 사실이다. 정말로 우리 각자는 모두 독자적 인간인 한편, 우리는 관계의 네트워크—더 정확하게는 교직과 직조—속에서 매듭, 혹은 계주자로 존재한다. 공동적인 것은 이러한 얽힘과 직조에 부여한 명칭이다. 독자적 인간과 그 혹은 그녀가 언제나 관계 속에서 존재하는 공간이라는 공동적인 것 사이의 진술에는 모순이 존재하지 않는다. 이반 일리치가 보여주려 했듯이(Gustavo Esteva, 2015년 7월 28일), 공동체 가운데서 태어나지 않고, 우리 역사에서 개인으로서 구성된 우리에게는 언제나 새로운 씨앗으로서 커먼즈를 구축할 우정과 사랑이 존재한다.

글로리아 안살두아(Gloria Anzaldúa)는 많은 이들이 현재 직면한 조건을 "서로 다른 지각과 신념의 체계 사이의 중첩된 공간, 즉 네판틀라(Nepantla)³²에서 살아가는 것"으로 파악하거나(2002, 541), 세계들 사이에 사는 것으로 파악했다. 이 조건은 정체성에 대한 기존의 범주를 낡은 것으로 만들고, 서로의 존재와 지구 사이에서 창의적인 관계 맺기를 가능하게 하는 새로운 패러다임과 서사를 요구한다. 안살두아에게 **네판틀라**가 되는 것은 두려움이나 닫힌 경계를 만드는 요인이 아닌, 가능성의 공간에 거주하는 것을 의미한다. 그것은 오래된 이야기, 혹은 동화나 분리를 피하는 "새로운 부족주의"를 상상하고 창조하기 위한 근거가 된다(560). 그녀는 우리가 분리된 무장지대로부터 나와 언제나 모든 사물과 사람 사이의 유대를 인정하는 원형 탁자에 앉기를 제안한다. "부분, 문제 혹은 쓸모 있는 상품으로서가 아니라, 당신이 다른 이들과 관계 맺기를 할 때 이 접속주의적 관점에서 자비와 연민은 변화를 촉발할 것이다(569)". 여기에 바로 관계적 재공동화를 위한 윤리가 놓여 있다.

---

32 치카노(Chicano) 혹은 라티노(Latino) 학자들이 전유하여 이론화한 용어로 '사이에 있음'을 뜻하는 고대 나우아어(Nahuatl)이다.(옮긴이 주)

결론

오랫동안 바위 사이에 머물면서,
나는 그들의 대화를 듣는다.
소리를 느껴본 적은 없지만,
영혼은 나를 속이지 않는다.

조용해 보여도
그 어떤 일이 일어나고 있다.
신이 산을 비밀로 채운 것은
결코 헛되지 않았다.

바위가 서로에게 무언가를 말하고 있다.
영혼은 나를 속이지 않는다.
마치 그들이 대화하는 것처럼
떨림, 그림자 혹은 그 무언가

아, 언젠가
그렇게 말없이 살 수만 있다면

──아타우알파 유팡키(아르헨티나 시인. 포크송 가수)

아타우알파 유팡키(Atahualpa Yupanki)의 시는 바위도 생명을 갖는 우주로 우리를 인도한다. 유팡키의 노래는 장소, 영토 그리고 풍경의 철학을 재현한다. 이러한 우주관은 공동체의 전환을 위한 사유에 에너지를 제공한다. 많은 이들이 전환의 사고를 고민하고 있다. 라라무리(Rarámuri) 선주민 활동가인 기예르모 팔마(Guillermo Palma)는 "우리를 지키기 위해서는 스스로에 대해 생각해야 한다"고 말한 바 있다.[1] 각각의 사회집단 혹은 자연사회적 집합체가 자신의 자원과 역사적 조건을 통해 이를 시도하고 있지만, 어떤 조직도 아직 사파티스타가 히드라로 명명한 전 지구적 자본주의를 다루는 데 필요한 완벽한 존재-인식론적 건축물을 만들지는 못했다. 몇 가지 예에서 디자이너들은 자신의 위치에서 전환 디자인 실천을 통해 발현하게 될 전환을 준비하고 있다.

나는 결론 부분에서 책의 주요한 주장을 반복하기보다는, 논쟁의 영역으로 남아 있는 질문 몇 가지를 더 논의하고자 한다. 이 질문들은 디자인에 관한 것이 가장 많다. 이를 통해 책의 끝 부분에 가서는 다른 질문들과 다시 연결되거나, 논의의 핵심으로 돌아가기를 바란다. 하지만 이 질문에 앞서 인식론적 · 정치적 측면에서 전환의 사고와 디자인을 창조하기 위한 어떤 원칙, 즉 어머니 대지의 해방을 위한 원칙을 제공하고자 한다. 그리고 '전 지구적 남반구'에 대해 간단히 언급한 후, 마

---

1   멕시코 위기를 논하기 위한 행사로서 구스타보 에스테바가 주최하고 2015년 11월 16-21일 멕시코시티에서 열린 '우리의 집과 공동체를 지켜내자'에서 나온 연설.

지막으로 근대성과 기술, 미래(들), 대학을 포함하는 질문에 대한 열린 토론을 이어갈 것이다.

전환 디자인의 원칙이 되는 어머니 지구의 해방

'어머니 지구의 해방'이라는 새로운 명제에 주목해 보자. 나사 사람들이 최근에 표현한 이 말은 지구의 여러 지역에서 공명하고 있으며, 다른 세계가 도래할 것임을 알린다. "하지만 우리가 지구의 자녀로서 존재하는 한 우리의 어머니는 현재 자유롭지 않지만, 다시 대지와 그녀를 돌보고, 존중하고, 함께 사는 사람들의 집으로 돌아올 때 비로소 자유로울 수 있다. 이 길을 선택하지 않으면 지구의 자녀인 우리도 결코 자유롭지 못할 것이다. 우리의 어머니가 자유를 회복하지 못한다면 모든 사람은 동물과 생명이 있는 모든 존재와 함께 노예로 살아갈 것이다."[2]

이와 같은 주장이 공동체에 대한 공격과 전쟁이 가시화된 상황에서 언급된다는 것은 조금 역설적이다. 인간과 비인간 사이의 상호보완성을 강조하는 현실에서 위험에 처한 것은 바로 생명이기 때문이다 ("누가

---

2 〈우리가 우마 키웨의 해방에서 배우고 있는 것〉, '북부 카우카 선주민 연합'의 웹사이트, http://anterior.nsacin.org/index.php/nuestra-palabra/7987-lo-que-vamos-aprendiendo-con-la-liberaci%C%B3n-de-uma-kiwe(2017년 6월 8일 검색).

이를 믿었겠는가. 마음과 지구는 하나로 합쳐진 존재이다").[3] 공동체들의 저항 서사에서 볼 수 있듯이 "선조들의 지혜를 성찰하는 것은 본질적 정체성을 묻는 과정이 아니라, 오히려 집단적 직조 과정에서 더불어 존재함의 의미를 확인할 수 있다"는 것을 의미한다(P. Botero 2013, 50). 많은 집단에서 과거를 통해 미래를 적극적으로 내다보는 것이 확인되고 있다.

내가 제안하는 것은 모든 전환의 사고에서 지구에 대한 기본적 태도를 숙성시킬 필요가 있다는 것이다. 정말로 **어머니 지구의 해방**을 하나의 **근본적 전환 디자인 원칙**으로 사고하는 문명적 전환에 관한 다층적 이해는 현재 인문학이 취할 수 있는 가장 의미 있는 역사적 기획인 것 같다. 라틴아메리카의 비판적 사고를 보여주는 한 논문에서 나는 오늘날의 비판적 사고가 좌파 사상, 자치 사상, 그리고 지구에 대한 사고, 이렇게 세 개의 가닥으로 매듭지어진다는 결론에 이르렀다. 이 가닥들은 교차하지만 서로 동일하지는 않다. 좌파 정치는 착취, 지배, 불평등 그리고 사회 정의에 대해 항상 관심을 가져왔다. 하지만 훨씬 더 좌파적인 사고 역시 계속해서 인간중심적이고, 가부장적이고, 인종적이고, 보편주의적이었다. 이로 인해 사회주의 혹은 탈자본주의로의 이행에 대한 전망에 한계가 존재한다. 다수의 자치 사상가들은 인간중심주의를 비판적으로 성찰하지 않는 존재론을 이어왔다. 따라서, 관계성에 대해 깊이 사고하는 자치 사상이 요구된다. 마지막으로 지구적 사고, 혹은 더 정확하게는 대지와 함께 느끼고 생각하는(sentipensar) 것(Escobar

---

3 〈우리가 우마 키웨의 해방에서 배우고 있는 것〉.

2014)은 생태학적 사고를 넘어, 지구와 우주에 존재하는 모든 것, 모든 존재의 합이 우리에게서 분리될 수 없다는 연결성에 관한 깊은 확신으로 나아가야 할 것이다.

지구적 사고를 나사 활동가들은 "공존하기 위해 우리는 지구와 함께 해방된다"라고 유려하게 표현된다. 이는 우리의 요청인 동시에 약속이다. 또한, 지구를 자유롭게 하는 것뿐만 아니라, 사고, 마음, 의지, 정체성, 즐거움, 의식 및 희망을 해방하는 것을 의미한다. 밥 말리의 놀랍게도 정치적인 '구원의 노래'에서처럼 각 개인과 집단은 자신의 방식으로 이 요구를 반영할 필요가 있다.[4]

북반구와 남반구에서 진행되는 전환 디자인을 연결하기

탈식민 이론가인 월터 미뇰로는 『서구 근대성의 어두운 이면』(2011)에서 미래의 가능성을 제안한다. 그리고 탈-서구화, 재-서구화, 좌파의 재구성, 영성적 선택 그리고 탈식민적 선택이라는 다섯 개의 지구적 계획을 설명한다. 여기에서 마지막 두 계획은 "발전과 근대성이 미래를 위한 유일한 방식이라는 믿음을 끊어내는 재-존재의 길로 간주된다" (64). 아직 승자는 없으며, 어떤 미래가 우세할 것인가는 이 계획들 사

----

4 "정신적 종속으로부터 당신을 해방하라. 우리 아닌 누구도 우리의 마음을 자유롭게 할 수 없다. (……) 자유의 노래, 내가 가진 모든 것인 구원의 노래를 부르는 것을 도와주지 않겠나." 이 가사는 1980년에 발표된 「반란(Uprising)」 앨범에 나온다.

이의 투쟁과 교섭에 달려 있다. 미뇰로는 다음과 같이 첨언한다. "승자가 있다면 그것은 전 지구적 미래가 다중심적이고 비자본주의적이어야 한다는 동의일 것이다. 그것은 세계를 둘러싼 투쟁이 플루리버스라는 보편적인 기획에 양보하는 것을 의미한다"(33-34). "객관성을 괄호 속에 넣으면, 다중적 우주에서의 모든 관점이 동등하게 가치가 있다. 그리고 이를 이해할 때 당신은 상대방을 변화시키기 위한 열정을 잃을 것이다"라고 말한 움베르토 마투라나의 경구를 인용해 보자(27). 미뇰로는 탈식민의 선택을 플루리버스를 향한 더욱 명확한 행로로 설명한다. 이것은 희망이 담긴 전망이다. 누군가는 이 전환에 대한 전망을 설계도 내에 존재하는 또 다른 역사적 힘으로 위치시킨다. 전환 사고는 좌파적, 영성적 그리고 미뇰로가 상상한 탈식민적 경로에서 드러난다. 하지만, 여기에서 분명한 로드맵을 가진 담론과 상상으로는 보이지 않으며, 이 상상력들이 서로 횡단하지도 않는다.

이 책은 우리가 보아온 많은 디자인 사상가들이 이미 닻을 올린 기획 내에서, 혹은 그것에 의지하지 않고 디자인을 다시 디자인하는 것에 관한 책이다. 이 과정이 남반구에서는 어떻게 일어나고 있는지 알려진 것이 별로 없고, 이 책에서 나는 전환 담론과 자치 디자인을 통해 이 이슈를 에둘러 다루었다. 전 지구적으로 남반구와 북반구에서 전환 디자인 사이에 다리를 놓는 과정은 이미 시작되었다. 이 목표는 예를 들어, 존재-인식론적으로 경계에 위치하는 남반구에서 플루리버스의 이론과 실천 디자인 기획의 일환인 "디자인의 남반구와 남반구의 디자인"을 언급한 콜롬비아의 디자인 이론가 알프레도 구티에레스 보레로(Alfredo

Gutiérrez Borrero, 2013)의 개념적 틀에 잘 나와 있다. 기능적이고 상업적인 성격을 갖는 북반구의 많은 디자인 실천과 다르게, 이들의 기획은 각각의 공동체가 지역과 탈식민적 지식을 기반으로 자신을 디자인하며, 공동적 세계로부터 유래하는 생명력 있는 디자인을 탐색하는 경향을 보여준다(Gutiérrez Borrero 2014, 2015a, 2015b). 남반구에서 생성되는 지식과 존재는 자치 디자인을 가능하게 하는 대안적 시스템으로 작동하고는 한다. 이런 종류의 '반-산업적 디자인'(혹은 산업디자인을 유일한 길이 아닌 다수 중 하나의 가능성으로 지방화(provincializing)하는 방식)은 확실히 공생을 위한 디자인을 지향한다.

또한, **남반구의 디자인**은 부엔 비비르, 우분투(ubuntu),[5] 스와라지(swaraj)[6] 혹은 탈성장과 같이 지배적 근대성에 대항하여 자신만의 대안을 향해 출항하는 존재-정치적 노력에 이름을 붙인 **디자인**의 풍부한 다양성을 대표한다(Kothari, Demaria, and Acosta 2015). 인간만이 인격체일 뿐 아니라 바위, 대지, 강, 식물 그리고 사물까지도 인격체로 상정하는 미타큐예 오야신(mitakuye oyasin)[7]의 라코타(Lakota) 원칙에서 영감을 찾아내면서 구티에레스 보테로는 다중 인격의 관계적 존재론에 기초한 남반구의 디자인 형태를 설명한다. 그는 다음과 같은 질문을 던진다.

....

5   남아프리카 반투어에서 유래한 표현으로 관계에 중점을 둔 윤리 사상이다. '나는 우리 이기에 존재한다'로 해석할 수 있다.(옮긴이 주)

6   힌두어로 '독립' 또는 '자치'를 의미하는 사상.(옮긴이 주)

7   북미 라코타 선주민 공동체의 우주관으로 '모든 것이 서로 연결되어 있음'을 의미한다.(옮긴이 주)

발전에 대한 대안을 창조하기 위해, 우리가 과학 중에서 다른 개념과 이름에 기초한 디자인 사고 위에서 디자인한다면 어떤 일이 발생하는가? 우리는 오래된 관용어를 이제 막 새롭게 듣기 시작하는 인식에 직면한다. 남반구 디자인은 다른 이름으로 항상 거기에 있었으며, 우리는 막 이들을 인식하기 시작한다. 그들을 알아보는 데는 시간이 걸린다. 이제 우리는 그들과 함께 디자인하고, 그들에 의해 우리 스스로가 디자인되도록 하는 과제를 수행해야 한다.(2015a, 126)

이렇게 전 지구적 남반구로부터 유래한 디자인을 한 곳에 모으는 작업은 "경계지대에서의 디자인"이라는 개념 아래에서 모아진 최근의 일련의 작업에 영감을 불어넣는다(Kalantidou and Fry 2015). 디자인 지식에 관한 지정학적 관점을 고려하고 디자인의 유럽중심주의와 세계적 영향력을 인정하면서, 이 책은 "세계 질서 내부에서 디자인이 작동하는 방식을 폭로"하고자 하며, 반대로 디자인이 탈식민적 미래들을 창조할 가능성에 관해 확인하고자 한다(Pereira and Gillett 2015, 109). "디자인에 의한 유럽중심주의의 세계화"와 "유럽중심적 사고에 의한 세계화의 디자인", 이 둘 모두에 관심을 기울이는 한편(Fry and Kalantidou 2015, 5), 이 책은 "디자인에 대한 반(反)서구적 이해"(6)를 위해 논쟁하며, 이와 같은 대항 담론이 실현되는 장소에 기반을 둔 디자인 실천의 사례에 주목한다. 이 책에서는 (예를 들어 아프리카에서) 다른 이름으로 다양하게 나타나는 고유한 디자인 실천에 관하여 배울 수 있을 것이며, 세계의 각지에서 나타나는 디자인 직업의 출현, 전 지구적 남반구에서 확인되는 존재론적 재디자인을 위한 가능성, 그리고 "다른 사회적 조건을 가로지르는 존재론적 차이를 명확하고도 성찰적으로 인정하는" 방식으로 "창의적인 존재론적 마찰"에 대한 유용한 개념을 배우게 된다(James 2015, 93). 그 결과 이렇게 역사의 복수화와 탈식민적 디자인 실천에 관한 계보학이 시작된다.

경계지대는 무엇이 어떻게 디자인되어야 하는가에서 출발하여, 배려의 윤리와 실천이 실현되기 위한 전략적으로 중요한 공간의 역할을 한다. 토니 프라이(2017)에게 이는 수세기에 걸쳐 진행된 탈미래 디자인과 그와 관련하여 축적된 결과인 인류세로 인한 부서진 존재와 부서진 세계를 치유하는 존재론이 될 것이다. 여기에 디자인이라는 것에 대한 완전한 부정이 아닌, 지속성을 향한 배려의 구조를 창조하는 것을 포함한 "비판적 선택과 지역적 혁신"으로서의 남반구로부터의, 남반구를 위한, 남반구에서의 디자인을 재구축할 가능성과 기반이 놓여 있다(46).

남반구의, 남반구에 의한, 남반구를 위한 디자인 기획의 중심적인 이슈는 존재론적 디자인을 다르게 하는 것으로, 그것은 지속성을 확립할 수 있는 돌봄의 구조를 창조하는 것에 기초한다. (……) 어떤 디자이너가 존재론적으로 중요한 사물을 디자인하는 것을 통해 돌봄의 제공자가 될 수 있을까? 이 질문에 대한 답은 디자이너에게 새로운 형태의 변화된 아비투스의 도래를 요구한다. (……) 또한, 그것은 세계와 그 안에 존재하는 디자인의 함의를 이해할 것을 요구한다. 이를 이해하는 것은 세계가 만들어지고 해체되는 과정에서 존재론적 힘으로서 디자인의 영향력과 규모를 파악하는 것을 의미한다. (……) 이 지식을 획득하는 것은 결과적으로 디자이너가 디자인을 통해 존재하게 되는 것을 읽어내는 것을 배운다. 그렇게 디자인은 미래를 가진 미래를 창조한다.(28-29)

따라서 경계지대에서 "전 지구적 남반구로부터, 전 지구적 남반구에 의한, 전 지구적 남반구를 위한 디자인"의 영역을 확보하는 것은 다음 두 가지 이유에서 적절하고 환영받을 일이다. 우선 전 지구적 북반구에서 디자인이라는 간판 아래 진행되는 것은 남반구 디자인을 위해서는 적절하지 않으며, 위기에 처한 북반구에 대해서도 유효성을 잃어가고 있다. 둘째, 남반구에 다양한 종류의 이론적 · 정치적 프로젝트를 제공하고, 디자인의 목표를 다시 설정하기 위한 커다란 잠재력이 존재하기 때문이다.

북반구와 남반구에서 나타나는 전환 디자인 서사들이 연결되는 지점은 세계 질서가 낳은 탈미래와 탈식민화에 답하는 합치점을 탐구하는 데 있다. 한 가지 동력은 에치오 만치니가 제안한 공동체의 역사적 조건으로서의 "장소에 관해 새로운 의미를 만들 수 있는 역량을 지닌" **범세계적 지역주의**이다(2015, 25). 이는 사회가 탈공동체화되고 재위치화가 급격하게 일어나는 북반구에서 더 잘 나타난다. 범세계적 지역주의는 음식, 경제, 기술, 돌봄 등의 행위를 증식하면서 공동성의 개념을 역동적으로 재발명하도록 한다. 마찬가지로, 이와 같은 많은 행위가 남반구에서도 확인할 수 있다. 그렇지만 여기서 나타나는 동력은 조금 특별하다. 원래부터 존재하던 디자인과 새로운 형태의 디자인이 합치된다.

플루리버스

생존을 위해 즉자적으로 만들어진 디자인으로부터 도시로의 이주 이후 마을에 관한 디자인까지, 그리고 대안적 자본주의와 비자본주의 경제로부터 부엔 비비르를 향한 자치 투쟁에 이르기까지 다양한 상황이 연출된다. 명확히 나눌 수 없는 이 두 가지의 방향이 합류되는 메커니즘을 만치니가 직감했다면 그것은 과장일까? "이들이 언급하는 이 모든 사고와 행위, 그리고 이들이 만들어 내는 관계는 내가 보기에는 문화적·사회적·경제적 지혜를 지닌 아름다운 섬들과도 같다. 이들은 불행하게도 여전히 세상의 주류인 지속불가능한 바다의 한가운데에 떠 있다. 긍정적인 것은 이들 섬이 성장하여 넓은 군도를 형성하고 있다는 점이다. 이 군도는 떠오르는 대륙에 등장하는 건조지대로 보일 수 있다. 이는 새로운 문명이 나타나고 있다는 것을 표현하는 말이다"(26).

물론 이렇게 합치된다는 것을 보장할 수 없다. 전환 디자인은 자본주의와 자유주의에 대한 급진적 비판을 요구하며 개인과 인간중심주의에 대한 믿음, 주체와 대상의 존재론에 의지하는 근대주의자의 약속을 여전히 보호하는 방식에 대해 성찰한다.[8] 5장에서 논의한 것처럼 북반구의 전환 디자인을 탈식민적으로, 그리고 탈발전적으로 사유할 필요가 있다. 반대로, 자치 디자인, 대안 디자인, 그리고 남반구에서 만들어진

---

8   하지만 전환 디자인에서 자본주의를 비판하는 진술을 찾을 수 있다. 예를 들어 톤킨와이즈는 다음과 같이 말한다. "디자인 사고 내에는 반자본주의, 혹은 적어도 비즈니스에 반대하는 이상주의적인 경향이 존재한다"(2012, 14). 동시에, 그는 디자인이 "정치적으로 구조적인 변화를 추구한다기보다는, 파괴적인 경향이 있다"고 경고한다 (2015, 87).

디자인은 진지하게 혁신과 기술과학에 관한 질문을 시작할 필요가 있다. 북반구의 비전이 그리는 생태적 디자인은 배울 점이 상당하다. 만치니로 돌아가 보자. "공동체에 가치를 두는 잘사는 것에 대한 성찰과 함께 사회적 혁신이 의미하는 것이 새로운 문화를 위한 씨앗이라고 나는 생각한다. 나아가 문화의 증식인 플루리버스를 위한 플랫폼이 될 수 있는 메타-문화이다. (……) 한 사회의 문화에서 장소와 공동체는 고립된 전체가 아니라, 다양한 네트워트에 연결되는 지점이 되면서 (……) 우리와 미래 세대가 살아가는, 그리고 잘살아 가는 것을 가능하게 하는 탄력적인 행성을 창조하는 것을 돕는다. 전환 디자인, 자치를 향한 디자인, 그리고 다른 디자인들이 합류하면 가부장적 자본주의에 의한 근대적 디자인이 만들어 낸 비공생적 기술을 통해 수세기에 걸쳐, 그리고 현재에도 사람들의 삶(공동체, 영토, 장소)을 존재론적으로 점유하는 것에 대응하는 강력한 힘이 될 수 있다. 그들은 리좀과 같이 서로를 연결함으로써 부분적으로 연결된 세계의 지형학을 확장하며, 종국에는 만치니와 다른 이들이 조망한 관계적인 삶의 대륙으로 나아갈 것이다.

몇 가지의 열린 질문들

마지막으로 나는 결론을 향하여 근대성, 기술, 미래, 공동적인 것, 플루리버스 및 대학에 관한 일련의 서로 연결된 질문을 하고자 한다. 이제 조금 다른 출발점을 통해 이미 논의된 것들을 일종의 대위법의 형식으로 풀어내고자 한다.

근대성에 관한 질문

첫째, 근대성에 관한 물음이다. 어쩌면 근대의 끝을 상상하는 것보다 세계의 끝을 상상하는 것이 더 쉬울지 모르겠다. 이는 사라지지 않는 질문이다. 움베르토 마투라나와 게르다 페어덴-췰러는 "우리 인간 존재는 결과적으로 마침내 우리를 파괴하고 마는 세계라 할지라도, 우리가 초래한 어떤 세계에서도 살 수 있는 존재이다"(2008, 143). 근대성이라고 부르는 문명이 결국 이 지점에 이르게 된 것일까? 근대성은 어쩔 수 없이 우리가 따르는 모든 것이라면, 이 책의 전제들은 (상당 부분에서 불가피하게) 낭만적이거나 유토피아적인 것이 될 것이다.

그렇지만 근대의 중심적 위치를 바꾸기 위해 마지막으로 두 가지 시도를 해보고자 한다. 우리는 이미 과학에 경도된 근대의 병리학이 이미 전통의 병리학보다 훨씬 더 치명적이라고 주장한 아쉬스 낸디를 논의했다. 전 지구적 북반구에 사는 우리는 일련의 철학적 논의를 넘어 근대성의 종말을 진지하게 받아들인 적이 없다. 실제로 학자들 대부분은 그러한 전제를 유토피아적으로 또는 반동적이라고 기각하면서 격렬하게, 그리고 경멸적으로 반응했다. 반대로, (비록 대놓고 발언한 적은 없지만) 전환 담론 대부분에서는 절대적이었다. 가장 존경받는 불교 지도자인 틱낙한(Thich Nhat Hanh)은 소비주의를 다음과 같이 공개적으로 비판한다. "지금 우리 문명은 어느 날 종말을 고할 것이다. 하지만 우리는 그것이 언제 그리고 얼마나 빨리 끝날지 결정하는 데 막중한 임무를 지닌다. (……) 지구온난화는 그러한 죽음을 알리는 이른 징후가 될지 모른다"(2008, 43-44). 더 나아가 그는 이러한 사고를 통해 우리 문명의 종말을 적극적으로 받아들일 것을 제안한다. **"숨을 들이쉬면서 나는 이 문명이 끝난다는 것을 알고 있다. 숨을 내쉬면서 이 문명은 죽어가는 것을 피할 수 없다고 느낀다"**(55). 이 표현은 '마음챙김의 소리(bell of mindfullness)'가 우리에게 열어주는 전환의 부름인 것이다. 또한, 존재 사이의 존재론에 반하는 것이 되어버린 문명을 넘어 나아가자는 호소이다.[9]

또한, 자본주의 정치경제에 대한 깁슨-그레이엄의 분석과 유사하게 근대성에 관해 우리가 취할 수 있는 두 번째 전략이 존재한다(Gibson-Graham 2006; Gibson-Graham, Cameron, and Healy 2013). 여기서는 세 가지 단계를 포함한다. 근대중심주의라는 사회이론의 렌즈가 근대성에 사회영역을 완전히 점유할 능력을 제공한 결과 다른 방식으로 사회를 구성할 가능성을 막아왔는데, 우선 이 구조를 해체하는 것이다. 두 번째 단계는 근대 혹은 대안적 근대, 비근대적 (혹은 몰근대적) 형태로 존재하고, 사유하고, 행동하는 존재를 확인함으로써 사회적인 것에 대한 우리의 이해를 재구성하는 것이다. 마지막으로는 대안적인 근대와 비

---

9   이 사고는 최근 저항의 정치에서 훌륭한 표현을 찾아낸다. "우리가 직면한 가장 큰 문제는 철학이다. 이 문명이 이미 죽었다는 사실을 이해하는 것. (……) (그 종말은) 한 세기 동안 임상을 통해 확인되었다"(투명 위원회 2015, 29). 위기를 이야기하는 이유는 파국이 다름 아닌 서구라는 것을 깨닫기 위한 행위이다. 그 누구도 서구를 무너뜨리기 위해 나서지 않는데, 서구는 자신을 파괴하고 있다.

근대적 형태를 더불어 장려하는 방식에 관해 질문하는 것이다. 이는 우리가 비자본주의, 비자유주의 그리고 비근대적 형태의 삶을 욕망하는 주체로 우리 자신이 거듭날 수 있는가에 대한 질문이다. (관습적으로 근대라고 인식되는) 사회에서 빙산 아래에 존재하여 근대에 포함되지 않는, 그리고 (명백하게 반근대적인 것 이외에도) 아마도 비근대적이나 몰근대적으로 이론화될 수 있는 실천이 존재한다. 이것이 바로 우리가 해야 할 이론적-정치적 기획이다.[10]

비판적 학자들의 공통된 전략은 바로 근대성을 복수화하는 것이다. 하지만 여기에는 위험도 존재한다. 유럽의 다른 근대성과 라틴아메리카의 근대성, 중국 및 아랍의 근대성, 혹은 여러분들이 이름 붙이는 무엇이건 전 세계에 걸친 대안적 혹은 복합적 근대성에 관해 이야기하는 것은 의미가 크다. 하지만 여전히 남는 위험은 오직 하나의 세계, 혹은 실재라는 전제를 통해 세상을 바라보는 보편성이라 불리는 근대의 지배적인 방식을 재도입하는 것이다. 또 다른 위험은 어떤 잘못이 있어도 근대를 용서하는 것이다. 결국 (주변적이거나 비지배적 유럽 지역의 문화와 같이) '다르게 근대적인' 많은 사람이 자신들은 (자신들이 엄청나게 혜택을 입어왔던) 지배적 근대 질서에 결코 속한 적이 없다고 주장할 것이기 때문이다. 이러한 위험을 피하기 위해서는 근대성의 복수화는 탈식민적으로 진행되어야 하며, 다른 세계의 차이를 부정하는 지배적인 근

---

10 자본주의에 관한 깁슨-그레이엄의 분석을 확장한 것은 니콜라스 산체스(Nicolás Sánchez)에 빚지고 있다. 산체스는 2016년 봄 채플힐에서 내가 주최한 '디자인 인류학' 세미나에서 이를 제안했다.

대성을 지적하고, 식민적 차이에 놓인 서발턴 주체가 진행해 온 저항
(Lugones 2010b; de la Cadena 2015)을 이해하며, 지배적이지 않은 근대적
요소로부터 발아한 지배적 근대성에 도전하는 세 개의 과정에 주목해야
한다. 다시 말해, **모든 세계는 근대/식민의 세계 체제 내에서 역사적으로
위치한 것임을 자각하고 비판적 관점을 통해 자신을 재구성할 필요가
있다.**

근대의 종말, 현재와는 완전히 그리고 근본적으로 다른 세계를 상상
하는 것이 초래할 존재론적 도전에 근대인들이 적극적으로 직면하기란
쉽지 않다. 그것은 근본을 흔드는 일종의 공포를 생산할 수 있기 때문
이다. 존재론적으로 지향된 디자인은 효과적으로 문명적 불안을 다룰
필요가 있다. 사실 다른 세계의 대부분이 공포와 함께 존재해 왔으며,
그리고 드물지 않게 추방되었던 경험이 있다. 비지배적인 혹은 대안적
근대의 전략에서 중요한 요소는 ('근대성 너머'에 존재하는 이들을 자신들의
편에 위치시키려 하는) 지배적 근대성에 대한 **비판을 견지하는 것**이다.

합리성, 과학기술 그리고 실재

여기에는 과학과 그것이 지닌 합리성에 대한 어려운 평가가 연결되
어 있다. 모든 전환 서사가 암시적으로 가정하는 것처럼 기술과학은 부
분적으로라도 변화될 수 있는가? 이런 사고는 오히려 토대 없는 순진
한 욕망이 아닐까? 재디자인을 지향하는 모든 디자인 철학은 합리주
의 전통에 대한 비판적 관점을 통해 플루리버스를 포용하는 복수성에
열려 있는 자신만의 합리성을 다시 정초해야 할 것이다. 하지만 그것

이 정말로 가능할까? 나는 과학에 반대하는 것은 아니다. 실제로 여기에서 호출된 어떤 저자들도 그러한 입장을 지지하는 것은 아니다. 낸디는 다음과 같이 말한다. "근대성은 반-과학이나 반-기술을 지지하는 이들을 다루는 법을 알고 있다. 그러나 과학과 기술의 복수적 개념을 사용하는 이들을 다루는 방법을 알지 못한다"(1987, 137). 이는 이반 일리치와 프란시스코 바렐라부터 엔리케 레프와 발 플룸우드에 이르기까지 우리 대부분에게 해당된다." 여기에서 호명된 사회운동은 근대성을 창의적이고 비판적으로 사용하는 것을 허용하면서도, 과학과 기술을 부엔 비비르 및 공존하는 삶을 직조하는 데 종속시키면서 지역 자치의 관점으로 이를 진행하려 한다. 같은 논리가 시장 및 경제에도 적용된다. 장소에 기반을 둔 사회운동은 부엔 비비르에 종속되어야 하며 그 역은 성립하지 않는다. 비평가와 운동가들이 다른 방식을 믿는다면 현실과 실천을 희화하는 행위가 될 것이다.

이 논쟁에서 언제나 중심에 있는 것은 현실이다. 이 질문은 그 성격으로 인해 확정적이지 못하다. 이 책의 입장은 강력한 관계성의 철학과 일치한다. 그것은 생물학자인 크리티 샤르마(Kriti Sharma)가 근본적 우연주의(contingentism)로 명명한(2015) 자신들만으로 존재하는 주체, 대상 및 과정이 없는 인식론과 존재론이다. 우리의 인식론과 존재론은 "주체로부터 대상을 **분리**하는 감각과 주체와 대상의 **상호행위**에

---

11 낸디의 진술은 간디를 언급하기 위한 것이다. 낸디에게 간디 사상의 가장 역설적인 부분 중 하나는 "근대적 의미에서 문명화되지 않은 것이 더 문명화된 것이다"라는 말이다"(Nandy 1987, 146).

대한 감각을 동시에 지탱"하여 왔다(100). 주체, 대상, 과정, 구조, 본질적 소유권 및 정체성 등은 이러한 가정에 의지하고 있다. 이러한 종족 본질주의는 데카르트의 극장에서 거주하는 우리에게는 더욱 강력하다. 불교와 애니미즘 및 많은 전통적 우주관 같은 영성의 전통들은 이런 본질주의를 희석하거나 (특정한 의례나 실천을 통해서, 하지만 종종 사이존재(interbeing)라는 세속적이고 일상적인 실천을 통해) 본질주의를 주변화시킨다. 몸, 마음 그리고 영혼을 포함하는 우리의 존재를 관계적인 존재론으로 이동시키는 것은 현실을 대상화하는 어떠한 방식의 개념화에도 도전하는 것을 의미한다. 여기에 샤르마를 다시 소환한다.

우리가 거미줄을 마주할 때 어디에 닻이 내려졌는가를 알아내는 것은 어려울 수 있다. 하지만 어딘가에 닻이 내려져 있다는 가정을 한다. 마찬가지로 경험의 조밀한 네트워크가 어딘가에, 예를 들어 대상이 속한 세계 혹은 몸, 두뇌, 영혼에 닻을 놓고 있다는 것을 가정하기란 어렵지 않다. 우리는 종종 경험하는 것이 물질, 영혼 혹은 의지적인 것을 **넘어서는** 일종의 물질에 뿌리내리고 있다고 믿는다. 하지만 네트워크가 맨 위에 자리하고 있으며, 그것 외부에는 어떤 것도 묶이지 않았다는 것은 전적으로 가능하다. 실제로 누군가가 말한다면 네트워크는 **존재하는 모든 것**이어서, 밧줄로 기능할 수 있는 것의 바깥에는 아무것도 존재하지 않을 수 있다.(100-101)

이른바 전통 속에서 이를 실천하는 데는 문제가 없다. 시에라네바다

데 산타마리아의 코구이(Kogui)인들에게 살아 있는 생명이 취하는 각각의 행위는 직조의 행위이다. 각각은 사고 속에서, 대지에 관해 그리고 저항에 관하여 삶을 직조한다. 실제로, 세계의 모든 요소가 함께 모이는 것은 직조기 내부에서다. 더욱이 코구이인들은 교직하는 것이 전체로서 우주의 균형을 위해 필수적이라고 확신한 채 살아간다. 베닌 만으로부터 유래한 판티-아샨티(Fanti-Ashanti) 전통에서 양성을 다 가진 거미의 신 아난시(Anansi)는 자신의 물적·인지적 성분을 통해 끊임없이 삶을 교직한다. 정복과 노예화 이래로 아난시의 실은 아프리카와 아메리카 대륙을 통합하며, 콜롬비아의 태평양 지역에서 아난시는 그녀의 배에서 꺼낸 실로 조각난 정글과 구불구불한 강어귀를 창조했다고 전해진다. 태평양에서 그 혹은 그녀는 산파가 배꼽에서 꺼내는 행위와 비교되면서 영토와 연결된다.[12] 베티 루스 로사노(Betty Ruth Lozano, 2015)에 따르면 아난시는 생존과 충만함의 메타포이며, 산파는 재존재의 실행자이자 저항의 상상력을 체현하는 영적 리더로 해석할 수 있다. 따라서 이러한 관계적인 세계는 사나운 공격 아래에서도 그들이 속한 세계를 통해 견디며 살아간다.

'실재적 현실'과 '자치적인 개인들'에 기초한 자유주의 세상에 사는

---

12 배꼽 의식은 탯줄을 묻는 행위를 지칭하며, 태반을 통해 여자아이는 집 근처, 남자아이는 숲의 가장자리에 있는 나무 아래에서 태어난다. 새로 태어난 이들의 자리에는 동물, 식물, 혹은 광물 등 자연의 물질로 채워지는데 물질의 소유가 개인으로 이전된다. 이런 방식을 통해 새로 태어난 것은 땅과 깊이 연결되며 나머지 자연의 세계에 참가한다. 태평양 지역의 콜롬비아에서 이러한 의례를 분석하는 민속학적 연구에 대해서는 에스코바르(2008, 113-115)를 참조하라.

결론 375

우리는 이론적으로는 관계성의 심오한 통찰을 이해할 수 있게 된다. 하지만 개념적인 분석은 우리가 더 관계적인 삶으로 나아가는 여정에 있어 부분적인 경로만을 제공할 뿐이다. 이론적인 작업에 더하여 우리는 다른 방식의 삶과 더불어, 현실로 존재하지만 본질적으로 아직 독립적이지 않은 것들로 구성된 세계와 공존하는 방향으로 나가야 한다.[13] 실천의 영토로 옮겨가는 것은 현실주의적 관점에서보다는, 실재에 관한 질문이 확정될 수 없기에 존재하는 상황을 통해 우리를 위치시키는 것이다.

'전통적인 공동체'는 디자인한다?
디자인하기-꿈꾸기의 실천을 향하여

이 주제는 내가 지금까지 디자인에 관해 구성한 비이원론적 접근법에 대한 가장 다루기 힘든 질문 중 하나이다. 즉, 겉으로는 분리된 것으로 보이지만 서로 연결된 두 가지 질문을 담고 있다. 첫째, 모든 것이 인간을 위한 도구적인 목적을 위해 "마련된" 것으로 존재하는 액자식의 근대 존재론(Heidegger 1977)을 넘어서는 비이원론적인 디자인의 개념을 떠올리는 것이 가능한가? 달리 말하면 비이원론적 디자인이란 말

---

13 샤르마는 다음과 같은 결론을 내린다. "우연론자들은 주체에 근본적으로 외부에 놓인 질서, 인지하는 이들이 결코 다다를 수 없다는 진리, 혹은 주체가 분리된다는 현실을 거부함으로써 현실을 드러낸다"(2015, 98). 이는 마투라나와 바렐라의 결론에도 드러나는데 이미 3장에서도 언급했다. "우리가 매순간 경험하는 세계의 규칙을 이해하고, 그렇지만 우리 자신으로부터 독립하여 우리의 인식과 활동에 확신을 부여하는 것이 없는 **새로운 길**"을 찾아야 한다(1987, 241).

은 모순이 아닐까? 디자인은 언제나 인간 기획과 목표 지향적인 변화에 관한 것이 아니었을까? 또한, 발전, 진보 그리고 새로움에 관한 피할 수 없는 이데올로기와 윤리에 관한 것이 아닐까? 더욱이 왜 디자인이라는 단어를 비근대적 맥락에서는 전혀 사용하지 않는가? 이것은 다른 측면의 문제가 된다. 이원론적 존재론을 유지하기 위해 노력하고 기술을 도구화하는 공동체 및 집단과 연결된 디자인의 개념을 사용하는 것은 추천할 만한 일인가? 이러한 공동체는 '디자인이 부재한 영토'로 판단하는 것이 더 적절하지 않을까? 결과적으로 그들의 능력을 외부에 위치하는 방식이며, 결국 소수를 위한 유토피아가 아닐까? 혹은 더 나아가서는 가부장적 자본주의와 근대적 삶에 영향받는 해로운 디자인이 아닐까?[14]

디자인 없는 공동체에 관한 논의는 마투라나와 페어덴-쵤러에 의해 간접적으로 제기되었다.

우리의 선조들은 비가부장적 문화를 통해 통합이 가능한 우주에서 역동적으로 상호연결된 구조에서 살았다. 우주적 상호연결성을 경험하기에 자세하게 설명할 수는 없지만, 다차원적인 긴밀함에 관한 구조적인

---

14 2015년 10월 포파얀의 카우카 대학에서 디자인 인류학에 대해 일주일간 진행된 세미나에서 나는 열 명의 박사과정 학생들과 심도 있는 토론을 진행했다. 그들이 해준 여러 통찰에 고마움을 전한다. 마찬가지로 2015년 멕시코시티에서 같은 주제로 대화를 나눈 엔리케 레프(Enrique Leff)와 구스타보 에스테바(Gustavo Esteva)에게, 그리고 (2016년 5월 26일 노스캐롤라이나에서 토론한) 월터 미뇰로(Walter Mignolo)에게도 감사를 표한다. 여기에서 밝히는 것은 물론 나의 입장이다.

사고 속에서 살았다. 이런 방식으로 살아가기에 그들은 존재의 다른 측면을 통제하는 것을 두려워하지 않았다. **그들은 그저 삶을 살아나갔다**. 그리고 그들이 속한 인간 공동체를 일상적으로 살아가는 역동적 우주에 조화롭게 참여하고 유지하는 방식의 대화를 진행했다(2008, 126; 강조는 필자).

우리는 비근대적 삶을 사는 이들에게서 관련된 주장을 발견한다. 예를 들어, 아마존의 민족지학은 콜롬비아와 페루로부터 브라질에 이르기까지 장소와 언어적 차이에도 불구하고, 이 지역의 연장자들이 멀리 여행하지 않고도 아마존 전체에 관한 복합적인 샤먼의 지식을 공유했으며, 더 정확히는 현재에도 그렇다는 것을 보여준다. 이 지식은 사유와 실천 사이의 밀접한 관계에 뿌리를 두고 있다. 공동체의 공간, 물, 식물계, 경작과 식량, 수렵과 사냥, 치료 등에서의 실천은 사고 속에 이미 알고 있는 것을 단순히 실행하는데, 이는 위에서 언급한 "그들은 그저 삶을 살아나갔다"라는 표현과 일치하며, 세계에 관한 구조적 지식에 의지해 살아가는 것을 보여준다. 다양한 집단 사이에는 영토를 다루고 살아가는 방식에 대한 동의가 존재했다. 이 모든 것은 복수로 구성되는 전체 세계가 작동했고, 여전히 그렇다는 것에서 유래한 경험적 지식의 존재를 알린다. 몇몇 디자이너들이 주장하듯이 선주민들에게 명백한 디자인 개념이 없다 할지라도, 이 지식을 실천하는 가운데 디자인의 과정이 존재한다. 하지만 식민주의, 복음주의와 발전 그리고 심지어는 오늘날 선주민 영토에서 벌어지는 채굴주의에 이르는 것들에 의해 공격

받고 있다.[15]

현재에는 자발적으로 구성되는 관계적 삶을 위한 조건이 오직 부분적으로 존재한다고 나는 생각한다. 이런 이유로 디자인이 없는 것 자체가 가능성의 지평선이 될 수는 있지만, 일종의 지나간 역사적 가능성이라는 한계를 지닌다. 달리 말하면 상당수의 영토 공동체가 (바렐라가 언급한 윤리적 노하우와 유사한) 관계적인 지식에 기반을 둔 삶을 산다고 말할 수 있는 반면에, 모든 공동체는 자신의 역사적 상황, 때로는 단순히 생존 문제에 관하여 내재적인, 그리고 동시에 분리하여 성찰해야 할 조건에 처한다. 관계를 도구화하지 않고, 특히 그 관계를 위계와 통제의 방식으로 대상화하거나 개인화하는 것으로 밀어붙이지 않으면서 디자인하는 것은 중대한 도전이다. 캐롤라인 가트와 팀 잉골드가 제안한 (2013) 비신학적이고 개방된 개념의 디자인은 이 같은 방식을 제공하며 고정된 목표 지점이 없는 집합적 과정, 지향점 없는 길, 청사진이 아닌 직조하기, 기존의 계획보다는 삶에 대한 계획 등을 향한 방향을 제공할 수 있다. 나는 전환 디자인, 사회적 혁신을 위한 디자인, 자치 디자인,

....

15 나는 보고타에서 열렸던 국제학회에서 콜롬비아 아마존 노누야(Nonuya)의 선주민 식물학자이자 치료사인 아벨 로드리게스(Abel Rodríguez), 그리고 동료인 인류학자 카를로스 로드리게스(Carlos Rodríguez)와 마리아 클라라 반 데 함멘(María Clara van der Hammen)과의 만남과 대화를 통해 아마존에 관해 보다 잘 알게 되었다(http://www.tropenbos.org/country_programmes/colombia). 이 대화는 '더 많은 예술, 더 많은 실천 (More Art, More Action)'을 기획한 시각 예술가이자 디자이너인 페르난도 아리아스 (Fernando Arias), 인류학자인 아스트리드 우요아(Astrid Ulloa)를 포함한다. 이 대화는 2016년 3월 31일에서 4월 1일 듀크대학과 노스캐롤라이나 채플힐 대학에서 개최되었다. 이에 관해서는 반 데 함멘(1992)을 참고하라.

그리고 다른 디자인은 비록 종종 그 기대에 미치지 못하거나, 문제를 다루는 데 명확성이 부족하거나, 혹은 조직적인 압력에 직면한다고 해도 이러한 방향으로 나아가고 있다고 생각한다.

또한, 선주민 공동체들에 디자인은 열린 질문으로 남아 있다고 생각한다. 이러한 가정을 통해 우리는 세계 많은 지역의 공동체와 사회집단에 적용할 수 있는 디자인을 재구성할 수 있다. 단일한 세계 질서인 현재의 전 지구적 자본주의가 지구에 가져온 **파국에 직면하여** 어떻게 효과적으로 복수의 세계가 서로 얽히는 상황을 장려하고 직조할 수 있을까? 도시를 포함한 지구의 영토는 인간인지 아닌지에 상관없이 함께 삶을 직조하고 있다. 따라서 **디자인은 우리가 모두 삶의 그물에서 주의 깊고 효과적인 직조자가 될 기회를 제공한다.** 이를 위해 디자인은 근대적 개인으로서 생각하고 행동하려는 우리의 충동을 완화하는 조건을 조성할 필요가 있다. 즉, 자치적 상호존재로서의 윤리를 지지하는 동시에, 근대 세계에서 작동하는 능력을 부정하지 않으면서 자기계발의 개념에 기초한 '자가-연금술'을 통제해야 한다. 이는 "스스로가 그 안에서 참여하는 집단"을 구성하고 실천하기 위해 "건강한 역량을 갖춘 도구화"를 증진하며, 공생의 구조를 다시 형성하는 디자인을 요구한다 (Bennet 2010, 12, 36).

가트와 잉골드는 디자이너들이 "자신들이 만들어 낸 세계의 방식"을 따를 것을 강조한다(145). 그것은 "세계가 형성되는 방식을 찾는 것뿐 아니라, 진화를 목적으로 구부릴 수 있는 유연성을 의미한다. 누군가가 또 다른 방향을 제공할 수 있다는 점에서, 단지 흐름에 몸을 맡기는 수동적인 태도가 아니다. 삶을 디자인하는 것은 끝나는 지점을 명시하는 것이라기보다는 방향을 제시하는 것이다. 이런 측면에서 미래를 바라보아야 한다"(2013, 145). 이것은 현상학적 유토피아처럼 들리거나, 결론을 가정한다면 의미 없는 시도로 들릴지 모른다. 그러나 **"이런 측면에서 디자인은 세계를 변형시키지 않는다. 오히려 그 자체를 변형시키는 세계의 일부가 된다"**(146, 강조는 필자).

한편으로, 오늘날 모든 공동체는 그 장소와 구성요소에 기반을 둔 규범에 따른 다양한 삶의 형태를 지닌다. 다른 한편으로는 집단적 삶에 명백하고 효과적인 방향을 제시할 준비가 되어 있다. 여기에서 이슈는 관계성의 문화와 이미 확립된 범주 사이에서 실용주의적 '해결책'을 추구하는 것으로 빠지지 않는 것이다. 즉, 공통적인 것의 의지를 끊임없이 갱신하면서 사회적 삶에 기초하여 집단적 정서를 사랑의 생물학 내부로부터 수행하는 방식에 있다. 아마도 이것은 (꿈과 더불어 디자인을 뿌리내리고 창조하는 것과 같이) 꿈을 디자인하는 것을 의미하며, 이 개념은 콜롬비아에서는 "지구를 구하자"와 "다른 이들을 돕자" 등 좋은 의도를 갖지만, 결과적으로는 실패한 기획과는 달리 그것들을 넘어서는 실천을 의미한다.[16] 따라서 "꿈을 디자인하고, 다시 디자인하고, 다시 공동체

---

16 꿈디자인하기(Disoñar)는 diseñar(디자인하다)와 soñar(꿈꾸다)라는 두 단어로 구성된다. 이는 두 행위를 연결하고, 새로운 유토피아의 형식을 만들고, 살아가는 문제에 대한 창조적 해답을 내려는 의도이다. 이 개념은 칼리의 시인이자 환경활동가인 레온 옥타비오(León Octavio)에 의해 1980년대 후반에 시작되었다(2016년 4월 채플힐에서 크리스티나 리오스와의 대화, 2016년 10월 칼리에서 레온 옥타비오와의 대화). 카우카 대학의 아돌포 알반 아친테(Adolfo Albán Achinte)에 따르면, 이 개념은 카우카 지역

화하라!"는 슬로건을 만날 수 있을 것이다.

다시 플루리버스와 정치존재론으로

플루리버스의 개념과 그것을 동반하는 정치존재론 영역은 미래의 가능성을 갖는 미래가 될 수 있을까? 혹은 존재론적 디자인 그 자체를 포함한 이들 개념은 세계와 지식, 그리고 다른 삶을 가능하게 하는 것과 관련하여 흥미롭지만, 미래를 탈각하는 또 하나의 학제적 노력이 될 것인가? 사실, 플루리버스와 정치존재론의 개념이 완전하지는 않다. 하지만 근대 인식론에서 완전하게는 아니더라도 상당한 정도로 벗어나 자신을 갱신하려는 노력의 정도에 이 논의의 성패가 달려 있다. 우리는 2장에서 존재론적 전환의 정치학을 논의하면서 이 이슈를 제기한 바 있다. 여기서 나는 세계들이 서로 연관되어 있으며, 근대와 비근대가 다르긴 하지만 완전히 분리되지는 않는, 즉 부분적으로 연결되지만 서로 다름을 이해하는 데 한계를 보여주는 근대의 지식에 관한 추가적 논의를 하고자 한다.

부분적인 연결의 개념은 세계들이 구분되지만, 서로에 의해 둘러싸여 있다는 분석을 하는 데 유용하다(de la Cadena 2015, 33). 이는 '실제로

에서 1980년대 후반 이래로 여러 그룹 사이에서 사용되었다(2015년 포파얀에서의 대화). 지금은 라틴아메리카 여러 나라에서 사용하고 있다. 정기적으로 '국제 꿈디자이너 회의'와 부엔 비비르를 위한 꿈디자이너들의 모임이 열린다. 매년, 농민 운동가와 지식인들은 콜롬비아의 마니잘레스에서 에코라이프라 불리는 모임을 여는데, 그 목적은 영토와 생명을 꿈디자인하는 것이다. 1996년 콜롬비아의 나리뇨에서 열린 '미래를 향한 꿈디자이너 대회'의 자료집을 참고하라.

존재하는' 부분적으로 연결된 세계와 세계들이 서로에게 부분이 될 수 있으면서 동시에 근본적으로 다른지에 관한 존재론적 복합성을 이해하는 데 개념적인 수단을 제공한다. 여기에서 근본적 차이는 '선주민만이 가진' 어떤 것이 아니라(275), 모든 세계는 하나 이상이며(그 자체로서 완벽하거나 전체가 아닌), 많은 것은 아닌(즉, 우리는 상호작용하는 분리된 세계를 다루는 것이 아니다) 부분적 연결이라는 조건 아래에 사는 관계론적 존재라는 것을 의미한다. 간단히 말해, 모든 세계는 플루리버스 안에 존재한다.[17] 그렇지만 비대칭적 관계 속에서 부분적으로 접속된 조건에서 존재하는 세계들 사이에서 진행되는 번역의 존재-인식론적 정치를 명확히 설명하는 것은 여전히 질문으로 남아 있다.[18]

상호작용하는 '안데스 세계들'을 탐구하는 마리솔 데 라 카데나가 진행한 최근의 민족지학 연구와 같이(2015), 차이를 사고하는 하나의 방식은 주류 세계에 대하여 서발턴 세계가 지속적으로 보여주는 존재론적 과잉이다. 예를 들어, 안데스 선주민 세계에는 인간과 비인간 사이의 구분이 현실적 측면에서 현존하는 것도 사실이지만, 그 구분을 완전히 따르지는 않는다. 그러므로 우리는 부분적으로 자연과 인간 사이

---

17 누군가는 플루리버스가 파편적이라거나, 혹은 자기 동일성을 지닌다고 말할 수 있다. 그것을 어디에서 보든, 어떤 규모에서든 (동일하지는 않더라도) 유사한 형태나 덩어리, 집합체, 즉 플루리버스라는 것을 알게 된다.

18 여기에서 (에두아르두 비베이루스 지 카스트루에 의해 제안된) '통제된 오인(controlled equivocations)'의 개념은 번역 과정에서 잃어버린 것을 인지할 때 얻는 조건이다. 의문에 놓인 세계는 오직 부분적으로만 그 범주를 공유하거나, 혹은 전혀 그렇지 않기 때문이다(데 라 카데나를 참고하라 2015, 116).

를 구별하는 바깥에 분명히 존재하는 세계를 어떻게 이해할 것인가를 질문해야 한다. 또한, 동시에 누가 이 분리 속에서 살고, 분리를 무시하고, 영향을 받거나 전략적으로 이용하고, 혹은 거부하는가에 대한 질문을 던져야 한다. 산, 혹은 호수가 '현명한 존재(sentient beings)'이자, (근대 번역이 의미하는) '신성한 실재(sacred entities)'라는 기반에서 이들을 수호하는 선주민 집단과 연결되는 플루리버스의 태도는 산과 호수가 단순한 대상이나 독립적으로 존재하는 사물이 아닌, 존재 그대로의 모습을 허용하는 것이다. 무엇보다 플루리버스는 이 같은 논의 방식을 '믿음'으로 번역하는 행위를 중지시키는데, 상당 부분 이러한 '믿음'을 통해 근대인들은 본연적으로 존재하는 대상, 혹은 비인간과는 다른 자신을 위치시켜 왔다. 플루리버스의 맥락에서 부분적 연결과 번역에 관한 개념을 명확히 하는 것은 디자인 행위에 있어 필수적이다.

지금까지 보편적인 것으로 받아들이던 법칙을 거부했던, 혹은 더 이상 원하지 않는 모든 세계에 필요한 질문은 연결을 원하지 않는 지배적 세계와 어떤 방식으로 연결될 수 있는가이다. 연결되지 않은 주체와 대상으로 구분하는 것에 기초하는 근대적 개념의 정치학을 넘어설 수 있는 도구를 발전시키는 것이 중요하다. 이것은 세계가 다른 세계와 연결되어 있으며 동시에 분기하게 되는데, 동질화가 아닌 이러한 분기가 우리 시대의 기호라는 것을 인식하는 것이다. 실제로, 서발턴 세계는 생존을 위해 부분적인 연결 속에서 지배적인 세계와 분기한다. 이런 측면에서 탈식민적 정치학은 "유사성의 부재 속에" 존재론적 분기가 발현된다고 주장한다(de la Cadena 2015, 281). 지배적 세계에 거주하며 공격

을 받는 관계적 세계를 지키려는 윤리학이 전진을 위한 최소한의 조건
으로 충분할까? 또한, 6장에서 논의한 민족-영토와 협력하는 디자인/
투쟁을 가능하게 하는데 충분할까? 북반구의 공동체와 더불어 플루리
버스를 향한 전환의 길로 나아가게 할 수 있을까? 어떻게 우리가 플루
리버스의 세계에 노출되도록 할 것인가? 어떻게 우리는 개별 세계로부
터 자기 만족적인 하나의 세계로 된 세계에 도전하는 방식을 만들면서
"세계를 동질화하는 이 세계의 구성 양식을 무너뜨릴 수 있을까?"(de la
Cadena 2015, 282).

이 질문에 답하기 위해 마리오 블레이저의 논의를 상세히 인용해 보자.

> 정치적 존재론은 부족한 이론화로는 파악할 수 없는 현실을 비추는 교
> 육학적 기획이 아니며, 좋은 삶을 위한 비근대적 청사진, 즉 다른 장점을
> 보여주려는 기획도 아니다. 언급된 해석은 다른 세계를 장려하기 위해
> 제안된 것을 들을 수 있는 공간을 기록해 내려는 시도에 혼란을 주기만
> 할 것이다. 정치적 존재론은 모든 사람을 이해하려는 자유주의적 욕망보
> 다는 강인한 의지를 포함한 실용주의에 가깝다. 근대 만능주의적 태도는
> 더 이상 유효하지 않으며, 존재론적 차이가 정치적으로 활발해질 때 헤
> 게모니 없는 지배가 나타난다.(2013, 559)

그러므로 정치적 존재론은 현실에 대한 또 다른 현실주의적 요구를
위한 새로운 접근 방식이 아니다. 실제로 누군가는 이 책에서 간단하게
묘사된 세계들이 '밖에서 실제로 존재하는' 존재가 아니며, 복합적 존

재론, 혹은 역동적인 세계를 요구하기 위해 존재하는 것을 품어내는 일련의 방식이라는 점을 지적할 것이다. 정치존재론은 특정한 정치적 감각을 지닌 일종의 "기반이 없는 기반"의 영역으로(Blaser 2013, 551), 현실에 대한 적극적 요구라기보다는 오히려 열린 윤리적 · 정치신학적 제안이라고 볼 수 있다. 정치존재론은 플루리버스를 구성하는 복합적 존재들의 활동을 위해 대안적 공간이 열리기를 희망하는 다른 방식의 서사이다.

이는 자본주의 산업 시스템이 유지되는 데 필요한 거대한 채굴 행위를 통해 확장되는 파괴의 규모와 속도로 인해 더 큰 의미를 지닌다. 환경을 둘러싼 갈등은 종종 존재론적 갈등과 같다. 가부장적인 자본주의 근대는 비인간에 대한 인간의 점령이라는 존재론적 영토화를 달성했다. 또한, 민족들 사이의 분쟁 역시 존재론적 투쟁이다. 따라서 디자인을 이 존재론적 정치학에 위치하고, 정치적인 것과 실제 현실 간의 교섭을 포함하는 행위가 매우 중요해진다.

미래가 있는/없는 디자인? 위기로부터 다시 존재로

디자인은 (선호하는) 미래에 관한 것이다. 하지만 지금까지 미래에 대한 개념, 혹은 미래들과 미래적인 것은 근대적인 것이 아니었을까? 삶과 죽음이 뒤섞여 소유와 종말을 표시하기가 어려운 시대에 직선적이며 축적에 기반을 둔 시간관이 문화적 가치를 유지하기 힘들다고 생각하는 이들에게 복합적 시간성의 존재를 다시 논의할 필요는 없어 보인다. 또한, 예를 들어 기후변화 담론에서 가난한 나라들을 "묵시론적 미래의 불평등한 분배"로 종말을 맞이할 남반구로 재현하는 것에서 나타나는 미래의 개념도 결코 답은 아닐 것이다.[19] 그렇다면 왜 미래라는 단어를 사용하는 것일까? 이 책에서 지금까지 문제를 제기하지 않았던 미래(들)이라는 이슈를 좀 더 명확하게 규명해 보자.

우리는 서론에서 '포스트휴먼'의 미래에 관한 질문에서 나타난 분기 (divergence)라는 사고를 언급했다. 이는 확실성에 기반을 두지 않은 완벽히 열린 질문이다. 여기에서 분기점은 우리가 '지구로의 귀환'과 '생물학을 넘어선 인간'이라는 두 갈래 방향을 포함한다.[20] 첫 번째는 여러 공동체에 존재하는 현자들, 운동가들, 지식인들을 비롯하여 '대안적 서구'를 주창하는 이들이 말해온 것으로서, 단지 생태적 · 환경론적으로 올바르게 사는 것을 넘어서는 것을 의미한다. 지구로 귀환한다는 것은 급진적 상호의존성이라는 단순해 보이는 원칙이 보여주는 깊은 함의와 더불어 사는 능력을 함양하는 것이다. 사랑의 생물학의 개념으로 돌아간다는 것은 그 제안자에게는 도덕적 전제가 아니다. 오히려 모든 생명의 근본에서 발견한 상호의존성의 구조적 동학에 이름을 붙인 것이며,

---

19 방글라데시 출신으로 최근 노스캐롤라이나 대학 채플힐에서 박사 학위를 받은 세이디 카말(Saydia Kamal)은 '묵시론적 미래의 불평등한 분배'라는 개념을 제안하면서 자신의 나라가 식량 위기와 기후변화로 인해 보호 대상 국가가 되고, 이를 해결한다는 명목으로 국제비정부기구의 개입과 통제를 허용하는 것에 대한 우려를 표명했다(2016년 봄 채플힐에서의 대화). 미래의 위험에 대한 통찰력 있는 토론에 참여해 준 세이디와 학생들에게 감사를 표하고자 한다.

20 나는 쿠르츠웨일이 쓴 『유일성은 가까이에: 인간이 생물학을 초월할 때』(2006)의 부제를 가지고 언어유희를 하고 있다. 톤킨와이즈는 '미래의 스마트 그린 시티'와 '사이보그의 유일성'이라는 두 개의 측면에서 분기하는 예를 들고 있다(2015, 88).

원한다면 이를 '돌봄(care)'라고 명명할 수도 있다. "(인간과 비인간을 포함한) 타자와 함께 살아가는 방식이라는 사랑의 생물학은 전유, 통제 혹은 명령을 통한 공존이 아닌 행위와 태도를 통해 타자가 자신과 공존하는 합법적인 존재가 되며, 우리 인간은 정서와 행위에 대하여 전적으로 책임을 지고 있다"는 것을 의미한다(Maturana and Verden-Zöller 2008, 118).

사랑의 생물학을 통해 지구와 함께 살아가는 것은 서로 돌보며 존중하는 관계가 **자발적으로 실현되는** 존재의 방식을 상정한다. 그리고 이 삶의 방식은 우리 전체의 삶을 연관시키며, 우리가 공동적이라고 불렀던 것 내부에서만 발생한다. 이 원칙은 이론뿐 아니라, 자치의 삶을 실천하는 것에도 해당한다. "불신과 통제, 조작과 도용, 지배와 복종을 통한 가부장 제도가 인간을 협력과 상호 존중의 장소로부터 분리하여 정치 담합, 상호 조작 및 학대로 나아가도록 자극하는 방식을 통해 사랑의 생물학을 방해하고 있음을 인식하는 것이다"(119). 이는 다음 진술과 매우 유사해 보인다. **"사랑의 생물학이 방해받는 것과 같이 우리의 사회적 삶도 종말에 다가간다"**(119; 강조는 필자). 이는 사랑의 생물학이 모든 성공적인 사회성의 원칙이기 때문이다. 현재 존재하는 많은 영토 집단으로부터 우리는 사랑의 생물학이 제공하는 주요한 정치적 함의를 배울 수 있다. 공동의 영토와 세계를 돌보는 것은 우리 시대에 필수불가결한 정치적 과제가 되었다.[21]

---

21 아마도 이것은 저항적 무정부주의자가 가져온 예상치 못한 교훈이 된다. "혁명가들의 첫 번째 의무는 그들이 만든 세계를 돌보는 것이다"(투명 위원회 2015, 194).

이제 두 번째 시나리오를 확인해 보자. 이것은 기술 발전과 가부장제가 꿈꿔온 것으로 삶의 유기적 기반을 극복하고 초월하는 것이다. 이 시나리오는 분리의 존재론을 지속적으로 정당화하는 것을 필요로 한다. 개인과 시장, 전문지식, 과학, 물질적 부와 같은 기준이 마치 **인간의 삶을 진정으로 대표하는 것처럼** 다보스 포럼, 세계은행, IMF 경제학자들, CNN 등의 매체에서 의례와도 같이 하루에도 몇 시간씩 보도되지 않는다면, 이들은 대중의 상상력을 장악하지 못할 것이다. 그럼에도 불구하고, 기술적 상상력의 힘은 매우 강력하다. 우리가 더 이상 자연에 기대지 않을 수 있다는 세계에 대한 최종적 환상을 기술할 때 더욱 그러하다. 생물학적, 물질적, 그리고 디지털 기술 등의 총체가 이 이미지의 핵심에 놓여 있다. 확실히 동물과 식물의 신체는 높은 수준의 조작을 견디는 힘이 강해서, 핵심적인 세포 형태와 관련하여 언급한 기술이 실현될 수도 있다. 하지만 이 가능성은 문자 그대로 지구를 산산조각낼 것이다. 이런 이유로 다음과 같은 질문은 하나의 명령이 된다. "이 모든 것을 이루어 내는 것으로 인간성을 유지할 수 있는가, 아니면 잃어버리는가?"(Maturana and Verden-Zöller 2008, 116). 설명은 계속된다.

일반적으로 생물 영역, 그리고 특히 인간에 대한 조작을 합법화하는 것은 비시스템적인 그리고 비관계적인 사고를 무작위로 받아들이는 기술을 통해 표준이 되었다. 그것이 정말로 중요한가? 기술이 인간의 행위에서 가장 중심적인 요소가 되었다면, 기술의 확산과 인간 행위가 복잡해지면서, 호모 사피엔스로서의 인간됨은 예를 들어, **침략자 호모 사피**

엔스 혹은 **거만한 호모 사피엔스**와 같은 새로운 이름으로 대체되어야 할 것이다. 새로운 호모 사피엔스가 유지된다면 역사는 변화할 것이고, **사랑하는 호모 사피엔스**로서의 인간됨은 사라지거나, 혹은 원시적 삶의 일부로 분류되어 지워질 것이다. (……) 하지만 사랑하는 것이 우리에게 중요하고 가치 있는 것이라고 인간됨을 규정하는 것이 유지된다면, 기술이 인간 삶을 결정하지 않고, 친밀성(혹은 연결성)의 생물학은 사라지거나 파괴되는 대신 지속될 것이다.(119)

여기에서 우리는 포스트휴먼 사회이론이 상상하는 것과는 상당히 다른 포스트휴먼의 흐름을 확인하게 된다. 인간은 많은 환경론자가 두려워하듯 사라지지는 않을 것이지만, 다른 형태의 존재로 변이될 것이다. 위험은 명백하다. 존재론적 디자인은 어떻게 생물학을 넘어서는 삶의 위기에 직면할 것인가? 디자이너들은 이런 강력한 상상력의 유혹에 저항할 수 있을까? 이러한 상상력을 통해 이룩한 기술 세계는 제한 없는 성장과 새로움, 권력, 모험 및 재산으로 채워지면서, 좋은 삶의 최종 심급으로 격상되어 지구의 삶에 참여하는 우리를 더욱 소외시킬 것이기 때문이다. 디자이너들이 비성찰적 대중이 가부장적이고 자본주의적인 기술 상상력이 제공하는 가상현실에 굴복하는 것을 막는 데 도움이 될 수 있을까?[22]

....

22 우리가 두 가지 (혹은 더 많은) 포스트휴먼의 시나리오 사이의 차이를 과연 알 수 있을까? "삶의 지옥은 존재하지 않을 것이 아니다. 존재한다면 이미 여기에 존재하며, 우리가 매일 살아가는 것이 지옥이며, 그렇게 함께 우리 삶을 만들어간다. 그 고통을 피

오늘날 디자인의 근본적인 과제는 미래를 다르게 만드는 것이 아닐까? 디자인은 종종 유토피아적 경향을 보여준다. 하지만 오늘날의 전문적 디자인 실천은 미래를 버리는 경향이 있는데, 이러한 상황에서 전환 디자이너들은 "디자인이 실현하는 미래를 책임지려는 자세를 다시 갖는 것"이 요구된다(Tonkinwise 2015, 88). 프라이가 주장하듯이, 지속성은 "과거의 세계 만들기의 신학과 결별하는 것에서 출발하며, 구체적인 아젠다를 포함하는 기획을 통해 확립되고 실현될 수 있다"(2015, 63; 또한 스튜어트(2015)를 참조하라). 미래에 관한 이 개념은 가부장적 자본주의 근대성을 구성하는 신학과 정반대로 나아간다. 아마도 그것은 수세기 동안 계몽주의 기획의 도구에 의해 영향을 받은 주류 세계의 탈미래화에 대항하고자 할 때 가능하다. (현재의 사회 구조를 새롭게 이해하려는) 역사적 관점을 통해 미래로 이동하는 것은 열린 미래를 향해 질문을 던지며 새로운 길을 제공할 것이다.

많은 이들, 그중에서도 환경론자들은 삶의 파괴에 직면하여 고통스러워한다. 아나콘다, 재규어, 코끼리와 수많은 새, 나무, 강, 눈 덮인

하는 방법은 두 가지가 있다. 많은 이들에게 첫 번째는 쉽다. 지옥을 받아들이고 그것의 일부가 되면 더 이상 지옥을 보지 못할 것이다. 두 번째는 위험스러우며, 지속적인 감시와 억압을 요구한다. 지옥의 한가운데서 지옥이 아닌 것은 누구이고 무엇인지를 인식하는 것을 배워라. 그리고 이를 견디고 공간을 주어라"(이탈로 칼비노, 1972, 165). 혹은 유사한 사고를 보여주는 노래도 있다. "그렇다면, 당신은 지옥으로부터 천국을, 고통으로부터 푸른 하늘을 말할 수 있다고 생각하는가? 차디찬 선로에서 푸른 잔디를 말할 수 있는가? 베일로부터 미소를? 당신이 말할 수 있다고 생각하는가?"(핑크 플로이드, '당신이 여기 있다면,' 1975).

산, 혹은 알지는 못해도 우리와 함께 살아가는 아주 작은 생물체들이 없는 삶을 어떻게 받아들일 수 있겠는가? 그러한 미래를 벗어나기 위해 어떻게 생태계를 재구축할 수 있을까? 우리는 도시적 편안함과 효율이라는 이름으로 간과되어 온 아름다움과 조화를 세계에 다시 부여할 수 있을까? 어떤 이론가들에게는 진화와 신학의 근본적 요소인 아름다움이 인류세의 주요한 희생자였다는 사실은 의심할 여지가 없다(Goodwin 2007, Lubarski 2014). 실제로 근대 세계로부터 아름다움이 구조적으로 실종되는 것은 현저하게 드러나는 특징 중 하나라고 말하기도 한다. 이것들은 당대의 디자인에 중요한 과제가 된다.

인류세를 낙관적으로 읽어내는 흐름이 기술 자본주의와 자유주의적 태도의 영역에 반대하는 쪽으로 나아간다면 환영받을 것이다. 예를 들어, 작가이자 환경철학자인 다이앤 애커먼(Diane Ackerman 2014)은 생태적 재난에 직면하여 인간 행위자의 분석에 기초한 희망을 보여주면서, 자연에 대한 참여와 의식의 성장을 확인해 주는 인간의 반응에 초점을 맞춘다(그린벨트 확장, 성공적 에코시스템 복구 프로그램, 유전공학을 통한 멸종 위기의 생물 살리기, 야생 지역 보호, 신경과학을 비롯하여 로봇학, 나노 공학, 바이오 소재 그리고 재생의학 등). 나에게는 그러한 분석에 더하여 우리가 사는 근대에 대한 또 다른 측면을 고려할 필요가 있는 것으로 보인다. 대기업이 통제하는 현재의 전 세계 자본주의 시스템의 엄청나게 복잡한 변증법과 함께 심각한 단순함이 그 결과로 나타났다. 이 단순함은 사스키아 사센(Saskia Sassen 2004)이 잘 보여주듯이 수백만의 사람들과 생물 종에 대한 끊임없는 파괴와 이동, 감금과 축출을 의미한다. 새로운 통치가 기술적, 재정적, 시장, 법적 혁신을 통합하는 선례 없는 구조적 능력이 만들어 낸 '약탈적 구조화'가 쟁점이 되고 있다. 이렇게 전 지구적으로 기능하는 공간은 대부분 정부의 묵인하에 훨씬 더 광범위하게 토지, 물, 그리고 생물계에서 계속 작동하고 있으며 인간과 생태계의 황폐화를 심화한다. 이러한 파괴의 지리학에 대응하여 우리는 인간 행위에 낙관적인 태도를 보일 필요가 있다. 그렇지 않으면 우리의 분석은 축출된 이들의 공간을 더 확장하는 것에 도움을 주는 것으로 끝날 것이다.

우리는 다음을 명확히 할 필요가 있다. 인류세는 자본주의와 근대성으로 시작되지 않았다. 따라서 단지 '자본세(capitalocene)'에 관해 말하는 것으로는 충분하지 않다. 우리는 시간을 더 거슬러 가야 한다. '가부장제'에 관해 이야기하는 것이 적절치 않지만, 삶을 구성하는 관계가 구조적으로 무너지기 시작했다는 것은 오랜 가부장제의 역사 안에서 일어난 것임을 인정하는 것이며, 따라서 우리는 여기에서 위기의 오랜 원인을 찾을 수 있다.

대학은 어떤가?

마지막 질문은 대학이 전환과 자치 디자인에 관련하여 어떤 긍정적인 역할을 하는가이다. 자유주의적, 인간중심적, 그리고 자본주의적 상표를 통해 대학은 계몽주의 기획 내에서 안락하게 머물고 있지는 않은가? 정치적 존재론의 관점에서 말하자면 대학은 국가, 경찰, 그리고 군대와 함께 사람들의 삶과 영토를 **지배하는 가장 효과적인 힘** 중 하나가 아니었을까?[23] 대학은 일리치가 그의 전 저작을 통해 비판한 비즈니스와의 끊을 수 없는 연결고리를 넘어 공생의 전망으로 나아갈 수 있을까? 디자이너를 비롯하여 삶의 재공동체화에 참여하는 이들이 "(역량을 떨어뜨리는) 교육에서 벗어나", "풀뿌리 문화 내에서" 배우고 디자인하는 역량을 갖출 수 있을까?(Prakash and Esteva 2008). 이러한 질문에 대한 답은 대학이 삶을 긍정하는 실천의 장소라는 사고를 포기하는 사람들에서 인식론적 탈식민화와 복수화를 주장하는 사람들까지, 특히 많은 나라에서 일어나고 있는 끊임없는 기업화에 직면하여 싸우는 사람들까지 매우 다양하다.

앤-마리 윌리스(Anne-Marie Willis)는 카네기멜론 대학의 전환 디자인 박사과정 프로그램에 건설적 비판을 제공한다. 이 디자인 사상가에게 이 전환 디자인은 "혁명적이기보다는, 개혁적이다. (……) 본래 전환 디자인은 문화적 이행에 필요한 활동의 범위를 정해놓지 않는다. (……) 만약 시스템을 뒤흔들고자 한다면, 대학원 과정을 만들고, 구획하고, 홍보하는 것 자체에 문제가 존재한다"(2015, 70). 고등교육에는 상품화, 도구화, 그리고 기업화가 깊이 각인되어 있기 때문이다. 자연과 세계에서 떨어진 분리 원칙에 토대를 두고 있는 학계의 지식은 일반적으로 인

---

23 상당히 강한 주장이라는 것은 알지만 수백 개의 가치 있는 노력과 학계의 지식이 존재함에도 학계 전체는 존재론적 점유의 도구가 되어 버렸다. 특히, 엘리트 대학은 더 그렇다. (미국의 아이비리그와 그와 유사한) 대학들이 더 엘리트화가 되면서 권력에 더 가까워지고, 가난한 이들의 삶과 감정에서는 더 멀어지며 더욱 비즈니스적인 마인드를 갖게 되었다.

간과 지구의 통합적 기능을 위해 필요한 현명한 지식을 제공할 준비가 되어 있지 않는 듯하다. 마찬가지로 커먼즈를 다시 주장하고 세계에 다시 뿌리를 내리는 데 있어 절대적으로 필요한 존재, 장소, 주거에 관한 지혜와 함께 '불복종 문화'라는 고유한 지식을 포용할 능력도 없는 듯하다(Prakash and Esteva 2008).

덜 엘리트적이고 위계적인 학계의 지식을 만들 수 있을까? 라틴아메리카의 탈식민적 이론 문법에서는 이를 **인식론적 탈식민화**로 부른다. 인식론적 탈식민화는 "우리가 어떤 개념을 통해 움직이며, 일상생활에서 우리에게 영향을 주는 결정들에 전제된 개념과 이론들을 우리가 어떠한 방식으로 변화시킬 수 있는가"라는 질문에 비판적으로 접근하는 것을 포함한다(P. Botero 2013, 44). 소위 "집단적 연구와 행동"이라는 관점을 통해 "공동체는 지식의 일부가 되며, 연구자는 공동적 행위의 일부가 된다"(44).[24]

이러한 성찰은 우리가 현재로 돌아올 수 있게 한다. 이 책 역시 학계의 일부라는 점을 부정할 수 없다. 언어 사용과 구성면에서 모두 의심할 여지 없이 그렇다. 그렇다면 이 책이 탈식민화 노력의 일부가 될 수 있는가? 탈식민화 실천과 담론의 성공적 실천 여부는 그 과정에 의

----

24 집단적 연구와 활동은 '유동적 사회이론'에 기초하고 있는데, 이는 "공동의 발화 위치로부터 나온 행동을 가시화하기 위해 공동체의 일상적 저항에서 출발하는" 이론으로, 공동체들은 내부의 다양성으로부터 유래하여 집단적 의미를 직조하기 때문이다. 이런 방식으로 이 이론은 진보와 질서, 그리고 발전의 관점에서 세계를 만드는 동일화 이론에 대항하는 권력의 장소를 창조한다(P. Botero 2013, 30). 여기서 우리는 전환을 위해 이론의 또 다른 역할을 이해하는 방식을 찾게 된다.

지하지만 아마도 가능할 것이다. 무엇보다 나는 이 책이 다른 이들에게, 특히 자치를 얻기 위해 투쟁하는 공동체들에 무엇을 하거나 어떻게 하라고 가르치는 또 다른 시도가 아니라는 점을 강조하고 싶다. 그들은 그 누구보다 더 잘할 수 있는 법을 알고 있다. 이런 맥락에서, 이 책은 전향을 요구하지도, 발전주의를 주장하지도 않는다. 이 생각들은 하나의 과정에서 존재하는 가설이다. 따라서 대부분의 삶을 근대적 범주를 통해 개인화하고 객관화하면서, 기껏해야 제한된 성공 속에 살며 우리 자신을 자유롭게 해본 적 없는 사람들에게 더 적당하다고 생각한다. 즉, 문화연구의 사례로 여기서 담아내는 사고들은 현재 상황과 국면에 대한 나의 해석에 기반을 두고 있다. 동시에, 모든 사람은 아니더라도 많은 이들과 다양한 집단에 필요한 역사적 독해가 될 것이다.

위험을 다시 생각하기

기술과 마케팅의 관점이라는 다른 극단에서, 우리는 '거대한 변화'에 관한 복잡성 이론 생물학자인 브라이언 굿윈의 전망을 확인할 수 있다.

나는 우리가 참여하는 살아 있는 과정의 본질인 유기적 형태의 지속적인 창조를 통해 전환을 이룰 수 있다고 낙관적으로 생각한다. 나비로 변신하기 전에 비단 껍질에 자신을 감싸는 애벌레와 같이 얽힌 타래에 우리 스스로를 감싸는 방식이라는 드라마틱한 변신을 통해서만이 가능하다. 곤충의 세계에서 이 변신은 살아 있는 조직과 상상적 원에 남은 아주 작은 맞닿지 않는 껍질의 공간에서 자기-소화와 녹아내림의 결과로서 나타난다. 다리와 날개, 더듬이, 몸의 부분 및 성인 형태의 다른 구조로 변환되는 존재, 즉 나비로 나타나는 것은 바로 거기에서다. 이 비유가 상징하는 문화적 의미를 우리는 수용할 수 있다.(2007, 177)

라틴아메리카의 몇몇 선주민과 서발턴에게 이 거대한 변신은 다름 아닌 파차쿠티(pachakuti)[25]이다. 파차쿠티는 존재하는 사회질서를 심도 있게 분해하고 재조립하는 것으로, 갑자기 벌어지는 행위, 혹은 지식의 등장에 의한 위대한 종합의 결과가 아니라, 기존 질서를 끊임없이 흔들며 변화하는 점진적인 확장이며, 그 자체로 불연속적인 노력의 결과이다. 마야 달력의 거대한 순환, 혹은 파차쿠티는 오랫동안 계속된 매우 현대적인 이들의 개념으로, 이들에게는 "'이후'나 '이전'이라는 것이 존재하지 않는데, 왜냐하면 그들이 역사에 관해 갖는 비전은 직선적이지도 신학적이지도 않기 때문이다. 그것은 같은 지점으로 돌아가는 것을 멈추지 않으면서 길을 확장하는 것이다"(Rivera Cusicanqui 2014, 6). 파차쿠티는 "역사적인 시간의 역전(inversion)을 초래하는데, 파국 혹은 재생에서 정점을 이루는 과거와 미래의 반란이다. (……) 경험하게 되는 것은 의식의 변화인 동시에, 정체성 및 앎의 방식, 정치를 인식하는 방식에서의 변화를 포함한다"(6).

이러한 개념을 현재 우리에게 놓인 전환에 적용하는 것은 무모하게

---

25 케추아어(Quechua)로 세계를 재구성하는 자, 혹은 시간과 공간을 흔드는 자를 의미한다.(옮긴이 주)

보일 수 있다. 하지만 나는 이들이 2015년 이후 지속가능한 발전 모델로 확립되어 현재 유행하는 처방이나 혹세무민하는 미래를 제시하면서 지구의 더 강력한 파괴를 초래할 것이 분명한 현재의 기술 연금술보다 인간의 미래를 사고하는 데 있어 더 건설적인 방식이라고 확신한다.

"다른 세계는 가능할 뿐만 아니라, 진행되고 있다. 어느 날 조용히 나는 그것의 숨 쉬는 소리를 들을 수 있다고"(Macy 2007, 17에서 재인용)고 한 아룬다티 로이(Arundhati Roy)의 시적인 호소와 같이 아마도 우리는 세계의 많은 지역에서 자치를 향한 풀뿌리 투쟁과 전환 기획에서 파차쿠티의 소리를 들을 수 있을 것이다. 이러한 과정이 예기치 못한 방향이지만 발걸음을 내딛기 위해서는 모든 세계의 꿈을 한 가지에 맞추려고 하는 시도는 반드시 중단되어야 한다.

에필로그

관계성을 출발점으로 디자인을 다시 생각하는 것, 그리고 그 반대 방향의 사고는 이 책의 주요 논쟁 지점이며, (칸트의 윤리학이나 고전적 자유주의가 아닌 라틴아메리카적인 의미에서의) 자치가 삶의 급진적 관계성의 표현이 될 수 있다는 것이 이 책의 주장이다. 디자인과 자치에 관한 두 가지 논의는 세계를 구성하는 윤리학과 존재론적 정치학의 상호작용을 통해 만들어지는 실천적 공간을 제안하고, 디자인과 관련된 모든 시도에 관계론적인 윤리를 장착하는 것으로 구성된다.

플루리버스

이 책의 논의는 현실 정치학과 가능성의 정치학—혹은 실용주의와 유토피아주의—사이에서 진동한다. 현실의 정치학은 가능성의 정치학을 다시 정의하며, 그것을 반대로 나타나기도 한다. 이것은 신리얼리즘의 가장 강력한 논거 중 하나이다. 급진적 관계성의 관점을 채택함으로써 현실을 증식할 뿐 아니라, 가능성의 지도를 다시 그릴 수 있다. 하지만 이는 현재의 국면이 낳은 정치적 문제를 제거하지 못한다. 지속불가능성, 커지는 불평등, 받아들일 수 없는 끔찍한 수준의 불공정을 지속하는 제도를 다시 디자인하는 가장 좋은 방법은 무엇인가? 토마스 베리(1999)가 언급한 반(反)지속성의 현실에 책임이 있는 네 가지 제도인 정부, 대학, 종교, 기업 중에서 실제로 가장 큰 힘을 가진 것은 기업이다. 그리고 기업의 가장 큰 승리 중 하나는 자신의 중심적 논리를 다른 세 가지에 이식했고, 이는 지난 30년에 걸쳐 일어난 대학 교육과 국가의 점진적인 기업화에서 증명된다.

따라서 관계성의 렌즈를 통해 정부, 대학, 종교를 다시 상상하는 것이 필요하다. 만약 "적이 승리한다면 죽은 자들조차도 적으로부터 안전하지 못하다. 그리고 이 적은 승리를 멈추지 않는다"(벤야민 1968, 264). 마찬가지로 자주 인용되는 논제에서 벤야민은 현실 정치를 재정의한다. "과거를 역사적으로 연결한다는 것은 그것을 '과거에 실제로 그랬던 그대로' 붙잡는 것을 의미하지 않는다. (……) 그것은 위기의 순간에 섬광처럼 나타나는 기억을 붙잡는 것이다. (……) 모든 시대에는 과거를 제압하려고 하는 순응주의로부터 전통을 새롭게 붙잡는 시도가 되어야 한다"(265). 다코타 주(州)의 파이프라인 건설 사업을 반대한 스탠딩 록 시오스(Standing Rock Sioux) 보호구역에서 선주민들의 연대를 예로 들어보자. 지배가 당연시되는 전통의 희생자가 된다는 의미를 이들은 오랫동안 잘 알고 있었는데, 끝날 것 같지 않은 학살과 배제의 정치, 그리고 계속 승리하는 적을 직면해 왔기 때문이다. 투쟁을 통해 이들은 가능한 것과 현실에 대한 기존의 정치학을 흔들어놓기 위해 과거를 소환한다.

모든 대륙, 그리고 여러 나라에서 일어나고 있는 우파의 귀환은 (벤야민이 언급한 지배적 근대성에 대한 순응으로) 바로 이전의 체제가 훨씬 좋았다는 것을 의미하지 않는다. 오히려 그러한 전통이 자기 복제를 성취함으로써 느끼는 고통의 결과를 의미한다. 현재 진행되는 통치의 결과는 배제를 강화하고, 더 큰 피해를 초래하는 것으로 보인다. 19세기와 20세기 근대가 옳았다는 가정하에 돌아보면, 그 창시자나 옹호자가 주장하듯이 좋은 의도를 지닌 온화하고 계몽된 사회질서로 보인다. 그럼에도 불구하고, (증대하는 채굴주의, 거대한 규모의 축출과 이동, 외국인 혐오, 감금 등) 박탈을 위한 사회적 기반이 확산되고 적대주의의 영역이 증식되면서, 다른 한편으로는 잠재적으로 중요한 변화의 씨앗이 뿌려지고 있다.

이것이 올바른 분노가 유래하는 원천이다. 아메리카 대륙에서는 미국의 도널드 트럼프, 아르헨티나의 마우리시오 마크리(Mauricio Macri),[26] 브라질의 미셰우 테메르(Michel Temer)[27]가 삶의 모든 영역에서 많은 사람의 분노를 유발하고 있다. 이러한 상황에서 제도를 효과적으로 재디

....

26 이 책의 출간 당시 아르헨티나의 대통령(재임 2015-2019)으로 사업가 출신이다.(옮긴이 주)

27 이 책의 출간 당시 브라질 대통령(재임 2016-2018)으로 우파 정치를 지향했다.(옮긴이 주)

플루리버스

자인하는 것에 대해 생각한다는 것은 학계가 할 수 있는 가장 긴급한
문화-정치적 프로젝트이다. 그리고 이 프로젝트는 세계에서 일어나는
모든 삶의 형태가 지니는 가치를 적극적으로 인정하고, 정의를 위해 싸
우는 아래로부터의 투쟁에 참여하는 것에서 출발한다.

실용주의, 유토피아주의, 그리고 실재의 정치학: 포스트 발전을 위한 과제[1]

아르투로 에스코바르: 시작하기 전에 간단하게 인사드리고 싶네요. 우선 틴타 리몬(Tinta Limón) 출판사에서 책 출간을 제안해 주신 것에 감사드리며, 아르헨티나 판본에 이 인터뷰를 포함한 것에 감사드립니다. 이 책이 출간되어 기쁩니다. 이 인터뷰가 몇 가지 의문점을 해소하고, 주요한 내용을 강조하며, 좀 더 명료한 방식으로 개념을 설명하기를 기대합니다. 모든 질문은 몇 가지 주요 지점에 연결되어 있어서, 당장에 확실한 답을 주기에는 어려울 수도 있습니다. 또한 이 말이 뜻하는 바는, 무슨 질문이든, 그것이 어디에서 나오든, 여러 혹은 모든 주제

---

1 이 인터뷰는 2017년 아르헨티나에서 출간된 판본의 서문 격으로, 콜롬비아에서 처음 출간된 이후 제기된 관심과 질문에 대한 저자와의 대담을 담고 있다.

를 이야기할 수 있다는 것이기도 합니다. 따라서 질문에 대한 답변을 개별적이기보다는 영혼의 음악적 변주로 받아들였으면 합니다. 처음 두세 가지의 답변이 가장 길고 나머지의 씨앗이 될 수 있다는 뜻입니다. 몇 가지 '매듭'이 있을 것이고, 내가 더 만들지도 모릅니다. 하지만 적어도 질문이 담고 있는 의문들을 해소할 것이라는 확신이 있습니다.

틴타 리몬: 교수님은 '인간적인 것의 재발명'에서부터 삶의 공동적 형태를 심화시키는 것에 호소하는 전환 디자인에 대해 역설하고 계십니다. 그리고 디자인을 자치에 관한 문제로 위치시키는 독특한 연결을 제안하고 있고요. 디자인에 대해 사고한다는 것, 그리고 합리주의 모델, 그리고/혹은 공동체 또는 공동성에 대한 이상주의적 태도로 되돌아가지 않고 전환을 사고한다는 것이 무슨 의미일까요? 변화를 디자인할 수 있을까요?

질문은 두 부분으로 나눌 수 있겠습니다. 먼저 디자인이 도구적인 합리성과 근대의 자기 목적론에 대해 복무하는 것에서 벗어날 수 있을까? 두 번째로 공동체에 관한 이상적 모델, 혹은 몰역사적인 시각을 넘어서는 디자인을 가질 수 있을까? 우선 첫 번째 질문에 대해 좀 더 구체적으로 설명하고, 두 번째 질문은 이후의 질문과 연결하여 다루겠습니다.

첫 번째 질문은 '전통적 공동체'나 역사적으로 공동화된 집단이 디자인하는가, 아니면 그렇지 않은가에 관한 것입니다. 삶은 언제나 움직이며, 따라서 유동적이고 일시적입니다. 이러한 역동성의 내부로부터 형식이 만들어진다는 것을 인정한다면, 디자인이 반드시 진실과 행동의 체계를 지칭하는 것은 아닙니다. '변화'라는 개념이 불가피하게 근대의 명령에 포박된 권력의지와 공범이 되었기 때문이 아닐까요?

이 질문에 접근하기 위해 **강력한 관계성**과 **약한 목적론**이라는 두 가지 개념을 나란히 살펴보고자 합니다. 그 반대로 약한 관계성과 강한 목적론은 근대의 형식이었습니다. 이는 '약한' 이분법적 관계와 주체와 대상이 전제된 존재-인식론, 그리고 직선적 시간관을 가집니다. 반대로 강력하거나 급진적인 관계성은 이 책에서 충분히 설명하고 있습니다. 독립체들은 관계 이전에 존재하지 않고 관계가 독립체들을 구성하며, 모든 것은 상호작용을 통해 발현됩니다. '의존의 형태로 상호-발현'과 '사이존재'를 보여주는 불교에서부터, 복잡성 이론, 인류학 등에서 상대적으로 이와 유사한 표현을 만나게 됩니다. 여기서는 마리솔 데 라 카데나가 최근 저작에서 오랫동안 탐구해 온 **아이유**(ayllu)[2]를 다시 개념화한 작업에 기대어 위의 논의를 좀 더 상세히 설명해 보겠습니다.

이 짧은 인터뷰에서 그녀의 책에 대해 모두 설명할 수는 없지만, 저자가 약 십여 년간 쿠스코 지역의 선주민 의례의 주관자이자 샤먼(shaman)인 마리아노(Mariano Turpo)와 나사리오(Nazario Turpo) 사이에 주고받은 대화를 중심으로 살펴보고자 합니다. 이 지역에서 '신성한 산' 혹은 대지-존재인 티라쿠나(tirakuna)[3]라고 불리는 아우산가테

---

2   주로 안데스 지역에 거주하는 케추아, 아이마라 선주민들에 의해 상호 협력, 공동 소유 방식을 오랜 기간에 걸쳐 유지해 온 공동체 형태.(옮긴이 주)

3   티라쿠나는 번역하기가 상당히 힘든 케추아 단어이다. 이것은 '대지'의 복수 형태로

(Ausangate)가 대규모 광산개발로 위협을 받고 있었습니다. 라틴아메리카 인류학에서 아이유는 거의 신화와 같은 개념으로, 마리솔은 관계성이라는 비유럽적 철학의 관점에서 이를 새롭게 해석하며 마리아노와 나사리오와의 대화를 시작합니다. 마리솔은 '아이유에서'('in Ayllu')가 우리가 일반적으로 이해하는 것과는 달리 토지의 집단적 소유나 종교적 전통, 친족의 형태를 훨씬 뛰어넘는다고 말합니다. 아이유는 "인간, 다른 비인간, 동물과 식물이 **본래부터** 연결된 자연·사회의 집합체로, 그 안에서는 그 어떤 것도, 그 누구도 이 관계를 벗어날 수 없다"고 설명하지요(44). 마리솔이 주장하듯이, 이는 설명으로는 환원될 수 없는, 존재하고, 행하며, 거주하고, 따라서 항상 움직이는 모든 비인간이 중심이 된 현상학에 대한 우리의 불완전한 번역일 뿐입니다. '아이유에서'는 (아우산가테 혹은 일련의 호수와 강인) 티라쿠나, 루나쿠나(runakuna),[4] 동물, 식물 등이 끊임없이 구성하는 장소입니다. 따라서 아이유에 존재한다는 것은 대지, 영토, 장소 사이에서 침범하지 않는 우연적 만남을 동반하며, 불가피하게 '영토가 되는 것', '장소가 되는 것'을 의미합니

'대지들'에 해당할 것이다. 나는 이를 '대지-존재들'로 번역하기로 했는데, 사실 마리솔이 그녀의 책 영어 판본에서 사용한 용어를 문자 그대로 번역한 것이다. 엄격하게 말하자면, 티라쿠나는 급진적으로 관계론적인 존재론 안에서만 존재한다. 이런 측면에서 본질과 그 이름 사이에는 분리가 있을 수 없다고 할 수 있다. 어떤 것을 명명하는 것은 다른 세계 전체를 실제로 만드는 행위(enact)이다. 현대 이론에 따르면 이는 행위성을 가진 존재라 할 수 있지만, 그 이상의 어떤 것을 뜻한다. 이들을 명명하는 것은 이들과 함께 존재하는 것이다.

4   여기서는 안데스의 선주민을 의미하나, 인간 전체로 해석할 수 있다.(옮긴이 주)

다. 여기에는 인간, 비인간, '장소' 사이에 분리가 존재하지 않습니다. '아이유에서'의 실천을 통해 티라쿠나와 루나쿠나는 '생겨나고', '장소를 갖습니다'.

'아이유에서'는 정치적 존재론의 용어로 자연과 인간 사이의 서구적 분리를 통해 작동하지 않는 '강한 관계성'을 상정합니다. 따라서 살아 있는 존재, 감각을 지닌 존재(sentient being), 혹은 아우산가테라는 '신성한 산'으로 번역되는 '티라쿠나'는 오직 부분적인 번역만이 가능합니다. 대지의 존재들이 인간인 루나쿠나와 상호적이고 끊임없이 창조하는 것을 통해 함께 존재하거나, 혹은 함께 존재할 수 없는 세계를 지칭하기 때문입니다. 이 복잡한 관계를 분리하여 이미 구성된 인간과 비인간으로 번역하는 것은 이 대지-존재들을 단순한 '믿음'의 대상으로, 혹은 특정한 문화적 관습, 격세유전이나 무지를 반영하는 것으로 격하하는 것입니다. 그 결과 루나쿠나와 상호작용을 통해 생성되는 존재의 능력을 빼앗고 맙니다. 마리아노의 투쟁은 부분적으로 수십 년에 걸쳐 대지를 회복하려는 것이었지만, 이것만이 전부는 아니었습니다. 정확히 말하자면 '아이유에서 존재하기'를 지속하기 위한 노력이었습니다. 1960년대와 1970년대 좌파라면 마리아노와 그의 공동체가 '땅을 소유하기 위해 투쟁한 농부'라고 해석했겠지만, 그것을 분명히 넘어섭니다. 루나쿠나의 실천은 아이유에서 존재하는 것이었으며, 바로 그 지점에서 출발합니다. 이와 같은 '존재론적 과잉'은 디자인 개념을 다시 전유하고자 하는 내 논의의 근본입니다. 대지, 혹은 '성스러운 산'을 지키기 위해 나설 때 비로소 우리는 이 책의 5장에서 설명한 것처럼 진정으로 **움직**

이는 세계 앞에 있게 됩니다.

'아이유에서 존재하기'가 급진적인 존재의 개념이기에 (기존의) 디자인적 사고에 저항한다는 것은 타당한 추론입니다. 여기에 두 가지 상반하는 질문이 나올 수 있습니다. '선주민 공동체들은 디자인을 하는 걸까요?' 두 번째 질문은 '공동체들은 디자인을 하지 않을 수 있을까요?' 이 책의 결론 부분에서 암시하고 있지만, 이 딜레마에 대해 부분적으로 마투라나와 페어덴-쵤러에 기대어 답하도록 해보겠습니다. 이들은 비(非)가부장적인 공동체들이 "우주와 더불어 역동적으로 제도화된 상호연결성 속에서 살았다"고 말하는데, 이것은 '아이유에서'의 개념과 조응하는 것처럼 보입니다.

다시 한 번 마리솔의 논의를 통해 다른 방식으로 설명을 이어나가 보겠습니다. 케추아어 학교 선생님인 후스토 옥사(Justo Oxa)는 마리솔에게 "아이유는 일종의 직물과 같다. 사람, 동물, 산, 식물 등 세계의 모든 존재가 디자인의 일부"라고 말합니다. "이 세계의 존재는 홀로 존재하지 않는다. 마찬가지로 실은 그 자체로 직물을 만들지 못하지만, 직물은 실과 함께 존재한다. 선주민은 언제나 아이유에서 다른 존재들과 함께 존재한다. 바로 이것이 아이유다"(de la Cadena 2015, 44). 다시 말해 아이유를 형성하는 루나쿠나, 티라쿠나, 식물과 동물의 집합체들은 직물이 그들의 일부이듯이 아이유의 일부가 됩니다(101). 따라서 이러한 관계적 시야 안에서 의미가 형성되는 유일한 실천은 생명을 배양하는 것이며, 이는 곧 생명에 대한 상호 '돌봄'입니다. 옥사가 주장하듯이, "파차마마는 우리를 돌봅니다. 신들은 우리를 양육합니다. 우리를 자라게 합니다. 우리는 아이들을 키우고, 그들은 우리를 돌봅니다. (……) 우리는 씨앗과 동물, 식물을 자라게 하고, 그들은 또한 우리를 자라게 합니다"(103). 알프레도 구티에레스가 남반구의 디자인을 개념화하면서 주장하듯이, 저는 이 말에서 **다른 방식의 디자인**, 혹은 다른 디자인의 사례를 찾아냅니다. 콜롬비아 포파얀의 나사와 미삭 선주민들이 보여주는 직물을 닮은 삶의 개념과 삶에 대한 상호 신뢰에서 비이원론적 디자인의 상상력이 존재한다는 사실을 왜 생각하지 못할까요?⁵

이렇게 우리는 모든 디자인을 공동의 플루리버스라고 부를 수 있는 '아이유에서 존재하기'에서 출발해야 하는데, 왜냐하면 그 외부에서 디자인은 **아무 의미도 갖지 못하기** 때문입니다. 마지막으로 이것은 '변화를 디자인하는 것'을 의미하지 않습니다. 오히려 삶과 생명이 관계를 통해 세계에 자리를 잡고, 그렇게 함으로써 우리가 거주하는 세계가 점유되지 않고 '존재'를 알아가기 위한 조건을 형성하는 것을 의미합니다. 이러한 사고는 결론 부분에서 인용한 가트와 잉골드의 '유토피아'와 조응합니다. 그들은 "디자인은 세계를 변형하지 않는다. 오히려 자신을 변화시키는 세계의 일부"라고 말합니다. 이러한 관점에서 자치 디자인을 수립한다는 것은 '기획'이라기보다는 목적과 수단 사이의 분리가 없는 '결합의 과정'에 가까울 것입니다. 제한된 형태의 자치 디자인을 포함하는 일정 정도의 '약한' 기획적 사고가 디자인의 중요한 일부

----

5   1980년대 후반부터 프락텍(PRACTEC, Proyecto Andino de Tecnologías Campesinas)이라는 페루 그룹은 거센 발전주의에 직면한 안데스 세계에 '상호 돌봄'을 대안으로 상정하려고 노력했다.

가 되지만, '사회적 변화'의 개념에서 본질적이거나 직선적 계획으로서의 의지를 의미하지는 않습니다.

현재의 국면은 우리가 삶의 날실을 다시 디자인하고, 다시 뜨개질하고 고치며, 분리된 것을 다시 조립하고, 다른 방식으로 거주하고, 공간화하고, 공동화하는 것에 나서야 한다고 제안합니다. 아마도 가장 어려운 부분은 인간과 비인간이 만나고, 여러 다른 세계들과 부분적으로 연결하고 관계하기보다는, 동화하고 파괴하려는 의지를 가진 세계까지도 포함해야 한다는 사실입니다. 따라서 2장에서 미삭 선주민들이 우주적 행위(cosmo-action)를 제안하듯이 디자인은 삶과 대지에 조응하는 존재를 만들고 차이를 유지한 세계들 사이에서 영토를 구성하는 사고-행위의 공간으로 정의될 수 있습니다. 이렇게 '가까이 다가가는 것'의 의미는 어머니 대지의 해방과 재공동화라는 두 가지 목표에서 나온 **다시 디자인하라!**라는 선언으로 요약될 수 있습니다.

결론적으로 요약하자면 '디자인을 자치의 문제에 놓는 것'이 핵심입니다. 또 디자인이 자치라는 문제의식으로 나아갈 필요가 있습니다. 이 두 가지는 다른 강조점을 지닌 같은 과정입니다. 첫 번째 표현에서 디자인은 타율적인 것으로 이해됩니다. 이반 일리치는 이 점을 지적하면서 근대의 기술 비판에 매진해 왔습니다. 일리치와 그를 따르는 구스타보 에스테바, 실비아 마르코스, 진 로버트, 바바라 두덴, 볼프강 사스 등 공동성에 몰두하는 이 작가들은 '공존의 도구'를 통해 개인과 집단의 자치를 회복하고자 합니다. 두 번째 표현은 가장 중요한 개념으로 6장에서 집중적으로 다루고 있습니다. '자치 디자인'의 개념이 보여주는 불가피하게 모순적인 성격을 잘 알고 있습니다. 하지만 적어도 탐구할 필요가 있는 가설이라는 점을 강조하고자 합니다.

　　같은 맥락에서 자기조직화, 자기생산, 그리고 발현에 관한 선생님의 작업은 디자인 기획과 어떻게 합치될 수 있는지요? 언뜻 보기에 상당히 차이가 나는 개념 같은데 아닌가요? 그렇다면 왜 디자인을 발현 개념과 연결하려고 하나요?

　발현은 그 정의상 디자인되지 않습니다. 이는 복잡성 과학의 본원적 전제 중 하나이자, '환원론적 과학'과 '통제' 문제에 기초를 둔 고전적 사이버네틱스에 대한 비판의 근본입니다. 발현의 개념에 적용되는 시스템 이론에서 "전체는 부분의 합보다 훨씬 크다"라는 공식은 세포에서 아마존 유역, 시장, 민족-국가에 이르기까지 자연사회적 삶의 다양한 스펙트럼을 가진 이 '전체'는 부분의 지식에서 출발하기에 전체를 알 수 없을 뿐 아니라, 종국에 가서도 그것의 발현과 행위를 예측할 수도, 디자인을 통해 예상되는 형태를 처방할 수도 없음을 암시합니다. 이 사실을 무시하는 태도가 근대 과학의 아킬레스건이었고, 환경 위기의 원인이었습니다. 한편, 위의 진술에서 발현은 단순히 '자발적'임을 의미하는 것도 아닙니다. 『차이의 영토』[6]라는 저작을 통해 내가 제안한 것처럼, 사회운동은 자기조직화(self-organization)와 타자에 의한 조직화(alter-

....

6 *Territorios de diferencia: lugar, movimiento, vida, redes*, Popayán, Envión, 2010.

organization)라는 두 가지 메커니즘으로 나뉩니다. 후자에는 '위계'의 문제를 비롯하여 인간의 행위가 중요한 역할을 하는 곳에서 벌어지는 모든 행위가 포함됩니다. 중요한 것은 자기조직화나 타자에 의한 조직화를 조화롭게 하는 방법이라고 생각합니다. 사회운동은 가장 좋은 시기에 이러한 조화의 상태에 도달하여 사회와 세상을 움직이도록 만듭니다. 라켈 구티에레스 아길라르는 『파차쿠티의 리듬』[7]이라는 훌륭한 저작을 통해 이를 잘 설명하고 있습니다. 그러나 이 책에 대해 말하기에 앞서 복잡성 이론의 몇 가지 중요한 지점에 대해 먼저 이야기할 필요가 있어 보입니다.

복잡성 이론의 주요 질문은 물질의 복잡한 동학을 통해 질서가 형성되는 방식입니다. 이는 소유에 기반을 두고는 이해할 수 없는 집합이나 시스템에서 예상치 못한 과정을 통해 일어나는 역동적인 전개입니다. 복잡성은 발현하는 형식을 지닌 과학인데, 질서와 무질서 사이에서 춤추는 것에서 출발해 어떻게 지속성과 통일성에 이르는가가 중요합니다. 잠시 사회이론은 이 질문을 하지 못한다는 사실을 기억합시다. '총체성'의 개념, 사회의 유기적 개념, 사회 구조의 추상화를 포기하면 사회적인 것을 담아낼 수 있는 집단에 관한 강력한 이론들은 사라지고 맙니다. 예를 들어 이제는 헤게모니(hegemony)에 대해 진지하게 말할 수 없게 되었는데, 아마도 이미 삼십 년도 더 전에 에르네스토 라클라우

7   Raquel Gutiérrez Aguilar, *Los ritmos del Pachakuti*, Tinta Limón Ediciones, Buenos Aires, 2008.

(Ernesto Laclau)와 샹탈 무페(Chantal Mouffe)는 『헤게모니와 사회주의 전략』이라는 중요한 책을 쓴 바 있습니다. 살아 있는 것과 사회적인 것이 발현한다는 것의 의미는 직접적인 효과를 낳는 직선적인 과정과 혼란스러운 비직선적 과정을 모두 포함합니다. 이는 예상을 하거나 통제할 수는 없지만 이해가 가능한 상황으로 이끌고, 지배자들이 만들어놓은 구획에서 합류점과 분기점이라는 변화를 만듭니다. 그리고 우리는 합류와 분기라는 동력학(動力學)의 관점에서 부분적으로 연결된 세계의 관계를 생각할 수 있게 됩니다. 이를 강조하면 자연현상에 관한 통제와 과정에 대한 예상이 불가능하기에, 환원론적 과학이 지향하는 바와 같이 우리 손에서 벗어납니다. 생물학자인 솔레와 굿윈은 중요한 결론을 내립니다. "다른 선택이 존재합니다. 통제하는 대신 참여하는 것입니다. 우리가 복잡한 시스템에 영향을 줄 수 있다는 것을 인식하고, 우리 행위와 그 결과를 예상할 수 없다는 사실에 기초하여 신중하게 이 과제를 진행할 수 있습니다. (……) 복잡성은 우리가 놀랍지만 직관할 수 없는 세상에 살고 있다는 사실을 보여줍니다. (……) 복잡성과 발현에 관한 연구는 결코 탐구된 적이 없는 예기치 못한 사상이 담긴 놀라운 책들로 가득한 도서관의 문을 열고 있습니다"(2000, 28, 303). 그렇다면 이를 어느 정도까지 사회이론과 디자인에 적용할 수 있을까요?[8]

....

8   사회이론으로는 매우 암시적인 복잡성, 특히 생물학적 복잡성에 관해서는 많은 개념이 존재한다. 하지만 경로 의존성(path-dependence), 멱 법칙(power laws), 자기조직된 비평(self-organized cirticality), 가능성 공간, 국면 전환, 공진화, 익사이터블 미디어(excitable media), 공생(symbiosis), 대칭성 붕괴(symmetry breaking), 양성 피드백

이와 관련하여 잠시 『파차쿠티의 리듬』에 대해 이야기해 봅시다. 나는 라켈의 책을 라틴아메리카 대륙에서 사회 변화의 가능성을 묻기 위한 가장 훌륭한 예로 추천하고는 합니다. 예를 들어 2000년과 2005년 사이에 볼리비아에서 일어났던 것처럼 파차쿠티가 멕시코와 콜롬비아와 같은 나라에서도 나타날 수 있을까를 고민해 봅니다. 내가 보기에 위기로 인해 제도와 담론이 무너져 내리는 이 두 나라의 상황은 크게 다르지 않습니다. 복잡성의 개념에 초점을 두면서 이 책을 다시 읽는 것은 전혀 새로운 발견입니다. 라켈은 과거에 연구하던 수학과 연계하여 『무질서를 만들라! 사회적 투쟁의 열린 역사를 위하여』[9]를 발표합니다. 이를 통해 정치와 정확히 다시 만나면서 과학철학 분야에서 '근대의 기능적 패러다임'에 대한 비판을 준비하고 있었습니다. 그 논의를 여기에서 자세히 할 수는 없습니다만, 그녀의 서문에서 조심스럽게 언급하는 이론적 전략과 2000-2005년의 저항에 대한 '실용적인 이

(positive feedback)과 같이 소수만이 이러한 관점에서 탐구되었다. 나는 한동안 행위자들 사이에 자발적 협력 메커니즘의 존재를 제안하는 스티그머지(stigmergy) 개념을 연구했다. 여기에서 행위자들은 자원이 되는 행위를 제공하는데, 그 안에서 발현되는 과정에 있는 구조는 개미가 변태를 시작하듯이 개인 행위자들에게 필요한 정보의 원천으로 변한다. 이는 사회운동과 저항에서도 함의를 갖는다. 스티그머지 행위에 기초를 둔 일련의 탈중심화된 협력은 참가자들이 발현으로 인한 자극에 반응하도록 하는데, 이는 운동의 구성원들이나 다양한 조직 사이의 조합에 한정되지 않는다. '구성'되는 사회적 과정은 이렇게 다양한 층위를 획득한다. 생물 시스템에서 스티그머지의 개념에 대해서는 스콧 카마진(Scott Camazine)이 펴낸 『생물 시스템에서 자기조직화(Self-Organization in Biological Systems)』(2001)을 참조하라.

9 Raquel Gutiérrez Aguilar, ¡A desordenar!, Tinta Limón Ediciones, Buenos Aires, 2016.

해'에는 복잡성 이론이 상당 부분을 차지한다고 말하고 싶습니다. 그녀는 "한 사회의 내부적 갈등과 적대, 분열이라는 구조를 뚫고 나오는 역사적 순간들이 존재"한다고 주장합니다(19). 제도화된 질서와 관리를 위해 디자인된 국가와 자본을 넘어서는 사회적 공존의 새로운 방식이 나타남에 관련한 비직선적 동학, 질서와 무질서의 변증법, '뒤집기와 탈주'의 가능성을 이야기해 줍니다. 사실 사회를 설계할 때 실질적 변화를 위해서는 '상태의 변화'에 호소합니다. "누가 행동하는가? 무엇을 행하는가? 무엇을 지향하는가?"(59)와 같은 경험에 대한 엄밀한 기록을 통해 복잡성 과학의 방법론에 다가가게 됩니다. 일련의 각 사건은 파차쿠티에 흘러드는 자기조직화와 타자에 의한 조직화의 동학을 형성합니다. 이 동학은 에보 모랄레스가 대통령 선거에서 승리하는 것으로, 그리고 결국에는 기존 사회질서에 반대하거나 이를 넘어, 마침내 다른 방식의 사회적 통제 없이 자본-국가의 주변에서 재구성됩니다(46).

『파차쿠티의 리듬』은 우리에게 일련의 방법론과 날카롭고도 놀라운 형태로 준비된 질문을 던집니다. 여기에는 "다른 리듬과 수준에서 제도화된 질서를 완전히 해체하는 방식, 불연속적이지만 계속 확장하면서 리듬을 창조하고 구획하기"(21)에 관해 묻습니다. 또한 "오래된 삶의 세계를 보호하는 동시에 변화시키고 새롭고 풍요로운 형태의 정부, 소통, 자기 규제를 급진적 방식으로 달성할 가능성"에 대해서도 질문합니다 (351). 이런 시각에서 멕시코와 콜롬비아를 생각하는 것은 새로운 적용이 필요하겠지만, 결실을 가져오는 연습이 될 것입니다. 이 두 나라에서 파차쿠티를 위한 조건이 형성될 수 있을까요?"[10]

『차이의 영토』의 마지막 부분에 논의한 복잡성과 어셈블리의 적용 가능성에 대해, 그중에서도 마누엘 데 란다(Manuel de Landa)의 '사회적 존재론'과 티치아나 테라노바(Tiziana Terranova)의 네트워크에 초점을 맞춰보도록 하겠습니다. 여기에는 이미 분배 행위성의 개념, 가상의 정치성, 복잡성과 네트워크의 관점에서 존재론적 전환에 관한 초기의 논의가 나타나는데, 이 마지막 논의에는 '서발턴 행위와 네트워크'에 관해 말하고 있습니다. 이 지점에서 흑인 공동체 연합인 PCN이 자기조직화와 타자에 의한 조직화 연결에 성공했다는 사실을 언급하고자 합니다. 서발턴 리좀(Rhizome)에 관해서도 말하려고 하는데, '세계들 사이의 상호 기능성', 세계가 형성되는 자가촉매 과정 등과 같이 디자인을 위한 몇 가지 개념을 살펴보고자 합니다. 나는 다음과 같은 질문을 던지기 위해 이를 언급했습니다. 우리는 좀 더 성찰적인 형태로 이상적이고 효과적으로 자기조직화와 타자에 의한 조직화를 절합할 수 있을까요? 합류와 분기의 과정을 통해 움직이는 플루리버스인 '분배된 세계들'을 상상할 수 있을까요? 미래의 정치적 구성, 즉 복수의 미래가 이 플루리버스에 의지하도록 만들 수 있을까요?"[11]

....

10 볼리비아와 관련된 펠릭스 팟지 파코(Félix Patzi Paco), 라울 시베치(Raúl Zibechi), 파블로 마마니(Pablo Mamani)의 작업은 마투라나와 바렐라와 시스템 이론이나 들뢰즈와 과타리와 더 직접적으로 관련되어 있지만, 구티에레스 아길라르의 관심과도 조응한다.

11 이 모든 것이 '과학', 혹은 비밀스러운 지식처럼 들린다. 여기에 사회생물학, 유전적 환원주의, 인종 유전학의 유령이 여전히 존재한다는 사실에 더해, 이 모든 문제가 생물

너무 길어진 두 번째 답변을 끝내기 위해 충분히 설명하지 못한 주제로 돌아가겠습니다. 이는 자치 디자인과 공동의 작업에서 합리적 사고와 기획의 자리에 관한 것입니다. 이미 나는 여러 부분에서 일리치, 바렐라, 잉골드, 플룸우드, 레프와 같은 학자뿐 아니라, 전환을 제안한 이들이 이원론적 존재론과 분리를 동반한 실천을 폐기하지 않았음을 언급했습니다. 마찬가지로 추상적 지식과 객관적 재현, 원인-결과의 관계, 기술 자체는 자신의 주도권과 다른 형태의 존재 · 인식 · 행동을 주변화하지 않고, 결국에 가서는 삶을 이해하기 위해 자신의 한계를 드러내고는 합니다. 따라서 국면을 전환하며, 느끼고 생각하며 관계적으로 행동하는 원칙에 이것들을 종속시켜야 합니다. 이런 위치 재설정 과정에는 내재적 긴장이 존재하는데, 예를 들어 바렐라는 '체현된 성찰성'이라는 그의 개념을 통해 이를 탐구하고자 합니다.

나사 선주민 활동가인 빌마 알멘드라(Vilma Almendra)는 최근 상당히 암시적인 개념을 제안합니다. 선주민 공동체 사이에서 비판적 사고의 역할에 대한 질문을 받을 때 그녀는 다음과 같이 주장합니다. "우리 공동체에서 비판적 사고는 어머니 대지가 지닌 삶의 흐름 중 하나이다.

....

학에서 시작되었으며 사회적인 것에 주입되었다는 점을 인지하고 있다. 탈구조주의적 구성주의의 근저에는 복잡성 과학을 공부한다는 것이 경험과 물질의 연속으로 구성되고 생물학과 사회학이 분리되지 않는 어셈블리에 관한 사고가 전제되어 있다. 따라서 가르침은 단순히 복잡성 이론에서 사회이론으로 적용되는데, 자연이라는 미리 구성된 환경에서 나오지 않는다. 이로 인해 복잡성 과학은 새로운 진실을 갖게 된다(Escobar 2010, 322).

공동의 비판적 사고는 우리가 움직이고, 행동하도록 한다."[12] 다시 말해 비판적 사고는 삶이라는 역동적 과정 그 자체에서 나오며, "외부의 적을 확인하고 그에 대해 행동하는 것뿐 아니라, 내부의 적을 확인하고 우리 안에 자리한 히드라를 인식하면서 늘 움직이는 공동체가 되도록 만드는 중요한 도구"가 됩니다(62). 여기에서 '존재하고, 사고하고, 행동하라', '공동체 정신에서 나온 말과 행위', '말을 가지고 걸어가기' 등 나사 선주민들의 경구가 등장합니다. 마누엘 로센탈(Manuel Rozental)은 자본주의의 심화라는 히드라 앞에 놓인 도전을 언급합니다. "부정적인 사건과 위협에서 우리의 말과 행위를 통합하기 위해 각각의 영토와 어머니 대지라는 모든 환경에서 생명 그 자체를 인정하고 시작해야 한다."[13] 여기에는 세 가지 사고 형태가 존재합니다. ① 데카르트적인, 특히 '적'과의 관계 속에서 세계와 거리를 두는 사고, ② 체현된 성찰, ③ 대지–공동체와 함께 느끼고 생각하는 것입니다. 마지막은 고통으로부터 나오며 희망을 배양하고 공동적 집단으로 지속하기 위한 가장 중요한 닻이 됩니다. 이러한 존재–인식론적인 변화는 오늘날 영토에 기반을 둔 여러 투쟁을 설명하는 것에도 적용됩니다.

....

12 V. Almendra, "Una mirada al pensamiento crítico desde el hacer comunitario", En J. Regalado, coord., *Pensamiento crítico, cosmovisiones y epistemologías otras, para enfrentar la guerra capitalista y construir autonomía*, pp. 61-78, Universidad de Guadalajara, 2017, p. 61.

13 M. Rozental, "¿Guerra? ¿Cúal guerra?. En: J. Regalado, coord., *Pensamiento crítico, cosmovisiones y epistemologías otras, para enfrentar la guerra capitalista y construir autonomía*, pp. 93-124, Universidad de Guadalajara, 2017, p. 65.

따라서 공동체의 비판적 사고는 중심을 차지합니다. 당연하지요! 공동체적 역동성, (공동체가 아닌) 공동이 되기, 관계적 세계의 역사적 인식을 위해 필요합니다. 이는 복잡성-의식에서의 도약과도 같은데, 비판적 사고 안에서 영토에 기반을 둔 민중에게 특별한 공간을 부여합니다. 자치 디자인의 인식론이 기존과는 '다른 인식론', 즉 이미 인간 형태에 최적화된 인식론이 아니라 생명의 대지에 적합한 인식론이라는 것은 이 때문입니다. 나는 나사 선주민에 기초한 「어머니 자연의 해방」이라는 텍스트에서 이 아이디어를 발전시켜 왔습니다. 아주 간단히 언급하겠습니다. 에피스테메에 기초한 푸코식 분석에서 고전 시대에는 인간-형식을 실현하기 위해 신-형식의 재생산을 멈추었다면, 현재를 변화시킬 존재-인식론을 형상화하는 정치적 행위에 대해서는 왜 생각하지 않는 것일까요? 나사 선주민과 대지에 기반을 둔 민중의 사고가 이미 이를 증명하고 있습니다. 또 우리는 대지-형식, 가이아 형식, 생태대 혹은 생명의 집이라는 새 시대를 향한 여행을 시작하고 있습니다. 근대에 관해 들뢰즈가 "여기에서 인간이 시작한다"[14]고 한 것을 이제는 말하지 않아도 될 것 같습니다. 대신 **대지가 시작한다**를 말해야 합니다. 마침내 우리는 대지의 시대를 시작하고 있습니다. 인간적인 것의 힘은 외부의 다른 힘과 연결되는데, 이는 다름 아닌 해방된 대지입니다. 이는 정해진 목적론을 위해 축적되는 역사와 경제라는 근대적 관념이 아니라 관계성과 삶에서 나오는 유한성이라는 새로운 국면을 통해 전개됩니다.

....
14 Gilles Deleuze, *Foucault*, Barcelona, Paidós, p. 163.

푸코에 관한 자신의 책 마지막에서 들뢰즈는 푸코가 자세하게 묘사한 인간-형식이 삶의 주요한 부분인지 질문합니다. 그것은 존재하는 인간이 폭력적인 죽음을 피할 수 있는 것에 도움을 주는가? (……) 만약 인간의 힘이 외부의 힘과 맺은 관계로 진입할 때만 형식이 나타난다면, 어떤 새로운 힘이 현재 관계에 진입할 위험을 감수하여 신이나 인간이 아닌 다른 형식이 나타날 수 있을까?(167, 168) 이른바 '대문자 인간'과 접촉하는 새로운 힘에 관한 두 번째 질문에 답해 이는 대지의 힘이며, 영토가 있는 공동체가 대지와 함께한다고 추정할 수 있습니다. 삶을 해방하는 것은 '인간'이 아니며, 나사 선주민들의 여러 경구가 보여주는 것처럼 대지가 해방될 때 삶 역시 해방될 공동체입니다.[15]

선생님이 작업하는 공동체의 개념은 문제가 없어 보이기도 합니다. 그럼에도 불구하고 비자유주의적 형태로서의 공동적인 것을 실현하는 문제를 논하고 있으며, 현재 라틴아메리카에서 가장 생산적이고 흥미로운 사례 중 하나를 이야기합니다. 공동체 논의에 이상화된 이미지를 투영하지 않기 위해 어떻게 하십니까? 구체적으로 뒤섞임과 모순의 문제, 즉 순수한 공간으로서가 아닌 '비국가주의적 협력을 확장하는 방식'에 대해 말씀해 주시면 좋겠습니다.

---

15 A. Escobar, "La forma-Tierra de la vida: el pensamiento *nasa* y los límites del epistema de la modernidad", Coloquio Internacional "Saberes Múltiples y Ciencias Sociales y Políticas", Universidad Nacional, Bogotá, oct 18-21, 2016.

저는 이 문제를 인지하고 있으며, 이 책에서는 적절히 다루지 못했다는 사실도 알고 있습니다. 자세한 설명 없이 공동적인 관계의 존재론에 대해 '대략적인' 예만을 사용했기 때문입니다. 사실 그보다는 더 멀리 나아갔습니다. 현재 사회이론에서의 문제를 일부 지적하고, 당연하게도 개인적인 관심을 언급하기는 했습니다. 따라서 몇 가지를 명확하게 하기 위해 이 질문에 답하겠습니다. 저는 전 지구적 남반구의 영토에서 풍부하게 나타나는 개인과 공동체의 새로운 문화적 체계를 연구하는 다양한 비본질적 개념과 방식을 소개하려고 했습니다. 여기에는 아킬레 음벰베(Achile Mbembe)의 아프로-정치, 실비아 리베라 쿠시캉키와 베로니카 가고(Verónica Gago)의 다채로운 사회, 바로크 경제와 활발한 실용주의, 리타 세가토의 '지구촌의 식민-근대 포착하기'가 포함됩니다. 책의 서론과 결론 부분에서 간략하게 요약했지만, 질문에 답하기 위해 잠시 이들에게 돌아가 보겠습니다.

아프리카의 식민성을 탐구한 카메룬 이론가 아킬레 음벰베는 질문에 대한 논의를 시작하기에 어울리는 용어인 '아프로-정치주의'를 정초했는데, 이는 다음과 같은 성격을 지닙니다. "여기와 저기를 엮어주는 의식, 여기에서 저기가 존재하는 것과 그에 대한 역의 성립, 소속과 뿌리에 대한 상대화, 그 기원을 알면서도 외부에 있는, 기이하고, 먼 것을 일정 정도 받아들인다. 타자의 얼굴에서 자기 자신을 인식하는 능력, 친숙한 것에서 먼 것의 가치를 인정하는 것, 익숙하지 않은 것을 내재화하고, 모든 종류의 모순과 싸우는 것, 이러한 문화적 · 역사적 · 미학적 감각이 바로 '아프로-정치학'[16]이 암시하는 바이다."

　이러한 제안이 현재, 또 오래전부터 사회 집단의 다수를 차지한다는 사실을 기억할 필요가 있습니다. 이와 관련한 개념 중 하나가 실비아 리베라 쿠시캉키가 발전시킨 공동체와 '다채로운(multi-colored)' 근대성입니다. 이 질문과 관련하여 중요하게 언급해야 할 것은 베로니카의 최근 저작인 『신자유주의 논리(*La razón neoliberal*)』(Gago 2014)입니다. 안타깝게도 이 책이 인쇄되기 전에 내 손에 들어왔다면, 이 주제를 훨씬 더 효과적으로 설명할 수 있었을 것입니다. 베로니카의 책은 실비아의 저작과 서로 보완재입니다. 특히 다채로운 논리에 관한 개념 부분은 부에노스아이레스의 변두리에 있는 대규모의 비공식 시장인 라 살라다(La Salada)의 '바로크 경제'에서 발견하게 됩니다. 이렇게 베로니카가 '초국가적 신-공동체'라고 묘사한 것을 우리는 이 대륙의 전반에서 발견할 수 있으며, 종종 이주한 선주민, 농민, 여타의 민중들로 구성되는 시장은 아마도 이를 가장 잘 보여주는 공간일 것입니다. 이와 같은 '프롤레타리아의 소경제'는 합리적으로 보이지만 자유주의적인 것은 아닌데, 개인이나 가족의 욕망을 공동체적 행위와 교직하면서 관계 속에서 끊임없이 구성되는 새로운 형태의 초(超)개인적 인간을 만들어냅니다. 시장은 불안정한 동시에 혁신적인 행위자이고, 이런 측면에서 자본주의의 안과 밖에 동시에 존재하게 됩니다. 경제·사회적 측면에서 바로크

16　R. T. Skinner, *Bamako Sounds: The Afropolitan Ethics of Malian Music*, University of Minnesota Press, 2015, pp. 1-2.

적인 논리와 함께 시장은 후기 포드주의의 유연화에 관한 또 다른 모습을 우리에게 보여줍니다.

시장에 거주하는 민중적 논리는 이질적 조합을 보여주는 동시에 다채로운 교환을 통해 형성되는 헤테로토피아를 정초하는데, 여기에서는 포용과 같은 다양한 근대적 가치가 무너지고 새로 만들어지면서 사람들이 자신의 방식으로 복지의 형식을 획득하고자 합니다. 이러한 조합의 기능적 복잡함을 이해하기 위해서는 일상의 긴장과 모순에 주의를 기울여야 합니다. 그 안에서 규정은 끊임없이 변화하여 일종의 분열된 축적으로서 지구를 왕래하고, 이러한 조합은 생명력 넘치는 실용주의와 함께 비공식적인 글로벌 네트워크를 형성합니다. 또한, 축제와 의례가 이들을 묶어주면서 기존의 혼혈과 혼종의 모델에 도전하는 완전히 동시대적인 시대착오를 보여줍니다. 이는 모든 종류의 반(反)근대적 저항으로서 원본 그대로 본래 모습과는 관련이 없게 됩니다."요약하자면 "시장은 다층과 다양한 의미, 교환으로 구성된 밀집된 공간이다. 동시에 전통을 포함하는 다채로운 공간으로 즐거움과 분쟁의 환경, 만남과 소비, 오락의 순간으로 제시된다. (……) 그럼에도 불구하고 여기에서 다채롭다는 것은 문화적인 성격이나 채색된 차이가 아니라 이 경제가 그려내는 형식으로 보아야 한다"(80-81). 이러한 방식으로 "공동체의

---

17 이 부분을 좀 더 명확히 설명하고자 한다. '선조성'의 개념은 무엇보다 아프로-콜롬비아인들의 운동에서 중요하다. 이 책에서는 6장에서 논의하고 있는데, 나는 이들에게서 '본질' 그 자체를 강조하거나 반복하지 않는다. 운동가들이 지적하듯이 선조성의 중요성은 그것이 과거의 '본질'이 아닌 미래를 향하는 것이기 때문이다.

무한한 아이러니"를 반영한다(103).

　공동적인 것과 그 잠재력을 살펴보기 위해 세 번째 개념과 방식으로 넘어가 보겠습니다. 마리솔 데 라 카데나의 작업에는 아이유와 지배적 세계 사이의 명백한 구별이 없습니다. 루나쿠나들은 서구적 형태의 경제, 시간성, 사회적인 제도에 참여하고 있습니다. 하지만 이것이 이 공동체들을 설명하는 유일한 방식은 아닙니다. 아이유와 근대 세계 사이의 상호작용과 내부 영향 관계를 이해하기 위해서 세 가지 새로운 개념이 논의에 들어옵니다. ① 부분적 연결, ② '그것 이상'이라는 표현, ③ 세계들 사이의 분기가 그것입니다. 영국의 인류학자 메릴린 스트래선(Marilyn Strathern)이 주로 언급한 부분적 연결 개념은 "어떻게 다양한 세계들이 다른 세계 안에서 나타나며, 동시에 다르게 지속할 수 있는가에 대한 분석을 가능"하게 합니다(2015, 33). 이는 세계가 완전히 포함되면서도, 부분으로 분리되거나 적대적이지 않은 모든 관계를 지닌 (예를 들어 선주민과 비선주민) 세계의 개념화를 허용합니다.

　마리아노 투르포는 이 인류학자에게 '그것 이상'이라는 표현을 통해 유사한 것을 보여줍니다. 예를 들어 이들은 땅을 되찾기 위해 투쟁하거나, 혹은 아우산가테가 신성한 존재라고 하는 여러 대화에 마리아노는 '그것 이상'이라고 덧붙이고는 합니다. 이 표현은 국가, 근대성, 전문가들이 인식하지 못하는 모든 것을 조명하는 '과잉'을 의미합니다. 근대 세계와 부분적으로 연결되어 있다 할지라도, 이들은 근본적으로 다른 존재-인식론에서 출발하기 때문입니다. 이러한 과잉은 급진적 차이를 만드는데, 한편 이 차이는 과학이나 정치, 실재라는 근대적 개념 안에서 완벽히 자리를 잡을 수 없습니다. 모든 번역을 넘어 "'아이유에서' 라는 이 실천은 근대적 실천과의 상호작용과 공존 속에서 지역 세계를 계속해서 건설"해 나갑니다"(99).[18] 그로 인해 나타나는 것은 '존재론적 불일치'인데, 이는 "비록 어떤 이들을 다른 이들에게 연결하는 자체의 끊임없는 운동 속에서 세계가 다시 분기하도록 하는 실천에서 나옵니다"(279). 이사벨 스탕제(Isabelle Stengers)에게서 빌려온 '분기'라는 용어는 다양한 서발턴의 세계가 인간과 비인간 사이의 분리와 같은 근대적 용어로만 정의되는 것을 거부하고 복합적인 형태를 생각하도록 허용합니다. 따라서 분기는 탈식민적인 정치와 디자인을 위한 기반을 제공하게 됩니다.

바로 여기가 리타 세가토의 논의가 가치를 발휘하는 지점입니다. 아쉽게도 이 책의 결론을 내린 후에 그녀의 저작을 접하게 되었습니다.[19] 서론에서 그녀가 (공동적인) '마을-세계'와 '국가-세계'를 구별하는 논의를 잠시 언급하겠습니다. 그녀가 설명하고 있는 공동적인 것에 대한 관념에서 흥미로운 부분은 가부장제 아래에서 '중심의 가장자리에 있는' 여성의 착취를 다시 위치시킨다는 점입니다. 공동화된 사회로부터 식민-근대로의 이동에 대한 고찰에서 그녀는 이러한 이동으로 인해 여성

---

18 여기서는 다른 결과를 강조할 필요가 있다. 국가와 사회이론은 재현의 지배 속에서 움직이는 것인 데 반해, '아이유에서'의 실천은 재현뿐 아니라 비재현적인 실천을 포함한다. 번역에 있어 비재현적 실천을 부정하거나 근대에서 이미 확립된 용어로 축소하려는 시도는 식민성이라는 중요한 문제를 낳는다.

19 Rita Laura Segato, *La guerra contra las mujeres*, Madrid, Traficantes de sueños, 2016.

의 '주변화'가 복합적 폭력의 축에 더해져 탈-공동체화와 탈-길들이기의 중심적 동력이라는 결론에 이릅니다. 이러한 개념화는 사회의 역사적 지속성에 관한 탐구의 길을 열어놓도록 합니다. 이 사회는 "공동의 후원자와 공존의 수집자들에 의해 통치되며, 이들 안에서 완성된 것은 아니지만 적어도 인식이 가능한 살아 있는 공동의 직조물을 발견하게 된다"(2016, 93). 이원론 아래 남성과 함께 구성된 여성들은 오늘날 가부장제의 테두리에 갇히는 것에 저항하면서 이론-정치적 투쟁에서 선두에 존재합니다. 사파티스타 자치 공동체가 이를 잘 드러내고 있는데, 여성들이 일상적으로 공동 직조를 통해 마을-세계를 (재)구성함으로써 자치의 실재적 기반을 창조하고 있습니다. 마을-세계에서 여성적 공간은 남성에 비해 '특권의 측면에서는 종속적 위치'에 있지만, '존재론적으로 충만하고', 다시 말해 남성의 공간에 '포위'되지도, 그 논리로 환원되지도 않습니다(94, 95). 식민성/근대성이 영토를 획득해 가면서 점점 더 가부장적으로 변하지만, 그것이 '유일하지는' 않습니다. 그리고 "이런 이유로 여성적 삶의 공간의 존재론적 충만함, 그들의 시각에서 출발하여 총체적 관점을 전달할 권리를 가진 역량이 생성된다"라고 결론을 내립니다(95). 여기에 디자인의 중요한 원칙이 존재합니다.

이러한 개념-방식이 제공하는 역사적 교훈은 공동성이 부분적으로 연결된, 동시에 권력 관계인 세계들 사이에서 나온 관계의 결과라는 것입니다. 이런 이유로 이 책에서 나는 '공동체적인 것(communitarian)'이나 신조어인 '공동주의적인 것(communalistic)'보다는 비이원론적인 경험의 현상학을 펼치기 위해 훨씬 적당한 '공동적인 것(communal)'을 사용합니다. 멕시코 오아하카주의 아르투로 게레로(Arturo Guerrero)는 최근 작업에서 이를 다음과 같이 잘 설명합니다. "공동성(communality)은 대문자 우리에 관한 동사적 술부입니다. 즉, 존재론이 아닌 행위를 명명하는 것입니다. 먹고, 말하고, 배우는 것 등 대지에서 집단적으로 구성하는 체현된 동사입니다. 그것은 오직 실행하는 과정에서만 존재합니다. 공동성은 오직 공동적이지 않은 외부와의 관계 속에서, 다시 말해 경제적 사회와의 관계 속에서 이해될 수 있습니다. 이것은 **나선적 외부**입니다. 외부로부터의 **부담**으로 시작하고, 혹은 내부의 **저항**을 분출하고, **적당함** 속에서 유래합니다. 그 결과는 **자신**이고 우리들입니다". 이와 같은 시각에서 디자인과 정치적 행위를 위한 암시적 개념이 생성되며, 세계들 사이의 '공유', '공동 정치', '상호 환대'가 나오게 됩니다.[20]

팔레스타인의 가자, 모로코와 스페인의 세우타와 멜리야 항구, 프랑스의 칼라이스 정글, 미국과 멕시코의 국경과 같이 문자 그대로 경계를 통해서 세계를 분리하는 디자인은 직간접적으로 분리의 존재론 안에서 만들어진 디자인입니다. 이에 맞서 관계적이고 자치적인 디자인을 위한 다른 원칙이 생겨납니다. 존재-대지와 함께 존재하고 나타나는 '루나쿠나스'를 말하며, 시골이나 도시, 그들이 사는 초국적 신-공동체의 존재들이며, 그들이 형성하는 복합적인 인터페이스들, 다채로운 공동체와 경제의 사람들, 공동적인 집단, 재-공동화 혹은 생명을 다시 길

20 Arturo Guerrero, "Communality", en: A. Kothari, F. Demaria, A. Acosta, A. Salle y A. Escobar, editores, *Pluriverse: The Postdevelopment Dictionary*, New York: Columbia University Press, 2019.

들이는 활발한 과정이며, 이 모든 순간에 이러한 디자인은 항상 하나의 세계 이상을 포함합니다. 다시 말해 분기하고 합치하는 조합에서 발생합니다. 그리고 디자인의 모든 실천에서 중요한 것은 내부의, 그리고 상호적인 존재론의 관점을 유지하는 것입니다.

여기에 공동적인 것에 관한 논의를 요약하고 확장하는 리타 세가토를 인용해 보겠습니다.

삶의 형태를 다시 만들고, 공동체를 재구성하고, 여성이 자신을 통제하는 '사회성의 기술'을 만든다. 이는 지역에 뿌리를 내리고 있으며 자본과는 다른 대안적인 우주라는 전제 속에서 진행된다. 여기에서 민중들 자신이 탐색하는 정치적·지적 경로는 오백 년 동안의 지속적인 정복 가운데서도 살아남았다. 국가 밖에서 일상적 정치를 만들어야 한다. 공동체적 직조를 재개하며, 공간을 길들이는 벽을 무너뜨리고, 공동적인 것으로서의 내부를 재정치화하여야 한다. (……) **관계적인 경로를 선택하는 것은 공동체가 되는 역사적 기획으로 나아가는 것이다.** (……) 이것은 가치의 수사학이며, 공동적 행복의 형태로 능력주의, 생산력주의, 발전주의 및 집중제와 같은 기획의 수사학에 대항할 수 있다. **지금부터 그 전략이 되는 것은 페미니즘이다**(2016, 106, 필자 강조).

선생님이 제안한 디자인의 목표를 재설정하는 것은 차이의 개념을 담고 있습니까? 이 관점에서 존재론적 디자인의 사고를 이해해야 할까요?

차이, 더 정확하게 말해 차이화는 삶의 원칙입니다. '다양성'을 넘어 차이의 문제는 차이를 향한 사회운동과 생물 다양성에 대한 우려에서부터, 더 최근에는 '문화'보다 급진적인 차이의 언어로서의 존재론에 이르기까지 내 작업에 영감이 되어왔습니다. 생물학과 사회적인 것에서 존재론적인 것까지 차이는 존재, 하지만 근본적으로는 되기(becoming)의 형식을 보여줍니다. 이전 질문에 관한 답변과 같이 오늘날 차이의 문제는 공동성과 자치라는 더욱 강력한 두 담론과 긴밀하게 연결됩니다.

존재와 되기 사이에는 언제나 긴장이 존재합니다. 최근 수십 년 동안 많은 사회운동은 이 긴장을 중심으로 진행되었으며, 가능한 가장 좋은 방법으로 평등과 차이의 변증법을 모색했습니다. 『차이의 영토』에서 소개한 흑인 공동체 연합(PCN)의 경우 처음부터 차이에 대한 열정으로 충만했으며, 차츰 차이를 위한 투쟁을, 특히 인종주의에 대항한 투쟁에서 권리와 평등의 논의와 절합되어 왔습니다. 하지만 이러한 재결합은 그것의 새로운 목표가 '포함'을 의미하는 것은 아닙니다. 그들은 여러 장애물에도 불구하고 자본-국가-시민성 사이의 공리에 저항한다는 점에서 여전히 '소수자'입니다.

하지만 차이에 대한 문제 제기는 우리를 움직여 현실과는 다른 형태의 가능성을 생각하게 하며, 가능한 것의 가장 열려 있는 개념까지 탐색하도록 합니다. 이는 다음과 같은 표현으로 연결됩니다. 다른 가능성은 가능하다. 한편으로 이는 가능한 것에 대한 좁은 시야에 갇힌 가상적인 영역으로부터의 해방을 의미합니다. 내가 보기에, 신현실주의와 복합적 세계, 플루리버스의 언어로 나아가는 것의 가장 강력한 논거 중 하나는 실재의 정치를 정확하게 다시 정의하는 것입니다. 역으로 실재의 정치는 가능성의 정치를 다시 정의합니다. 강력한 관계성과 연결된 급진적 차이의 관점을 택할 때 우리는 실재를 증가시키며, 따라서 가능성의 지도를 다시 그리게 됩니다. 예상하지 못한 방식으로 독자들은 이 책에서 실용주의와 유토피아주의의 왕래를 경험하게 됩니다. 하지만 다른 가능성은 가능합니다!

한편, 마리아 루고네스는 '균열이 일어난 장소'에 대해 언급하면서 우리가 서발턴이 거주하는 '다른 실재'에 대하여 인지할 수 있도록 합니다. 이러한 다른 실재는 빈번하게 강력한 관계성을 지니며, 가부장적 자본주의 근대성이 보여주는 유일한 '실재'를 포기하라고 합니다. 다른 실재는 우리가 대지와 환경에서 벌어지는 많은 분쟁을 만나는 것과 같이, 언제나 존재론적 투쟁의 소리를 통해 가시적인 형태로 움직이고 있습니다. 이러한 다른 가능성에 대해 상상하는 것은 확실히 지엽적이고, 불충분하고, 비현실적이거나 낭만적이라고 비판받을 수 있습니다. 하지만 이는 그 자체로 중요한 정치적 행위이며, 전통적으로 좌·우파라는 실재의 매우 축소된 개념을 주체를 통해 다시 실천하도록 하는 '장기적인 리얼리즘'의 일종이라 할 수 있습니다.

여전히 배울 것이 많은 선주민 활동가와 지식인들은 이러한 차이의 실천을 우리에게 자주 가르쳐 왔습니다. 그것은 바로 시작과 합치, 분기를 긍정하는 것입니다. 이는 우주적 생존, 우주적 생활, 우주적 행위, 우주적 존재, 느끼고 생각하기와 함께 논의하기를 강조하며, 이는 다시 말해 국경 없는 공동성을 몸소 실천하는 '또 다른' 지식과 존재를 재설

플루리버스

정하려는 노력입니다.[21]

일찍이 제3세계를 위한 '발전' 이데올로기와, 특히 실패한 사람들의 우화에 관한 선생님의 비판은 매우 중요하다고 생각됩니다. '발전에 대한 비판'에서 '자치를 위한 디자인'의 개념에 이르는 선생님의 여정을 설명해 주십시오. 그것은 현재의 신-발전주의적 충동에 관한 논쟁의 일종이라고 할 수 있습니까?

이 책에서는 발전과 포스트-발전에 관한 최신의 논쟁을 하고 있지는 않습니다. 예외적으로 5장에서 부엔 비비르와 발전에 대한 대안에 대해 논의하고 있는데, 이전 저작에서 주의 깊게 다루었던 주제이기 때문입니다. 이에 대한 라틴아메리카의 매우 풍부하고 혁신적인 논쟁을 강조하고 싶습니다. 에두아르도 구디나스, 마리스텔라 스밤파, 구스타보 에스테바, 알베르토 아코스타, 에드가르도 란데르와 같은 지식인과, 키토의 로자 룩셈부르크 재단의 후원을 받는 발전의 대안에 관한 연구 그룹의 동료들이 그들입니다. 여기에는 엄청나게 풍요로운 사유가 있으며, 비록 포스트 발전 개념은 미국 학계에서 논쟁의 대상이 되기도 하지만 세계의 다른 어떤 지역에서도 볼 수 없는 본보기라 할 수 있습니다.

구스타보 에스테바와의 최근 대화에서 우리는 '발전 너머에 있는 것'

---

21 마푸체 시인인 아드리아나 파레데스 핀다(Adriana Paredes Pinda)와 에콰도르 선주민 지식인인 파트리시오 게레로(Patricio Guerrero)는 최근 대화에서 이에 관해 논의한다. 〈http://www.youtube.com/watch?v=tAv2qHLDCCE&t=135s〉를 참조하라.

이 무엇을 의미하는 것에 대한 질문을 다시 할 필요가 있다고 생각했습니다.[22] 그리고 세 가지 모델의 협력을 기획했습니다. 세계은행과 UN과 같은 전통적인 형태의 발전을 위한 조력이라는 첫 번째 방식에 대해 모든 공동체는 그 가능성을 일축하고 있습니다. 이 조직들이 홍보하고 있는 소위 '지속가능한 발전 담론'은 점점 더 뻔뻔해지는 착취를 감추기 위한 일종의 위장으로 식민주의의 다른 형태입니다. 따라서 라틴아메리카의 신발전주의적 비전은 이 범주로 떨어지게 됩니다. 두 번째는 옥스팜(Oxfam International)[23] 형태와 같은 '사회적 정의로서 혹은 사회적 정의를 위한 협력'으로, 집단적 기획을 통해 사회적 정의, 환경의 지속성, 인간의 권리를 지켜내고자 합니다. 이에 대해 나는 이렇게 말하고 싶습니다. 이 방향에 대해 문을 열어두면서 세 번째 선택지로 나아가야 한다고요. 이 마지막 선택지를 우리는 '문명적 전환을 위한 협력' 혹은 '자치를 위한 협력'으로 부릅니다. 비록 이를 '협력'이라고 쓰지 말아야 하지만요. 내가 보기에 이에 관심을 보이는 단체들은 포스트 발전을 지향하는 이들입니다. 북반구와 남반구 모두에서 나타나는 이 형태는 소유하는 '우리'와 요구하는 '그들' 사이의 이분법을 넘어서며 내부적-자치의 관점에서, 다시 말해 공동적 자치의 연대와 네트워크를 통해, 문

---

22 Gustavo Esteva y Arturo Escobar, "El posdesarrollo a los 25: sobre "estar estancado" y avanzar hacia adelante, hacia los lados, hacia atrás y de otras maneras", *Revista Polisemia*, Fundación UniMinuto, Bogotá.

23 빈곤 해결과 불공정 무역에 대항해 14개 단체가 연합하여 다양한 구호 활동을 펼치는 대표적 국제기구.(옮긴이 주)

432 플루리버스

명적 전환을 내부에서 모든 방향으로, 다양한 운동을 전개하게 됩니다. 내가 스페인 카탈루냐에서 만난 이들과 같이 이러한 집단은 곳곳에 존재하지만, 이 세 번째 선택지에 걸맞게 연대적 협력을 보여주는 모델이 현재에는 없는 듯합니다.

이 논의를 다른 관점에서 보기 위해 다시 '아이유에서'로 돌아가 봅시다. 마리아노와 나사리오가 주도하는 경우와 같이 많은 대중운동은 국가가 자행하는 '방치의 생명정치'를 대체하려는 절실한 욕망에서 시작됩니다. 또한, 루나쿠나가 죽기를 내버려두는 대신에, 이들의 삶이 중요하다는 것을 국가가 인식하도록 투쟁합니다. 결국, 국가와의 관계 속에서 중요한 것은 생존입니다(de la Cadena 2015, 158). 이에 관련하여 두 가지를 덧붙이겠습니다. 우선, 발전과 근대화를 포기하는 것에 대한 대응책으로 국가가 제공하는 방식은 아이유 세계의 급진적 관계성을 완전히 무시한다는 역설이 존재합니다. 인정을 획득하기 위해 루나쿠나가 국가와 엮이는 것은 필요하지만 불충분한 작업입니다. 둘째, 국가와 발전 기구가 공동적인 세계를 이해하지 못하지만, 공동적 세계들은 이 권력 기제들이 어떻게 작동하는가를 이해하며, **자신들의 세계가 국가세계가 아니라고** 제대로 인식합니다. 내가 이를 언급하는 이유는 일부 지식인들이 풀뿌리 사회운동과 국가 사이의 관계를 완전히 합치되거나 반대로 반(反)생산적인 협력으로만 파악하는 무맥락적 비판을 목격하기 때문입니다. 그렇게 될 수도 있지만 늘 그런 것은 아닌데, 이 논의는 이 정도로 하겠습니다.

마리솔이 지적했듯이 루나쿠나와 국가의 관계는 "마을과 대지를 근대화하고, 루나쿠나가 자신의 존재를 인식하지 못하게 막고 있는 국가의 의무"를 포함합니다(249). 여기서 루나쿠나는 더 나은 미래를 위한 대상으로서만 존재적 의미를 가집니다. 이렇게 국가의 임무는 "루나쿠나가 죽도록 내버려두고, 이를 통해 이들이 근대 시민으로 살도록 하려는 데 있습니다"(249). 예를 들어 국가와의 만남에서 농민들은 '어리석다'거나 '무지하게 살아간다'라고 자신들을 묘사하는데, 이를 문자 그대로 해석해서는 안 될 것입니다. 볼리비아의 인류학자인 카르멘 메데이로스(Carmen Medeiros)가 십여 년 전에 박사 논문에서 정확하게 분석했듯이, 이러한 진술은 지식과 권력의 식민성, 수세기에 걸쳐 확립된 강고한 위계, 실현되지 못한 포용과 발전의 약속을 폭로하는 것으로 읽어야 합니다.[24] 발전, 국가, NGO, 기업과 같은 행위자들과의 복합적인 관계 속에서 공동화된 이들은 이런 방식으로 '발전하라'는 생명정치의 명령을 받아들이고, 한편으로는 거부합니다. 이 책의 목표는 이러한 모든 복합성이 주어진 상황에서 디자인이 포스트 발전과 부엔 비비르를 위한 정치 기술로서 작동할 수 있는지 탐색하는 것입니다.

제안하신 디자인의 역할은 자본주의적 일방향성에 제동을 걸기 위한 기술을 사용하며, '문명적 위기'라 일컫는 것에 대한 답으로 라틴아메리카의 영토 투쟁과 연결됩니다. 그 위기는 무엇보다도 가상의 연결이 아

---

24 Carmen Medeiros, *The Right to Know 'How to Understand': Coloniality and Contesting Visions of Development and Citezenship in the Times of Neo-Liberal Civility*, Doctoral Thesis, Department of Anthropology, City University of New York, CUNY, 2004.

니라 실천적인 측면에서 자연과 연결되어 있다고 말해 줍니다. 하지만 이 연관성은 단순히 외부에서 들어오는 강요나 자본의 일방적인 논리를 따르는 것이 아니라 일종의 욕망과도 관계가 있습니다. 말씀하시는 집단적인 것에 대한 새로운 공격과 착취에 대항할 수 있을 뿐 아니라, 채굴주의와 함께 작동하는 소비의 역학이 갖는 '활동적' 비용에 대응할 수 있는 구체적인 디자인은 어떤 힘과 무기가 있을까요?

이 질문은 이전 질문들과 관련하여 이야기할 수 있겠습니다. 발전이라는 영역에서 욕망에 대해 별로 이야기된 것이 없습니다. 지난 십여 년 동안 들뢰즈에 영향을 받은 콜롬보와 네덜란드 인류학자 피터르 더프리스(Pieter de Vries)의 연구는 이런 지점에서 중요합니다. 더 최근에 인도-캐나다 정치학자인 일란 카푸르(Ilan Kapoor)는 라캉의 방식에서 발전에 대한 욕망이라는 문제를 구체적으로 질문하는 연구를 통해 포스트 발전의 관점에 대한 비판으로서 이 주제를 천착합니다. 질문하신 대로 문제는 훨씬 더 광범위한데, 가부장적 자본주의 근대성의 욕망하는 주체의 모든 구조를 포함하기 때문입니다. 최근 수십 년 동안 남반구에서 팽창한 소비, 라틴아메리카의 쇼핑몰 현상 앞에서 질문은 더욱 긴급해지고 있습니다. 푸에르토리코의 인류학자 알린 다빌라(Arlene Dávila)는 최근 저작에서 라틴아메리카가 미국식 쇼핑몰이 전 세계에서 가장 빠르게 성장한 지역이라고 지적합니다.[25]

....

25 A. Dávila, *El Mall: The Spatial and Class Politics of Shopping Malls in Latin America*, University

구스타보 에스테바와 같은 비평가들에게, '발전'은 많은 이들이 부정적인 결과를 경험하고 있음과는 별개로 좋은 삶에 관한 부정할 수 없는 보편적인 기준으로 정의되고 있습니다. 끊임없이 드러나지만 서서히 진행되고 있는 사고이기도 합니다. 이를 우리는 '믿음'이라고 부를 수 있을 것입니다. 그럼에도 불구하고, '발전을 위한 욕망'만이 우리 욕망의 전부는 아닐 것입니다. 존엄하게 살며, 불공정한 시스템에 의한 지속적인 억압으로부터 숨을 쉬며, 신뢰와 지원을 받으며, 최상의 경우에 주변화된 세계를 지킬 수 있는 욕망도 존재하기 때문입니다. 최근 학술대회에서 일란 카푸어는 욕망에 대해 발표했는데, 청중에게서 다음과 같은 질문이 있었습니다. "그것은 세탁기를 살 욕망인가요, 발전을 위한 욕망인가요?" 발전 욕망에 관한 이러한 질문을 통해 상품과의 접촉이 사람들을 너무 쉽게 불가피한 자본주의자로 만든다는 사실을 깨닫게 됩니다. 이러한 욕망을 진지하게 고려해야 하지만, 더 멀리 갈 필요가 있습니다.

이것이 발전의 욕망에 관한 질문에 앞서 고민해야 할 지점입니다. 두 번째 접근 방식에 대해서는 페미니즘 지리학자인 줄리 그레이엄과 캐서린 깁슨(Gibson-Graham 2006, 2013)을 예로 들고 싶습니다. 이들의 주요 질문 중 하나는 주체성의 재구성입니다. 이들은 자본주의 이상의 어떤 것, 즉 자본주의가 아닌 다른 경제를 욕망하는 주체로서 우리 자신을 배양할 수 있는지 묻습니다. 마찬가지로 우리에게 이야기하는 재-주

of California Press, 2016.

체화의 과정은 이론가인 우리에게 묻습니다. 어떻게 단순한 비판을 넘어 '가능한 것의 이론가'로서 우리를 배양할 수 있을까요? 비판이론에서 중요한 지배의 순간을 통해서뿐 아니라, 차이와 그로 인한 가능성의 순간을 통해 사회적 텍스트를 읽어낼 수 있을까요? 이 이론이 제안하는 것은 정치적 실천, 삶의 윤리, 항상 존재하지는 않는 이론적 입장 사이에 연결 지점이 존재한다는 것입니다. 이 연결 지점을 진지하게 받아들이는 것은 우리가 간직해 온 '강력한' 전제들을 포기하는 것입니다. 즉, 과거와 대화하던 '연대기적 현실주의자'가 되기를 멈추어야 한다는 것입니다.

디자인이 다른 방식으로 주체를 구성하는 것을 도울 수 있을까요? 말장난으로 보일 수 있겠지만, 디자인의 주체와 주체의 디자인 사이에서 광의적 의미에서 변화가 일어나는 실천의 공간이 열리게 됩니다. 이 공간은 다른 주체를 배양할 수 있는 가장 현실에 뿌리박은 디자인에서부터 문명적 전환까지를 포괄합니다. 페르낭 브로델을 통해 우리는 문화적 변화가 가장 느린 데다가 가장 감지하기가 어렵다는 점을 배웠습니다. 선주민과 흑인들은 이를 잘 의식해 왔고, 리타 세가토, 클라우디아 폰 베를호프, 베티 루스 로사노, 실비아 리베라 쿠시캉키와 같은 페미니스트들이 심오한 역사적 시선에서 가부장제에 대한 문제로 돌아가는 것은 의심할 여지가 없습니다. 유데르키스 에스피노사, 디아나 마르셀라 고메스, 카리나 오초아 그리고 동료들이 펴낸 라틴아메리카의 자치와 탈식민적 페미니즘에 관한 저작에서 우리에게 잘 요약해 주듯이, 이는 **다른 세계를 직조**하려는 것입니다. 이 책에서 부제로 나오는 아브야-알라라는 용어에서도 알 수 있듯, 주체성과 개인·집단적 욕망에서 부터 문명적 전환에 이르기까지 진행되는 변화에 관해 이야기하고 있습니다. 우리는 우선순위를 가리지 말고, 동시에 이들을 해낼 필요가 있습니다.

책에 언급하신 디자인과 자치의 관계를 생각하는 데 도움이 되는 주된 배경은 농촌이거나 비도시 지역이었습니다. 라틴아메리카 도시에서 선 생님이 생각하는 논의가 어떻게 적용될 수 있을까요? (도시와 시골, 공동 적인 삶과 사적인 삶의 사이에 존재하는) 회색 지대에 남아 있으면서 공동 적 네트워크, 대안적 실천이 진행되는 삶의 방식에 대해서는 어떻게 생 각해야 할까요?

도시에 대한 문제의식과 디자인의 존재론적 방향의 재설정에 대한 논의는 이 책이 갖는 아킬레스의 건 중 하나일 것이고, 짧은 대답으로 는 가능하지 않을 수도 있습니다. 문화연구 영역에서 콜롬비아 이론가 인 에두아르도 레스트레포(Eduardo Restrepo)가 잘 분석하고 있듯이, 사 회운동과 저항에 대해서는 일정 정도 '향토성'과 '민족성'의 경향이 있 다는 것에 동의합니다. 저의 잘못이지요. 하지만 도시와 농촌 사이의 분리가 허구라는 지적이 점점 더 받아들여지고 있습니다. 도시학자인 동시에 디자이너인 펠리페 코레아(Felipe Correa)의 최근 저작은 자원에 대한 채굴 경제와 도시의 분리할 수 없는 관계를 보여줍니다. 식민시대 에서 남미 통합에 대한 초근대적 상상에서 나온 도시 모델에 이르기까지 다수의 경계 지대가 존재합니다. 이들은 도시로 발달한 장소로 상당히 중요한 역할을 담당합니다.[26] 오늘날 도시와의 관계 속에서 농촌을 바라보는 '새로운 농촌'에 대해 이야기가 오가지만, 실제로 '새로운 도시성'에 대한 논의가 거의 없다는 것이 사실입니다. 물론 도시 연구 분야를 제외해야 하겠지만, 여기도 대부분 환경적 근대주의의 테두리 안에 있습니다. 1990년대의 마르크스주의 지리학이 고안한 공간, 장소, 권력의 관계에 관한 연구를 넘어서는 도시성에 대한 새로운 비판 이론이 필요한 시점입니다. 1장에서 나는 기후변화와 거대한 이주 현상에 대응하기 위해 필요한 거주의 새로운 형태에 접근했습니다만 충분하지는 않았습니다.

도시에 대한 상상은 두 가지 극단 사이를 배회합니다. 한편으로는 도시를 모든 악이 튀어나오는 판도라의 상자로 파악합니다. 특히, 환경적 관점에서 도시는 통제가 불가능한 생산-소비 기계가 되며 모든 것을 빨아들이는 일종의 블랙홀이자 지구온난화의 주요 원인으로 바라봅니다. 다른 한편으로는 도시를 유일한 형태의 혁신, 창의성과 문화로 보는 경향입니다. 이러한 극단적 시각은 우리에게 도움이 되지 않으며, 도시를 우리가 변화시켜야 하는 비지속가능성의 기계와 다시 전유해야 하는 혁신의 장소 사이로 파악하면서 시너지 효과를 찾을 필요가 있습니다. 『신자유주의 논리』에서 베로니카가 전개한 방법론은 도시 주변 공간에

---

26 F. Correa, *Beyond the City: Resource Extraction Urbanism in South America*, University of Texas Press, 2016.

중요성을 부여하는 디자인을 사고하기 위한 가이드를 제공하는 것입니다. 예를 들어, 이 공간에서 발현하는 공동적인 것을 어떻게 사고할 수 있을까요? 특히, 파편화를 대신하여 삶을 어떻게 재공동화할 수 있을까요? 비록 장소를 벗어난 교환 과정에 참여한다고 해도 탁월한 재공동화 방식을 통해 경제적인 것을 다시 위치하여 어떻게 자기조직화된 경제로 나아갈 수 있을까요? 더 실존적인 측면에서 어떻게 도시 영토를 '점유'한다는 의미를 넘어 '거주'하기 위한 살아 있는 공간으로 재구성할 수 있을까요? 이를 논의하기 위해서는 세 가지 전제가 필요해 보입니다. ① 우리를 탈공동화되고 탈영토화된 개인으로 인식하기, ② 거주의 기능에 연결된 관계적이고 공동적인 사고를 집단적으로 배양하기, ③ 토착 형태에서 사이버 문화까지 모든 실천 방식을 통하여 공간을 재구축하는 것입니다. 하지만 언제나 자치와 관계성을 중요한 기준으로 삼아야 합니다.

내가 사는 도시 칼리를 생각해 봅니다. 최근에 벌어진 일에 대해 간단하게 언급하겠습니다. 6장에서 카우카강 유역의 전환 디자인 실천에 관해 설명했듯이, 이 지역의 주요 장소가 바로 인구 250만 명을 가진 칼리입니다. 여기에는 아구아블랑카(Aguablanca)라고 불리는 '동네'가 있는데, 1980년까지 '점유'가 진행되어 현재는 약 70만 명이 살고 있으며 많은 이들이 지난 70년 동안의 산업적 농업의 팽창을 포함하여 다양한 형태의 폭력을 피해 태평양과 카우카 북쪽에서 이주한 콜롬비아 흑인들입니다. 십 년 전부터는 미디어에 관심 있는 여러 젊은 단체가 중심이 되어 아구아블랑카 공동체 영화제가 개최되었습니다. 1980년대에 시작한 대중문화 운동에 기원을 둔 이 축제의 주요한 목표는 인종주의와 가난이 심각해진 도시 젊은이들의 정치적 참여를 확대하기 위해 이 시청각 미디어를 장려하는 것이었습니다. 최근에 발행된 회보에서 다음과 같은 문구를 읽을 수 있습니다.

> 2014년, 올해의 주제는 도시, 대중, 문화 공동체, 거리, 친구, 식기, 강아지, 고양이, 이웃들, 개인적이고 집단적인 기억, 할머니, 사진, 가게, 공원, 정치 참여, 그래피티라는 **공동체적인 것의 표현**으로서 '마을'이다. 크고 작은 도시의 마을이라고 부르는 조직된 공동체의 내부에서 일어나는 모든 것이라고 할 수 있다.[27]

요약하자면 마을은 삶의 씨줄과 날줄을 엮으며, 역동적인 재공동화와 관계적 디자인을 성찰할 수 있는 공간입니다. 또 2016년 축제의 워크숍에서 여러 예술가가 밝히고 있듯이 마을은 평화와 공존을 위한 영토입니다. 마을은 공동체를 다시 생각하는 공간으로 우리는 사상과 행동의 커다란 진전을 이룰 수 있습니다. 젊은 나사 선주민 영화인인 예시드 부보(Yesid Bubo)는 같은 회의에서 "밍가라는 공동적 모임을 생각하기 위해 사회를 어떻게 색칠할 수 있을까?"라고 질문하면서, 도시가 자연과 다른 사람들과 함께 "지속적으로 살아가기" 위한 생명력 넘치는

---

27 〈http://fesvideocomunitario.wordpress.com/50-festival-2012/〉을 참고하라. 가장 최근의 주제는 '필름 안에 담긴 공동체와 기억'(2015), '저항의 이야기와 평화 구축 사이의 영화'(2016)이다.

공간이 될 수 있다고 발언한 바 있습니다. 같은 날 인류학자 소치틀 레이바(Xochitl Leyva)가 치아파스의 영상 예술 집단의 경험을 토대로 제안한 것과 같이 마을은 자치의 기반으로서 미디어를 통해 자기를 재현하는 공간입니다.

현재 경제와 기술에 중심을 둔 도시계획에 도전하는 디자인 사고의 맹아가 존재합니다. 실패작으로 간주되었던 남반구 도시들이 글로컬(glocal)이라는 복합성과 플루리버스를 담아내는 존재론적 재디자인의 공간이 될 수 있을까요? 위에서 언급한 영화제의 슬로건 중 하나가 "복수의 잠재력을 인정하라!"였다는 것을 기억할 필요가 있습니다. 여기에 존재론적 디자인의 개념을 탐구하기 위한 드넓은 실험실이 존재합니다. 근대적 방식으로 도시를 발전시켜 온 식민적, 혹은 신식민적 디자인 형식을 변화시킬 긴급한 과제에 직면하고 있습니다. 이를 위해 토착적인 것들이 기후변화에 유의하는 새로운 건축물의 가능성과 만나 새로워질 수 있는 공적·사적 공간, 소통하는 디자인을 통한 사이-관계를 촉진하는 공간을 만들어야 합니다. 바로 여기에서 경제와 공동성이 정착된 거주 방식에 대한 믿음이 생겨나며, 도시에서 부엔 비비르를 상상할 수 있는 구체적인 내용이 나타날 수 있을 것입니다.

마지막으로 대안에 관한 논의와 담론이, 예를 들어 우주관, 비서구적인 상상력 등은 종종 (공허한 수사나 소비로서의 대안과 같이) 미학적으로 흐르거나 세속화되고는 합니다. 선생님은 이러한 대안적 논의가 가진 위험을 어떻게 다루시는지 궁금합니다. 이는 단지 외부적인 위험이 아니기 때문이라는 것을 알고 있기 때문입니다.

헤게모니를 탈각하려는 모든 시도에는 두 가지 커다란 위험이 존재합니다. 또다시 새로운 계략에 굴복하게 되는 것, 지배 전략의 하나인 내부 분열로 길을 잃는 것입니다. 이에 대해서는 책에서도 언급하고 있습니다. 두 번째 위험은 노력이 진부해지면서 미학적인 측면으로만 작동하고 종국에는 대안이 무력해지는 것입니다. 즉, 가능성을 환원하고 가두면서 지식의 하나로 박제되어 버리는 것이지요.

에콰도르와 볼리비아에서 부엔 비비르의 경우보다 더 명확한 사례는 없을 듯합니다. 최근 우리 대학에서 열린 에콰도르 선주민 지식인인 알리시아 로사 알바라도(Alicia Rosa Alvarado)와 아르만도 마유레마(Armando Mayurema)는 "정부가 어떻게 자신들의 담론을 점유하는가"에 대해 말하고 있습니다.[28] 자연의 권리와 함께 새로운 진보적 상의 세 가지 축에서 둘을 형성하는 부엔 비비르나 상호문화성은 문서에 존재하는 것으로만 남게 되었다고 주장하는 이들이 있습니다. 이 새로운 상상력을 실행하는 주체는 단체들이 아니라 국가였습니다. 그 결과로 자치나 자기 결정이 부재한 권리가 되어버렸습니다. 비판적인 성격을 잃어버리고 위로부터 동질화된 기획으로 변하고 말았습니다.

이 지식인들에게는 비록 공동체에서 발전되고 이론화된 비판적 사고가 있었지만, 전망을 지켜내고 시행할 '준비된 인물'이 부족했습니다.

---

28 2017년 3월 23일 열린 세미나.

에치오 만치니가 사회 혁신을 위한 디자인에서 주요 적으로 규정한 발전주의나 소위 '해결주의'에 빠지게 되는 것에서 교훈을 얻어야 한다고 생각합니다. 디자인은 진지하고 명확한 과정의 결과가 되어야 하며, 디자이너들은 문화적 '매니저'보다는 영감을 주는 사람들이 되어야 합니다.

둘째로, 디자인은 지배 권력에 의한 포획을 피하기 위해 일정한 시스템을 원합니다. 이는 카우카 대학의 상호 문화 이론가이자 활동가인 아돌포 알반 아친테가 제안하듯이, 존재론적·인식론적 지식과 실천으로서 문화 자료를 시스템화하는 것에서 출발할 수 있습니다. 이는 문자 그대로 합리적일 필요는 없으며, '시스템화'라는 말이 근대의 경제적 시각인 포획된다는 의미로부터 자유로워질 필요가 있다고 덧붙이고 싶습니다. 문화 운동은 콜롬비아 남서부 파티아강 마을의 한 교사가 급진적인 의미에서 협력적이고 지역에 뿌리내린 교육적 실천을 위해 만든 개념인 '창조 교육(pedagogy of la corridez)'과 유사한 것으로 이해될 수 있습니다. 이 시스템화는 다음과 같이 질문합니다. 무엇이 진행되었고 무엇을 성취했습니까? 어떻게 살아왔습니까? 어디로 가고 있나요? 우리가 행하고 있는 것의 의미는 무엇입니까? 알반에게는 이러한 성찰이 새로운 작업을 조직하고 공동적인 것을 디자인하는 것에서 앞서 나가는 것으로 이해됩니다.[29]

....
29 공동체적 조직을 위한 자료의 시스템화를 위한 워크숍은 2016년 12월 2-3일 칼리에서 국립은행 문화부장인 올가 에우세(Olga Eusse)가 후원하고 아돌포 알반 아친테에 의해 조직되었다. 콜롬비아에서 'corridez'라는 용어는 '창의적 광기'와 동의어이다. 알반은 '창조 교육'을 상호문화적인 작업을 위한 중요한 기준으로 채택한다.

서발턴에게 지배와 함께 살아가고 견디는 것에는 반드시 저항과 함께 혁신이 동반합니다. 견디고 지속한다는 것은 내부에서 그것을 변형시키면서 관심을 유지하는 한편, 새로운 길을 여는 것입니다. 비록 이러한 길들이 발전과 근대성으로 흘러가고 세속적으로 변하기도 하지만, 무엇이 되어 플루리버스를 현실화하는 데 도움이 될 수 있습니다. 지속과 존엄이 있는 삶, 부엔 비비르를 만드는 데 기여할 도구, 인프라, 효과적인 실천을 디자인하는 것과 발맞추어 디자이너들과 활동가들이 함께 제기해야 할 질문입니다.

　아마도 '창조 교육'은 디자인과 디자인화에 관한 기술일 것입니다. 이 책에서 논의하고 있듯이, 그 안에서 디자인의 비판적 관점은 급속도로 개인화가 진행되는 신자유주의라는 현재의 국면에서 학계의 가장 앞자리에 서게 될 것입니다. 디자인은 불가피하게 실천으로 향하고 언제나 세계를 구성하는 과정에 있기에, 오늘날의 정치이론적인 실천의 중요한 공간이 될 수 있었습니다. 민중은 그 과정에서 이를 전유하며 디자인하고 꿈꾸는 과정을 통해 질문을 계속해 나갈 것입니다.

자본의 메타버스를 넘어 생태의 플루리버스로

이 책은 *Autonomía y diseño: La realización de lo comunal*이라는 스페인어 제목으로 2016년 콜롬비아에서, 그리고 2017년 아르헨티나에서 출판되었다. 이듬해인 2018년에는 미국 듀크대학교 출판사에서 *Design for the Pluriverse: Radical Interdependence, Autonomy, and the Making of Worlds*라는 영어 제목으로 다시 발간되었다. 이 출판사는 최근 환경, 자연과 문화의 관계, 대안이라는 주제에 주목하면서 '21세를 위한 새로운 생태학(New Ecologies for the Twenty-First Century)' 시리즈를 통해 생태와 공동체에 관한 주목할 만한 저작들을 출간하고 있다. 이 책은 시리즈에서 가장 먼저 선정되어 출간된 작품 중 하나다.

아르투로 에스코바르는 콜롬비아 출신 인류학자로 미국과 라틴아메리카를 중심으로 활동해 왔다. 대학 학부 과정에서 화학공학을 전공한 그는 이후 미국으로 건너가 식품공학과 영양학을 공부하고 콜롬비아 정부에서 일하게 된다. 그러다 다시 학계로 돌아와 캘리포니아 버클리 대학에서 발전 철학과 정책 연구로 박사 학위를 받았고 현재 학자이자 운동가로 활발하게 활동하고 있다. 그의 이력에서 확인할 수 있듯이 에스코바르는 전통적인 인류학자라기보다는, 통섭과 융합의 원리를 받아들여 과학기술, 철학, 거버넌스, 비판이론, 신유물론 등 여러 학문을 가로지르며 서로의 연계를 도모해 왔다. 또한, 라틴아메리카 연구자들과의 교류 속에서 탈식민주의와 서발턴 연구를 접목하여 정치생태학, 발전 인류학, 사회운동, 라틴아메리카 정치에 관한 연구와 실천 활동을 펼치고 있다.

에스코바르는 전 세계적으로 발전 담론의 비판적 연구를 주도한 인물 중 하나라는 평가를 받는다. 그는 20세기 중반 이후 서구에서 고안된 발전 담론이 세계를 움직여 왔다는 사실을 지적한다. 소위 저개발과 제3세계라는 용어도 이때 등장하게 된다. 이후 이 용어는 '성장'과 '진보'에서 뒤처진 주변부 저개발 지역과 국가뿐 아니라, 소위 선진국에서도 당연히 받아들이고 지속해야 하는 강력한 규범으로 작동하고 있다. 마찬가지로 발전주의는 현재의 기술 사회와도 밀접하게 연결된다. 테크놀로지의 눈부신 발전은 인터넷과 온라인을 비롯하여 가상현실의 세계를 열었고, 이는 소통과 생활 방식의 급격한 변화로 이어지면서 삶은 새로운 국면으로 전개되고 있다. 현재 전 사회적인 주목을 받고 있는 메타버스(Metaverse)는 이보다 더 급진적인 형태로 인류 발전과 미래의 상징이 되어가고 있다. 하지만 동시에 메타버스 논의의 상당 부분이 이윤 창출이라는 상업적 목적과 새로운 자본 축적에 집중되고 있음을 부정하기 힘든 현실이다.

기술을 전면적으로 부정하지는 않는 에스코바르는 발전주의의 도구로서의 기술 비판을 통해 기술이 이윤의 최대화가 아닌 다른 경로를 모색해야 한다고 역설한다. 이렇게 발전 담론의 계보학을 작성하면서 근대의 문제를 짚어내었다면, 에스코바르의 최근 작업은 이를 넘어설 이론과 실천을 본격적으로 탐색하는 데 집중된다. 이 책은 그 결과물로 문명적 전환의 필요성 및 대안으로서 공동 자치의 방향과 실천 경로를 논의한다. 그는 가상의 세계를 물신화하는 대신, 지구 및 인간-외-존재들과의 관계 회복이 최우선 과제임을 역설한다. 이를 위해 인간이 중심인 하나의 우주(Universe)가 아닌 다중의 우주와 세계를 뜻하는 플루리버스(Pluriverse)를 제안하고 있다. 그리고 플루리버스를 위한 디자인의 기능과 역할을 논의한다.

이 책의 전반부가 디자인의 역사와 새로운 가능성을 다루고 있다면, 후반부는 플루리버스의 사고와 상상력을 소개하면서 이를 북반구와 남반구의 사례를 통해 구체화한다. 사실, 디자인에 관한 연구는 이론가들 사이에서는 크게 주목을 끌지 못한 주제였는데, 주로 통치의 관점에서 활용된다는 인상이 강해서였다. 에스코바르는 디자인의 철학적 · 정치적 · 문화적 의미를 계보학적으로 추적하면서 이 문제를 정면으로 다룬다. 근대 세계에서 디자인은 서구를 중심으로 하는 전문가 집단이 주도한 통제와 점유, 식민화와 자본 축적을 위한 목적론의 도구로 기능했다. 하지만 에스코바르는 디자인을 폐기하는 대신, 비근대적 세계를 꿈

플루리버스

꾸고 설계하는 디자인의 실천적 가능성을 복원하려는 대담한 시도를 보여준다. 디자인은 이론과 실천의 인터페이스로서 지금까지와는 다른 미래를 설계하는 양가적 성격을 갖는다는 것이다.

이를 위해 그는 디자인 주체의 범위를 확장하는데, 전문가 집단을 넘어 모든 사람이 세계를 디자인하는 과정에 참여한다는 점을 강조한다. 또한, 지구상의 모든 존재와 물질에게도 행위자로서의 문을 열어놓는다. 이렇게 디자인에 참여하는 존재가 증식되는 만큼 행위자 사이에서의 관계가 중요해지는데, 에스코바르는 이 존재들의 관계론을 자신의 작업에 있어 핵심으로 파악한다. 탈미래를 가속해 온 근대적 디자인은 발전이라는 '강한 목적성'에 대비되는 '약한 관계성'으로 설명될 수 있다. 반면, 미래를 향한 전환의 디자인은 '약한 목적성'과 '강한 관계성'을 그 전제로 한다. 진보에 대한 강박 대신에 근대의 이원론적 사고, 그리고 그로 인한 인간중심적 사고에 의해 분리된 인간과 지구 및 다른 존재와의 관계를 성찰하고 복원하는 것이다. 이 관계성은 직조된 그물망과 같아서 모든 존재는 독립적으로 살아갈 수 없으며, 네트워크의 전체에서 얽힘과 상호의존을 통해 세계(들)를 형성해 나간다.

이러한 전환 디자인을 바탕으로 책의 후반부는 플루리버스를 논의한다. 플루리버스는 원래 서구를 유일한 가치로 상정하고 다른 세계를 주변화하는 우주관에 반대하는 멕시코 사파티스타들의 세계인식과 자치운동에서 유래한 용어이다. 에스코바르에게 플루리버스는 '오직 하나의 세계로 구성된 세계(OWW)'에 반대하여 '다른' 세계의 존재를 확인하는 이론적 토대일 뿐 아니라, 동시에 존재론적 전환과 실천의 방향성을 뜻한다. 플루리버스는 현재의 다문화주의와 구별된다. 자유롭고 다양한 문화를 보장하는 다문화주의는 실제로는 이원론과 합리주의라는 서구적 주도권을 인정하는 조건에서만 그러하다. 같은 맥락에서 현재 논의되는 지속가능성 담론 역시 발전이라는 근대적 서사 안에서 작동하는 제한된 생태적 사고인 셈이다. 에스코바르에게 지배문화의 중심성을 해체하지 않고 다양성과 지속을 논의하는 것은 한계적이며, 그것을 넘어서는 급진적인 전환의 사유와 행동이 플루리버스로 향하는 경로가 된다. 이러한 사고는 생태적이지만 근대로부터 배제된 서발턴의 저항과 실천을 통해 실현된다는 점에서 정치적이며, 동시에 근대적 사고 너머를 바라본다는 점에서 문명적 전환과 연결된다. 에스코바르는 이를 '정치적 존재론'으로 명명한다.

이를 위해 에스코바르가 즉각적 녹색혁명을 주장하는 것은 아니다. (그가 '약한 목적성'을 지향한다는 것을 기억하자!) 대신 북반구와 남반구 곳곳에서 발현되고 있는 실험에 주목한다. (그가 전 지구적 북반구/남반구 사이에 존재하는 권력의 지정학적 차이를 인식하는 것에도 주목하자! 급진적 서구 이론가들조차도 종종 이 지점에는 주의를 기울이지 않는다) 이 실험들은 자신들의 장소에 기반을 두고 세계를 (재)구성한다는 점에서 지역성을 강조하면서도, 한 지역 혹은 국가의 고립된 실천이 아님을 분명히 한다. 이런 측면에서 에스코바르는 플루리버스의 실천을 코스모폴리탄 지역주의(cosmopolitan localism)라는 용어로 보충하여 설명한다.

또한, 지역에서 발현되는 전환의 실천에서 주요한 구성요소는 자치와 공동성이다. 언뜻 보기에 이 둘은 서로 대립되는 가치로 보이며, 모순으로 느껴지기도 한다. 하지만 개인과 집단의 분리라는 근대의 이분법이 아닌 이 책 전반을 통해 논의하는 관계성과 얽힘의 관점에서 볼 때, 자치와 공동성은 양립 가능할 뿐만 아니라 이 둘은 서로에게 있어 상호보완적이다. 이런 맥락에서 '자기생산(autopoiesis)'에 대한 논의는 집단과 시스템으로부터 분리될 수 없으며, 복잡성 이론에서도 알 수 있듯이 시스템은 개별 행위자들의 자기생산 과정 없이는 불가능하다. 마찬가지로 에스코바르는 공동체적(communitarian) 혹은 공동주의적(communalistic)이라는 어휘 대신에 공동적(communal)이라는 용어를 선택하는데, 이는 기존의 개인/집단이라는 이분법에 기초한 공동체 논의를 넘어 이질성과 합의, 겹침과 여백을 포함하는 역동적인 공동체와 미래를 꿈꾸기 위해서다.

북반구와 남반구를 포괄하는 플루리버스의 실험 속에서도 에스코바르는 특히 라틴아메리카에 주목하고 있다. 이는 부분적으로 자신이 콜롬비아 출신이라는 점, 그리고 콜롬비아 흑인 공동체와 오랫동안 실험을 함께 해왔기 때문이기도 하다. 사실 라틴아메리카의 국가들은 근대의 실패작으로 분류되고는 한다. 20세기 후반 이래로 발전 가도에서 계속 낙오되기 때문이다. 하지만 바로 이런 연유로 최근 이 대륙의 곳곳에서는 발전의 신화, 근대의 신화에 대한 더 이상의 추종을 포기하고 대안을 탐색하는 실험이 활발하게 나타나고 있다. 이것이 에스코바르가 라틴아메리카에 주목하는 또 다른 이유이기도 하다. 근대의 실패 속에서, 그리고 바깥에서 급진적인 성찰과 새로운 흐름이 동시에 나타나고 있는 것이다. 구체적으로 이 책에서는 근대에 맞서 생존해온 아메리카의 선주민, 흑인, 여성들의 전통과 흐름에 주목한다. 이들을 통해 현재와는 다른 영감과 통찰력으로 미래를 회복할 가능성을 타진하고 있다.

에스코바르는 책 전반에 걸쳐 서구의 학자들 및 최신의 이론적 논의들과 문제의식을 공유한다. 인류세, 신유물론, 행위자 연결망 이론, 객체지향 존재론 등이 직·간접적으로 그의 논의 속에서 인용되거나 교차한다. 또한 디자인 이론, 에코페미니즘, 정치생태학 이론들과 대화하고 문제의식을 진전시킨다. 그러나 이론적 논의가 실천과의 접점을 찾아가야 하는 지점에서 그는 라틴아메리카의 학자와 활동가들을 언급하고 있다. 이 부분이 대안적 논의를 다루는 여타의 저작들과 이 책을 구별하게 하는 흥미로운 지점이다. 마투라나와 바렐라, 쿠시캉키, 에스테바, 데 라 카데나, 구디나스 등 우리에게는 다소 생소한 학자들의 논의가 소개되는데, 미국과 유럽의 담론 지형에 익숙한 한국의 학계와 독자들에게 현실 인식에 관한 새로운 시각과 비교의 관점을 제공할 수 있을 것이다.

발전 담론을 급진적으로 비판하는 저자의 제안이 우리에게는 낯설고 어색할지도 모르겠다. 한국은 공식적으로 선진국의 반열에 들어서 있다. 20세기 후반 초고도 성장을 통해 3세계에서 1세계로 도약한 전 세계적으로 드문 성공 신화를 써내려 왔기 때문이다. 이 신화는 우리에게 무의식적으로 발전은 당연한 것으로, 발전이 없다면 우리의 존재와 세계가 의미를 잃어버리는 것으로 생각하게 만들었다. 이런 조건에서 포스트 발전을 제안하는 에스코바르의 논의를 어떻게 이해해야 할까? 우리에게는 해당 사항이 없는 이야기일까? 하지만 역설적으로 현재의 한국 사회에 더욱 필요한 질문이 될 수 있다. 눈부신 발전에도 불구하고 많은 이들은 행복하지 않다고 말한다. 또한, 환경 파괴와 기후변화, 무한 경쟁과 능력주의의 확산, 혐오와 차별의 심화로 나타나는 개인의 고립을 점점 위기로 느끼고 있다. 따라서 우리 삶의 전제가 되어 왔던 발전 담론을 넘어 북반구와 남반구에 걸쳐 다양하게 나타나는 플루리버스의 도전과 시도를 주목할 가치는 충분하다. 또한 우리 현실에 기반을 둔 자치와 실천을 통해 우리 공동의 미래를 다시 디자인하려는 실험은 완벽하지 않더라도 의미 있는 작업이 될 것이다. 아마도 이것이 한국 독자들을 위한 서문에서도 밝히고 있듯이, 저자가 이 책을 통해 지향한 목표가 아닐까 한다.

막바지 번역 작업이 한창이던 지난 6월 콜롬비아에서 소식 하나가 날아들었다. 대통령 선거에서 역사상 최초로 흑인 여성이 부통령으로 당선된 사건이었다. 1981년생인 프란시아 마르케스(Francia Márquez)는 카우카 지역 댐 건설과 발전계획에 반대하는 캠페인에 참여했던 젊은 환경운동가로 그녀의 지난 활동이 바로 이 책에 언급되어 있기도 하다. 그녀가 속한 현 정부는 소위 저개발국인 콜롬비아가 지구적 기후변화와 생태위기에 적극적으로 나설 것이라고 선언했다. 어떤 방향으로 나아갈지, 어떤 노력을 할 수 있을지, 얼마나 실효성이 있을지 아직은 미지수이다. 하지만 십여 년 전 소수인종 집단에 의해 외곽 지역에서 출발한 작고 미미한 운동이 전국적 반향을 가져왔고, 이제 또 다른 변화를 예고하고 있다는 사실은 마찬가지로 이 책에서 에스코바르가 논의한 주장과 포개어진다.

이 책은 처음으로 발간된 스페인어 판본을 번역한 것이며, 저자가 보충하거나 수정한 영어 판본을 일부 참조하여 완성되었다. 또한, 저자가 요청한 대로 아르헨티나의 틴타 리몬 출판사가 진행한 저자와의 인터뷰를 책의 뒷부분에 포함했다. 책이 처음 출간된 후 나온 질문에 에스코바르가 답하는 형식으로 진행된 인터뷰는 이 책에 대한 깊이 있는 이해와 함께 책이 발간된 이후의 변화된, 혹은 확장된 저자의 생각을 확인할 수 있을 것이다.

　이 책의 번역은 두 명의 공동 작업으로 이루어졌다. 책의 전반부 작업은 엄경용이, 후반부는 박정원이 번역을 담당했으며, 이후 상호 검수와 교열을 거쳤다. 이 과정에서 도움을 준 대학원생 홍아령, 김지선에게도 고맙다는 말을 전하고 싶다. 편집을 책임져 주신 알렙의 조영남 대표님에게도 감사를 전한다. 마지막으로 이 책은 경희대학교 비교문화연구소의 공동연구 주제인 〈대안공동체 인문학: 뉴노멀과 지구공동체를 위한 이론과 실천〉의 기획 아래 진행되었다. 대안을 이야기하기 어려운 상황에도 시대를 거스르는 상상력으로 공동체에 관한 새로운 논의와 가치를 함께 토론하고 이 작업을 격려해 주신 연구단의 동료 교수님들과 구성원 모두에게 고마운 마음을 전한다.

옮긴이를 대표해서
박정원

참고문헌

Ackerman, Diane, *The Human Age: The World Shaped by Us*, New York: W. W. Norton, 2014.

Acosta, Alberto, *El Buen Vivir en el camino del post-desarrollo: Una lectura desde la Constitución de Montecristi*, Quito: Fundación Friedrich Eber, 2010.

Acosta, Alberto, and Esperanza Martínez, eds., *El Buen Vivir: Una vía para el desarrollo*, Quito: Abya-Yala, 2009a.

Acosta, Alberto, and Esperanza Martínez, eds., *Derechos de la naturaleza: El futuro es ahora*, Quito: Abya-Yala, 2009b.

Adas, Michael, *Machines as the Measure of Men*, Ithaca, NY: Cornell University Press, 1989.

Alayza, Alejandra, and Eduardo Gudynas, eds., *Caminos para las transiciones post extractivistas*, Lima: RedGE, 2011.

Albán Achinte, Adolfo, *Más allá de la razón hay un mundo de colores*, Santiago de Cuba: Editorial Oriente, 2013.

Anzaldúa, Gloria, "Now Let Us Shift... the Path of Conocimiento... Inner

Work, Public Acts", In *This Bridge We Call Home: Radical Visions for Social Transformation*, edited by Gloria Anzaldúa and Analouise Keatin, 540-578, New York: Routledge, 2002.

Arocha, Jaime, *Ombligados de ananse: Hilos ancestrales y modernos en el Pacífico colombiano*, Bogotá: Editorial Universidad Nacional, 1999.

Asara, Viviana, Emanuele Profumi, and Giorgos Kallis, "Degrowth, Democracy and Autonomy", *Environmental Values* 22: 217-239, 2013.

Asociación de Cabildos del Norte del Cauca(ACIN), "Historia de la Asociación de Cabildos Indígenas del Norte del Cauca, *Cxhab Wala Kiwe*(Territorio del gran pueblo)", Unpublished manuscript, Corinto, Cauca, Colombia, 2009.

Asociación para el Desarrollo Campesino, *Memorias Encuentro Disoñadores del Futuro*, Pasto, Colombia: Asociación para el Desarrollo Campesino, 1996.

Attali, Jacques, *Noise: The Political Economy of Music*, Minneapolis: University of Minnesota Press, 1985.

Austerlic, Silvia, "New Tendencies in Design in Latin America", *Organization* 4 (4): 620-627, 1997.

Bachelard, Gaston, *The Poetics of Space*, Boston: Beacon, 1969.

Baksh, Rawwida, and Wendy Harcourt, eds., *The Oxford Handbook of Transnational Feminist Movements,* Oxford: Oxford University Press, 2015.

Balsamo, Anne, *Designing Culture: The Technological Imagination at Work*, Durham, NC: Duke University Press, 2011.

Baschet, Jerôme, *Adiós al capitalismo: Autonomía, sociedad del buen vivir y multiplicidad de mundos*, Buenos Aires: Futuro Anterior Ediciones, 2014.

Bassey, Nnimmo, *To Cook a Continent: Destructive Extraction and the Climate Crisis in Africa*, Cape Town: University of Kwa Zulu Natal Press, 2012.

Battaglia, Debbora, ed, *Rhetorics of Self-Making*, Berkeley: University of California Press, 1995.

Beer, Sir Stafford, "Preface", In Humberto Maturana and Francisco Varela, *Autopoiesis and Cognition: The Realization of the Living*, 63-72, Boston: D. Reidel, 1980.

Benjamin, Walter, *Illuminations*, New York: Schocken Books, 1968.

Bennett, Jane, *Vibrant Matter: A Political Ecology of Things, Durham*, NC: Duke University Press, 2010.

Benyus, Janine, *Biomimicry: Innovation Inspired by Nature*, New York: Harper Perennial, 2010.

Berglund, Eeva, "Design for a Better World ; or, Conceptualizing Environmentalism and Environmental Management in Helsinki", Paper presented at the 2012 conference of the European Association of Social Anthropology, Nanterre, France, July 10-13, 2012.

Berglund, Eeva, "Hiding in the Forest ; or, the Cultural Economy of Finnish Architecture and Finnish Design Now", Paper presented at the Economy Conference, Welsh School of Architecture, Cardiff University, July, 2011.

Berry, Thomas, *The Great Work: Our Way into the Future*, New York: Bell Tower, 1999.

Berry, Thomas, *The Dream of the Earth*, San Francisco: Sierra Club Books, 1988.

Berry, Thomas, "The Determining Features of the Ecozoic Era", In Anne Lonergan and Caroline Richards, eds., *Thomas Berry and the New Cosmology*, 107-108, New London, CT: Twenty-Third Publications, 1987.

Bichard, Jo-Anne, and Rama Gheerawo, "The Designer as Ethnographer: Practical Projects from Industry", In *Design Anthropology: Object Culture in the 21st Century*, edited by Alison Clarke, 45-55, New York: Springer Vienna, 2011.

Biennale Architettura, *Traces of Centuries and Future Steps*, Palazzo Bembo, Venice, Exhibit Catalogue, Leiden: GlobalArtAffairs Foundation, 2012.

Biersack, Alleta, and James Greenberg, eds., *Reimagining Political Ecology*, Durham, NC: Duke University Press, 2004.

Blaser, Mario, Forthcoming, "Life Projects", In *The Postdevelopment Dictionary*, edited by Ashish Kothari, Federico Damaria, Alberto Acosta, Arturo Escobar, and Ariel Salleh, London: Zed Books.

Blaser, Mario, "Ontological Conflicts and the Stories of Peoples in Spite of Europe: Towards a Conversation on Political Ontology", *Current Anthropology* 54 (5): 547-568, 2013.

Blaser, Mario, *Storytelling Globalization from the Chaco and Beyond*, Durham, NC:

Duke University Press, 2010.

Blaser, Mario, "The Political Ontology of a Sustainable Hunting Program", *American Anthropologist* 111 (1): 10-20, 2009.

Blaser, Mario, Marisol de la Cadena, and Arturo Escobar, "Introduction: The Anthropocene and the One-Wbrld", Unpublished manuscript, 2014.

Blaser, Mario, Harvey Feit, and Glenn McRae, eds., *In the Way of Development: Indigenous Peoples, Life Projects, and Globalization*, London: Zed Books, 2004.

Blauvelt, Andrew, ed., *Strangely Familiar: Design and Everyday Life*, Minneapolis, MN: Walker Art Center, 2003.

Boellstorff, Tom, *Coming of Age in Second Life*, Princeton, NJ: Princeton University Press, 2008.

Boff, Leonardo, *El cuidado esencial*, Madrid: Editorial Trotta, 2002.

Boff, Leonardo, *Cry of the Earth, Cry of the Poor*, New York: Orbis Books, 1997.

Bollier, David, *Think Like a Commoner: A Short Introduction to the Life of the Commons*, Gabriola Island, BC: New Society, 2014.

Bollier, David, and Silke Helfrich, eds., *Patterns of Commoning*, Amherst, MA: Off the Commons Books, 2015.

Bollier, David, and Silke Helfrich, eds., *The Wealth of the Commons: A World beyond Market and State*, Amherst, MA: Leveller Press, 2012.

Bonaiuti, Mario, ed., *From Bioeconomics to Degrowth: Georgescu-Roegen's "New Economics" in Eight Essays*, London: Routledge, 2011.

Bond, Patrick, *Politics of Climate Justice: Paralysis Above, Movement Below*, Cape Town: University of Kwa Zulu Natal Press, 2012.

Bonsiepe, Gui C, "Design and Democracy", Paper presented at the Metropolitan University of Technology, Santiago de Chile, June, 2005.

Bonsiepe, Gui C, "Design as Tool for Cognitive Metabolism", Paper presented at the International Symposium on the Dimensions of Industrial Design Research, Ricerca+Design, Politecnico di Milano, Milan, May 18-20, 2000.

Botero, Andrea, *Expanding Design Space(s)*, Helsinki: Aalto Art Books, 2013.

Botero, Andrea, Kari-Hans Kommonen, and Sanna Marttila, "Expanding Design Space: Design-in-Use Activities and Strategies", In *Expanding Design Space(s)*,

플루리버스

by Andrea Botero, 186-199, Helsinki: Aalto Art Books, 2013.

Botero, Patricia, ed., *Resistencias: Relatos del sentipensamiento que caminan la palabra*, Manizales, Colombia: Universidad de Manizales, 2015.

Botero, Patricia, "Presentación: Antología de los pueblos en resistencia", In *Resistencias: Relatos del sentipensamiento que caminan la palabra*, edited by Patricia Botero, 13-25, Manizales, Colombia: Universidad de Manizales, 2015.

Botero, Patricia, "Teoría social en movimiento: Aportes desde los procesos de investigación y acción colectiva-IAC-y algunas experiencias de investigación militante", In *La utopía no está adelante: Generaciones, resistencias e institucionalidades emergentes*, edited by Patricia Botero and Alicia Itatí Perdomo, 31-61, Manizales, Colombia: Consejo Latinoamericano de Ciencias Sociales/Centro de Estudios Avanzados en Niñez y Juventud, 2013.

Botero, Patricia, and Alicia Itatí Perdomo, eds., *La utopía no está adelante: Generaciones, resistencias e institucionalidades emergentes*, Manizales, Colombia: Consejo Latinoamericano de Ciencias Sociales/Centro de Estudios Avanzados en Niñez y juventud, 2013.

Bourdier, Jean-Paul, and Trinh T. Minh-ha, *Vernacular Architecture of West Africa: A World in Dwelling*, London: Routledge, 2011.

Bratton, Benjamin, "The Black Stack", e-flux, no. 53. http://www.e-flux.com/journal/the-black-stack/, 2014.

Braungart, Michael, and William McDonough, *Cradle to Cradle: Remaking the Way We Make Things*, New York: North Point, 2002.

Brown, Lester, *The Great Transition: Shifting from Fossil Fuels to Solar and Wind Energy*, New York: W.W.Norton, 2015.

Brown, Tim, *Change by Design*, New York: Harper, 2009.

Bryant, Raymond, ed., *The International Handbook of Political Ecology*, London: Elgar, 2015.

Bürdek, Bernhard, *Design: History, Theory and Practice of Product Design*, Basel: Birkäuser Publishers for Architecture, 2005.

Cabildo, Taitas, and Comisión de Trabajo del Pueblo Guambiano, *Plan de vida del Pueblo Guambiano*, Territorio Guambiano-Silvia, Cauca: Cabildo del Pueblo

Guambiano, 1994.

Cabildo Indígena de Guambía, "Misak Ley: Por la defensa del derecho mayor, patrimonio del pueblo misak", Unpublished manuscript, typescript, 2007.

Calvino, Italo, *Invisible Cities*, San Diego: Harcourt Brace Jovanovich, 1972.

Capra, Fritjof, and Pier Luigi Luisi, *The Systems View of Life, A Unifying Vision*, Cambridge: Cambridge University Press, 2014.

Carabajal, Peteco, Dúo Coplanaco, and Raly Barrionuevo, *La Juntada*, Buenos Aires: Distribuidora Belgrano Norte, DVD, 2004.

Cattaneo, Claudio, Giacomo D'Alisa, Giorgos Kallis, and Christos Zografos, "Introduction: Degrowth Futures and Democracy", *Futures* 44 (6): 515-523, 2012.

Chapman, Jonathan, *Emotionally Durable Design: Objects, Experiences and Empathy*, London: Earthscan, 2005.

Chin, Elizabeth, "Using Fiction to Explore Social Facts: The Laboratory of Speculative Ethnology", In *Routledge Companion for Digital Ethnography*, edited by Larissa Hjorth, Heather Horst, Anne Galloway, and Genevieve Bell, 478-489, New York: Routledge, 2017.

Chin, Elizabeth, Morgan Marzec, Cayla McCrae, and Tina Zeng, "Caminemos Juntos: Design, Digital Media and Participatory Storytelling with Homeless Youth", In *Participatory Visual and Digital Research in Action*, edited by Aline Gubrium, Krista Harper, and Marty Otañez, 243-258, New York: Routledge, 2016.

Churchman, C. West, *The Design of Inquiring Systems*, New York: Basic Books, 1971.

Clarke, Alison, ed., *Design Anthropology: Object Culture in the 21st Century*, New York: Springer Vienna, 2011a.

Clarke, Alison, "Introduction", In *Design Anthropology: Object Culture in the 21st Century*, edited by Alison Clarke, 1-15, New York: Springer Vienna, 2011b.

Clarke, Bruce, and Mark Hansen, eds., *Emergence and Embodiment: New Essays on Second-Order Systems Theory*, Durham, NC: Duke University Press, 2009.

Colectivo Situaciones, "Epílogo: Notas sobre la noción de 'comunidad' a propósito de Dispersar el poder", In *Dispersar el poder*, edited by Raúl Zibechi, 211-220,

Buenos Aires: Tinta Limón, 2006.

Connolly, William, *A World of Becoming*, Durham, NC: Duke University Press, 2011.

Conway, Janet, *Edges of Global Justice: The World Social Forum and Its "Others"*, London: Routledge, 2013.

Coole, Diana, and Samantha Frost, eds., *New Materialisms: Ontology, Agency, and Politics*, Durham, NC: Duke University Press, 2010.

Coraggio, José Luis, and Jean-Louis Laville, eds., *Reinventar la izquierda en el siglo XXI: Hacia un diálogo norte-sur*, Buenos Aires: Universidad Nacional de General Sarmiento/Consejo Latinoamericano de Ciencias Sociales, 2014.

Coraggio, José Luis, Jean Louis Laville, and David Cattani, eds., *Diccionario de la otra economía*, Buenos Aires: Universidad Nacional de General Sarmiento, 2013.

Corsín Jiménez, Alberto, "The Prototype: More than Many and Less than One", *Journal of Cultural Economy* 7 (4): 381-398, 2013.

Cross, Nigel, *Design Thinking*, London: Bloomsbury, 2011.

D'Alisa, Giacomo, Federico Demaria, and Giorgos Kallis, eds., *Degrowth: A Vocabulary for a New Era*, London: Routledge, 2015.

Das, Veena, *Affliction: Health, Disease and Poverty*, New York: Fordham University Press, 2015.

Das, Veena, *Life and Words: Violence and the Descent into the Ordinary*, Berkeley: University of California Press, 2007.

Dávila, Arlene, *El Mall: The Spatial and Class Politics of Shopping Malls in Latin America*, Berkeley: University of California Press, 2016.

de la Cadena, Marisol, *Earth Beings: Ecologies of Practice across Andean Worlds*, Durham, NC: Duke University Press, 2015.

de la Cadena, Marisol, "Indigenous Cosmopolitics in the Andes: Conceptual Reflections beyond Politics", *Cultural Anthropology* 25 (2): 334-370, 2010.

de la Cadena, Marisol, and Mario Blaser, eds., *Indigenous Cosmopolitics: Dialogues about the Reconstitution of Worlds*, Durham, NC: Duke University Press, 2017.

de Landa, Manuel, *A New Philosophy of Society: Assemblage Theory and Social Complexity*, New York: Continuum, 2006.

Deleuze, Gilles, and Félix Guattari, *A Thousand Plateaus*, Minneapolis: University of Minnesota Press, 1987.

Demaria, Federico, François Schneider, Filka Sekulova, and Joan Martínez-Alier, "What Is Degrowth? From an Activist Slogan to a Social Movement", *Environmental Values* 22: 191-215, 2013.

Dilnot, Clive, "The Artificial and What It Opens Towards", In *Design and the Question of History*, by Tony Fry, Clive Dilnot, and Susan Stewart, 165-203, London: Bloomsbury, 2015.

Dimpfl, Mike, "Dualism(s) Flush Toilets: The Potential of an Eco-Ethics of Toileting in the Domestic US", Research paper for Political Ecology graduate seminar, Department of Anthropology, University of North Carolina, Chapel Hill, 2011.

DiSalvo, Carl, *Adversarial Design*, Cambridge, MA: MIT Press, 2012.

Domínguez Rubio, Fernando, and Uriel Fogué, "Unfolding the Political Capacities of Design", In *What Is Cosmopolitcal Design? Design, Nature and the Built Environment*, edited by Albena Yaneva and Alejandro Zaera Polo, 143-160, London: Routledge, 2015.

Dove, Michael, Percy Sajise, and Amity Dolittle, eds., *Beyond the Sacred Forest: Complicating Conservation in South East Asia*, Durham, NC: Duke University Press, 2011.

Dreyfus, Hubert, *Skillful Coping: Essays on the Phenomenology of Everyday Perception and Action*, Oxford: Oxford University Press, 2014.

Dreyfus, Hubert, *What Computers Can't Do: The Limits of Artificial Intelligence*, New York: Harper Colophon Books, 1979.

Dreyfus, Hubert, and Sean Kelly, *All Things Shining: Reading the Western Classics to Find Meaning in a Secular Age*, New York: Free Press, 2011.

Dunne, Anthony, and Fiona Raby, *Speculative Design: Design, Fiction, and Social Dreaming*, Cambridge, MA: MIT Press, 2013.

Ehn, Pelle, Elizabeth Nilsson, and Richard Topgaard, eds., *Making Futures: Marginal Notes on Innovation, Design, and Democracy*, Cambridge, MA: MIT Press, 2014a.

Ehn, Pelle, Elizabeth Nilsson, and Richard Topgaard, "Introduction", In *Making*

Futures: Marginal Notes on Innovation, Design, and Democracy, edited by Pelle Ehn, Elizabeth Nilsson, and Richard Topgaard, 1-16, Cambridge, MA: MIT Press, 2014b.

Ehrenfeld, John, *Sustainability by Design*, New Haven, CT: Yale University Press, 2009.

Ehrhardt, Bettina, dir., *A Trail on the Water: Abbado, Nono, Pollini*, Ratingen, Germany: TDK, DVD, 2001.

Eisenstein, Charles, *Sacred Economics: Money, Gift and Society in the Age of Transition*, Berkeley, CA: Evolver Editions, 2013.

Escobar, Arturo, "Degrowth, Postdevelopment, and Transitions: A Preliminary Conversation", *Sustainability Science* 10: 451-462, 2015a.

Escobar, Arturo, "Transiciones: A Space for Research and Design for Transitions to the Pluriverse", *Design Philosophy Papers* 13 (1): 13-23, 2015b.

Escobar, Arturo, *Sentipensar con la tierra: Nuevas lecturas sobre sobre desarrollo, territorio y diferencia*, Medellín: UNAULA, 2014.

Escobar, Arturo, *Encountering Development: The Making and Unmaking of the Third World*, 2nd ed., Princeton, NJ: Princeton University Press, 2011.

Escobar, Arturo, "Latin America at a Crossroads: Alternative Modernizations, Postliberalism, or Post-development?" *Cultural Studies* 24 (1): 1-65, 2010a.

Escobar, Arturo, "Postconstructivist Political Ecologies", In *International Handbook of Environmental Sociology*, edited by Michael Redclift and Graham Woodgate, 91-105. 2nd ed., Cheltenham, UK: Elgar, 2010b.

Escobar, Arturo, *Territories of Difference: Place~Movements~Life~Redes*, Durham, NC: Duke University Press, 2008.

Escobar, Arturo, "Other Worlds Are (Already) Possible: Self-Organisation, Complexity, and Post-capitalist Cultures", In *The World Social Forum: Challenging Empires*, edited by Jai Sen, Anita Anad, Arturo Escobar, and Peter Waterman, 349-358, Delhi: Viveka, 2004.

Escobar, Arturo, "Culture Sits in Places: Reflections on Globalism and Subaltern Strategies of Globalization", *Political Geography* 20: 139-174, 2001.

Escobar, Arturo, "Welcome to Cyberia: Notes on the Anthropology of

Cyberculture", *Current Anthropology* 35 (3): 211-231, 1994.

Escobar, Arturo, "Imagining a Postdevelopment Era? Critical Thought, Development, and Social Movements", *Social Text* 31/32: 20-56, 1992.

Espinosa, Yuderkis, Diana Gómez, and Karina Ochoa, eds., *Tejiendo de otro modo: Feminismos, episteniología y apuestas decoloniales en Abya Yala*, Popayán, Colombia: Universidad del Cauca, 2014.

Esteva, Gustavo, n.d., "La noción de comunalidad", Unpublished manuscript, Oaxaca,

Esteva, Gustavo, "The Hour of Autonomy", *Latin American and Caribbean Ethnic Studies* 10 (1): 134-145, 2015.

Esteva, Gustavo, "Nuevas formas de la revolución", Unpublished manuscript, Oaxaca, 2013.

Esteva , Gustavo, "What Is Development?" Unpublished manuscript, Universidad de la Tierra, Oaxaca, 2009.

Esteva, Gustavo, "The 'Other Campaign' and the Left: Reclaiming an Alternative", Unpublished manuscript, Oaxaca, Mexico, 2006.

Esteva, Gustavo, "Celebration of Zapatismo", *Humboldt Journal of Social Relations* 29 (1): 127-167, 2005.

Esteva, Gustavo, and Madhu Suri Prakash, *Grassroots Post-modernism: Remaking the Soil of Cultures*, London: Zed Books, 1998.

Federici, Silvia, *Caliban and the Witches. Women, the Body, and Primitive Accumulation*, Brooklyn, NY: Autonomedia, 2004.

Fletcher, Kate, and Lynda Grose, *Fashion and Sustainability: Design for Change*, London: Laurence King, 2011.

Flores, Fernando, and María Flores Letelier, *Conversations for Action and Collected Essays*, North Charleston, SC: CreateSpace, 2013.

Foster, Hall, "The ABCs of Contemporary Design", *October*, no.100: 191-199, 2002a.

Foster, Hall, *Design and Crime(and Other Diatribes)*, London: Verso, 2002b.

Foucault, Michel, *The Order of Things*, New York: Vintage Books, 1970.

Fry, Tony, "Design for/by the Global South", *Design Philosophy Papers* 15 (1): 3-37,

2017.

Fry, Tony, *City Futures in the Age of a Changing Climate*, London: Routledge, 2015.

Fry, Tony, *Becoming Human by Design*, London: Berg, 2012.

Fry, Tony, *Design as Politics*, London: Berg, 2011.

Fry, Tony, Clive Dilnot, and Susan Stewart, *Design and the Question of History*, London: Bloomsbury, 2015.

Fry, Tony, and Eleni Kalantidou, "Design in the Borderlands: An Introduction", In *Design in the Borderlands*, edited by Eleni Kalantidou and Tony Fry, 1-11, London: Routledge, 2015.

Gatt, Caroline, and Tim Ingold, "From Description to Correspondence: Anthropology in Real Time", In *Design Anthropology: Theory and Practice*, edited by Wendy Gunn, Ton Otto, and Rachel Smith, 139-158, London: Bloomsbury, 2013.

Gibson, William, *Neuromancer*, New York: Ace Books, 1984.

Gibson-Graham, J. K., *A Postcapitalist Politics*, Minneapolis: University of Minnesota Press, 2006.

Gibson-Graham, J. K., Jenny Cameron, and Stephen Healy, *Take Back the Economy: An Ethical Guide for Transforming Our Communities*, Minneapolis: University of Minnesota Press, 2013.

Goodwin, Brian, *Nature's Due: Healing Our Fragmented Culture*, Edinburgh: Floris Books, 2007.

Goodwin, Brian, *How the Leopard Changed Its Spots: The Evolution of Complexity*, Princeton, NJ: Princeton University Press, 1994.

Greene, Herman, *The Promise of Ecological Civilization*, Anoka, MN: Process Century Press, 2015.

Grossberg, Lawrence, *Cultural Studies in the Future Tense*, Durham, NC: Duke University Press, 2010.

Grosz, Elizabeth, "Feminism, Materialism, and Freedom", In *New Materialisms: Ontology, Agency, and Politics*, edited by Diana Coole and Samantha Frost, 139-157, Durham, NC: Duke University Press, 2010.

Grubacic, Andre, and Dennis O'Hearn, *Living at the Edges of Capitalism: Adventures in Exile and Mutual Aid*, Berkeley: University of California Press, 2016.

Gudynas, Eduardo, *Extractivismos: Economía, ecología y política de un modo de entender el desarrollo y la naturaleza. Cochabamba*, Bolivia: Centro de Documentación e Información Bolivia/Consejo Latinoamericano de Ciencias Sociales, 2015.

Gudynas, Eduardo, *Derechos de la naturaleza, ética biocéntrica y políticas ambientales*, Lima: Programs Democracia y Transformación Global/Red Peruana por una Globalización con Equidad/Consejo Latinoamericano de Ciencias Sociales, 2014.

Gudynas, Eduardo, and Alberto Acosta, "La renovación de la crítica al desarrollo y el buen vivir como alternativa", *Utopía y Praxis Latinoamericana* 16 (53): 71-83, http://www.gudynas.com/publicaciones/GudynasAcostaCriticaDesarrolloBVivirUtopia11. pdf, 2011.

Guerrero, Arturo, Forthcoming, "Comunalidad", In *The Postdevelopment Dictionary*, edited by Ashish Kothari, Federico Damaria, Alberto Acosta, Arturo Escobar, and Ariel Salleh, London: Zed Books.

Gunn, Wendy, Ton Otto, and Rachel Smith, eds., *Design Anthropology: Theory and Practice*, London: Bloomsbury, 2013.

Gutiérrez Aguilar, Raquel, "Pistas reflexivas para orientarnos en una turbulenta época de peligro", In *Palabras para tejernos, resistir y transformar en la época que estamos viviendo*, by Raquel Gutiérrez Aguilar, Raúl Zibechi, Natalia Sierra, Pablo Dávalos, Pablo Mamani, Oscar Olivera, Héctor Mondragón, Vilma Almendra, Emmanuel Rozental., 9-34, Oaxaca, Mexico: Pez en el Árbol, 2012.

Gutiérrez Aguilar, Raquel, *Los ritmos del Pachakuti: Movilización y levantamiento indígena-popular en Bolivia*, Buenos Aires: Tinta Limón, 2008.

Gutiérrez Borrero, Alfredo, "Resurgimientos: Sures como diseños y diseños otros", *Revista Nómadas* 43: 113-129, 2015a.

Gutiérrez Borrero, Alfredo, "El sur del diseño y el diseño del sur", In *Actas del Coloquio Internacional Epistemologías del Sur*, edited by Boaventura de Sousa Santos and Teresa Cunha, 745-759, Coimbra, Portugal: Proyecto Alice, 2015b.

Gutiérrez Borrero, Alfredo, "Compluridades y multisures: Diseños con otros nombres e intenciones", Paper presented at the Tercer Encuentro Nacional de

Diseño, Cuenca, Ecuador, November 20, 2014.

Habermas, Jurgen, *The Philosophical Discourse of Modernity*, Cambridge, MA: MIT Press, 1987.

Halpin, Harry, "Sense and Reference on the Web", *Minds and Machines* 21: 153-178, 2011.

Halpin, Harry, Andy Clark, and Michael Wheeler, "Toward a Philosophy of the Web: Representation, Enaction, Collective Intelligence", Paper presented at the ACM Conference on Web Science, Raleigh, NC, April 26-27, 2010.

Halpin, Harry, and Alexandre Monnin, eds., *Philosophical Engineering: Towards a Philosophy of the Web*, Oxford: Wiley Blackwell, 2014.

Haraway, Donna, *When Species Meet*, Minneapolis: University of Minnesota Press, 2008.

Haraway, Donna, *Modest_Witness@Second_Millennium: FemaleMan_Meets_OncoMouse*, New York: Routledge, 1997.

Harcourt, Wendy, *Body Politics in Development*, London: Zed Books, 2009.

Harcourt, Wendy, ed., *The Palgrave Handbook of Gender and Development: Critical Engagements in Feminist Theory and Practice*, London: Palgrave Macmillan, 2016.

Harcourt, Wendy, and Arturo Escobar, eds., *Women and the Politics of Place*, Bloomfield, CT: Kumarian, 2005.

Harcourt, Wendy, and Ingrid Nelson, eds., *Practicing Feminist Political Ecology: Moving beyond the Green Economy*, London: Zed Books, 2015.

Hartblay, Cassandra, "Good Ramps, Bad Ramps: Centralized Design Standards and Disability Access in Urban Infrastructure", *American Ethnologist* 44 (1): 9-22, 2017.

Hathaway, Mark, and Leonardo Boff, *The Tao of Liberation: Exploring the Ecology of Transformation*, Maryknoll, NY: Orbis Books, 2009.

Hawken, Paul, Amory Lovins, and L. Hunter Lovins, *Natural Capitalism: Creating the Next Industrial Revolution*, New York: Little, Brown, 1999.

Healy, Hali, Joan Martínez-Alier, Leah Temper, Mariana Walter, and Julian-François Gerber, eds., *Ecological Economics from the Ground Up*, New York: Routledge, 2013.

Heidegger, Martin, *The Question concerning Technology*, New York: Harper and Row, 1977.

Heidegger, Martin, *Being and Time*, New York: Harper and Row, 1962.

Helfrich, Silke, "Economics and Commons? Towards a Commons-Creating Peer Economy", Paper presented at the Economics and the Commons Conference, Berlin, May 22, http://www.boell.de/sites/default/files/ecc_report_final.pdf, 2013.

Hester, Randolph, *Design for Ecological Democracy*, Cambridge, MA: MIT Press, 2006.

Hopkins, Rob, *The Transition Companion: Making Your Community More Resilient in Uncertain Times*, White River Junction, VT: Chelsea Green, 2011.

Hopkins, Rob, *The Transition Handbook: From Oil Dependency to Local Resilience*, White River Junction, VT: Chelsea Green, 2008.

Horst, Heather, and Daniel Miller, eds., *Digital Anthropology*, London: Bloomsbury, 2012.

Huxley, Aldous, *Point Counter Point*, Normal, IL: Dalkey Archive Press, 1996(1928).

Illich, Ivan, *La convivencialidad*, Oaxaca, Mexico: El Rebozo, 2015.

Illich, Ivan, *Tools for Conviviality*, London: Marion Boyars, 1973.

Ingold, Tim, *Being Alive: Essays on Movement, Knowledge, and Description*, New York: Routledge, 2011.

Ingold, Tim, *The Perception of the Environment*, London: Routledge, 2000.

Invisible Committee, *To Our Friends*, Cambridge, MA: MIT Press, 2015.

Irani, Lilly, Janet Vertesi, Paul Dourish, Kavita Philip, and Rebecca Grinter, "Postcolonial Computing: A Lens on Design and Development", *CHI*(April 10-15): 1311-1320, 2010.

Irwin, Terry, "Transition Design: A Proposal for a New Era of Design Practice, Study and Research", Unpublished manuscript, School of Design, Carnegie Mellon University, 2015.

Irwin, Terry, Gideon Kossoff, and Cameron Tonkinwise, "Transition Design Provocation", *Design Philosophy Papers* 13 (1): 3-11, 2015.

Irwin, Terry, Cameron Tonkinwise, and Gideon Kossoff, "Transition Design

Symposium Provocation", Carnegie Mellon School of Design, 2015. https://www.academia.edu/11439480/Transition_Design_Symposium_Provocation_abbreviated_version.

Irwin, Terry, Gideon Kossoff, Cameron Tonkinwise, and Peter Scupelli, "Transition Design Bibliography", Unpublished manuscript, https://www.academia.edu/13108611/Transition_Design_Bibliography_2015, 2015.

Jackson, Mark, "Composing Postcolonial Geographies: Postconstructivism, Ecology, and the Overcoming Ontologies of Critique", *Singapore Journal of Tropical Geography* 35: 72-87, 2014.

James, Paul, "Urban Design for the Global South: Ontological Design in Practice", In *Design in the Borderlands*, edited by Eleni Kalantidou and Tony Fry, 91-108, London: Routledge, 2015.

Johnson, Norris, *Tenryu-ji: Life and Spirit of a Kyoto Garden*, Berkeley, CA: Stone Bridge, 2012.

Joy, Leonard, ed., *Food and Nutrition Planning: The State of the Art*, Guilford, England: IPC Science and Technology Press, 1978.

Julier, Guy, *The Culture of Design*, 3rd ed., London: Sage, 2014.

Kalantidou, Eleni, and Tony Fry, eds., *Design in the Borderlands*, London: Routledge, 2015.

Kallis, Giorgos, "In Defence of Degrowth", *Ecological Economics* 70: 873-880, 2011.

Kallis, Giorgos, Federico Demaria, and Giacomo D'Alisa, "Introduction: Degrowth", In *Degrowth: A Vocabulary for a New Era*, edited by Giacomo D'Alisa, Federico Demaria, and Giorgos Kallis, 1-18. London: Routledge, 2015.

Kallis, Giorgos, Christian Kerschner, and Joan Martínez-Alier, "The Economics of Degrowth", *Ecological Economics* 84: 172-180, 2012.

Karim, Lamia, *Microfinance and Its Discontents: Women in Debt in Bangladesh*, Minneapolis: University of Minnesota Press, 2011.

Kauffman, Stuart, *Reinventing the Sacred*, New York: Basic Books, 2008.

Kauffman, Stuart, *At Home in the Universe*, Oxford: Oxford University Press, 1995.

Kelty, Christopher, Alberto Corsín Jiménez, and George E. Marcus, eds.,

Prototyping Prototyping, Anthropological Research on the Contemporary (ARC) Studio, 2010. https://limn.it/wp-content/uploads/ARCEpisode3-Prototyping.pdf.

Kirkham, Pat, and Susan Weber, eds., *History of Design: Decorative Arts and Material Culture, 1400-2000*, Bard, NY: Bard Graduate Center, 2013.

Klein, Naomi, *This Changes Everything: Capitalism vs. the Climate*, New York: Simon and Schuster, 2014.

Kommonen, Kari-Hans. n.d., "In Search of Digital Design", Unpublished manuscript, Media Lab, Aalto University, Helsinki.

Kommonen, Kari-Hans, "Design Ecosystems and the Design of Everyday Life", Unpublished paper, Arki Group, Media Lab, Aalto University, Helsinki. http://www.scoop.it/t/design-of-everyday-life, 2013a.

Kommonen, Kari-Hans, "Design Ecosystems and the Landscapes for Co-creation", Unpublished paper, Arki Group, Media Lab, Aalto University, Helsinki. http://arki.mlog.taik.fi/files/2014/05/Design-ecosystems-as-the-landscapes-for-co-creation-final.pdf, 2013b.

Kongtrul, Jagmon, *The Great Path of Awakening*, Boston: Shambhala, 2005.

Koolhaas, Rem, *Content*, Cologne: Taschen, 2004.

Korten, David, *The Great Turning: From Empire to Earth Community*, Bloomfield, CT: Kumarian, 2006.

Kossoff, Gideon, "Holism and the Reconstitution of Everyday Life: A Framework for Transition to a Sustainable Society", *Design Philosophy Papers* 13 (1): 25-38, 2015.

Kossoff, Gideon, "Holism and the Reconstitution of Everyday Life: A Framework for Transition to a Sustainable Society", In Grow Small, *Think Beautiful: Ideas for a Sustainable World from Schumacher College*, edited by Stephan Hardin, 122-142, Edinburgh: Floris Books, 2011.

Kothari, Ashish, Federico Demaria, and Alberto Acosta, "Buen Vivir, Degrowth, and Ecological Swaraj: Alternatives to Sustainable Development and the Green Economy", *Development* 57 (3/4): 362-375, 2015.

Kurzweil, Ray, *The Singularity Is Near*, New York: Viking Books, 2005.

Kwinter, Sanford, *Requiem for the City at the End of the Millennium*, Barcelona: Actar, 2010.

Kwinter, Sanford, *Far from Equilibrium: Essays on Technology and Design Culture*, Barcelona: Actar, 2007.

Lappé, Francis Moore, *Eco-Mind: Changing the Way We Think, to Create the World We Want*, New York: Nation Books, 2011.

Laszlo, Ervin, *Quantum Shift in the Global Brain: How the New Scientific Reality Can Change Us and Our World*, Rochester, VT: Inner Traditions, 2008.

Latour, Bruno, *Reassembling the Social*, Oxford: Oxford University Press, 2007.

Latour, Bruno, *We Have Never Been Modern*, Cambridge, MA: Harvard University Press, 1993.

Laurel, Brenda, ed., *Design Research: Methods and Perspectives*, Cambridge, MA: MIT Press, 2003.

Laurel, Brenda, "Introduction: Muscular Design", In *Design Research: Methods and Perspectives*, edited by Brenda Laurel, 16-19, Cambridge, MA: MIT Press, 2003.

Laurel, Brenda, *Utopian Entrepreneur*, Cambridge, MA: MIT Press, 2001.

Laurel, Brenda, ed., *The Art of Human-Computer Interface Design*, Reading, MA: Addison-Wesley, 1989.

Law, John, "What's Wrong with a One-World World", *heterogeneities*, September 25, http://www.heterogeneities.net/publications/Law2011WhatsWrongWithAOneWorldWorld.pdf, 2011.

Law, John, *After Method: Mess in Social Science Research*, London: Routledge, 2004.

Leff, Enrique, *La apuesta por la vida*, Mexico, D.F.: Siglo XXI, 2015.

Leff, Enrique, "Political Ecology: A Latin American Perspective", Unpublished manuscript, Mexico City, 2012.

Leff, Enrique, *Saber Ambiental*, Mexico City: Siglo XXI, 2002.

Leff, Enrique, *Ecología y capital*, Mexico, D.F.: Universidad Nacional Autónoma de México(UNAM), 1986.

Lisifrey, Ararat, Luis A. Vargas, Eduar Mina, Axel Rojas, Ana María Solarte, Gildardo Vanegas y Anibal Vega, *La Toma. Historias de territorio, resistencia y autonomía en la cuenca del Alto Cauca*, Bogotá: Universidad Javeriana y Consejo

Comunitario de La Toma, 2013.

Lohmann, Larry, "The Endless Algebra of Climate Markets", *Capitalism, Nature Socialism* 22 (4): 93-116, 2011.

Lozano, Betty Ruth, "Pedagogías para la vida, la alegría y la reexistencia: Pedagogías de mujeres negras que curan y vinculan", Unpublished manuscript, Cali, 2015.

Lubarski, Sandra, "Living Beauty", In *Keeping the Wild*, edited by George Wuerthner, Eileen Crist, and Tom Butler, 188-196, Washington, DC: Island Press, 2014.

Lugones, María, "The Coloniality of Gender", In *Globalization and the Decolonial Option*, edited by Walter Mignolo and Arturo Escobar, 369-390, London: Routledge, 2010a.

Lugones, María, "Toward a Decolonial Feminism", *Hypatia* 25 (4): 742-760, 2010b.

Luisetti, Federico, *Una vita: Pensiero selvaggio e filosofia dell'intensita*, Milan: Mimesis, 2011.

Lukic, Branko, and Barry M. Katz, *Nonobject*, Cambridge, MA: MIT Press, 2010.

Lunenfeld, Peter, "The Design Cluster", In *Design Research: Methods and Perspectives*, edited by Brenda Laurel, 10-15, Cambridge, MA: MIT Press, 2003.

Macy, Joanna, *World as Lover, World as Self: Courage for Global Justice and Ecological Renewal*, Berkeley, CA: Parallax, 2007.

Macy, Joanna , and Molly Brown, *Coming Back to Life: Practices to Reconnect Our Lives, Our World*, Gabriola Island, BC: New Society, 1998.

Macy, Joanna, and Chris Johnstone, *Active Hope: How to Face the Mess We're in without Going Crazy*, Novato, CA: New World Library, 2012.

Mamani, Pablo, *Geopolíticas indígenas*, El Alto, Bolivia: CADES, 2005.

Manzini, Ezio, *Design, When Everybody Designs: An Introduction to Design for Social Innovation*, Cambridge, MA: MIT Press, 2015.

Marley, Bob & The Wailers, *Uprising*, Kingston, Jamaica: Tuff Gong Studio/Island Records. LP, 1980.

Martínez-Alier, Joan, "Environmental Justice and Economic Degrowth: An Alliance between Two Movements", *Capitalism, Nature, Socialism* 23 (1): 51-

플루리버스

73, 2012.

Martínez-Alier, Joan, "Socially Sustainable Economic De-growth", *Development and Change* 40 (6): 1099-1119, 2009.

Martínez-Alier, Joan, *The Environmentalism of the Poor: A Study of Ecological Conflicts and Valuation*, London: Elgar, 2002.

Marvin, Carolyn, "When Old Technologies Were New: Implementing the Future", In *The Media Reader: Continuity and Transformation*, edited by Hugh Mackay and Tim O'Sullivan, 58-72, New York: Sage, 1999.

Marvin, Carolyn, *When Old Technologies Were New*, Oxford: Oxford University Press, 1988.

Masaharu, Takasaki, "Architecture of Living Things", In *Traces of Centuries and Future Steps*, Exhibit Catalogue, Biennale Architettura, Palazzo Bembo, Venice. Leiden: GlobalArtAffairs Foundation, 2012.

Mason-Deese, Elizabeth, "The Unemployed in Movement: Struggles for a Common Territory in Argentina's Urban Peripheries", PhD diss., University of North Carolina at Chapel Hill, 2015.

Massey, Doreen, "Geographies of Responsibility", *Geografiska Annaler* 86B (1): 5-18, 2004.

Massuh, Gabriela, ed., *Renunciar al bien común: Extractivismo y (pos)desarrollo en América Latina*, Buenos Aires: Mardulce, 2012.

Maturana, Humberto, *Metadesign*, Santiago, Chile: Instituto de Terapia Cognitiva, http://www.inteco.cl/articulos/006/texto_ing.htm, 1997.

Maturana, Humberto, "Prefacio a la quinta edición", In H. Maturana and F. Varela, *De máquinas y seres vivos: Autopoiesis*; *La organización de lo vivo*, 5th ed., 9-33. Santiago, Chile: Editorial Universitaria/Editorial Lumen, 1994.

Maturana, Humberto, and Francisco Varela, *The Tree of Knowledge: The Biological Roots of Human Understanding*, Berkeley, CA: Shambhala, 1987.

Maturana, Humberto, and Francisco Varela, *Autopoiesis and Cognition: The Realization of the Living*, Boston: Reidel, 1980.

Maturana, Humberto, and Francisco Varela, *De máquinas y seres vivos, Autopoiesis: La organización de lo vivo*, Santiago, Chile: Editorial Universitaria, 1973.

Maturana, Humberto, and Gerda Verden-Zöller, *The Origin of Humanness in the Biology of Love*, Charlottesville, VA: Imprint Academic, 2008.

Maturana, Humberto, and Gerda Verden-Zöller, *Amor y juego: Fundamentos olvidados de los humano*, Santiago de Chile: J. C. Sáez, 1993.

Mau, Bruce, *Life Style*, New York: Phaidon, 2000.

Mau, Bruce, and the Institute without Boundaries, *Massive Change*, London: Phaidon, 2004.

McCullough, Malcolm, *Digital Ground*, Cambridge, MA: MIT Press, 2004.

McHarg, Ian, *Design with Nature*, New York: Natural History Press, 1969.

McMichael, Philip, "Rethinking Land Grab Ontology", *Rural Sociology* 79 (1): 34-55, 2013.

Medina, Eden, *Cybernetic Revolutionaries: Technology and Politics in Allende's Chile*, Cambridge, MA: MIT Press, 2011.

Merchant, Carolyn, *The Death of Nature: Women, Ecology, and the Scientific Revolution*, New York: Harper and Row, 1980.

Mignolo, Walter, *The Darker Side of Western Modernity*, Durham, NC: Duke University Press, 2011.

Mignolo, Walter, *Local Histories/Global Designsö*, Princeton, NJ: Princeton University Press, 2000.

Mignolo, Walter, and Arturo Escobar, eds., *Globalization and the Decolonial Option*, London: Routledge, 2010.

Milczarek-Desai, Shefali, "Living Fearlessly with and within Difference: My Search for Identity beyond Categories and Contradictions", In *This Bridge We Call Home: Radical Visions for Social Transformation*, edited by Gloria Anzaldúa and Analouise Keatin, 126-135, New York: Routledge, 2002.

Mina, Mateo, *Esclavitud y libertad en el valle del rio Cauca*, Bogotá: La Rosca de Investigación, 1975.

Mingyur Rinpoche, Yongey, *The Joy of Living*, New York: Harmony Books, 2007.

Mitchell, William, Alan Inouye, and Marjory Blumenthal, eds., *Beyond Productivity: Information Technology, Innovation, and Creativity*, Washington, DC: National Academies Press, 2003.

Mitrovic, Branko, *Philosophy for Architects*, New York: Princeton Architectural Press, 2011.

Mol, Annmarie, "Ontological Politics: A Word and Some Questions", In *Actor-Network Theory and After*, edited by John Law and John Hassard, 74-89, Oxford: Blackwell, 1999.

Montaner, Josep Maria, *Arquitectura y crítica*, Barcelona: Gustavo Gil, 2013.

Montoya, Michael, "Potential Futures for a Healthy City: Community, Knowledge, and Hope for the Sciences of Life", *Current Anthropology* 54 (S7): S45-S55, 2013.

Mooney, Pat, ETC Group, and What Next Project, *The What Next Report 2005-2035: Trendlines and Alternatives*, Stockholm: Dag Hammarskjöld Foundation, 2006.

Munk, Nina, *The Idealist: Jeffrey Sachs and the Quest to End Poverty*, New York: Doubleday, 2013.

Murphy, Keith. "Design and Anthropology", *Annual Review of Anthropology* 45: 433-449, 2016.

Murphy, Keith, *Swedish Design: An Ethnography*, Ithaca, NY: Cornell University Press, 2015.

Museum of Modern Art, *Design and the Elastic Mind*, New York: Museum of Modern Art, 2008.

Nandy, Ashis, "Theories of Oppression and Another Dialogue of Cultures", *Economic and Political Weekly* 47 (30): 39-44, 2012.

Nandy, Ashis, ed., Science, *Hegemony and Violence: A Requiem for Modernity*, New Delhi: Oxford University Press, 1988.

Nandy, Ashis, *Traditions, Tyrannies and Utopias: Essays in the Politics of Awareness*, New Delhi: Oxford University Press, 1987.

Nhat Hanh, Thich, *The World We Have: A Buddhist Approach to Peace and Ecology*, Berkeley, CA: Parallax, 2008.

Nhat Hanh, Thich, *The Miracle of Mindfulness*, Boston: Beacon, 1975.

Nonini, Donald, ed., *The Global Idea of "the Commons"*, New York: Berghahn Books, 2007.

Norgaard, Richard, *Development Betrayed*, New York: Routledge, 1995.

Ochoa Gautier, Ana María, *Aurality: Listening and Knowledge in Nineteenth-Century Colombia*, Durham, NC: Duke University Press, 2014.

Ochoa Gautier, Ana María, "Sonic Transculturation, Epistemologies of Purification and the Aural Sphere in Latin America", *Social Identities* 12 (6): 803–825, 2006.

Office of Metropolitan Architecture (OMA), Rem Koohas, and Bruce Mau, *S, M, L, XL*, New York: Monacelli Press, 1995.

Ogden, Laura, *Swamplife: People, Gators, and Mangroves Entangled in the Everglades*, Minneapolis: University of Minnesota Press, 2011.

Organizaciones Indígenas de Colombia, "Propuesta política y de acción de los pueblos indígenas", August 26, http://www.movimientos.org/es/show_text.php3%3Fkey%3D3282, 2004.

Orr, David, *The Nature of Design: Ecology, Culture, and Human Intention*, Oxford: Oxford University Press, 2002.

Osterweil, Michal, "The Italian Anomaly: Place and History in the Global Justice Movement", In *The European Social Movement Experience: Rethinking "New Social Movements", Historicizing the Alterglobalization Movement and Understanding the New Wave of Protest*, edited by Cristina Fominaya and Laurence Cox, 33–46, London: Routledge, 2013.

Osterweil, Michal, "Place–Based Globalism: Locating Women in the Alternative Globalization Movement", In *Women and the Politics of Place*, edited by Wendy Harcourt and Arturo Escobar, 174–189, Bloomfield, CT: Kumarian, 2005.

Otto, Ton, and Rachel Smith, "Design Anthropology: A Distinct Style of Knowing", In *Design Anthropology: Theory and Practice*, edited by Wendy Gunn, Ton Otto, and Rachel Smith, 1–31, London: Bloomsbury, 2013.

Pallasmaa, Juhani, *Habitar*, Barcelona: Gustavo Gil, 2016.

Pandey, Gyanendra, ed., *Unarchived Histories: The "Mad" and the "Trifling" in the Colonial and Postcolonial World*, London: Roudedge, 2014.

Papadopolous, Dimitris, "Staking Ontologies: More than Social Movements in Technoscience", Paper presented at the Sawyer Seminar Workshop "The Uncommons", University of California, Davis, July 28–31, 2015.

플루리버스

Papanek, Victor, *Design for the Real World*, Chicago: Academy Chicago, 1984.

Paredes, Julieta, *Hilando fino desde el feminismo comunitario*, La Paz: DED (Deutscher Entwicklungsdienst), 2012.

Paredes Pinda, Adriana, "Historia y cultura Mapuche", Conferencia y lectura de poemas, Institute for the Study of the Americas, University of North Carolina, Chapel Hill, October 31, 2014.

Parikka, Jussi, *The Anthrobscene*, Minneapolis: University of Minnesota Press, 2016.

Patzi Paco, Félix, *Sistema comunal: Una propuesta alternativa al sistema liberal*, La Paz: Comunidad de Estudios Alternativos, 2004.

PCN (Proceso de Comunidades Negras), *Construyendo Buen Vivir en las comunidades negras del río Yurumanguí y en Pílamo, Cauca*, Cali, Colombia: PCN/Solsticio, 2004.

PCN (Proceso de Comunidades Negras), *Fortalecimiento de las dinámicas organizativas del Proceso de Comunidades Negras del Pacífico Sur Colombiano, en torno al ejercicio de los Derechos étnicos, culturales y territoriales, Proyecto PCN-Solsticio. Segundo informe técnico trimestral, Septiembre—Noviembre 2000*, Cali, Colombia: PCN, 2000.

PCN (Proceso de Comunidades Negras) and Arturo Escobar, *Taller de capacitación sobre diseño de sistemas de ríos*, Buenaventura, Colombia: PCN, 1998.

Pereira, Helder, and Coral Gillett, "Africa: Designing as Existence", In *Design in the Borderlands*, edited by Eleni Kalantidou and Tony Fry, 109–131, London: Routledge, 2015.

Pink Floyd, *Wish You Were Here*, New York: Columbia Records. LP, 1975.

Pink, Sarah, Elisenda Ardèvol, and Dèbora Lanzeni, eds., *Digital Materialities: Design and Anthropology*, London: Bloomsbury, 2016.

Plowman, Tim, "Ethnography and Critical Design Practice", In *Design Research: Methods and Perspectives*, edited by Brenda Laurel, 30–38, Cambridge, MA: MIT Press, 2003.

Plumwood, Val, *Environmental Culture: The Ecological Crisis of Reason*, New York: Routledge, 2002.

Polanyi, Karl, *The Great Transformation*, Boston: Beacon, 1957.

Povinelli, Elizabeth, "Radical Worlds: The Anthropology of Incommensurability and Inconceivability", *Annual Review of Anthropology* 30: 319-334, 2001.

Prakash, Madhu Suri, and Gustavo Esteva, *Grassroots Postmodernism*, New York: Peter Lang, 2008.

Puig de la Bellacas, María, "Matters of Care: Speculative Ethics in More than Human Worlds"(chapter 5 of book in progress), Paper presented at the Sawyer Seminar Workshop "The Uncommons", University of California, Davis, July 28-31, 2015,

Quijano, Olver, "Cambiar el mundo no viene ni de arriba ni de afuera. Resumen del Congreso Tramas y Mingas por el Buen Vivir, Popayán, Junio 9-11", 2013.

Quijano, Olver, *Ecosimías: Visiones y prácticas de diferencia económico/cultural en contextos de multiplicidad*, Popayán, Colombia: Editorial Universidad del Cauca, 2012.

Rabinow, Paul, and George Marcus, with James Faubion and Tobias Reese, *Designs for an Anthropology of the Contemporary*, Durham, NC: Duke University Press, 2008.

Randers, Jorgen, *2052: A Global Forecast for the Next Forty Years*, White River Junction, VT: Chelsea Green, 2012.

Raskin, Paul, Tariq Banuri, Gilberto Gallopín, Pablo Gutman, Al Hammond, Robert Kates, and Rob Swart, *Great Transition: The Promise and Lure of the Times Ahead*, Stockholm: Stockholm Environment Institute, http://www.gtinitiative. org/documents/Great_Transitions.pdf, 2002.

Redclift, Michael, *Sustainable Development: Exploring the Contradictions*, London: Routledge, 1987.

Redfield, Peter, *Life in Crisis: The Ethical Journey of Doctors without Borders*, Berkeley: University of California Press, 2013.

Redfield, Peter, "Bioexpectations: Life Technologies as Humanitarian Goods", *Public Culture* 24 (1): 157-184, 2012.

Redfield, Peter, and Erica Bornstein, eds., *Forces of Compassion: Humanitarianism between Ethics and Politics*, Santa Fe: SAR Press, 2010.

Reichert, Evânia, *Infancia, la edad sagrada*, Barcelona: Ediciones La Llave, 2011.

Restrepo, Eduardo, "Los tuqueros negros del Pacífico sur colombiano", In

Renacientes del guandal, edited by Eduardo Restrepo and Jorge I, del Valle, 243–350, Bogotá: Universidad Nacional/Biopacífico, 1996.

Rist, Gilbert, *Histories of Development*, London: Zed Books, 1997.

Rivera Cusicanqui, Silvia, *Hambre de huelga: Ch'ixinakax Utxiwa y otros textos*, Querétaro, Mexico: La Mirada Salvaje, 2014.

Rivera Cusicanqui, Silvia, "Democracia liberal y democracia de ayllu: El caso del Norte Potosi, Bolivia", In *El difícil camino hacia la democracia*, edited by Carlos Toranzo Roca, 9–51, La Paz: ILDIS, 1990.

Robbins, Paul, *Political Ecology: A Critical Introduction*, Oxford: Blackwell, 2004.

Rocha, Miguel, "Textualidades oralitegráficas y visions de cabeza en las oraliteraturas y literaturas indígenas contemporáneas en Colombia", PhD diss., University of North Carolina at Chapel Hill, 2015.

Rose, Deborah Bird, "On History, Trees, and Ethical Proximity", *Postcolonial Studies* 11 (2): 157–167, 2008.

Sachs, Wolfgang, and Tilman Santarius, eds., *Fair Futures, Resource Conflicts, Security, and Global Justice*, London: Zed Books, 2007.

Sagan, Dorion, "The Human Is More than Human: Interspecies Communities and the New 'Facts of Life'", Paper presented at the American Anthropological Association Annual Meeting, Montreal, November 16–20, 2011.

Sagan, Dorion, Lynn Margulis, and Ricardo Guerrero, "Descartes, Dualism, and Beyond", In *Slanted Truths: Essays on Gaia, Symbiosis and Evolution*, edited by Lynn Margulis and Dorion Sagan, 172–183, New York: Springer, 1997.

Salleh, Ariel, "Ecological Debt: Embodied Debt", In *Eco-Sufficiency and Global Justice*, edited by Ariel Salleh, 1–43, London: Pluto, 2009a.

Salleh, Ariel, ed., *Eco-Sufficiency and Global Justice*, London: Pluto, 2009b.

Santos, Bõaventura de Sousa, *Epistemologies of the South: Justice against Epistemicide*, Boulder, CO: Paradigm, 2014.

Santos, Bõaventura de Sousa, *The Rise of the Global Left: The World Social Forum and Beyond*, London: Zed Books, 2007.

Sarlo, Beatriz, *The Technical Imagination*, Stanford, CA: Stanford University Press, 2008.

Sarlo, Beatriz, *La imaginación técnica: Sueños modernos de la cultura argentina*, Buenos Aires: Nueva Vision, 1992.

Sassen, Saskia, *Expulsions: Brutality and Complexity in the Global Economy*, Cambridge, MA: Harvard University Press, 2014.

Schafer, Paul, *Revolution or Renaissance: Making the Transition from an Economic Age to a Cultural Age*, Ottawa: University of Ottawa Press, 2008.

Scharmer, Otto, *Theory U: Leading from the Future as It Emerges*, San Francisco: Berrett-Koehler, 2009.

Scharmer, Otto, and Katrin Kaufer, *Leading from the Emerging Future: From Ego-System to Eco-System Economies*, San Francisco: Berrett-Koehler, 2012.

Schneider, François, Giorgos Kallis, and Joan Martínez-Alier, "Crisis or Opportunity? Economic Degrowth for Social Equity and Ecological Sustainability", *Journal of Cleaner Production* 18: 511-518, 2010.

Schön, Donald, *Educating the Reflexive Practitioner. Towards a New Design for Teaching and Learning in the Professions*, San Francisco: Jossey-Bass, 1987.

Schön, Donald, and Martin Rein, *Frame Reflection: Toward the Resolution of Intractable Policy Controversies*, New York: Basic Books, 1994.

Schwittay, Anke, "Designing Development: Humanitarian Design in the Financial Inclusion Assemblage", *PoLAR: Political and Legal Anthropology Review* 37 (1): 29-47, 2014.

Scupelli, Peter, "Designed Transitions and What Kind of Design Is Transition Design?", *Design Philosophy Papers* 13 (1): 75-84, 2015.

Segato, Rita, *La crítica de la colonialidad en ocho ensayos*, Buenos Aires: Prometeo Libros, 2015.

Sekulova Filka, Giorgos Kallis, Beatriz Rodríguez-Labajos, and François Schneider, "Degrowth: From Theory to Practice", *Journal of Cleaner Production* 38: 1-6, 2013.

Sharma, Kriti, *Interdependence: Biology and Beyond*, New York: Fordham University Press, 2015.

Shaw, Carolyn, "Productive Borders: African-American and African Feminist Interventions, a Personal Journey", Paper presented at the American

플루리버스

Anthropological Association Annual Meeting, Washington, DC, December 6, 2014.

Shepard, Courtney, "Exploring the Places, Practices, and Communities of the Subculture of Refashioning Secondhand Clothing through Themes of Bricolage and Sustainability", Undergraduate honors thesis, University of North Carolina at Chapel Hill, 2015.

Shiva , Vandana, *Soil, Not Oil: Environmental Justice in an Age of Climate Crisis*, Cambridge, MA: South End, 2008.

Shiva, Vandana, *Earth Democracy*, Cambridge, MA: South End, 2005.

Simmons, Christopher, *Just Design: Socially Conscious Design for Critical Issues*, Cincinnati, OH: HOW Books, 2011.

Sitrin, Marina, and Dario Azzelini, *They Can't Represent Us! Reinventing Democracy from Greece to Occupy*, London: Verso, 2014.

Smith, Linda Tuhiwai, *Decolonizing Methodologies: Research and Indigenous Peoples*, London: Zed Books, 1999.

Solé, Ricard, and Brian Goodwin, *Signs of Life: How Complexity Pervades Biology*, New York: Basic Books, 2000.

Sparke, Penny, *Design and Culture: 1900 to the Present*, 2nd ed., London: Routledge, 2004.

Spinosa, Charles, Fernando Flores, and Hubert Dreyfus, *Disclosing New Worlds*, Cambridge, MA: MIT Press.

Stewart, Susan, "And So to Another Setting...", In *Design and the Question of History*, by Tony Fry, Clive Dilnot, and Susan Stewart, 275-301, London: Bloomsbury, 2015.

Stewart, Susan, "Editorial: Interpreting Design Thinking", *Design Studies* 32: 515-520, 2011.

Stocking, George, *Victorian Anthropology*, New York: Free Press, 1987.

Strathern, Marilyn, *Partial Connections*, New York: Rowman and Littlefield, 1991.

Strathern, Marilynm, *The Gender of the Gift*, Berkeley: University of California Press, 1988.

Subcomandante Marcos and the Zapatistas, *The Other Campaign/La Otra Campaña*,

San Francisco: City Lights,m, 2006.

Suchman, Lucy, "Anthropological Relocations and the Limits of Design", *Annual Review of Anthropology* 40: 1-18, 2011.

Suchman, Lucy, *Human-Machine Reconfigurations: Plans and Situated Actions*, 2nd ed, Cambridge: Cambridge University Press, 2007.

Suchman, Lucy, "Do Categories Have Politics?" *Computer Supported Cooperative Work(CSCW)* 2: 177-190, 1994.

Svampa, Maristella, "Pensar el desarrollo desde América Latina", In *Renunciar al bien común: Extractivismo y (pos)desarrollo en América Latina*, edited by Gabriela Massuh, 17-58, Buenos Aires: Mardulce, 2012.

Sykes, Krista, ed., *Constructing a New Agenda: Architectural Theory, 1993-2009*, New York: Princeton Architectural Press, 2010.

TallBear, Kimberly, "TallBear Discussant Remarks: Dorion Sagan, *The Human Is More than Human*", Paper presented at the American Anthropological Association Annual Meeting, Montreal, November 16-20, 2011.

Tanizaki, Junichirō, *El elogio de la sombra*, Madrid: Siruela, 1994.

Taussig, Michael, *The Devil and Commodity Fetishism in South America*, Chapel Hill: University of North Carolina Press, 1980.

Taylor, Mark, *The Moment of Complexity: Emerging Network Culture*, Chicago: University of Chicago Press, 2001.

Thackara, John, *In the Bubble: Designing in a Complex World*, Cambridge, MA: MIT Press, 2004.

Thrangu Rinpoche, Khenchen, *Je Gampopa's The Jewel Ornament of Liberation*, Crestone, CO: Namo Buddha, 2003.

Titmarsh, Mark, and Cameron Tonkinwise, "Art vs. Design: Saving Power vs. Enframing, or a Thing of the Past vs. World-Making", *Studio Research* 1: 6-17, 2013.

Tonkinwise, Cameron, "Design for Transitions—from and to What?", *Design Philosophy Papers* 13 (1): 85-92, 2015.

Tonkinwise, Cameron, "Against Becoming Unsustainable by Human-Centered Design: A Review of Tony Fry's Becoming Human by Design", https://

www.academia.edu/2985203/_Against_Becoming_Unsustainable_by_Human-Centered_Design, [2014?].

Tonkinwise, Cameron, "Design's (Dis)Orders and Transition Design", https://www.academia.edu/11791137/Design_Dis_Orders_Transition_ Design_as_ Postindustrial_Design, 2014.

Tonkinwise, Cameron, "Design Away: Unmaking Things", https://www. academia.edu/3794815/Design_Away_Unmaking_Things, 2013a.

Tonkinwise, Cameron, "*It's Just Going to Be a Lotta Hard Work*—Four Problematic and Five Potential Ways of Accomplishing Radical Sustainability Innovation", https://www.academia.edu/3844727/Its_Just_Going_to_be_a_ Lotta_Hard_ Work_Radical_Sustainability_Innovation, 2013b.

Tonkinwise, Cameron, "Design Transition Expert Interview", From "The Measures Taken" (blog). https://dasaufnahme.wordpress.com/2013/11/09/design-transitions-expert-interview, 2012.

Trinh T. Minh-ha, *Woman, Native, Other: Writing Postcoloniality and Feminism*, Bloomington: Indiana University Press, 1989.

Tsing, Anna, *The Mushroom at the End of the World*, Princeton, NJ: Princeton University Press, 2015.

Tunstall, Dori, "Design Anthropology: What Can It Add to Your Design Practice?" Unpublished manuscript, 2011.

Tunstall, Elizabeth (Dori), "Decolonizing Design Innovation: Design Anthropology, Critical Anthropology, and Indigenous Knowledge", In *Design Anthropology: Theory and Practice*, edited by Wendy Gunn, Ton Otto, and Rachel Smith, 232-250, London: Bloomsbury, 2013.

Turpin, Etienne, ed., *Architecture and the Anthropocene: Encounters among Design, Deep Time, Science and Philosophy*, Ann Arbor, MI: Open Humanities Press, 2013.

Ulloa, Astrid, "Los territorios indígenas en Colombia: De escenarios de apropiación transnacional a territorialidades alternativas", *Scripta Nova: Revista Electrónica de Geografía y Ciencias Sociales* 16 (65), n.p, 2012.

Ulloa, Astrid, "The Politics of Autonomy of Indigenous Peoples of the Sierra Nevada de Santa Marta, Colombia: A Process of Relational Indigenous

Autonomy", *Latin American and Caribbean Ethnic Studies* 6 (1): 79-107, 2011.

Ulloa, Astrid, "Reconfiguraciones conceptuales, políticas y territoriales en las demandas de autonomía de los pueblos indígenas en Colombia", *Tabula Rasa* 13: 73-92, 2010.

Ulloa, Astrid, *The Ecological Native: Indigenous Peoples' Movements and Eco-Governmentality in Colombia*, New York: Routledge, 2006.

Ulloa, Astrid, Heidi Rubio, and Claudia Campos, *Trua Wandra*, Bogotá: OREWA/ Fundación Natura, 1996.

United Nations, Department of Social and Economic Affairs, *Measures for the Economic Development of Underdeveloped Countries*, New York: United Nations, 1951.

van der Hammen, María Clara, *El manejo del mundo: Naturaleza y sociedad entre los Yukuna de la Amazonia colombiana*, Bogotá: Tropenbos Colombia, 1992.

van der Ryn, Sim, and Stuart Cowan, *Ecological Design*, Washington, DC: Island, (1996) 2007.

Varela, Francisco, *Ethical Know-How: Action, Wisdom, and Cognition*, Stanford, CA: Stanford University Press, 1999.

Varela, Francisco, "Prefacio a la quinta edición", In H. Maturana and F. Varela, *De máquinas y seres vivos: Autopoiesis; La organización de lo vivo*, 5th ed., 35-62, Santiago, Chile: Editorial Universitaria/Editorial Lumen, 1994.

Varela, Francisco, "Introduction", In *Observing Systems*, by Heinz von Foerster, xi-xvi, Seaside, CA: Intersystems, 1981.

Varela, Francisco, Evan Thompson, and Eleanor Rosch, *The Embodied Mind: Cognitive Science and Human Experience*, Cambridge, MA: MIT Press, 1991.

Vasudevan, Pavithra, "How to Rethink Design, out of the Studio, and into the World?" Research paper for Political Ecology graduate seminar, Department of Anthropology, University of North Carolina at Chapel Hill, 2011.

Vattimo, Gianni, *The End of Modernity*, Baltimore: Johns Hopkins University Press, 1991.

Velardi, Nicoletta, and Marco Polatsik, eds., *Desarrollo territorial y extractivsimo: Luchas y alternativas en la región andina*, Cuzco: Centro Bartolomé de las Casas,

플루리버스

2012.

Via Campesina, "Small Scale Sustainable Farmers Are Cooling Down the Earth", http://viacampesina.net/downloads/PAPER5/EN/paper5-EN.pdf, 2009.

Virilio, Paul, *The Administration of Fear*, Los Angeles: Semiotext(e), 2012.

Virilio, Paul, *Politics of the Very Worst*, New York: Semiotext(e), 1999.

Virilio, Paul, *The Open Sky*, New York: Verso, 1997.

Visvanathan, Shiv, "The Laboratory and the World: Conversations with C V Sheshadry", *Economic and Political Weekly* 37 (22): 2163-2170, 2002.

Visvanathan, Shiv, *Organizing for Science: The Making of an Industrial Research Laboratory*, Delhi: Oxford University Press, 1985.

Visweswaran, Kamela, ed., *Everyday Occupations: Experiencing Militarism in South Asia and the Middle East*, Philadelphia: University of Pennsylvania Press, 2013.

Viveiros de Castro, Eduardo, *Metafísicas caníbales: Líneas de antropología posestructural*, Buenos Aires: Katz Editores, 2010.

von Foerster, Heinz, *Understanding Understanding: Essays on Cybernetics and Cognition*, New York: Springer, 2010.

von Foerster, Heinz, "Ethics and Second-Order Cybernetics", In "Constructions of the Mind: Artificial Intelligence and the Humanities", edited by Stefano Franchi and Güven Güzeldere, special issue, *Stanford Humanities Review* 4 (2), https://web.stanford.edu/group/ SHR/4-2/text/foerster.html, 1995.

von Foerster, Heinz, *Observing Systems*, Seaside, CA: Intersystems, 1981.

von Werlhof, Claudia, *Madre Tierra o Muerte! Reflexiones para una teoría crítica el patriarcado*, Oaxaca, Mexico: El Rebozo, 2015.

von Werlhof, Claudia, "Destruction through 'Creation': The 'Critical Theory of Patriarchy' and the Collapse of Modern Civilization", *Capitalism, Nature, Socialism* 24 (4): 68-85, 2013.

von Werlhof, Claudia, *The Failure of Modern Civilization and the Struggle for a "Deep" Alternative*, Frankfurt am Main: Peter Lang, 2011.

von Werlhof, Claudia, "Losing Faith in Progress: Capitalist Patriarchy as an 'Alchemic System.'" In *There Is an Alternative: Subsistence and Worldwide Resistance to Capitalist Globalization*, edited by Veronica Bennoldt-Thomsen,

Maria Mies, and Claudia von Werlhof, 15-40, London: Zed Books, 2001.

Walsh, Catherine, ed., *Pedagogías decoloniales: Prácticas insurgentes de resistir, (re)existir y (re)vivir*, Quito: Abya Yala, 2012.

Walsh, Catherine, *Interculturalidad, estado, sociedad: Luchas (de)colonials de nuestra época*, Quito: Abya Yala, 2009.

Weber, Andres, *Enlivenment: Towards a Fundamental Shift in the Concepts of Nature, Culture, and Politics*, Berlin: Heinrich-Böll-Stiftung, 2013.

White, Damian, "Metaphors, Hybridity, Failure and Work: A Sympathetic Appraisal of Transitional Design", *Design Philosophy Papers* 13 (1): 39-50, 2015.

White, Damian, Alan Rudy, and Brian Gareau, *Environments, Natures, and Social Theory: Towards a Critical Hybridity*, London: Palgrave Macmillan, 2015.

Whitemyer, David, "Anthropology in Design", International Interior Design Associatio, http://www.iida.org/content.cfm/anthropology-in-design, 2006.

Willis, Anne-Marie, "Transition Design: The Need to Refuse Discipline and Transcend Instrumentalism", *Design Philosophy Papers* 13 (1): 69-74, 2015.

Willis, Anne-Marie, "Ontological Designing—Laying the Ground", https://www.academia.edu/888457/Ontological_designing, 2006.

Winograd, Terry, and Fernando Flores, *Understanding Computers and Cognition*, Norwood, NJ: Ablex, 1986.

Winograd, Terry, and Fernando Flores, *Hacia la comprensión de la informática y la cognición*, Barcelona: Editorial Hispano-Europea, 1989.

World Bank, *World Development Report 2014. Risk and Opportunity—Managing Risk for Development*, Washington, DC: The World Bank, 2013.

World Commission on Environment and Development, *Our Common Future*, New York: Oxford University Press, 1987.

Yeang, Ken, *Ecodesign: A Manual for Ecological Design*, London: John Wiley, 2006.

Zibechi, R, *Dispersar el poder: Los movimientos como poderes anti-estatales*, Buenos Aires: Tinta Limón, 2006.

플루리버스

찾아보기

(ㄱ)

가다머, 한스 게오르크(Gadamer, Hans-Georg) 141, 144

가르시아 칸클리니, 네스토르(García Canclini, Néstor) 12

가부장제 33, 38-46, 113, 117, 228, 245, 302, 325, 389, 393, 425, 437

가상현실 60, 68, 78, 390, 447

가상공간 68, 86

가요핀, 힐베르토(Gallopin, Gilberto) 251

개인주의 7, 150, 159, 286-287, 325

가트, 캐롤라인(Gatt, Caroline) 93, 379

게레로, 아르투로(Guerrero, Arturo) 316, 427

게리, 프랭크(Gehry, Frank) 72

공동 디자인 110-111, 150, 222, 285, 288-290, 329, 332, 348-349

공동 디자인 및 대화적 협력 150

공동성 6, 21, 28, 48, 54, 120, 129, 288, 293, 295, 304, 314, 316-317, 336, 354, 366, 404, 426-427, 429-430, 442, 450-451

공동적인 것 30, 150, 207, 260, 297, 314-318, 324-328, 332, 334-335, 353-354, 368, 420, 424-426, 428, 440, 444

공동체 9-10, 12, 14, 19, 29-32, 35-36, 41, 47-48, 51, 53, 63, 69-70, 73, 75-76, 84, 102, 104-105, 110, 117, 120-121, 123, 126, 128-131, 163, 168, 177, 189, 197, 200-201, 203-204, 218, 247-248, 251-252, 254-255, 257-258, 261, 265, 267-268, 274, 276, 278, 286-292, 294-297, 305-312, 314-315, 323-326, 328-334, 336-337, 340, 342, 345, 347-348,

353-354, 358-360, 363, 366, 368, 376-381, 385, 387, 394-396, 404-405, 407-408, 416-423, 426-429, 432, 440-441, 443-444, 446, 451, 454

공동체적 얽힘 317-318

공동체주의 314-324

과타리, 펠릭스(Guattari, Félix) 184, 307

관계성 9-10, 15, 18, 20-21, 27, 54-55, 74, 86, 116-117, 139, 156, 163, 167, 175, 177-178, 184, 222, 224, 233, 278-279, 293, 304, 317, 336, 353, 360, 373, 376, 381, 398-399, 405, 407, 430, 433, 440, 449, 451

관계적 존재론 94, 115, 122, 129-130, 135, 152, 167, 178, 183, 230, 335, 363

괴테, 요한 볼프강 폰(Goethe, Johnn Wolfgang von) 180

구디나스, 에두아르도(Gudynas, Eduardo) 262, 267, 431, 452

구조적 결합 300, 307, 326

구티에레스 보레로, 알프레도(Gutiérrez Borrero, Alfredo) 362-363, 409

구티에레스 아길라르, 라켈(Gutiérrez Aguliar, Raquel) 315, 317, 412, 414, 416

국경없는의사회 107

굿맨, 폴(Goodman, Paul) 36

굿윈, 브라이언(Goodwin, Brian) 11, 83, 180, 275, 396, 413

그라민 은행(방글라데시) 109

그로피우스, 월터(Gropius, Walter) 64

그린, 허먼(Greene, Harman) 253, 255-256

기금 기관 110

기능적인 종결 300

기든스, 앤서니(Giddens, Anthony) 140, 216

기업 브라운 64

기후변화 5, 7, 23, 31, 50, 65, 75, 82, 88, 96, 182, 211, 214-215, 278, 349, 386-387, 439, 442, 453

깁슨, 윌리엄(Gibson, William) 193

깁슨-그레이엄(Gibson-Graham, J.K.) 115, 192, 277, 370-371

(ㄴ)

나사 선주민(콜롬비아, Nasa people) 314, 417-420, 441

낫한, 틱(Nhat Hanh, Thich) 179

낸디, 아쉬스(Nandy, Ashis) 156-157, 175-176, 184, 227-228, 369, 373

네판틀레라(Nepantleras) 117

노노, 루이지(Nono, Luigi) 231, 233

노누야 선주민(콜롬비아 아마존, Nonuya peole) 379

녹색경제 81-82, 85, 166, 265

농민의 길 운동 82

농업생태학 82, 121

니체, 프리드리히(Nietzsche, Friedrich) 140, 209

니콜라우스 쿠자누스(Nicholas of Cusa) 181

(ㄷ)

다빌라, 알린(Dávila, Arlene) 342, 435

달라이 라마 174

대전환 계획(Great Transition Intitiative)
248, 251, 275

대처, 마거릿(Thatcher, Margaret) 32

데스콜라, 필립(Descola, Philippe) 114,
180

데카르트, 르네(Descart, Rene) 27, 141-
143, 149, 174, 176, 182, 190, 199,
201-202, 216, 234, 330, 374, 418

델로리아, 바인(Deloria, Vine) 171

드레이푸스, 허버트(Dreyfus, Hubert) 198,
200-201, 218, 225, 235

드마리아, 페데리코(Demaria, Federico)
263

듀이, 존(Dewey, John) 101, 181, 218

들뢰즈, 질(Deleuze, Gilles) 54, 122, 169,
307, 416, 419-420, 435

디나 사페, 루이스 엔리케(Dina Zape, Luis
Enrique) 341

디아스 고메스, 플로리베르토(Díaz Gómez,
Floriberto) 316

디자이너 6, 8, 10-11, 16-19, 23-25, 28-29,
32, 52-53, 59-60, 64-65, 67-68, 70-71,
77, 83, 88, 90, 95, 97, 99, 102, 104-
105, 109, 111, 140, 149-150, 152, 200,
205, 218, 220-223, 234, 236, 239, 243,
247, 249, 253-254, 259, 261, 274-276,
278-281, 286, 289, 303, 327, 329, 331-
333, 344, 358, 365-366, 378-380, 382,
390-391, 394, 438, 445

디자인 사고 16, 48, 67, 87, 223, 348, 364,
367, 442

(ㄹ)

라라무리 선주민(Rarámuri people) 358

라스킨, 폴(Raskin, Paul) 251

라이체르트, 에바니아(Reichert, Evania)
42

라토마 흑인 공동체(콜롬비아, La Toma
community) 123-124, 126, 340, 345

라투르, 브뤼노(Latour, Bruno) 114, 140,
163

라틴아메리카 사회적 생태 센터(Latin
American Center for Social Ecology)
266

러브록, 제임스(Lovelock, James) 12

레드필드, 피터(Redfield, Peter) 107-108

레스트레포, 에두아르도(Restrepo, Eduardo)
180, 438

라인, 마르틴(Rein, Martin) 101

레프, 엔리케(Leff, Enrique) 14, 219-220,
373, 377, 417

로, 존(Law John) 118, 151-152, 234

로드리게스, 아벨(Rodriguez, Abel) 379

로드리게스, 카를로스(Rodriguez, Carlos)
379

로럴, 브렌다(Laurel, Brenda) 15, 19, 78,
90, 101

로렌츠, 콘래드(Lorentz, Konrad) 12

로쉬, 엘레노어(Rosche, Eleanor) 172

로즈, 데보라 버드(Rose, Deborah Bird)
175

루고네스, 마리아(Lugones, Maria) 40,
116-117, 430

루만, 니클라스(Luhmann, Niklas) 302

루키아노스(Lucian de Samosata) 181

르 코르뷔지에(Le Corbusier) 65

리베라 쿠시캉키, 실비아(Rivera Cusicanqui, Silvia) 40, 229, 315, 318-319, 421-422, 437

리얼리즘 430

(ㅁ)

마굴리스, 린(Margulis, Lynn) 12, 142, 169

마커스, 조지(Marcus, George) 100-101

마르케스, 프란시아(Márquez, Francia) 123-125, 453

마르쿠제, 허버트(Marcuse, Herbert) 35

마르크스주의(Marxism) 87, 112-113, 170, 277, 313, 439

마르티네스 루나, 하이메(Martínez Luna, Jaime) 316

마르티네스-알리에르, 조안(Martínez-Alier Joan) 11, 14, 264

마르틸라, 산나(Marttila, Sanna) 345

마마니, 파블로(Mamani, Pablo) 315, 319, 416

마사하루, 다카사키(Masaharu, Takasaki) 74

모계 문화 38, 42-43, 50, 52

마우, 브루스(Mau, Bruce) 59, 61

마투라나, 움베르토(Maturana, Humberto) 11, 14, 17, 27, 30, 42, 65, 139-141, 144-146, 179, 202, 204, 216, 297-301, 305, 321, 362, 369, 376-377, 408, 416, 452

마푸체 선주민(Mapuche people) 47-48, 279

막스-네프, 만프레드(Max-Neff, Manfred) 216

만치니, 에치오(Manchini, Echio) 18, 24, 29, 54, 60, 66, 150, 231, 244,-271, 284-288, 290-291, 347, 366-367, 444

말도나도, 토마스(Maldonado, Tomás) 205

말리, 밥(Marley, Bob) 32-33, 361

마시, 도리엔(Massey, Doreen) 143, 183

맥루언, 마셜(McLuhan, Marshall) 12

맥하그, 이언(McHarg, Ian) 82

멈퍼드, 루이스(Mumford, Lewis) 35

메를로-퐁티, 모리스(Merlaeu-Ponty, Maurice) 193

메이시, 조애나(Macy, Joanna) 226-227, 253, 275

모건, 린(Morgan, Lynn) 14

모닌, 알렉산더(Monnin, Alexandre) 79

모랄레스, 에보(Morales, Evo) 318-319, 415

몬토야, 마이클(Montoya, Michael) 105

묵시론적 미래의 불평등한 분배 386-387

문명 모델 37, 66, 248

미뇰로, 월터(Mignolo, Walter) 165, 361-362, 377

미래성 36, 124, 334, 336

미삭 선주민(콜롬비아, Misak people) 409-410

마이스, 마리아(Mies, Maria) 39

밀레니엄 개발 110

(ㅂ)

바렐라, 프란시스코(Varela, Francisco) 11,

14, 27, 30, 79, 139-145, 148-149, 169-
170, 172-174, 179, 198, 200, 202, 204,
223-225, 227, 270, 293, 296-301, 304-
305, 321, 326, 373, 376, 379, 416-417,
452

바리오누에보, 랄리(Barrionuevo, Raly)
231

바셋, 제롬(Baschet, Jerôme) 310, 315

바우하우스(Bauhaus) 64, 272

바티모, 지아니(Vattimo, Gianni) 140-141

발데스, 베보(Valdes, Bebo) 231

발사모, 앤(Balsamo, Anne) 25

발전 연구 26, 135, 256, 294

발전주의 12, 201, 295, 321, 337-338, 396,
409, 431-432, 447-448

배꼽 의식 375

범세계적 지역주의 283, 290, 366

베니스 건축 비엔날레 전시회 73

베르그송, 앙리(Bergson, Henri) 169, 181

베르글룬트, 에바(Berglund, Eeva) 103

버나드스키, 블라디미르(Vernadsky, Vladimir)
169

베리, 토마스(Berry, Thomas) 41, 247,
252-255, 269, 290, 399

베일리, 케네스(Bailey, Kenneth) 104

벡, 울리히(Beck, Ulrich) 140

벤홀트-톰슨, 베로니카(Bennholt-Thomsen,
Veronica) 39

변기 디자인 218

변화 이론 274-277

보테로, 파트리시아(Botero, Patricia) 315

보편적 디자인 86

보프, 레오나르도(Boff, Leonardo) 192

본드, 패트릭(Bond, Patrick) 82, 264

본시에페, 기(Bonsiepe, Gui) 205, 323

볼리어, 데이비드(Bollier, David) 260

뷔르덱, 베른하르트(Búrdek, Bernhard) 64

부르디에, 장 폴(Bourdier, Jean-Paul) 73

부사령관 마르코스(Marcos, Subcomandate)
309

부엔 비비르(Buen Vivir) 6, 28, 167, 248,
257, 261-263, 265, 267-268, 284, 291,
293-295, 326, 332, 335-336, 349, 363,
367, 373, 382, 431, 434, 442-443, 445

부재의 사회학 133

부캐넌, 리처드(Buchanan, Richard) 276

북부 카우카 선주민 연합(Asociación
de Cabildos Indígenas del Norte del
Cauca(ACIN)) 128, 314, 352, 359

분노한 사람들(Indignados movement) 120

불교 15, 140, 144, 146-148, 169, 173-175,
179, 202, 223, 225-226, 369, 374, 405

불레즈, 피에르(Boulez, Pierre) 233

브라운, 팀(Brown, Tim) 25, 59, 71

브래턴, 벤자민(Bratton, Benjamín) 79-80,
192

브룬트란트 보고서(Brundtland Report) 81

블레이저, 마리오(Blaser, Mario) 14, 117,
162, 164, 167, 169, 287, 385

비릴리오, 폴(Virilio Paul) 15, 36, 41, 69,
187, 193

비베이루스 지 카스트루, 에두아르두(Viveiros
de Castro, Eduardo) 180, 383

비비르 비엔(Vivir Bien) 332

비어, 스태포드(Beer, Stafford) 298

비이원론적 존재론 150, 184, 228

비판적 디자인 연구 25-26, 85, 96, 232, 235

비판적 사회이론 62, 277

(ㅅ)

사랑의 생물학 42-44, 141, 381, 387-388

사센, 사스키아(Sassen, Saskia) 392

사이먼, 허버트(Simon, Herbert) 66

사이버네틱스 141, 154, 168, 298, 301, 353, 411

사이보그 49

사파티스타(Zapatistas) 45, 47, 121, 151, 293, 305, 308-310, 321, 358, 426, 449

사회디자인학교 105

사회이론의 존재론적 전환 78

삭스, 제프리(Sachs, Jeffrey) 319

산업디자인 23, 63-64, 67, 363

산지 전용 및 산림 황폐화로 인한 배출 감축(REDD, Reduced Emissions from Deforestation and Forest Degradaton projects) 265

산토스, 보아벤투라 드소자(Santos, Boaventura de Sousa) 132

상황 그룹(Colectivo Situaciones) 315, 324

샤르마, 크리티(Sharma, Kriti) 168, 178-179, 373-374, 376

새커라, 존(Thackara, John) 66, 70

생명 기획 295, 307, 312, 332, 336

생명 시스템 이론 275, 277, 281

생명의 순환 130

생물지역주의 84

생태 경제학 66, 113, 258

생태계 13, 17, 65, 68, 166, 252, 264, 285, 392-393

생태적 디자인 82, 84-85, 368

생태적 문명 255-256

샤머, 오토(Scharmer, Otto) 222

서치맨, 루시(Suchman, Lucy) 101, 104

성찰적 디자인 49, 87, 349

세가토, 리타(Segato, Rita) 40, 117, 421, 425, 428, 437

세계무역기구(WTO) 120

세계사회포럼(World Social Forum) 47

세계은행 107, 110-111, 337, 389, 432

세계화 5, 7, 9, 24, 32, 45, 52-53, 60, 63, 72, 74, 96, 108, 113, 116, 119-120, 135, 146, 151, 157, 190, 230, 251, 255, 273, 295, 306, 310, 313, 364

세이건, 도리온(Sagan, Dorion) 170-171

셰퍼드, 코트니(Shepard, Courtney) 17

쇼, 캐롤린(Shaw, Carolyn) 116

수막 카우사이(sumak kawsay) / 수마 카마냐(suma qumaña) 262

슈위타이, 안케(Schwittay, Anke) 109-110

스미스, 린다 투히와이(Smith, Linda Tuhiwai) 172-173

스택(우연한 거대구조, stack) 80

스튜어트, 수전(Stewart, Susan) 19, 46, 391

스트래선, 메릴린(Strathern, Marilyn) 180, 424

스피노자, 찰스(Spinosa, Charles) 200-201, 235

스피노자, 바뤼흐(Spinoza, Baruch) 169, 181

시바, 반다나(Shiva, Vandana) 157, 251

시스템 사고 11

신자유주의 32, 53, 61, 108, 120, 135, 146, 158, 189, 310, 313, 319, 422, 439, 445

싱어, 피터(Singer, Peter) 223

(ㅇ)

아르우아코 사람들(콜롬비아, Arhuaco) 313

아리아스, 페르난도(Arias, Fernando) 379

아마루, 투팍(Amaru, Tupac) 318

아브야 얄라(생명의 대륙, Abya-Yala) 48, 121

아서, 브라이언(Arthur, Brian) 223

아옌데 집권기 298

아우로빈도, 스리(Aurobindo, Sri) 181

아우스테릭, 실비아(Austerlic, Silvia) 205

아이마라(Aymara) 40, 262, 315, 319, 325, 405

아키 연구 집단(Arki Research Group) 78

아탈리, 자크(Attali, Jaques) 17, 230, 232-234

아프리카계 후손 120

안살두아, 글로리아(Anzaldúa, Gloria) 117, 280, 355

알반 아친테, 아돌포(Albán Achinte, Adolfo) 65, 139, 381, 444

어머니 대지를 위한 자유(Libertad para la Madre Tierra) 352-353

어윈, 테리(Irwin, Terry) 243, 270, 274

에렌펠드, 존(Ehrenfeld, John) 85, 216-217

에스테바, 구스타보(Esteva, Gustavo) 159, 306, 309, 315-316, 335, 358, 377, 410, 431, 436

에스피노사, 유데르키스(Espinosa, Yuderkis) 40, 437

에코페미니즘 정치학 115-117, 452

에콰도르 262-263, 265, 307, 309, 314-314, 331, 431, 443

에피스테메 162, 170-171, 219, 419

엘 시갈라, 디에고(El Cigala, Diego) 231

엘륄, 자크(Ellul, Jacques) 35

오둠, 하워드(Odum, Howard) 12

오아하카(Oaxaca) 307, 309, 315-316, 427

오초아 고티에, 아나 마리아(Ochoa Gautier, Ana Maria) 231-232

옥타비오, 레온(Octavio León) 381

와이와 선주민 공동체(콜롬비아, Wiwa people) 129

우마 키웨(어머니 지구, Uma Kiwe) 351-353, 359-360

우요아, 아스트리드(Ulloa, Astrid) 130, 180, 312, 315, 379

울름 디자인 학교(Ulm school of design) 64

워서맨, 아놀드(Wasserman, Arnold) 276

월가 점령 시위(Occupy movement) 120

웨스트, 페이지(West, Paige) 115

위노그래드, 테리(Winograd, Terry) 15, 27, 79, 161, 187, 195, 197-200, 203, 205-207

위키리크스(WikiLeaks) 194

윌리스, 앤-마리(Willis, Anne-Marie) 28, 93, 187, 197, 394

유럽중심주의 133, 165-166, 171, 364

음양론 164

이성중심주의 141

이원론적 존재론 9, 27, 53, 81, 121, 377, 417

인간중심주의 166, 171, 189, 213, 226, 235, 245, 254, 360, 367

잉골드, 팀(Ingold, Tim) 93, 102, 114, 153-155, 180, 379-380, 409, 417

인류세 51, 72,. 208, 211, 213, 248, 254, 336, 365, 392, 393, 452

일리치, 이반(Illich, Ivan) 12, 33-37, 147, 150, 245, 277, 287, 354, 394, 410, 417

(ㅈ)

자치 6, 8-10, 30, 34-36, 39-40, 46-48, 52, 55, 63, 73-74, 97, 102, 106, 111, 123, 125, 128-131, 135, 225, 259, 265, 288, 293-300, 304-313, 315, 318, 320-323, 326-329, 331-337, 339, 342, 348-349, 351-353, 360, 362-363, 367-368, 373, 375, 380, 388, 396, 398, 404, 410, 426, 429, 431-432, 438, 440, 442-443, 448-449, 450-451, 453

자치 공동체 426

자치 운동 309, 323, 449

자치 디자인 6, 14, 21, 29-30, 47, 53, 62, 91, 106, 110, 123, 129, 131, 220, 239, 293, 296-297, 322, 327-329, 331, 333-336, 362-363, 367, 379, 393, 409-410, 417, 419

작은 집 운동 73

잡스, 스티브(Jobs, Steve) 17, 192

전환 담론(TDS, Transition Discourses) 245-253, 259, 267-268, 275, 362, 369

선환 디자인 9, 29, 54, 93, 132, 196, 243-244, 256, 258, 264, 266, 270-275, 277-278, 281, 297, 334, 336, 338, 343-344, 350, 353, 358-362, 366-368, 379, 394, 404, 440, 449

정치생태학 14, 26, 111-116, 130, 135, 219, 278, 447, 452

정치존재론 24, 27, 111-112, 115, 117-119, 123, 131, 135, 382, 386

제거의 디자인 31

제임스, 윌리엄(James, William) 169, 181

조상 123, 126, 129-130

조이, 레너드(Joy, Leonard) 11, 328

존스톤, 크리스(Johnstone, Chris) 227, 253

존재론 5, 9, 13, 14-15, 17, 20, 24, 27, 29, 39-40, 42, 46-47, 49-50, 53-55, 78-79, 81, 85-87, 94-95, 97, 106, 111-112, 114-123, 129-135, 137, 146, 151-153, 159-163, 170, 177-178, 180, 183, 187-189, 192-193, 195-197, 199, 204-208, 210, 213, 215-217, 219-222, 224-225, 227-228, 230-232, 234-239, 244-245, 260, 267, 279, 286-287, 296, 306, 308, 313, 327, 332, 335-336, 341, 347, 351, 354, 360, 363, 365, 367-368, 370, 372-373, 376, 382-386, 393-394, 398, 406-407, 416-417, 421, 425-430, 438, 444, 449-450, 452

존재론적 디자인 6, 10, 15, 27, 28-29, 31, 47, 53, 62, 66, 79, 81, 90, 96-97, 141,

151, 165, 174, 187, 195-196, 200, 211, 213-214, 216, 220-221, 223-224, 234-235, 237-239, 245, 365, 390

존재론적 재디자인 442

존재론적 이원론 94, 139, 142, 160, 185

좋은 정부 위원회(Juntas de Buen Gobierno) 310

지구공학 50, 76

지구정상회의 81

지리디자인(GeoDesign) 98

지속(sustainment) 23, 47, 49, 71, 82, 128, 147, 163, 204, 209-210, 212, 214-215, 230, 237, 248, 365, 391, 426, 432, 445, 450

지속가능성(sustainability) 28, 31, 59, 62, 65, 74-75, 81-85, 108, 110, 112, 130, 135, 158, 167, 206, 216-217, 219-221, 224, 226-227, 229, 243, 252, 257-258, 265, 271-274, 276, 278, 280, 285, 291, 331, 333, 398, 432, 450

지속가능성 네트워크와 사회 혁신을 위한 디자인 285

(ㅊ)

창, 에이미(Zhang, Amy) 222, 232

처치맨, 웨스트(Churchman, C. West) 11, 328

출현(presencing) 27, 51, 71, 73, 77, 133, 270, 290, 345, 364

치아파스(Chiapas) 32, 47, 307, 315, 442

치우아일라프, 엘리쿠라(Chihuailaf, Elicura) 47

친, 엘리자베스(Chin, Elizabeth) 105

(ㅋ)

카네기멜런 대학 디자인 학교(CMU, Carnegie Mellon University's School of Design) 29, 245, 256, 270-275, 278

카타리, 투팍(Katari, Tupac) 319

카림, 라미아(Karim, Lamia) 110

카말, 세이디(Kamal, Saydia) 387

카우카 계곡 337-339

카우카 북부 126, 348, 359, 128, 314, 340, 351-352

카우카 지역자치발전협회 337, 339

카우퍼, 카트린(Kaufer, Katrin) 222

칸트, 임마누엘(Kant, Immanuel) 54, 398

칼비노, 이탈로(Calvino, Italo) 391

캉쿠아모 선주민 공동체(콜롬비아, Kankuamo people) 129

커즈와일, 레이(Kuzweil, Ray) 50

컴퓨터적 모델 141

케이지, 존(Cage, John) 233

코구이 선주민 공동체(콜롬비아, Kogui people) 129

코르신 히메네스, 알베르토(Alberto Jimenez Corsín) 100

코모넨, 카리-한스(Kommonen, Kari-Hans) 77-78, 345

코소프, 기든(Kossoff, Gideon) 270, 274-276

코플라나쿠(Coplanacu) 231

콜롬비아 무장 혁명군(FARC, Fuerzas Armandas Revolucionarias de

Comlombia) 125

콜하스, 렘(Koolhaas, Rem) 72-73

크리슈나무르티, 지두(Kirshnamurti, Jiddu) 181

크윈터, 샌포드(Kwinter, Sanford) 61, 72

압바도, 클라우디오(Abbado, Claudio) 231

클라인, 나오미(Klein, Naomi) 7, 82, 264

클라크, 앨리슨(Clarke, Alison) 101, 141, 302

클레이튼, 필립(Clayton, Phillip) 256

타율성 307

타자생산 307

탈성장 35, 167, 247, 256, 258-260, 263-266, 268, 335, 349, 363

탈식민 39-40, 54, 78, 97, 99, 119, 152, 165, 172, 174-175, 181, 209, 237-238, 278, 293, 314, 325, 354, 361-367, 384, 394-395, 425, 437

탈식민 이론 140, 171, 174, 361, 395

탈식민주의 87, 111, 116-117, 156, 447

탯줄 묻기(burial of umbilical cord) 126, 375

테네시 계곡 지방청(Tennessee Valley Authority) 337

테일러, 마크(Taylor, Mark) 302

테일러, 찰스(Taylor, Charles) 140, 147

텔러스 학교(Tellus Institute) 248

토마스, 브룩(Thomas, Brooke) 14

톤킨와이즈, 캐머런(Tonkinwise, Cameron) 211, 219-220, 235, 239, 243, 270, 274, 279-280, 367, 387

톨베어, 킴벌리(TallBear, Kimberly) 171

톰슨, 에반(Thompson, Evan) 172

통제된 오인 383

트린 민하(Trinh Minh-ha) 73

티트마쉬, 마크(Titmarsh, Mark) 220

(ㅍ)

파레데스 핀다, 아드리아나(Paredes Pinda, Adriana) 279, 431

파레데스, 훌리에타(Paredes, Julieta) 40, 315, 325

파리카, 주시(Parikka, Jussi) 191

파스칼, 블레이즈(Pascal, Blaise) 181

팟지 파코, 펠릭스(Patzi Paco, Félix) 315, 319, 321-322, 416

파파넥, 빅터(Papanek, Victor) 23-24, 329

반 데 함멘, 마리아 클라라(van der Hammen, Maria Clara) 379

팬데이, 가넨드라(Pandey, Gyanendra) 95

페드로사, 알바로(Pedrosa, Alvaro) 12

페렉, 조르주(Perec, Georges) 60

페미니스트 5, 33, 39-40, 42, 52, 86-87, 115-117, 146, 164-165, 213, 280

페미니즘 39-41, 116-117, 155, 225-226, 278, 314, 325, 428, 436-437

페어덴-횔러, 게르다(Verden-Zo ller, Gerda) 42, 146, 202, 369, 377, 408

포게, 우리엘(Fogue , Uriel) 106

포스터, 핼(Foster, Hal) 61, 72

포스트 발전 248, 257, 261-262, 264-266, 336, 431-432, 434-435, 452

포스트 채굴주의 248, 257, 266-267, 295

포호넨, 킴모(Pohjonen, Kimmo) 231

폰 베를호프, 클라우디아(von Werlhof,

Claudia) 37-39, 41, 45-46, 117, 159, 437

폰 푀르스터, 하인츠(von Foerster, Heinz) 154, 304, 353

폴라니, 칼(Polanyi, Karl) 158, 246, 258

폴리니, 마우리지오(Pollini, Maurizio) 251

푸익 데 라 베야카사, 마리아(Puig de la Bellacasa, Maira) 225

푸코, 미셸(Foucault, Michel) 12-13, 63, 94-95, 98, 104, 140, 147, 158, 162, 170-171, 210, 419-420

프라이, 토니(Fry, Tony) 28, 31, 48, 66, 75-76, 79, 158, 195, 208-215, 220-221, 224, 235, 254, 280, 365, 391

프랑크푸르트학파(Frankfurt School) 64

프로젝트 사이버슨 298

프롬, 에리히(Fromm, Erich) 35, 216

플럼우드, 발(Plumwood, Val) 139

플로레스, 페르난도(Flores, Fernando) 15, 17, 27, 79, 140-141, 161, 187, 195, 197-201, 203, 205-206, 216, 218, 235, 298

플루리버스(pluriverse) 18, 21, 28-30, 32, 47, 49, 55, 106, 118, 120-121, 133, 135, 165, 167, 182, 209, 230-232, 234, 237, 239, 241, 286, 291, 300, 303-304, 312, 322, 327, 335-337, 348, 350, 354, 362, 368, 372, 382-384, 386, 409, 416, 429, 442, 445-446, 448-451, 453

퍼스, 찰스(Peirce, Charles) 218

핑크 플로이드(Pink Floyd) 391

(ㅎ)

하나로 구성된 세계(OWW, One-World World) 118-119, 122-123, 132, 142, 151, 153, 171, 234, 449

하버마스, 위르겐(Habermas, Jürgen) 63, 140, 174

하이데거, 마르틴(Heidegger, Martin) 13, 50, 54, 79, 140-141, 144, 196, 198, 201, 209-210, 216, 220, 223, 225, 234

하코트, 웬디(Harcourt, Wendy) 115

하트블레이, 커샌드라(Hartblay, Cassandra) 86

할핀, 해리(Halpin, Harry) 79

해러웨이, 도나(Haraway, Donna) 95, 114, 140, 213, 225

헉슬리, 올더스(Huxley, Aldous) 271

헤겔(Hegel, G.W.F) 54

협상 페미니즘 116

호스미넨, 사물리(Hosminen, Samuli) 231

호주의 선주민 152, 180

홉킨스, 롭(Hopkins, Rob) 256

화이트, 데미안(White, Damian) 111, 277

화이트헤드, 알프레드 노스(Whitehead, Alfred North) 169, 255

환경 공학 연구소(ICTA, 바르셀로나 자치 대학) 259

후기 구조주의 13, 87, 113-114, 167, 184, 220, 277, 301-302

흑인 공동체 운동(PCN, Proceso de Comunidades Negras) 328, 332-333, 348, 416, 429

플루리버스

1판 1쇄 발행 2022년 8월 25일

지음 | 아르투로 에스코바르
옮김 | 박정원 · 엄경용

표지 그림 | Angie Vanessita
디자인 | 김서이
펴낸이 | 조영남
펴낸곳 | 알렙

출판등록 | 2009년 11월 19일 제313-2010-132호
주소 | 경기도 고양시 일산서구 중앙로 1455 대우시티프라자 715호
전자우편 | alephbook@naver.com
전화 | 031-913-2018, 팩스 | 02-913-2019

ISBN 979-11-89333-49-2 03300

* 이 저서는 2018년 대한민국 교육부와 한국연구재단의 지원을 받아 수행된 연구임(NRF-2018S1A5B8068919).
　This work was supported by the Ministry of Education of the Republic of Korea and the National Research Foundation of Korea(NRF-2018S1A5B8068919)